高等院校安全类专业教材

安全生产法规

主　编　陈　雄

参　编　罗德艺　骆大勇

重庆大学出版社

内容提要

全书共 4 章,内容包括:安全生产法律基础;安全生产法;职业病防治法、突发事件应对法、消防法、道路交通安全法、侵权责任法、矿山安全法、劳动法、劳动合同法、矿产资源法、煤炭法;煤矿安全监察、安全生产许可证管理、生产安全事故报告和调查处理、事故隐患排查治理与安全生产举报奖励、建设工程安全生产管理、危险化学品安全管理、建设项目安全设施"三同时"监督管理、生产安全事故应急预案管理、安全生产培训管理、工伤保险管理、煤矿生产安全事故预防、民用爆炸物品安全管理和安全生产标准,并附有最新的生产安全事故案例,供学习参考。

本书是高等职业技术院校、高等专科院校安全工程类专业和其他相关专业的通用教材,也可作为中等专业学校、成人教育学院、技师学院和工矿企业经营管理人员的培训教材,同时可供工矿企业工程技术人员学习参考。

图书在版编目(CIP)数据

安全生产法规/陈雄主编. --重庆:重庆大学出版社,2019.2(2024.1 重印)
ISBN 978-7-5689-1432-1

Ⅰ.①安… Ⅱ.①陈… Ⅲ.①安全生产法—中国—高等学校—教材 Ⅳ.①D922.54

中国版本图书馆 CIP 数据核字(2019)第 034711 号

安全生产法规

主 编 陈 雄
参 编 罗德艺 骆大勇
策划编辑:范 琪

责任编辑:文 鹏 版式设计:曾显跃
责任校对:关德强 责任印制:张 策

*

重庆大学出版社出版发行
出版人:陈晓阳
社址:重庆市沙坪坝区大学城西路 21 号
邮编:401331
电话:(023)88617190 88617185(中小学)
传真:(023)88617186 88617166
网址:http://www.cqup.com.cn
邮箱:fxk@cqup.com.cn(营销中心)
全国新华书店经销
重庆升光电力印务有限公司印刷

*

开本:787mm×1092mm 1/16 印张:18 字数:450 千
2019 年 2 月第 1 版 2024 年 1 月第 4 次印刷
印数:7 001—8 000
ISBN 978-7-5689-1432-1 定价:46.00 元

前 言

本书由重庆大学出版社组织编写,是全国高等教育安全类专业教材之一。

安全生产法规是国家法律规范的重要组成部分,是为了加强安全生产监督管理,防止和减少生产安全事故,保障人民群众生命和财产安全,遏制重大、特大事故发生,促进经济发展和保持社会稳定而制定的有关安全生产法律规范的总称。

在习近平新时代中国特色社会主义思想指导下,为了深化高等教育安全工程类专业教学改革,满足用人单位对高等技术应用性人才的迫切需要,提高安全法律法规意识,规范安全生产行为,强化安全生产监督管理,遏制重特大事故的发生,以适应企事业单位安全、生产、技术、管理一线对高技能人才知识、能力和素质的需要,在充分调研的基础上,我们编写了本教材。

本书具有三大特点:一是理论知识同生产实际的紧密结合,简化理论的论述,突出安全生产法规在安全生产实践中的应用,使学生"在做中学,在学中做",凸显职业技术教育特色;二是紧跟时代步伐,采用最新国家安全生产法规和技术规范;三是通过安全生产事故案例分析,加深对安全生产法规的理解。

全书共4章,内容包括安全生产法律基础、安全生产法、安全生产单行法律、安全生产法规,并附有安全生产事故案例,供学习参考。

计划学时数为60学时,各学校可根据自身实际和各专业教学要求作适当增减。

本书由重庆工程职业技术学院陈雄任主编,具体编写分工为:第1章由骆大勇、罗德艺编写;第2、3、4章及安全生产事故案例由陈雄编写,全书由陈雄统稿。

本书在编写过程中,参考了一系列安全生产法律、行政法规、部门规章和部分同行的著作,在此深表感谢。

由于编写人员水平有限,书中的缺点和错误在所难免,恳请读者批评、指正。

作者邮箱:2096195061@qq.com。

作　者
2019 年 1 月

目 录

第 **1** 章
安全生产法律基础

学习目标

☞ 应了解的知识点:法律、法律规范、法律关系、法律效力、玩忽职守罪、消防责任事故罪;法律特征的主要表现;法律的作用;法律的分类;法律效力的种类;我国安全生产法律法规体系;消防责任事故罪的处罚规定;大型群众性活动重大安全事故罪的处罚规定;过失损坏易燃易爆设备罪的处罚规定。

☞ 应熟悉的知识点:安全生产法律体系、民事责任、行政责任;法律的本质;法律规范的表现形式;安全生产法律体系的特征;重大劳动安全事故罪的处罚规定。

☞ 应掌握的知识点:刑事责任、重大责任事故罪;不报、谎报安全事故罪;强令违章冒险作业罪;安全生产法律关系的构成要素;重大责任事故罪的处罚规定;不报、谎报安全事故罪的处罚规定;强令违章冒险作业罪的处罚规定。

第 1 节　法律基础知识

一、法律

1. 法律

法律有狭义和广义之分。狭义的法律专指享有立法权的国家机关,依照法定程序制定的规范性文件,是具体的法律规范。广义的法律是指由国家按照统治阶级的利益和意志制定或认可的,并由国家强制力保证实施的行为规范的总和,是统治阶级实现阶级统治和执行社会公共职能的工具。

2. 法律的特征

法律是一种特殊的行为规范,法律的特征主要表现为 5 个方面:

(1)法律是调整人们行为和社会关系的规范,具有规范性

法律是一种社会规范,其特点在于它所调整的是人们之间的相互关系或交互行为,这使法律与思维、语言、技术等规范相区别。法律为人们的交互行为提供了可为、勿为和应为 3 种

模式。

（2）法律是由国家制定和认可的,具有国家意志性

一切法律的产生都是通过制定和认可两种途径。制定是指国家立法机关按照法定程序创制规范性文件的活动。认可是指国家通过一定的方式承认其社会规范具有法律效力的活动,包括明示认可和默示认可两种方式。

（3）法律是以国家强制力为最后保证手段的规范体系,具有国家强制性

一切社会规范都具有强制性,但法律具有国家强制性,法律之所以要具有国家强制性,主要是因为:法律不能始终为人们自觉地遵守,需要通过国家强制力强迫遵行;法律不能自行实施,需要国家专门机关予以实施。

（4）法律在国家权力管辖范围内普遍有效,具有普遍性

法律的普遍性包括两个方面的内容:

①法律的效力对象具有广泛性;

②法律的效力具有重复性,法律对人们的行为具有反复适用的效力。

（5）法律是有严格程序规定的规范,具有程序性

法律之所以具有程序性特征,主要是因为法律在本质上要求实现程序化,而且程序的独特性质和功能也为保障法律的效率和权威提供了条件。

3.法律的本质

法律的本质是指法律这一事物自身组成要素之间相对稳定的内在联系,是由法律本身所具有的特殊矛盾构成的。

法律的本质学说认为:①法律是统治阶级意志的体现;②法律是统治阶级整体意志和共同利益的体现;③法律是被奉为国家意志的统治阶级意志;④法律所体现的统治阶级意志的内容是由统治阶级物质生活条件所决定的。统治阶级的物质生活条件主要是指地理环境、人口状况、生产方式等。

4.法律的作用

法律的作用是指法律对人们的行为、社会生活和社会关系发生的影响。法律的作用可以分为规范作用与社会作用两类。法律规范作用是手段,法律社会作用是目的。

（1）法律的规范作用

①指引作用。法律为人们提供某种行为模式,指引人们可以这样行为、必须这样行为或不得这样行为,从而对行为者本人的行为产生影响。

②评价作用。法律对人们的行为是否合法或违法及其程度,具有判断、衡量的作用。

③预测作用。人们可以根据法律规范的规定,事先估计到当事人双方将如何行为及产生的法律后果。

④强制作用。这是为了保障法律得以充分实现,运用国家强制力制裁、惩罚违法行为的作用。

⑤教育作用。通过法律的实施,法律规范对人们今后的行为发生直接或间接的诱导影响。

（2）法律的社会作用

法律的社会作用是法律为实现一定的社会目的而发挥的作用。主要表现在两个方面:

①在维护阶级统治方面,表现为调整统治阶级与被统治阶级之间的关系、调整统治阶级内部的关系和调整统治阶级与其同盟者之间的关系。

②在执行社会公共事务方面,表现为维护人类社会的基本生活条件,维护生产和交换条件,促进公共设施建设,组织社会化大生产,确认和执行技术规范,促进教育、科学和文化事业的发展。

5.法律的分类

(1)国内法与国际法

按照法的创制与适用主体的不同分为国内法和国际法。国内法是由特定国家创制并适用于该国主权管辖范围内的法。国际法是指在国际交往中由不同主权国家通过协议制定或确认的,适用于国家之间的法。

(2)公法与私法

按照法的调整对象和调整主体范围的不同分为公法和私法。公法是保护国家利益,调整国家与公民之间、国家机关之间关系的法律。私法是保护个人利益,调整公民之间关系的法律。

(3)根本法与普通法

按照法的效力、内容和制定程序不同分为根本法和普通法。根本法规定了国家的根本政治制度和社会制度、公民的基本权利和义务、国家机关的设置、职权等内容,占据最高法律地位,具有最高法律效力,它是制定其他法律的依据。普通法规定国家的某项制度或调整某一方面的社会关系。

(4)一般法与特别法

按照法的效力范围不同分为一般法和特别法。一般法是指在一国范围内,对一般的人和事物有效的法。特别法是指在一国的特定地区、特定期间或对特定事件、特定公民有效的法。

(5)实体法与程序法

按照法律规定的具体内容的不同分为实体法和程序法。实体法是规定主要权利和义务的法。程序法是指为保障权利和义务的实现而规定的程序的法。

二、法律规范和法律体系

1.法律规范及其分类

法律规范是反映统治阶级意志的,由国家制定或认可的,并以国家强制力保证实施的具体行为规则。由假定、处理和后果3个要素构成。假定指明适用该规范的情况和条件;处理指明该项法律规范允许做什么、禁止做什么和要求做什么,是人们行为的标准和尺度;后果指明遵守或违反该法律规范将受到的奖励或处罚。

法律规范的分类:

(1)义务性规范、禁止性规范、授权性规范和倡导性规范

这是依据法律规范本身的性质进行的分类。义务性规范是指规定主体必须做出某种行为的法律规范。禁止性规范是指规定主体不得做出某种行为的法律规范。授权性规范是指授予主体可以做某种或不做某种行为的权利的法律规范。倡导性规范是指规定在什么条件下鼓励、提倡人们做或者不做某种行为的法律规范。

(2)确定性规范、准用性规范和委任性规范

这是依据法律规范确定其内容的程度不同所进行的分类。确定性规范是指在规范中直接而明确地规定了规范的内容,绝大多数法律规范都是确定性规范。准用性规范是指在规范中

没有明确规定行为准则的内容,只是规定在适用该规范时,准予援用其他有关规范。委任性规范是指在该规范中只规定了一般原则,具体的内容委任给特定机关来规定。

2.法律规范的表现形式

我国法律规范主要表现形式有:

(1)宪法

由全国人民代表大会制定,具有最高法律效力,是其他法律的立法依据。

(2)法律

包括全国人民代表大会制定的基本法律和全国人民代表大会常务委员会制定的基本法律以外的其他法律。它们的效力仅次于宪法。

(3)行政法规

国务院根据宪法和法律制定的规范性文件。

(4)部门规章

国务院各部、委员会根据法律和行政法规,在本部门权限范围内发布的规范性文件。

(5)地方性法规

由各省、自治区、直辖市以及省、自治区的人民政府所在地的市、计划单列市和经国务院批准的较大的城市、经济特区的人大会及其常委会制定的规范性文件。

(6)地方规章

由前述地方行政区域人民政府制定的规范性文件。

(7)自治条例和单行条例

由民族自治地方人民代表大会制定,报全国人民代表大会常务委员会批准后生效,自治州、自治县的自治条例和单行条例报省或者自治区人民代表大会常务委员会批准后生效,并报全国人民代表大会常务委员会备案。

(8)特别行政区的法律

①特别行政区基本法。由全国人民代表大会制定的体现"一国两制"方针的法律,它在特别行政区的法律体系中具有特殊的法律地位,高于特别行政区的其他法律。

②特别行政区立法机关制定的法律。由香港特别行政区和澳门特别行政区的立法机关对于高度自治范围内的事项以特别行政区基本法为依据制定的法律,但需报全国人民代表大会常务委员会备案。

(9)国际条约

我国与外国签订的国际条约,以及我国宣布承认或者参加的一些已经存在的国际条约、国际公约,也是我国法律规范的表现形式之一。

3.法律部门和法律体系

法律规范是构成法律的细胞,一国的法律就是该国全部法律规范的总和。一个国家所有的现行法律规范所组成的有机统一整体就是该国的现行法律体系。通常依据法律规范所调整的社会关系的性质及调整方法的不同将法律体系进行划分,从而形成不同的法律部门。

我国现行法律体系中,《宪法》是总章程,在《宪法》之下有《民法》《刑法》《行政法》《经济法》《劳动法》《诉讼法》等法律部门。

三、法律的效力

1. 法律效力的层次和范围

法的效力是指人们应当按照法律规定的那样行为,必须服从。分为规范性法律文件的效力和非规范性法律文件的效力。规范性法律文件的效力是指法律对什么人、什么事、在什么地方和什么时间有约束力。非规范性法律文件的效力,是指判决书、裁定书、逮捕证、许可证、合同等的法律效力。

法的效力层次是指规范性法律文件之间的效力等级关系。根据《立法法》的规定,我国法律的效力层次为:上位法的效力高于下位法;在同一位阶的法律之间,特别法优于一般法;新法优于旧法。

2. 法律效力的种类

法律效力可以分为对人的效力、对事的效力、空间效力、时间效力等4种。

(1)法律对人的效力

法律对人的效力是指法律对谁有效力,适用于哪些人。在世界各国的法律实践中先后采用过属人主义、属地主义、保护主义和以属地原则为主,与属人主义、保护主义相结合这4种效力原则。

①属人主义。法律只适用于本国公民,不论其身在国内还是国外,非本国公民即使身在该国领域内也不适用。

②属地主义。法律适用于该国管辖地区内的所有人,不论是否是本国公民,都受法律约束和法律保护,本国公民不在本国,则不受本国法律的约束和保护。

③保护主义。以维护本国利益作为是否适用本国法律的依据,任何侵害了本国利益的人,不论其国籍和所在地域,都要受该国法律的追究。

④以属地主义为主,与属人主义、保护主义相结合。这种效力原则既要维护本国利益,坚持本国主权,又要尊重他国主权,照顾法律适用中的实际可能性。

根据我国法律规定,对人的效力包括两个方面:中国公民在中国领域内一律适用中国法律;在中国境外的中国公民,也应遵守中国法律并受中国法律保护。

(2)法律对事的效力

法律对事的效力是指法律对什么样的行为有效,适用于哪些事项。这种效力范围的意义在于:告诉人们什么行为应当做、什么行为可以做,指明法律对什么事项有效,确定不同法律之间调整范围的界限。

(3)法律的空间效力

法律的空间效力是指法律在哪些地域有效力,适用于哪些地区。一国法律适用于该国主权范围所及的全部领域,包括领土、领水和领空,以及驻外使馆、在外船舶及飞机。

(4)法律的时间效力

法律的时间效力是指法律何时生效、何时终止效力以及法律对其生效以前的事件和行为有无溯及力。法律的生效时间主要有3种:自法律公布之日起生效;由该法律规定具体生效时间;规定法律公布后符合一定条件时生效。法律终止生效时间:法律被废止是指法律效力的消灭,分为明示废止和默示废止两类。法的溯及力是指法律对其生效以前的事件和行为是否适用。如果适用,就具有溯及力;如果不适用,就没有溯及力。法律是否具有溯及力,不同法律规范之间的情况是不同的。

第2节 安全生产法律体系的基本框架

一、安全生产法律体系及其特征

1. 安全生产法律体系

安全生产法律体系是指我国全部现行的安全生产法律法规形成的有机联系的统一整体。

2. 安全生产法律体系的特征

(1)法律规范的调整对象和阶级意志具有统一性

加强安全生产工作,减少和防止生产安全事故,保障人民群众生命和财产安全,促进经济社会持续健康发展,是党和国家各级人民政府的根本宗旨。国家所有的安全生产立法,体现了工人阶级领导下的广大人民群众的最根本利益,都要围绕着科学发展观,围绕着"立党为公,执政为民"的根本宗旨,围绕公民基本人权的保护这个基本点而制定。

(2)法律规范的内容和形式具有多样性

安全生产贯穿于生产经营活动的各个行业、领域,各种社会关系非常复杂。这就需要针对不同生产经营单位的不同特点,针对各种突出的安全生产问题,制定各种内容不同、形式不同的安全生产法律法规,调整中央人民政府、地方各级人民政府、各类生产经营单位、公民相互之间在安全生产领域中产生的社会关系。

(3)法律规范的相互关系具有系统性

安全生产法律体系是由母系统与若干个子系统共同组成的,各个法律规范是母系统不可分割的组成部分。安全生产法律规范的层级、内容和形式虽然有所不同,但是它们之间存在着相互依存、相互联系、相互衔接、相互协调的辩证统一关系。

二、安全生产法律体系的基本框架

安全生产法律体系的构建尚在研究和探索过程中。可以从上位法和下位法、普通法和特殊法以及综合性法和单行法等3个方面来认识,从而构建我国安全生产法律体系的基本框架。

我国安全生产法律法规体系如图1.1所示。

1. 从法的不同层级上,可分为上位法和下位法

法的层级不同,其法律地位和效力也不同。上位法是指法律地位、法律效力高于其他相关法的立法。下位法是指法律地位、法律效力低于上位法的立法。不同的安全生产立法对同一类或者同一个安全生产行为作出不同法律规定的,以上位法的规定为准,适用上位法的规定。上位法没有规定的,可以适用下位法。下位法的数量多于上位法。

(1)安全生产法律和国际公约

法律是安全生产法律体系中的上位法,属于整个体系的最高层级,其法律地位和法律效力高于行政法规、地方性法规、部门规章、地方政府规章等下位法。我国现行的安全生产的专门法律有《安全生产法》《矿山安全法》《道路交通安全法》《海上交通安全法》《消防法》;与安全生产相关的法律有《刑法》《劳动法》《矿产资源法》《煤炭法》《职业病防治法》《突发事件应对

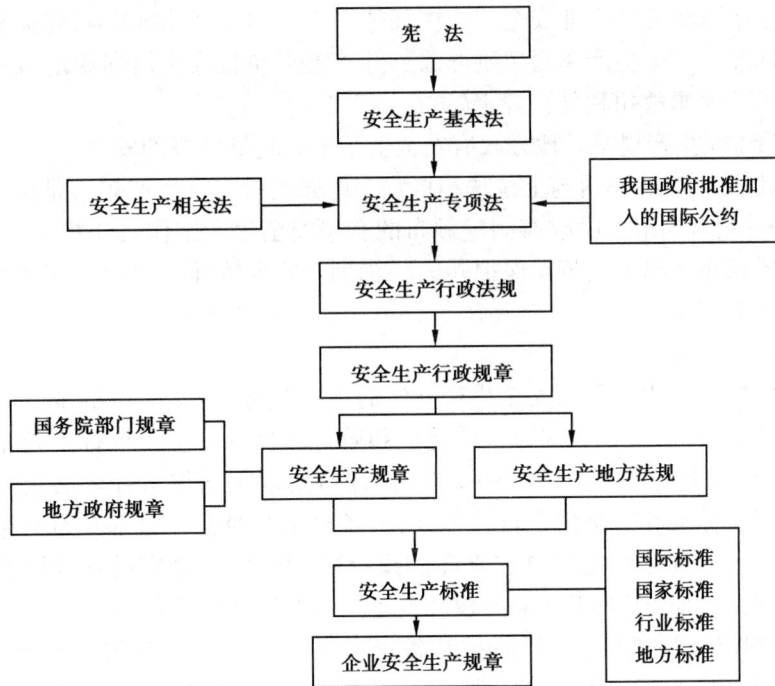

图 1.1　我国安全生产法律法规体系

法》《行政处罚法》《行政强制法》《侵权责任法》和《劳动合同法》等。

　　国际公约是指国际间有关政治、经济、文化、技术等方面的多边条约,属于国际法范畴。经过全国人民代表大会及其常务委员会批准的国际公约,在国内是具有法律效力的,等同于国家法律。涉及安全生产的国际公约有《职业安全与卫生及工作环境公约》《矿山安全与卫生公约》《预防重大工业事故工作守则》《促进职业安全与卫生框架公约》等。

　　(2)安全生产法规

　　①行政法规。安全生产行政法规的法律地位和效力低于有关安全生产的法律,高于地方性安全生产法规、地方政府安全生产规章等下位法。国务院制定的关于安全生产的行政法规主要有《煤矿安全监察条例》《安全生产许可证条例》《危险化学品安全管理条例》《国务院关于预防煤矿生产安全事故的特别规定》《民用爆炸物品安全管理条例》《生产安全事故报告和调查处理条例》《国务院关于特大安全事故行政责任追究的规定》等。

　　②地方性法规。地方性安全生产行政法规的法律地位和效力低于有关安全生产的法律、行政法规,高于地方政府安全生产规章等下位法。地方性法规主要有各省、直辖市、自治区出台的《安全生产条例》《劳动安全卫生条例》等。

　　(3)安全生产行政规章

　　①部门安全生产规章。国务院有关部门依照安全生产法律、行政法规的规定或国务院授权制定和发布的安全生产规章的法律地位和效力低于有关安全生产的法律、行政法规,高于地方政府安全生产规章等下位法。部门安全生产规章主要有《安全生产违法行为行政处罚办法》《安全生产非法违法行为查处办法》《关于进一步加强煤矿瓦斯防治工作的若干意见》《关于进一步加强煤矿企业安全技术管理工作的指导意见》《建设项目安全设施"三同时"监督管理办法》《煤矿领导带班下井及安全监督检查规定》《煤炭生产许可证管理办法》《安全生产行

政处罚自由裁量适用规则》《企业安全生产责任体系五落实五到位规定》《煤矿重大生产安全事故隐患判定标准》《安全生产举报奖励办法》《生产经营单位安全培训规定》《安全生产培训管理办法》《生产安全事故罚款处罚规定(试行)》等。

②地方政府安全生产规章。地方政府安全生产规章是最低级的安全生产立法,其法律地位和效力低于其他上位法,不得与上位法相抵触。地方政府安全生产规章是指由省级人民政府、省会城市和计划单列市人民政府制定颁布的有关安全生产工作具体规定。如《四川省安全生产条例》《重庆市高温天气劳动保护办法》《深圳市安全管理条例》《四川省煤矿矿井水患现状调查技术要求》等。

(4)法定安全生产标准

安全生产标准法律化是我国安全生产立法的重要趋势,安全生产标准一旦成为法律规定必须执行的技术规范,就具有法律上的地位和效力。执行安全生产标准是生产经营单位的法定义务,违反法定安全生产标准的要求,同样需要承担法律责任。法定安全生产标准分为安全生产国家标准和安全生产行业标准,两者对生产经营单位都具有约束力。安全生产国家标准是指国务院标准化行政主管部门按照《标准化法》制定的在全国范围内适用的安全生产技术规范。如《煤炭工业矿井设计规范》(GB 50215—2015)、《金属非金属矿山安全规程》(GB 16423—2006)、《个体防护装备选用规范》(GB/T 11651—2008)、《工业企业设计卫生标准》(GBZ 1—2010)、《生产经营单位生产安全事故应急预案编制导则》(GB/T 29639—2013)、《爆破安全规程》(GB 6722—2014)等。

安全生产行业标准是指国务院有关部门和直属机构按照《标准化法》制定的在安全生产领域内适用的安全生产技术规范。安全生产行业标准对同一安全生产事项的技术要求,可以高于国家安全生产标准,但不得与其相抵触。如《煤矿瓦斯抽采工程设计标准(GB 50471—2018)》、《矿井密闭防灭火技术规范》(AQ 1044—2007)、《矿山救护规程》(AQ 1008—2007)、《民用爆炸物品警示标识、登记标识通则》(GA 921—2011)、《生产安全事故应急演练基本规范》(AQ/T 9007—2019)、《爆破作业项目管理要求》(GA 991—2012)《爆破作业人员资格条件和管理要求》(GA 53—2015)等。

2. 从同一层级法的效力上,可分为普通法和特殊法

我国安全生产立法是针对不同的安全生产问题而制定的,相关法律规范对一些安全生产问题规定有所差别:有的侧重解决一般的安全生产问题,有的侧重或者专门解决某一领域的特殊安全生产问题。因此,在安全生产法律体系同一层级的安全生产立法中,安全生产法律法规有普遍法和特殊法之分。普通法是适用于安全生产领域中普遍存在的基本问题、共性问题的法律规范,不能解决某一领域存在的特殊性、专业性法律问题。特殊法是适用于某些安全生产领域独立存在的特殊性、专业性问题的法律规范,往往比普通法更专业、更具体、更具有可操作性。在同一层级的安全生产立法同一类问题的法律适用上,应当适用特殊法优于普通法的原则。

3. 从法的内容上,可分为综合性法和单行法

安全生产问题错综复杂,相关法律规范内容丰富。从安全生产立法所确定的适用范围和具体法律规范看,可以将安全生产立法分为综合性法和单行法。综合性法不受法律规范层级限制,而是将各个层级的综合性法律法规作为整体看待,适用于安全生产主要领域或者某一领域的主要方面。单行法的内容只涉及某一领域或者某一方面的安全生产问题。在一定条件下,综合性法和单行法的区分是相对的、可分的。安全生产法属于安全生产领域的综合性法律,其内容涵盖安全生产领域的主要方面和基本问题。与其相对,矿山安全法是单独适用于矿山开采安全生产的单行法律。

第3节　安全生产法律关系

一、安全生产法律关系

法律关系是指由法律规范确认和调整人们基于权利和义务而形成的特殊社会关系。一定的社会关系,有法律加以调整后,就形成一定的法律关系。由于各种法律规范所调整的社会关系不同,因而形成了性质和内容不同的法律关系。安全生产法律关系是指安全生产法所确认的人们在参与与安全生产有关的活动中形成的具体的权利和义务关系。安全生产法律关系以相应的安全生产法律规范作为自身存在的前提,由安全生产法律规范予以确认和调整。

二、安全生产法律关系的构成

任何法律关系都是由主体、客体和内容三要素构成。

1. 安全生产法律关系的主体

（1）安全生产法律关系主体

法律关系主体是指法律关系的参加者,即依法享有法律权利,承担法律义务,并能独立承担法律责任的当事人。他们既是法律权利的享有者,又是法律义务的承担者。安全生产法律关系主体是指安全生产法律关系的参加者,依法享有安全生产法律权利、承担安全生产法律义务的当事人。

（2）安全生产法律关系主体的种类

①中央人民政府。中央人民政府既代表国家行使全民财产所有权,又是国民经济的领导、组织、管理者,在宏观调控、协调经济运行中起着无可替代的作用。

②安全生产监督管理机关。这主要是指安全生产行政管理机关和安全生产监察机关,他们主要对生产经营单位执行安全生产安全法律、法规进行管理和监督活动。

③法人。法人是指具有权利能力和行为能力,依法独立享有权利和承担义务的组织。法人的权利能力和行为能力从成立时起至终止时止且均同时存在。

④非法人组织。非法人组织是指依法取得营业执照,具有生产经营资格的不具有法人资格的经济组织和其他非经济组织。他们都依法享有一定的权利,承担一定的义务。

⑤公民。公民作为安全生产法律关系的主体,其参与的法律关系领域十分广泛。实际上任何有关安全生产的法律法规都必须通过有生命的人来实现,违反安全生产的行为也必然都由具体的人来实施。

（3）安全生产法律关系主体的资格

①权利能力。权利能力是指能够参与一定的法律关系,依法享有一定权利和承担一定义务的法律资格。它是法律关系主体实际取得权利、承担义务的前提条件。权利能力有公民的

权利能力和法人的权利能力之分,二者有很大区别:一是公民的权利能力始于出生,终于死亡,而法人的权利能力始于依法成立,终于法人消灭;二是公民的权利能力具有平等性,而法人的权利能力因其成立的宗旨和业务范围的不同而各有所别;三是公民的权利能力和行为能力具有不一致性,而法人的权利能力和行为能力则具有一致性。

②行为能力。行为能力是指法律关系主体能够通过自己的行为实际取得权利和履行义务的能力。公民的行为能力是由法律予以规定的。公民的行为能力划分为完全行为能力人、限制行为能力人和无行为能力人3类。完全行为能力人是指达到一定法定年龄、智力健全、能够对自己行为负完全责任的公民。限制行为能力人是指行为能力受到一定限制,只有部分行为能力的公民。无行为能力人是指完全不能以自己的行为行使权利、履行义务的公民。

2. 安全生产法律关系的内容

(1)安全生产法律关系内容

法律关系的内容就是法律关系主体之间的法律权利和法律义务。安全生产法律关系的内容是指安全生产法律关系主体享有的权利和承担的义务。它是安全生产法律关系最实质性的构成要素,是连接双方当事人的纽带。

(2)安全生产法律关系主体的权利

权利是指安全法律关系主体依法自己能够为或不为一定行为和要求他人为或不为一定行为的资格。

①安全生产监督管理机关的权利。根据有关法律规定,主要具有下列职权:行政立法权,依照国家相关规定,制定行政法规和规章等的权力;行政命令权,向行政相对人发出命令,要求其做出某种行为或者不做出某种行为的权力;行政处理权,对涉及特定相对人权利、义务事项作出处理的权力;监督权,对行政相对人遵守法律、法规,履行义务的情况进行检查监督的权力;行政裁决权,行政机关裁决争议、处理纠纷的权力;行政强制权,对不依法履行安全义务的行政相对人采取一定的强制措施,迫使其履行相应义务的权力;行政处罚权,对违反安全生产法律法规的行政相对人依法给予制裁的权力。

②相对人的权利。申请权,向行政机关提出实现其法定权利的各种申请的权利;参与权,依法参与行政管理的权力;了解权,了解行政机关的各种规范性法律文件、会议规则、制度、标准、程序规则,和与其自身有关的各种档案的权利;批评建议权,对行政机关及其工作人员的违法、不当的行政行为进行批评,并就改进工作提出建议的权利;申诉、控告、检举权,对行政机关及其工作人员作出的不公正的行为有权申诉,对违法、失职的行为有权控告或者检举的权利;陈述申辩权,在行政机关作出与自身权益有关、特别是不利的行为时,有权陈述自己的意见和看法,提出有关证据材料,进行说明和申辩的权利;申请复议权,对具体行政行为不服时,有权依法申请复议;提起行政诉讼权,对做出的具体行政行为不服时,有权依法提起行政诉讼;请求行政赔偿权,在合法权益受到行政机关及其工作人员的侵害造成损害时,有权请求赔偿;抵制违法行政行为权,对行政机关实施的明显违法或重大违法的行政行为时,有权依法予以抵制。

(3)安全生产法律关系主体的义务

义务是指安全生产法律关系主体自己依法具有的为或者不为一定行为的责任。

①安全生产监督管理机关的义务:依法进行安全生产监督管理的义务;公正执法的义务;严格遵守行政程序,提高行政效率的义务;坚持合理原则,慎用行政自由裁量权的义务。

②相对人的义务:服从安全生产监督管理机关的监督管理的义务;协助公务的义务;维护公益的义务;接受行政监督的义务;提供真实信息的义务;遵守法定程序的义务。

3. 安全生产法律关系的客体

安全生产法律关系的客体是指安全生产法律关系主体的权利和义务所共同指向的对象。

安全生产法律关系客体的存在形式,可以是物,可以是行为,也可以是非物质财富。物是指能够被人们支配和利用其来满足某种需要的物质财产。行为是指法律关系主体为实现某种目的所进行的有意识的活动。非物质财富是指人们智力活动所创造的成果。

三、安全生产法律关系的设立、变更和终止

1. 安全生产法律关系的设立、变更和终止

安全生产法律规范确认、调整的安全生产法律关系主体间的权利和义务关系,是依据一定的条件,以一定的形式在安全生产管理和监察等活动中实现的,包括安全生产法律关系的设立、变更和终止3种不同情况。安全生产法律关系的设立,是指由安全生产法律规范所确认的、安全生产法律主体间形成的某种权利和义务关系。安全生产法律关系的变更,是指原有安全法律关系中部分或者全部要素发生改变,而形成新的安全生产法律关系。安全生产法律关系的变更,可能是安全生产法律关系主体的变更,也可能是安全法律关系内容的变更或者安全生产法律关系客体的变更。安全生产法律关系的终止,是指安全生产法律关系主体之间已经形成的权利与义务关系的消灭。

2. 安全生产法律关系设立、变更和终止的条件

安全生产法律关系的设立、变更和终止不是自动发生的,需要以安全法律规范的存在和安全生产法律事实的出现为前提条件。

(1)安全生产法律规范的颁布和实施

安全生产法律规范是指由国家制定或者认可的,并以国家强制力保证实施的,调整安全生产法律关系的一种行为规则。安全生产法律规范的颁布和实施,是确认、调整安全生产法律关系主体行为的前提条件,如果在某一安全生产领域国家未颁布和实施安全生产法律,则这一领域就不会有安全生产法律关系的产生,当然也就不会有安全生产法律关系的变更或者终止。

(2)安全生产法律事实的存在和出现

安全生产法律事实是指能够引起安全法律关系发生、变更或者终止的客观现象或者客观事实。安全生产法律关系是不会自然产生的。如果仅有安全法律规范,是不能直接在安全生产法律主体之间发生具体的安全生产法律关系,或者导致具体的安全生产法律关系的变更或者终止的。只有当一定的安全法律事实出现,才能在安全生产法律主体之间产生一定的安全生产法律关系或者使原有的安全生产法律关系变更或者终止。

能够决定安全生产法律关系设立、变更和终止的安全生产法律事实,必须是客观存在并与现实安全生产法律关系相关的事实,同时必须出现。

安全生产法律事实依照其发生与当事人的意志有无关系,分为事件和行为。

事件是指与安全生产法律关系主体的意志无关的法律事实,即这些事实的出现与否,是当事人无法预见、无法避免和无法克服的。事件可能是由自然现象所引起的,例如,地震、洪水、风暴等自然灾害可以引起安全法律关系的产生、变更或者终止;事件也可能是由时间期限的届满所引起的;或者也可能是由社会现象所引起的。事件的主要特征表现为它的发生是不以人们的意志为转移的,是不能避免也不能抗拒的客观情况。

行为是指人的有意识的活动。作为安全生产法律主体所为的行为,可以分为安全生产合法行为、安全生产非法行为和安全生产违法行为。安全生产合法行为是指安全生产法律关系主体有意识进行的,符合安全生产法律规定的行为。安全生产法律行为必须具备3个条件:①行为人的资格应当符合法律规定,不具有安全生产法律主体资格的组织和个人所进行的安全生产法律行为无效。②行为人的行为应当符合其特定的权利能力和行为能力。③行为是通过人的意识表示而体现的,行为人的意识表示必须真实、自愿。安全生产非法行为是指公民、法人或者其他组织未依法取得安全监管监察部门负责的行政许可,擅自从事生产经营建设活动的行为,或者行政许可已经失效,继续从事生产经营建设活动的行为。安全生产违法行为是指生产经营单位及其从业人员违反安全生产法律、法规、规章、强制性国家标准或者行业标准的规定,从事生产经营建设活动的行为。生产经营单位主要负责人对本单位安全生产非法违法行为承担法律责任;公民个人对自己的安全生产非法违法行为承担法律责任。

按照安全生产非法违法行为查处办法进行认定,安全生产非法违法行为重点包括以下情形和行为:①无证、证照不全或者证照过期从事生产经营、建设活动的;②未依法取得批准或者验收合格,擅自从事生产经营活动的;③关闭取缔后又擅自从事生产经营、建设活动的;④停产整顿、整合技术改造未经验收擅自组织生产和违反建设项目安全设施"三同时"规定的;⑤未依法对从业人员进行安全生产教育培训,或者特种作业人员未依法取得特种作业操作资格证书而上岗作业的;⑥与从业人员订立劳动合同,免除或者减轻其对从业人员因生产安全事故伤亡依法应承担的责任的;⑦将生产经营项目、场所、设备发包或者出租给不具备安全生产条件或者相应资质的单位或者个人,或者未与承包单位、承租单位签订专门的安全生产管理协议或者未在承包合同、租赁合同中明确各自的安全生产管理职责,或者未对承包、承租单位的安全生产进行统一协调、管理的;⑧未按规定对危险物品进行管理或者使用国家明令淘汰、禁止的危及生产安全的工艺、设备的,承担安全评价、认证、检测、检验工作的机构出具虚假证明的;⑨生产安全事故瞒报、谎报以及重大隐患隐瞒不报,或者不按规定期限予以整治的,或者生产经营单位主要负责人在发生伤亡事故后逃匿的;⑩法律、行政法规、国家或行业标准规定的其他安全生产非法、违法行为。

第4节　违反安全法律法规的法律责任

一、法律责任

1. 法律责任

法律责任是指行为人做某种事或不做某种事所应承担的后果,即行为人由于违法行为、违约行为或者由于法律规定而应承受的某种不利的法律后果。法律责任与法律制裁紧密联系。法律制裁是由国家机关强制违反法定义务的人履行其应负的法律责任,即强制其付出代价。追究违法者的法律责任并对其加以制裁是保障法律实施的重要手段。通常把法律责任分为民事、行政和刑事法律责任3种。

2. 法律责任的种类

（1）民事法律责任

民事法律责任是指由于违反民事法律、违约或者由于民法规定所应承担的一种法律责任。在法律允许的条件下，多数民事法律责任可以由当事人协商解决。民事法律责任包括违反合同约定的违约责任和侵权责任两大类。承担民事法律责任的方式主要有停止侵害；排除妨碍；消除危险；返还财产；恢复原状；修理、重作、更换；赔偿损失；支付违约金；消除影响、恢复名誉；赔礼道歉。

（2）行政法律责任

行政法律责任是指因违反行政法律或因行政法律规定而应承担的法律责任。行政法律责任的特点是：承担行政法律责任的主体是行政主体和行政相对人；产生行政法律责任的原因是行为人的行政违法行为和法律规定的特定情况；过错不是行政法律责任的构成要素；行政法律责任的承担方式多样化。行政法律责任是由国家行政机关对违反有关法律的单位和个人追究的责任，主要表现为行政处罚或者行政制裁。对各种经济组织可采取通报批评、警告、责令停产停业、暂扣或吊销许可证或执照、罚款、没收非法所得等处罚方法；对国家行政机关工作人员和经济组织的职工可采取批评、警告、记过、记大过、降级、降职、撤职、留用察看、开除等处罚的方法；对公民和个体经营者，可采取批评、警告、责令具结悔过、责令停业、扣缴或者吊销营业执照和其他许可证、行政拘留等处罚方法。

（3）刑事法律责任

刑事法律责任是指行为人因其行为触犯刑事法律所必须承受的、由司法机关代表国家所确定的否定性法律后果。刑事法律责任的特点是：产生刑事法律责任的原因在于行为人行为的严重社会危害性，与作为刑事法律责任前提的行为的严重社会危害性相适应，刑事法律责任是犯罪人向国家所负的一种法律责任；刑事法律是追究刑事法律责任的唯一法律依据，罪刑法定；刑事法律责任是一种惩罚性责任，因而是所有法律责任中最严厉的一种；刑事法律责任主要是一种个人责任。刑事法律责任主要表现为定罪判刑和强制服刑。刑罚的种类有管制、拘役、有期徒刑、无期徒刑、死刑 5 种主刑和罚金、剥夺政治权利、没收财产 3 种附加刑。

二、违反安全生产法律规定的责任

公民、法人和其他组织违反有关安全生产的法律规定的责任，虽然有民事法律责任和刑事法律责任，但主要是行政法律责任。行政法律责任可以分为处罚性法律责任、强制执行性法律责任和补偿性法律责任。

1. 行政处罚

（1）行政处罚的目的

行政处罚是主管行政机关依法惩戒公民、法人或其他组织违法行为的行政执法行为，是对违法行为的一种制裁。行政处罚的目的在于制裁违法行为，制止和预防违法，以维护良好的经济和社会秩序。

（2）行政处罚的分类

对违反安全生产行为的行政处罚种类很多，理论上可以将行政处罚分成 4 类：①申戒罚或声誉罚，如警告、通报等。②财产罚，如罚款、没收违法所得或没收非法财物。③行为罚或能力罚。短期或长期剥夺违法者从事某种行为的能力或资格，如吊销工商营业执照、吊销煤炭生产许可证或取消煤炭经营资格。④人体罚或自由罚。短期剥夺公民的人身自由,如拘留。

2.行政强制执行

行政强制执行是对不履行行政义务的公民、法人或者其他组织强迫其履行行政义务的执法行为。行政强制执法行为必须以义务人故意不履行行政义务为前提并且该行为是必须履行的。根据《行政诉讼法》的规定,行政强制执行权原则上属于法院,行政机关要强制执行时可以申请人民法院强制执行。只有在个别情况下,行政机关才有强制执行权。因此,我国实行的是以申请人民法院为行政强制执行原则,行政机关直接执行为例外的制度。

3.补偿性法律责任

当违法行为损害国家、社会公共利益时,就应该承担补救性法律责任。补救性法律责任分为恢复原状与经济赔偿两类。凡能恢复原状的,就应该恢复原状;无法恢复原状的,可以用经济赔偿。补救责任与行政处罚不同。承担补救责任并未对违法行为给予制裁。在实际工作中,必须对该违法行为同时给予罚款、责令停止作业等的处罚,才不会放纵违法行为,以保障法律的贯彻执行。

三、安全生产违法犯罪处罚

1.重大责任事故罪

重大责任事故罪是指工厂、矿山、林场、建筑企业或者其他企业、事业单位的职工,由于不服管理、违反规章制度,或者强令工人违章冒险作业,因而发生的重大伤亡事故或者造成严重后果的行为。

根据《最高人民检察院、公安部关于公安机关管辖的刑事案件立案追诉标准的规定》,在生产、作业中违反有关安全管理的规定,涉嫌下列情形之一的,应予立案追诉:

①造成死亡1人以上,或者重伤3人以上的;

②造成直接经济损失50万元以上的;

③发生矿山生产安全事故,造成直接经济损失100万元以上的;

④其他造成严重后果的情形。

《刑法》第134条规定,在生产、作业中违反有关安全管理的规定,因而发生重大伤亡事故或者造成其他严重后果的,处3年以下有期徒刑或者拘役;情节特别恶劣的,处3年以上7年以下有期徒刑。强令他人违章冒险作业,因而发生重大伤亡事故或者造成其他严重后果的,处5年以下有期徒刑或者拘役;情节特别恶劣的,处5年以上有期徒刑。

根据《最高人民法院、最高人民检察院关于办理危害生产安全刑事案件适用法律若干问题的解释》规定,重大责任事故罪的犯罪主体,包括对生产、作业负有组织、指挥或者管理职责的负责人、管理人员、实际控制人、投资人等人员。

2.重大劳动安全事故罪

重大劳动安全事故罪是指工厂、矿山、林场、建筑企业或者其他企业、事业单位的劳动安全设施不符合国家规定,经有关部门或者单位职工提出后,对事故隐患仍不采取措施,因而发生重大伤亡事故或者造成其他严重后果的行为。

根据《最高人民检察院、公安部关于公安机关管辖的刑事案件立案追诉标准的规定》,安全生产设施或者安全生产条件不符合国家规定,涉嫌下列情形之一的,应予立案追诉:

①造成死亡1人以上,或者重伤3人以上的;

②造成直接经济损失 50 万元以上的；

③发生矿山生产安全事故，造成直接经济损失 100 万元以上的；

④其他造成严重后果的情形。

《刑法》第 135 条规定，安全生产设施或者安全生产条件不符合国家规定，因而发生重大伤亡事故或者造成其他严重后果的，对直接负责的主管人员和其他直接责任人员，处 3 年以下有期徒刑或者拘役；情节特别恶劣的，处 3 年以上 7 年以下有期徒刑。

根据《最高人民法院、最高人民检察院关于办理危害生产安全刑事案件适用法律若干问题的解释》规定，直接负责的主管人员和其他直接责任人员，是指对安全生产设施或者安全生产条件不符合国家规定负有直接责任的生产经营单位负责人、管理人员、实际控制人、投资人，以及其他对安全生产设施或者安全生产条件负有管理、维护职责的人员。

3. 强令违章冒险作业罪

强令违章冒险作业罪是指强令违章冒险作业，因而发生重大伤亡事故或者造成其他严重后果，危害公共安全的行为。

根据《最高人民检察院、公安部关于公安机关管辖的刑事案件立案追诉标准的规定》，强令他人违章冒险作业，涉嫌下列情形之一的，应予立案追诉：

①造成死亡 1 人以上，或者重伤 3 人以上的；

②造成直接经济损失 50 万元以上的；

③发生矿山生产安全事故，造成直接经济损失 100 万元以上的；

④其他造成严重后果的情形。

《刑法》第 134 条规定，强令他人违章冒险作业，因而发生重大伤亡事故或者造成其他严重后果的，处 5 年以下有期徒刑或者拘役；情节特别恶劣的，处 5 年以上有期徒刑。

根据《最高人民法院、最高人民检察院关于办理危害生产安全刑事案件适用法律若干问题的解释》规定，强令违章冒险作业罪的犯罪主体，包括对生产、作业负有组织、指挥或者管理职责的负责人、管理人员、实际控制人、投资人等人员。

根据《最高人民法院、最高人民检察院关于办理危害生产安全刑事案件适用法律若干问题的解释》规定，明知存在事故隐患、继续作业存在危险，仍然违反有关安全管理的规定，实施下列行为之一的，应当认定为《刑法》第 134 条规定的强令他人违章冒险作业：

①利用组织、指挥、管理职权，强制他人违章作业的；

②采取威逼、胁迫、恐吓等手段，强制他人违章作业的；

③故意掩盖事故隐患，组织他人违章作业的；

④其他强令他人违章作业的行为。

4. 危险物品肇事罪

危险物品肇事罪是指违反爆炸性、易燃性、放射性、毒害性、腐蚀性物品的管理规定，在生产、储存、运输、使用中，由于过失发生重大事故，造成严重后果的行为。

根据《最高人民检察院、公安部关于公安机关管辖的刑事案件立案追诉标准的规定》，违反爆炸性、易燃性、放射性、毒害性、腐蚀性物品的管理规定，在生产、储存、运输、使用中发生重大事故，涉嫌下列情形之一的，应予立案追诉：

①造成死亡 1 人以上，或者重伤 3 人以上的；

②造成直接经济损失 50 万元以上的；

③其他造成严重后果的情形。

《刑法》第 136 条规定,违反爆炸性、易燃性、放射性、毒害性、腐蚀性物品的管理规定,在生产、储存、运输、使用中发生重大事故,造成严重后果的,处 3 年以下有期徒刑或者拘役;后果特别严重的,处 3 年以上 7 年以下有期徒刑。

5. 不报、谎报安全事故罪

不报、谎报安全事故罪是指在安全事故发生后,负有报告职责的人员不报或者谎报事故情况,贻误事故抢救,情节严重的行为。

《刑法》第 139 条规定,在安全事故发生后,负有报告职责的人员不报或者谎报事故情况,贻误事故抢救,情节严重的,处 3 年以下有期徒刑或者拘役;情节特别严重的,处 3 年以上 7 年以下有期徒刑。在安全事故发生后,负有报告职责的人员不报或者谎报事故情况,贻误事故抢救,情节严重的,应予立案追诉。

根据《最高人民法院、最高人民检察院关于办理危害生产安全刑事案件适用法律若干问题的解释》规定,负有报告职责的人员,是指负有组织、指挥或者管理职责的负责人、管理人员、实际控制人、投资人,以及其他负有报告职责的人员。

根据《最高人民法院、最高人民检察院关于办理危害生产安全刑事案件适用法律若干问题的解释》规定,在安全事故发生后,负有报告职责的人员不报或者谎报事故情况,贻误事故抢救,具有下列情形之一的,应当认定为《刑法》第 139 条规定的情节严重:

1)导致事故后果扩大,增加死亡 1 人以上,或者增加重伤 3 人以上,或者增加直接经济损失 100 万元以上的。

2)实施下列行为之一,致使不能及时有效开展事故抢救的:

①决定不报、迟报、谎报事故情况或指使、串通有关人员不报、迟报、谎报事故情况的;

②在事故抢救期间擅离职守或者逃匿的;

③伪造、破坏事故现场,或转移、藏匿、毁灭遇难人员尸体,或转移、藏匿受伤人员的;

④毁灭、伪造、隐匿与事故有关的图纸、记录、计算机数据等资料以及其他证据的。

3)其他情节严重的情形。

具有下列情形之一的,应当认定为《刑法》第 139 条规定的情节特别严重:

①导致事故后果扩大,增加死亡 3 人以上,或者增加重伤 10 人以上,或者增加直接经济损失 500 万元以上的;

②采用暴力、胁迫、命令等方式阻止他人报告事故情况,导致事故后果扩大的;

③其他情节特别严重的情形。

根据《最高人民法院、最高人民检察院关于办理危害生产安全刑事案件适用法律若干问题的解释》规定,在安全事故发生后,与负有报告职责的人员串通,不报或者谎报事故情况,贻误事故抢救,情节严重的,依照《刑法》第 139 条的规定,以共犯论处。

在安全事故发生后,直接负责的主管人员和其他直接责任人员故意阻挠开展抢救,导致人员死亡或者重伤,或者为了逃避法律追究,对被害人进行隐藏、遗弃,致使被害人因无法得到救助而死亡或者重度残疾的,分别依照《刑法》第 232 条、第 234 条的规定,以故意杀人罪或者故意伤害罪定罪处罚。

6. 消防责任事故罪

消防责任事故罪是指违反消防管理法规,经消防监督机构通知采取改正措施而拒绝执行,造成严重后果的行为。

根据《最高人民检察院、公安部关于公安机关管辖的刑事案件立案追诉标准的规定》，违反消防管理法规，经消防监督机构通知采取改正措施而拒绝执行，涉嫌下列情形之一的，应予立案追诉：

①造成死亡1人以上，或者重伤3人以上的；

②造成直接经济损失50万元以上的；

③造成森林火灾，过火有林地面积2万平方米以上，或者过火疏林地、灌木林地、未成林地、苗圃地面积4万平方米以上的；

④其他造成严重后果的情形。

《刑法》第139条规定，违反消防管理法规，经消防监督机构通知采取改正措施而拒绝执行，造成严重后果的，对直接责任人员，处3年以下有期徒刑或者拘役；后果特别严重的，处3年以上7年以下有期徒刑。

7. 提供虚假证明文件罪

中介组织人员提供虚假证明文件罪，是指承担资产评估、验资、验证、会计、审计、法律服务等职责的中介组织及其人员故意提供虚假证明文件，情节严重的行为。

提供虚假证明文件罪的犯罪主体包括：资产评估师、注册会计师、审计师、法律服务人员及其他行使评估师、注册会计师、审计师职权的人。同时，评估事务所、注册会计师事务所、审计师事务所或法律服务机构等单位也可以成为犯罪主体。

根据《最高人民检察院、公安部关于公安机关管辖的刑事案件立案追诉标准的规定》，承担资产评估、验资、验证、会计、审计、法律服务等职责的中介组织的人员故意提供虚假证明文件，涉嫌下列情形之一的，应予立案追诉：

1）给国家、公众或者其他投资者造成直接经济损失数额在50万元以上的；

2）违法所得数额在10万元以上的；

3）虚假证明文件虚构数额在100万元且占实际数额30%以上的；

4）虽未达到上述数额标准，但具有下列情形之一的：

①在提供虚假证明文件过程中索取或者非法接受他人财物的；

②2年内因提供虚假证明文件，受过行政处罚2次以上，又提供虚假证明文件的。

5）其他情节严重的情形。

《刑法》第229条规定，承担资产评估、验资、验证、会计、审计、法律服务等职责的中介组织的人员故意提供虚假证明文件，情节严重的，处5年以下有期徒刑或者拘役，并处罚金。中介组织的人员索取他人财物或者非法收受他人财物，犯前款罪的，处5年以上10年以下有期徒刑，并处罚金。中介组织人员严重不负责任，出具的证明文件有重大失实，造成严重后果的，处3年以下有期徒刑或者拘役，并处或者单处罚金。

8. 国家工作人员职务犯罪

（1）玩忽职守罪

玩忽职守罪是指国家机关工作人员严重不负责任，不履行或者不认真履行职责，致使公共财产、国家和人民利益遭受重大损失的行为。

玩忽职守罪的犯罪主体包括在各级人大及其常委会、各级人民政府、各级人民法院和人民检察院中依法从事公务的人员。

根据最高人民检察院《关于渎职侵权犯罪案件立案标准规定》,行为人涉嫌玩忽职守,具有下列情形之一的,应予立案追究:

①造成死亡1人以上,或者重伤3人以上,或者重伤2人、轻伤4人以上,或者重伤1人、轻伤7人以上,或者轻伤10人以上的;

②导致20人以上严重中毒的;

③造成个人财产直接经济损失15万元以上,或者直接经济损失不满15万元,但间接经济损失75万元以上的;

④造成公共财产或者法人、其他组织财产直接经济损失30万元以上,或者直接经济损失不满30万元,但间接经济损失150万元以上的;

⑤合计直接经济损失30万元以上,或者合计直接经济损失不满30万元,但合计间接经济损失150万元以上的;

⑥造成公司、企业等单位停业、停产1年以上,或者破产的;

⑦海关、外汇管理部门的工作人员严重不负责任,造成100万美元以上外汇被骗购或者逃汇1 000万美元以上的;

⑧严重损害国家声誉,或者造成恶劣社会影响的;

⑨其他致使公共财产、国家和人民利益遭受重大损失的情形。

《刑法》第397条规定,国家机关工作人员滥用职权或者玩忽职守,致使公共财产、国家和人民利益遭受重大损失的,处3年以下有期徒刑或者拘役;情节特别严重的,处3年以上7年以下有期徒刑。

(2)滥用职权罪

滥用职权罪是指国家机关工作人员故意逾越职权或者不履行职责,致使公共财产、国家和人民利益遭受重大损失的行为。

根据最高人民检察院《关于渎职侵权犯罪案件立案标准规定》,国家机关工作人员故意逾越职权或者不履行职责,涉嫌下列情形之一的,应予立案追诉:

①造成死亡1人以上,或者重伤2人以上,或者重伤1人、轻伤3人以上,或者轻伤5人以上的;

②导致10人以上严重中毒的;

③造成个人财产直接经济损失10万元以上,或者直接经济损失不满10万元,但间接经济损失50万元以上的;

④造成公共财产或者法人、其他组织财产直接经济损失20万元以上,或者直接经济损失不满20万元,但间接经济损失100万元以上的;

⑤合计直接经济损失20万元以上,或者合计直接经济损失不满20万元,但合计间接经济损失100万元以上的;

⑥造成公司、企业等单位停业、停产6个月以上,或者破产的;

⑦弄虚作假,不报、缓报、谎报或者授意、指使、强令他人不报、缓报、谎报情况,导致重特大事故危害结果继续、扩大,或者致使抢救、调查、处理工作延误的;

⑧严重损害国家声誉,或者造成恶劣社会影响的;

⑨其他致使公共财产、国家和人民利益遭受重大损失的情形。

《刑法》第397条规定,国家机关工作人员滥用职权或者玩忽职守,致使公共财产、国家和人民利益遭受重大损失的,处 3 年以下有期徒刑或者拘役;情节特别严重的,处 3 年以上 7 年以下有期徒刑。

9.大型群众性活动重大安全事故罪

大型群众性活动重大安全事故罪是指举办大型群众性活动违反安全管理规定,而发生重大伤亡事故或者造成其他严重后果的行为。

根据《最高人民检察院、公安部关于公安机关管辖的刑事案件立案追诉标准的规定》,举办大型群众性活动违反安全管理规定,涉嫌下列情形之一的,应予立案追诉:

①造成死亡 1 人以上,或者重伤 3 人以上;②造成直接经济损失 50 万元以上的;③其他造成严重后果的情形。

《刑法》第 135 条规定,举办大型群众性活动违反安全管理规定,因而发生重大伤亡事故或者造成其他严重后果的,对直接负责的主管人员和其他直接责任人员,处 3 年以下有期徒刑或者拘役;情节特别恶劣的,处 3 年以上 7 年以下有期徒刑。

10.过失损坏易燃易爆设备罪

过失损坏易燃易爆设备罪是指过失损坏燃气或者其他易燃易爆设备,危害公共安全,造成严重后果的行为。现实生活中,过失损坏易燃易爆设备的行为,使易燃易爆设备本身遭到损坏,还会引发火灾、爆炸事故,造成不特定多数人的伤亡和重大公私财产的毁损。燃气设备是指煤气、石油液化气净化、输送等设备,如输气管道等。其他易燃易爆设备是指涉及其他易燃易爆化工品的生产、储存、输送设备,如油井、输油管、炼油厂、油库等。

《刑法》第 119 条规定,破坏交通工具、交通设施、电力设备、燃气设备、易燃易爆设备,造成严重后果的,处 10 年以上有期徒刑、无期徒刑或者死刑。过失犯前款罪的,处 3 年以上 7 年以下有期徒刑;情节较轻的,处 3 年以下有期徒刑或者拘役。

复习思考题

1.名词解释:法律,法律规范,法律效力,法律关系,民事责任,行政责任,刑事责任,重大责任事故罪、危险物品肇事罪,消防责任事故罪,不报、谎报安全事故罪,强令违章冒险作业罪,过失损坏易燃易爆设备罪。

2.法律具有哪几方面的特征?

3.安全生产监督管理机关的义务有哪些?

4.安全生产法律行为必须具备哪些条件?

5.承担民事法律责任的方式主要有哪些?

6.刑事法律责任的特点是什么?

7.刑事法律责任的种类有哪些?

第 **2** 章
安全生产法

学习目标

☞ 应了解的知识点:安全生产、安全生产服务机构、人为责任事故、特种作业、安全设备、危险物品、从业人员、注册安全工程师、安全生产条件、事故调查处理的四不放过原则;地方人民政府派出机关的安全生产监督管理职责;工会在安全生产管理中的权利;对举报重大事故隐患和非法违法行为的个人奖励。

☞ 应熟悉的知识点:安全第一、预防为主、综合治理、安全发展;重大危险源、生产安全事故、人身伤亡事故、安全生产责任制;安全生产法的基本原则和确立的基本法律制度;事故等级划分;安全生产服务机构的特征;生产经营单位主要负责人的安全生产职责;主要负责人未履行法定安全生产管理职责导致发生生产安全事故的处罚。

☞ 应掌握的知识点:建设项目安全设施的"三同时"制度、劳动防护用品、安全生产违法行为、安全生产工作机制的内容;从业人员的权利和义务;安全监管部门对生产经营单位存在重大事故隐患可采取的措施;安全生产管理机构以及管理人员的职责。

第 1 节   安全生产法立法目的和基本法律制度

《安全生产法》于 2002 年 6 月 29 日经第九届全国人民代表大会常务委员会第二十八次会议通过,自 2002 年 11 月 1 日起施行,2014 年 8 月 31 日第十二届全国人民代表大会常务委员会第 10 次会议通过《全国人民代表大会常务委员会关于修改〈中华人民共和国安全生产法〉的决定》,自 2014 年 12 月 1 日起施行,共 7 章,114 条。具体内容包括:总则(16 条)、生产经营单位的安全生产保障(32 条)、从业人员的安全生产权利和义务(10 条)、安全生产的监督管理(17 条)、生产安全事故的应急救援与调查处理(11 条)、法律责任(25 条)、附则(3 条)。

一、安全生产立法的含义

1. 安全生产的含义

在《辞海》中"安全生产"的定义是:为预防生产过程中发生人身、设备事故,形成良好劳动环境和工作秩序而采取的一系列措施和活动。安全生产通过人—机—环境三者的和谐运作，使社会生产活动中危及劳动者生命安全和身体健康的各种事故风险和伤害因素始终处于有效控制的状态。安全生产是安全与生产的统一，其宗旨是安全促进生产，生产必须安全。

2. 安全生产的本质

（1）保护劳动者的生命安全和职业健康是安全生产最根本、最深刻的内涵

保护劳动者的生命安全和职业健康是安全生产本质的核心，它充分揭示了安全生产以人为本的导向性和目的性，是党和政府以人为本的执政本质、以人为本的科学发展观的本质、以人为本构建和谐社会的本质在安全生产领域的鲜明体现。

（2）突出强调了最大限度的保护

最大限度的保护是指在现实经济社会所能提供的客观条件的基础上，尽最大的努力，采取加强安全生产的一切措施，保护劳动者的生命安全和职业健康。根据目前我国安全生产的现状，需要从3个层面上对劳动者的生命安全和职业健康实施最大限度的保护：①安全生产监管主体。各级政府把加强安全生产、实现安全发展，保护劳动者的生命安全和职业健康，纳入经济社会管理的重要内容，纳入社会主义现代化建设的总体战略，最大限度地给予法律保障、体制保障和政策支持。②安全生产责任主体。企业把安全生产、保护劳动者的生命安全和职业健康作为企业生存和发展的根本，最大限度地做到责任到位、培训到位、管理到位、技术到位、投入到位。③劳动者。劳动者要把安全生产和保护自身的生命安全和职业健康，作为自我发展、价值实现的根本基础，最大限度地实现自主保安。

（3）突出了在生产过程中的保护

生产过程是劳动者进行劳动生产的主要时空，也是保护其生命安全和职业健康的主要时空。安全生产的以人为本，最集中地体现为在生产过程中的以人为本。同时，它还从深层次揭示了安全与生产的关系。在劳动者的生命安全和职业健康面前，生产过程应该是安全第一，安全是生产的前提，安全又贯穿于生产过程的始终。

（4）突出了一定历史条件下的保护

一定的历史条件主要是指特定历史时期的社会生产力发展水平和社会文明程度。强调一定历史条件的现实意义在于，一是有助于加强安全生产工作的现实紧迫性。我国是一个正处在工业化发展阶段的大国，经济持续快速发展与安全生产基础薄弱形成了比较突出的矛盾，处在事故的"易发期"。安全生产管理不到位，就会发生生产安全事故甚至重特大生产安全事故，对劳动者的生命安全和职业健康威胁很大。做好这一历史阶段的安全生产工作，任务艰巨，时不我待，责任重大。二是有助于明确安全生产的重点行业取向。由于社会生产力发展不平衡、科学技术应用的不平衡、行业自身特点的特殊性，在一定的历史发展阶段必然形成煤矿、非煤矿山、交通、建筑施工等重点的安全生产行业和企业。工作在这些行业的劳动者，其生命安全和职业健康更应受到重点保护，更应加大这些行业安全生产工作的力度，遏制重特大事故的发生。三是有助于处理好一定历史条件下的保护与最大限度保护的关系。受一定历史发展阶段的文化、体制、法制、政策、科技、经济实力、劳动者素质等条件的制约，搞好安全生产离不开这些条件。因此，立足和充分发挥现实条件，加强安全生产工作，是当务之急。同时，最大限度保护是引力、是需求、是目的，它能够催生、推动现实条件向更高层次、更为先进的历史条件形态转化，从而为不断满足最大限度保护劳动者的生命安全和职业健康这一根本需求提供新的条件、手段和动力。

3. 安全生产立法的含义

安全生产立法有两层含义:一是泛指国家立法机关和行政机关依照法定职权和法定程序制定、修订有关安全生产的法律、法规、规章的活动;二是专指国家机关制定的现行有效的安全生产法律、行政法规、地方性法规和部门规章、地方政府规章等安全生产规范性文件。

二、修改《安全生产法》的必要性

当前,由于我国正处于工业化快速发展进程中,安全生产基础比较薄弱,安全生产责任不落实、安全防范和监督管理不到位、违法生产经营建设行为屡禁不止等问题较为突出。

1. 安全生产形势仍然严峻

2017 年全国生产安全事故呈现总量下降,较大事故下降,重特大事故下降,大部分行业领域、大部分地区安全状况好转的良好态势。2017 年全国共发生生产安全事故 5.3 万起,死亡 3.8 万人;发生较大事故 613 起,死亡 2 332 人;发生重特大事故 25 起,死亡 342 人;煤矿百万吨死亡率为 0.106。从事故类型看,煤矿和道路交通是事故多发重灾区。

2. 重特大事故未得到有效遏制

从重特大事故情况看,2005 年以来,重特大事故起数位居第一位的是道路交通,居第二位的是煤矿事故,消防火灾、建筑施工、渔业船舶事故分别居第三、第四和第五位。重特大事故死亡人数居第一位的是煤矿,占重特大事故死亡人数的近一半,居第二位的是道路交通事故,消防火灾、金属与非金属矿、建筑施工分别居第三、第四和第五位。"十三五"期间,我国安全生产状况总体稳定,伤亡事故总量有所下降,重特大事故仍时有发生,部分地区和领域的安全生产形势依然严峻。

3. 安全生产基础仍然薄弱

部分高危行业产业布局和结构不尽合理,经济增长方式相对粗放。经济社会发展对交通、能源、原材料等需求居高不下,安全保障面临严峻考验。轨道交通、超高层建筑以及城市地下管网的施工、运行和管理等方面的安全问题凸显。

4. 安全生产监督管理和应急救援亟待提高

各级负有安全生产监督管理部门基础设施建设滞后,技术支撑能力不足,部分执法人员专业化水平不高,传统监管方式和手段难以适应工作需要。现有的应急救援基地布局不尽合理,救援力量仍然比较薄弱,应对重特大事故灾难的大型及特种装备较为缺乏。部分重大事故致灾机理和安全生产共性、关键性技术研究有待进一步突破。

5. 保障广大人民群众安全健康权益面临繁重任务

一方面,部分劳动者安全素质不高,安全生产法制意识和自我防护能力有待增强;另一方面,随着经济发展和社会进步,全社会对安全生产的期待不断提高,从业人员体面劳动观念不断增强,对加强安全监管、改善作业环境、保障职业安全健康等要求越来越高。

以习近平同志为首的党中央高度重视安全生产工作,强调安全生产是人命关天的大事,是不可逾越的"红线";要深刻汲取用生命和鲜血换来的教训,筑牢科学管理的安全防线;安全生产既是攻坚战,也是持久战,要树立"以人为本、安全发展"理念,创新安全管理模式,落实企业主体责任,提升监管执法和应急处置能力;要坚持预防为主、标本兼治,健全各项制度,严格安全生产责任,对安全隐患实行"零容忍",切实维护人民群众的生命安全。

三、修改《安全生产法》的主要思路

《安全生产法》充分体现了习近平新时代中国特色社会主义思想,贯彻了党中央、国务院近年来关于加强安全生产的一系列重大决策部署,确立了"以人为本、安全发展"的指导原则,丰富完善了"安全第一、预防为主、综合治理"方针,进一步解决了安全生产"摆位"问题,强化了生产经营单位安全生产主体责任,加大了政府安全监管执法和责任追究力度。提出了一系列安全生产工作新理念,进一步强化了生产经营单位的主体责任,强化了政府监管和社会监督的措施,加重了对责任单位和责任人的责任追究,健全完善了安全生产管理制度。

四、《安全生产法》及其调整范围

1.《安全生产法》

《安全生产法》是调整生产经营活动和对生产经营活动进行监督管理过程中产生的有关安全生产的各种社会关系的法律规范的总称。

2. 安全生产法的调整范围

《安全生产法》的调整范围只限定在生产经营领域。生产经营活动既包括资源的开采活动、各种产品的加工、制作活动,也包括各类工程建设和商业、娱乐业以及其他服务业的经营活动。

五、《安全生产法》的立法目的

《安全生产法》的立法目的是加强安全生产工作,防止和减少生产安全事故,保障人民群众生命和财产安全,促进经济社会持续健康发展。主要包括 3 层含义:

1. 加强安全生产工作

在市场经济条件下,从事生产经营活动的市场主体为了追求利益的最大化,在生产经营活动中往往以盈利为目的,但是绝不能以牺牲从业人员甚至公众的生命安全为代价。如果不注重安全生产,一旦发生事故,不但给他人的生命财产造成损害,生产经营者自身也会遭受重大损失,甚至受到法律制裁。因此,保证生产安全,首先是生产经营单位自身的责任,这既是对社会负责,也是对生产经营者自身利益负责。同时,国家作为社会公共利益的维护者,为了保障人民群众的生命财产安全,为了全体社会成员的共同利益,也必须运用国家权力,加强安全生产工作,对安全生产实施有效的监督管理。

为了适应新形势下安全生产工作的新情况,在总结经验教训的基础上,对现行安全生产法进行修改完善,为促进安全生产形势持续稳定好转提供更有力的法律保障。

《安全生产法》的通过与施行,为加强安全生产工作,提供了明确的法律依据。

2. 防止和减少生产安全事故

生产安全事故是指生产经营单位在生产经营活动(包括与生产经营有关的活动)中突然发生的,伤害人身安全和健康,或者损坏设备设施,或者造成经济损失的,导致生产经营活动暂时中止或永远终止的意外事件。根据生产安全事故造成的人员伤亡或者直接经济损失,将事故分为 4 个等级:特别重大事故、重大事故、较大事故、一般事故。

从业人员在生产经营活动中,在不同的环境和场所中工作,使用不同的机械设备和工具,进行不同类别的作业,众多的作业活动都存在着某些可能会对人身和财产安全造成损害的危

险因素。如果对潜在的危险因素缺乏认识,未采取有效的预防和控制措施,这些潜在危险就会造成生产安全事故,导致人身伤害和财产损害。

制定《安全生产法》的目的是从法律制度上规范生产经营单位的安全生产行为,确立保障安全生产的法定措施,并以国家强制力保障这些法定制度和措施得以严格贯彻执行,以防止和减少生产安全事故。

3. 保障人民群众生命和财产安全

安全生产事关人民群众生命和财产安全,事关改革开放、经济发展和社会稳定大局,事关党和政府形象和声誉。这就要求生产经营单位必须始终把安全生产放在重中之重的位置上,始终把保障人民群众生命财产安全放在首位,进一步牢固树立生命至上的理念,严格落实安全生产责任制,绝不能以牺牲人的生命为发展的代价。

4. 促进经济社会持续健康发展

安全生产是安全与生产的统一,其宗旨是安全促进生产,生产必须安全。搞好安全工作,改善劳动条件,可以调动职工的生产积极性;减少从业人员伤亡,可以减少劳动力的损失;减少财产损失,可以增加企业效益,促进生产的发展;而生产必须安全,则是因为安全是生产的前提条件,没有安全就无法生产。安全生产与经济社会发展应当同步,促进经济社会全面、协调、可持续健康发展,这也是制定安全生产法的立法目的之一。

六、《安全生产法》的基本原则

《安全生产法》的 5 项基本原则是贯穿于全部立法过程和法律条文的指导思想和基本思路,是统帅 7 项基本法律制度的总纲。它高度概括了党和国家重视安全生产的一贯方针和政策,集中体现了习近平新时代中国特色社会主义思想,总结了多年来安全生产工作的经验和教训,抓住了当前安全生产工作的薄弱环节和突出矛盾,提供了规范生产经营活动安全生产的法律武器。

1. 人身安全第一的原则

以人为本是科学发展观的核心。社会主义国家的本质特征是人民当家做主,人民的利益高于一切。我们的每一项工作,都是为人民服务。而作为人民群众主要组成部分的大量从业人员,从事着各种生产经营活动,往往面临着各种危险因素和事故隐患的威胁。一旦发生生产安全事故,从业人员的生命安全和身体健康将会受到直接损害。随着社会经济发展和民主法制的进步,从业人员的社会地位尤其是生命权、健康权必然受到前所未有的尊重和保障。安全生产最根本、最重要的就是保障从业人员的人身安全,保障他们的生命权不受侵犯。

《安全生产法》将保障人民群众生命财产安全作为立法宗旨,并在第 3 章专门对从业人员在生产经营活动中的人身安全方面所受的权利作出明确规定。同时,法律第一次赋予从业人员依法享有工伤社会保险和获得民事赔偿的权利,充分体现国家对尊重和保护从业人员生命和财产权利的高度重视。

2. 预防为主的原则

"安全第一、预防为主、综合治理"是党和国家的一贯方针。但是,目前各级政府和负有安全生产监督管理职责的部门牵扯的精力最多、工作量最大的,往往是生产安全事故的调查处理。如果从安全管理和监督的过程来分,可以分为事前、事中和事后的管理和监督。

事前管理是指生产经营单位的安全管理工作必须重点抓好生产经营单位申报、筹办和建设过程的安全条件论证、安全设施"三同时"等工作,在正式投入生产经营之前就符合法定条件或者要求,就有可能把事故隐患消灭在建设阶段。事中管理是指在生产经营单位必须建章立制,加强管理,保证安全。事后管理是指发生事故后的抢救和善后处理工作。

负有安全生产监督管理部门要对生产经营单位的安全生产条件,安全设施的设计、验收和使用,生产经营单位主要负责人和特种作业人员的资格,安全机构及其人员,安全培训,安全规章制度,特种设备,重大危险源监控、危险物品和危险作业,作业现场安全管理等加强监管,由被动监管转向主动预防,将事故消灭在萌芽之中,防患于未然。

3. 权责一致的原则

当前,重大事故不断发生的一个重要原因是一些拥有安全事项行政审批许可及安全监管权力的有关政府部门及其工作人员只想拥有权力,不想承担安全责任,出了事故推卸责任。这种有权无责、权责分离现象的蔓延,必然导致某些政府部门及其工作人员玩忽职守、徇私枉法,对该审批的安全事项不依法审批,不该批准的安全事项违法批准,对应当监督管理的事项不负责任。其结果是一旦出了事故,负责行政审批发证和监督管理的部门和人员想方设法置身事外,不承担任何责任。要从根本上解决这个问题,必须按照权责一致原则依法建立安全生产责任追究制度,明确和落实地方各级人民政府的安全生产责任,使其在拥有职权的同时承担相应职责。

4. 社会监督、综合治理的原则

安全生产问题是一个复杂的系统工程,涉及社会的方方面面,要实现安全生产状况的根本好转,需要全党动员、全民参与、社会各方协同作战,采用各种手段和方法形成综合治理态势,真正构建政府统一领导、部门依法监管、企业全面负责、群众监督参与、社会广泛支持的安全生产工作格局。只有提高全社会的安全意识,才能形成全社会关注安全、关爱生命的社会氛围和机制。通过建立社区基层组织和公民对安全生产的举报制度以及加强舆论监督来强化社会监督的力度,以协助政府和部门加强监管。各级安全生产监督管理部门在依法履行职责的同时,还应当在政府的统一领导下,依靠公安、监察、交通、工商、建筑、质检、环保等有关部门的力量,加强沟通、密切配合、联合执法。

5. 依法从重处罚的原则

安全生产形势严峻、重大责任事故时有发生的另一个原因,是现行相关立法的处罚力度过轻,不足以震慑和惩治各种安全生产违法犯罪分子。随着社会主义市场经济的发展,非公有制经济成分必将逐步增加。一些私营生产经营单位的领导,只求效益不顾安全,出了事故便逃之夭夭,把大量的遗留问题推给地方政府和社会。过去的安全生产立法主要是针对国有企业制定的,对非公有制企业的安全生产缺乏明确的、严格的法律规范,对违法者存在着法律责任的缺失和处罚偏轻的问题。这也是少数私营企业主敢于以身试法的原因之一。对违法者的仁慈,就是对人民的犯罪。《安全生产法》明确了相应违法行为的处罚方式:对政府安全生产监管人员有降级、撤职的行政处罚;对政府安全生产监管部门有责令改正、责令退还违法收取的费用的处罚;对专业安全生产服务机构有罚款、第三方损失连带赔偿、撤销机构资格的处罚;对生产经营单位有责令限期改正、停产停业、停止使用相关设施或者设备、停止供电、停止供应民用爆炸物品、罚款、责令停止建设、关闭企业、吊销其有关证照、连带赔偿、没收违法所得、没收非法开采的矿产品与采掘设备等处罚;对生产经营单位负责人有行政处分、罚款、暂停或者撤销有关执业资格、岗位证书、降职、撤职、限期不得担任生产经营单位的主要负责人、治安拘留等处罚;对从业人员有批评教育、警告、行政处分、罚款的处罚。造成严重后果,构成犯罪的,依照刑法追究刑事责任。

七、安全生产法的基本法律制度

1. 安全生产监督管理制度

安全生产监督管理制度包括安全生产监督管理体制、各级人民政府和安全生产监督管理部门和其他有关部门以及乡、镇人民政府以及街道办事处、开发区管理机构等地方人民政府派出机关的安全监督管理职责、安全监督检查人员职责、社区基层组织和新闻媒体进行安全生产监督的权利和义务等。

2. 生产经营单位安全保障制度

生产经营单位安全保障制度包括生产经营单位安全生产条件、安全管理机构及其人员配置、安全投入、从业人员安全资质、安全条件论证和安全评价、建设工程"三同时"、安全设施的设计审查和竣工验收、安全技术装备管理、生产经营场所安全管理、社会工伤保险等。

3. 生产经营单位负责人安全责任制度

生产经营单位负责人安全责任制度包括生产经营单位主要负责人和其他负责人、安全生产管理人员的资质及其在安全生产工作中的主要职责。

4. 从业人员安全生产权利义务制度

从业人员安全生产权利义务制度包括生产经营单位的从业人员在生产经营活动中的基本权利和义务以及应当承担的法律责任。

5. 安全生产服务制度

安全生产服务制度包括从事安全评估、评价、检测、检验、咨询服务等工作的安全生产技术、管理服务机构和安全专业技术人员的法律地位、任务和责任。

6. 安全生产责任追究制度

安全生产责任追究制度包括安全生产的责任主体,安全生产责任的确定和责任形式,追究安全责任的机关、依据、程序和安全生产法律责任。

7. 事故应急救援和处理制度

事故应急救援的总目标是通过有效的应急救援行动,尽可能地减轻事故的后果,包括人员伤亡、财产损失和环境破坏等。事故应急救援和处理制度包括事故应急预案的制定、事故应急体系的建立、事故报告、调查处理的原则和程序、事故责任的追究、事故信息发布等。

8. 推行注册安全工程师制度

注册安全工程师是经国家统一考试合格、取得注册安全工程师执业资格证书并注册执业的人员。《安全生产法》规定,高危生产经营单位必须配有注册安全工程师;鼓励其他生产经营单位聘用注册安全工程师从事安全管理工作;注册安全工程师按专业进行分类管理。

9. 事故隐患排查治理制度

加强事故隐患排查治理是贯彻落实"安全第一、预防为主、综合治理"安全生产工作方针的必然要求。《安全生产法》规定,生产经营单位应当建立健全生产安全事故隐患排查治理制度,采取技术、管理措施,及时发现并消除事故隐患。事故隐患排查治理情况应当如实记录,并向从业人员通报。县级以上地方各级人民政府负有安全生产监督管理职责的部门应当建立健全重大事故隐患治理督办制度,督促生产经营单位消除重大事故隐患。

10. 存在严重违法行为的生产经营单位公示制度

许多生产经营单位事故隐患长时间不整改治理,最终导致生产安全事故的发生。《安全生产法》规定,负有安全生产监督管理职责的部门应当建立安全生产违法行为信息库,如实记录生产经营单位的安全生产违法行为信息;对违法行为情节严重的生产经营单位,应当向社会公告,并通报行业主管部门、投资主管部门、国土资源主管部门、证券监督管理机构以及有关金融机构。

第2节　安全生产法的基本规定

一、安全生产方针

《安全生产法》确立了"安全第一、预防为主、综合治理"的安全生产工作方针,使安全生产工作方针更为完善,进一步增强了针对性以及对安全生产工作的指导意义。

1. 安全第一

安全第一,就是要坚持人民群众的生命安全高于一切,在处理保证安全与发展生产关系的问题上,始终把安全放在首位,坚决做到生产必须安全、不安全不生产,把安全生产作为一条不可逾越的"红线"。安全第一,体现了以人为本的思想,是"预防为主、综合治理"的统帅。没有安全第一的思想,预防为主就失去了思想支撑,综合治理就失去了整治依据。

(1)必须坚持以人为本

首先要以人的生命为本,保障生命安全是人最基本的需要;要把安全生产放在一切工作的首位。安全生产关系到人民群众的生命和财产安全,关系到人民群众的根本利益,关系到改革开放、经济发展和社会稳定大局,关系到党和政府在广大人民群众中的形象。任何忽视安全生产的行为,都是对人民群众生命安全不负责任的表现,都会受到社会舆论的谴责和法律法规的制裁。

(2)安全是生产经营活动的基本条件

一切生产经营单位从事生产经营活动,必须确保安全,无法保证生产安全的,不得从事生产经营活动,绝不允许以损害工人生命安全和身体健康为代价和财产损失来换取短期的经济发展。生产经营单位主要负责人要对安全生产全面负责;只有生命安全得到切实保障,才能调动和激发人们的创造活力和生活激情;只有使重大事故得到遏制,大幅度减少事故造成的创伤,社会才能安定和谐。生产经营单位必须建立健全安全生产责任制,全员、全方位、全过程地搞好安全工作,真正做到不安全不生产。

(3)要依法追究生产安全事故责任人的责任

生产安全事故发生后,要在事故调查的基础上,明确事故责任。既要追究有关行政机关及其工作人员的法律责任,也要追究生产经营单位及其有关人员的法律责任。对漠视人民群众生命安全,不遵守安全生产法律、法规的有关责任人员,要依法追究行政责任、民事责任和刑事责任。严肃追究有关生产安全事故责任人的责任,也是"安全第一、预防为主、综合治理"方针的要求和体现。

2. 预防为主

预防为主是安全生产方针的核心和具体体现,是实施安全生产的根本途径。要实现"安全第一"必须做到预防为主。"预防为主"就是要把预防生产安全事故的发生放在安全生产工作的首位。对安全生产的管理,主要不是在发生事故后去组织抢救,进行事故调查,找原因、追责任、堵漏洞,而要谋事在先,尊重科学,探索规律,采取有效的事前控制措施,千方百计预防事故的发生,做到防患于未然,将事故消灭在萌芽状态。"预防为主"要求坚持培训教育为主,在提高生产经营单位主要负责人、安全管理人员和劳动者的安全素质上下功夫,最大限度地减少违章指挥、违章作业、违反劳动纪律的现象,努力做到"不伤害自己,不伤害他人,不被他人伤害"。"预防为主"的主要内涵体现为"六先"。

(1)安全意识在先

通过培训、宣传、普及安全生产知识,提高从业人员的安全素质和安全生产技能是各级人民政府和生产经营单位的重要任务。只有增强从业人员的安全意识,提高从业人员安全素质,使安全生产变为每个从业人员的自觉行动,才能为实现安全生产奠定深厚的思想基础和群众基础。

(2)安全投入在先

生产经营单位必须具备法定的安全生产基本条件,保证安全生产所必需的资金投入。

(3)安全责任在先

实现安全生产必须建立健全各级地方政府及其有关部门和生产经营单位的安全生产责任制,各司其职,各负其责,齐抓共管。

(4)建章立制在先

建章立制是实现预防为主的前提条件,预防为主需要通过生产经营单位制定和落实各种安全技术措施和各项规章制度来实现。

(5)隐患预防在先

预防为主的根本目的是防止和减少生产安全事故与职业危害。因此,要努力抓好各项安全基础工作,及时查找和消除生产过程中的各种事故隐患,把危害因素消灭在萌芽状态,防患于未然。

(6)监督执法在先

强化安全生产工作、加大行政执法力度是预防事故、保证安全生产的重要条件。安全生产监督管理工作重点必须是生产现场,将主要精力放在事前、事中监管上。只有把安全生产的重点放在建立事故隐患预防体系上,超前防范,才能有效地避免和减少事故,实现安全第一。

3. 综合治理

将"综合治理"纳入安全生产方针,标志着社会对安全生产的认识上升到一个新的高度,是贯彻科学发展观的具体体现。综合治理就是要综合运用法律、经济、行政等手段,从发展规划、行业管理、安全投入、科技进步、经济政策、培训教育、安全文化和责任追究等方面着手,建立安全生产长效机制。综合治理是一种新的安全管理模式,它要求秉承"安全发展"的理念,遵循和适应安全生产规律,运用法律、经济、行政等手段,多管齐下,充分发挥社会、职工、舆论监督作用,形成标本兼治、齐抓共管局面,真正构建政府统一领导、部门依法监管、企业全面负责、群众监督参与、社会广泛支持的安全生产工作格局。总之,"安全第一"是安全生产的统帅和灵魂,"预防为主"是安全生产的根本途径,"综合治理"是实现安全生产的有效手段和方法。

4."安全发展"的含义

"安全发展"是指国民经济和区域经济、各个行业和领域、各类生产经营单位的发展,以及社会的进步和发展,必须以安全为前提和保障。要坚持科学发展观,首要的是要坚持安全发展;坚持以人为本,首要的是要以人的生命健康为本;构建和谐社会,首要的是构建安全社会。没有安全生产就没有劳动者的安居乐业,就没有家庭的幸福安康,就没有社会的和谐稳定。

二、安全生产工作机制

《安全生产法》明确规定,安全生产工作应当以人为本,坚持安全发展,坚持"安全第一、预防为主、综合治理"的方针,强化和落实生产经营单位的主体责任,建立生产经营单位负责、职工参与、政府监管、行业自律和社会监督的机制。

1.生产经营单位负责

生产经营单位是生产经营活动的主体,是保障安全生产的根本和关键所在。做好安全生产工作,强化和落实生产经营单位主体责任是根本。生产经营单位负责,就是要求落实生产经营单位的安全生产主体责任,生产经营单位必须严格遵守和执行安全生产法律法规、规章制度与技术标准,依法依规加强安全生产管理,加大安全投入,健全安全管理机构,加强从业人员的培训,保持安全设施设备的完好有效。

2.职工参与

职工参与,就是通过安全生产教育,提高广大职工的自我保护意识和安全生产意识,职工有权对本单位的安全生产工作提出建议,对本单位安全生产工作中存在的问题,有权提出批评、检举和控告,有权拒绝违章指挥和强令冒险作业。要充分发挥工会、共青团、妇联组织的作用,依法维护和落实生产经营单位职工对安全生产的参与权与监督权,鼓励职工监督举报各类安全隐患,对举报者给予奖励。

3.政府监管

政府监管,就是要切实履行监管部门安全生产管理和监督职责。健全和完善安全生产综合监管与行业监管相结合的工作机制,强化安全生产监管部门对安全生产的综合监管,全面落实行业主管部门的专业监管、行业管理和指挥职责。各部门要加强协作,形成监管合力,在各级政府领导下,严厉打击违法生产、经营等影响安全生产的行为,对拒不执行兼管监察指令的生产经营单位,要依法依规从重处罚。

4.行业自律

行业自律,主要是指行业协会等行业组织要自我约束。各个行业要遵守国家法律、法规和政策,行业组织要通过行规行约制约本行业生产经营单位的行为。沟通行业间的自律,促使生产经营单位能从自身安全生产的需要和保护从业人员生命安全和身体健康的角度出发,自觉开展安全生产工作,切实履行生产经营单位的法定职责和社会责任。

5.社会监督

社会监督,就是要充分发挥社会监督的作用,任何单位和个人有权对违法安全生产的行为进行检举和控告。发挥新闻媒体的舆论监督作用。有关部门要进一步畅通安全生产的社会监督渠道,设立举报电话,接受人民群众的公开监督。

三、生产经营单位的安全生产责任

《安全生产法》规定,生产经营单位必须遵守有关安全生产的法律、法规,加强安全生产管理,建立、健全安全生产责任制和安全生产规章制度,改善安全生产条件,推进安全生产标准化建设,提高安全生产水平,确保安全生产。

1. 生产经营单位必须遵守有关安全生产的法律、法规

遵守有关安全生产的法律、法规,是生产经营单位的基本义务,也是保障安全生产的重要前提。目前我国进一步健全、完善有关安全生产的法律、法规,关键是坚决贯彻实施,解决有法不依的问题。因此,强调生产经营单位应当遵守有关安全生产的法律、法规,具有很强的现实针对性。

2. 生产经营单位必须加强安全生产管理,确保安全生产

生产经营单位是安全生产工作的责任主体,必须切实加强安全生产管理。这既是安全生产工作的客观规律,也是生产经营单位的法定义务。

①建立、健全安全生产责任制和安全生产规章制度。安全生产责任制是明确本单位各岗位的安全生产责任及其配置、分解和监督落实的制度体系,是保障本单位安全生产的核心制度。实践证明,只有建立、健全安全生产责任制,才能做到明确责任、各负其责;才能更好地互相监督、层层落实责任,真正使安全生产有人管、有人负责。因此,建立、健全安全生产责任制是生产经营单位加强安全生产管理最为重要的途径和抓手。安全生产规章制度是生产经营单位根据有关法律、法规、规章,结合本单位实际情况和特点制定的有关安全生产管理的规范和制度,是本单位安全生产管理最直接的依据。生产经营单位要加强安全生产管理,就必须建立、健全安全生产责任制和安全生产规章制度。

②改善安全生产条件。安全生产条件是指保证生产经营活动安全所需要的各种必要条件,包括设施、设备、场所、环境、技术等方面。没有基本的安全生产条件,不可能保障安全生产。生产经营单位不仅要持续具备必要的安全生产条件,而且要根据实际需要和自身能力,加大投入,采取措施,不断改善安全生产条件,提高本单位安全生产的保障水平。

③推进安全生产标准化建设,提高安全生产水平。安全生产标准化是指通过建立安全生产责任制,制定安全管理制度和操作规程,排查治理隐患和监控重大危险源,建立预防机制,规范生产行为,使各个生产环节符合有关安全生产法律法规和标准规范的要求,人、机、物、环处于良好的生产状态,并持续改进,不断加强生产经营单位安全生产规范化建设。推进安全生产标准化工作,是加强安全生产工作的一项长远性、基础性和根本性工作,是提高生产经营单位安全水平的一项系统工程,是落实生产经营单位主体责任、建立安全生产长效机制的重要途径。推进生产经营单位安全生产标准化建设,有利于实施分类指导、分级监管,有利于转变监管方式,提高监管力度和监管水平。

四、企业安全生产责任体系

习近平总书记强调,要抓紧建立健全"党政同责、一岗双责、齐抓共管"的安全生产责任体系,把安全责任落实到岗位、落实到人头,坚持"管行业必须管安全,管业务必须管安全,管生产经营必须管安全";所有企业必须认真履行安全生产主体责任,做到安全投入到位、安全培训到位、基础管理到位、应急救援到位。2015年3月,国家安全生产监督管理总局印发《企业安全生产责任体系五落实五到位规定》。其具体内容是:

①必须落实"党政同责"要求,董事长、党组织书记、总经理对本企业安全生产工作共同承担领导责任。因此,各类企业必须要落实"党政同责"的要求,党组织书记要和董事长、总经理

共同对本企业的安全生产工作承担领导责任,也要抓安全、管安全,发生事故要依法依规一并追责。

②必须落实安全生产"一岗双责",所有领导班子成员对分管范围内安全生产工作承担相应职责。安全生产人人有责、各负其责,这是做好企业安全生产工作的重要基础。抓好安全生产工作,企业必须要按照"一岗双责""管业务必须管安全、管生产经营必须管安全"的原则,建立健全覆盖所有管理和操作岗位的安全生产责任制,明确企业所有人员在安全生产方面所应承担的职责,并建立配套的考核机制,确保责任制落实到位。

③必须落实安全生产组织领导机构,成立安全生产委员会,由董事长或总经理担任主任。企业安全生产委员会一般由企业主要负责人、分管负责人和各职能部门负责人组成,主要职责是定期分析企业安全生产形势,统筹、指导、督促企业安全生产工作,研究、协调、解决安全生产重大问题。安全生产委员会主任必须要由企业主要负责人来担任,这有助于提高安全生产工作的执行力,有助于促进安全生产与企业其他各项工作的同步协调进行,有助于提高安全生产工作的决策效率;也体现了对安全生产工作的重视,体现了对企业职工的感情,体现了勇于担当、敢于负责的精神。

④必须落实安全管理力量,依法设置安全生产管理机构,配齐配强注册安全工程师等专业安全管理人员。落实企业安全生产主体责任,需要企业内部组织架构和人员配备上对安全生产工作予以保障。安全生产管理机构和安全生产管理人员,是企业开展安全生产管理工作的具体执行者,在企业安全生产中发挥着不可或缺的作用。分析近年来发生的事故,企业没有设置相应的安全生产管理机构或者配备必要的安全生产管理人员,是重要原因之一。《安全生产法》规定,危险物品的生产、储存单位以及矿山、金属冶炼单位应当有注册安全工程师从事安全生产管理工作。鼓励其他生产经营单位聘用注册安全工程师从事安全生产管理工作。

⑤必须落实安全生产报告制度,定期向董事会、业绩考核部门报告安全生产情况,并向社会公示。

安全生产报告制度,是监督考核机制的重要内容。安全生产管理机构或专职安全生产管理人员要定期对企业安全生产情况进行监督考核,定期向董事会、业绩考核部门报告考核结果,并与业绩考核和奖惩、晋升制度挂钩。报告主要包括企业安全生产总体状况、安全生产责任制落实情况、隐患排查治理情况等内容。

⑥必须做到安全责任到位、安全投入到位、安全培训到位、安全管理到位、应急救援到位。企业要保障生产经营建设活动安全进行,必须在安全生产责任制度和管理制度、生产经营设施设备、人员素质、采用的工艺技术等方面达到相应的要求,具备必要的安全生产条件。

五、工会在安全生产工作中的地位和权利

工会在安全生产工作中代表从业人员对生产经营单位的安全生产进行监督,是维护从业人员合法权益的群众性组织,是协助生产经营单位安全管理的助手,是政府监督管理的重要补充。

工会依法组织职工参加本单位安全生产工作的民主管理和民主监督,维护职工在安全生产方面的合法权益。生产经营单位制定或者修改有关安全生产的规章制度,应当听取工会的意见。工会有权对建设项目的安全设施与主体工程同时设计、同时施工、同时投入生产和使用进行监督,提出意见。工会对生产经营单位违反安全生产法律法规,侵犯从业人员合法权益的行为,有权要求纠正;发现生产经营单位违章指挥、强令冒险作业或者发现事故隐患时,有权提出解决的建议,生产经营单位应当及时研究答复;发现危及从业人员生命安全情况时,有权向生产经营单位建议组织从业人员撤离危险场所,生产经营单位应立即作出处理。工会有权依法参加事故调查,向有关部门提出处理意见,要求追究有关人员的责任。

六、各级人民政府的安全生产职责

各级人民政府及其有关部门是实施安全生产监督管理的主体,在安全生产工作中举足轻重。要明确各级人民政府的领导地位和各有关部门的监督管理职能,发挥其监督管理主体的作用,必须将各级人民政府在安全生产中的地位和基本职责法律化。为此,《安全生产法》第8条规定,国务院和县级以上地方各级人民政府应当根据国民经济和社会发展规划制定安全生产规划,并组织实施。安全生产规划应当与城乡规划相衔接。

国务院和县级以上地方各级人民政府应当加强对安全生产工作的领导,支持、督促各有关部门依法履行安全生产监督管理职责,建立健全安全生产工作协调机制,及时协调、解决安全生产监督管理中存在的重大问题。

做好安全生产工作,除了强化和落实生产经营单位的主体责任外,还必须充分发挥各级人民政府的作用。将各级人民政府在安全生产工作中的地位和职责法定化,有利于明确责任、强化监督,促使各级人民政府认真履行在安全生产工作中的职责。各级人民政府的安全生产具体职责是:

1. 制定安全生产规划并组织实施

安全生产规划,是对未来一段时期内安全生产工作的目标、主要任务、工作布局以及实现目标和任务的保障措施等所作的预先安排和总体设计,对于指导、推动安全生产工作具有全局性的重要意义。

安全生产规划的制定和实施,对于加强安全生产工作,推动安全生产形势持续好转发挥了积极作用。

制定安全生产规划应当依据国民经济和社会发展规划,明确指导思想、基本方针、规划目标、主要任务、重大项目及保障措施等,保证安全生产规划既具有针对性、指导性,又具有科学性和可操作性。与此同时,国务院和县级以上地方人民政府还要负责组织实施安全生产规划,及时对规划的主要目标和工作任务进行分解,明确责任,适时对各地区和各部门实施安全生产规划的情况进行分析评估,加强跟踪监测和监督检查,保障规划的有效实施。

规定安全生产规划应当与城乡规划相衔接,主要是考虑到安全生产规划涉及一些项目的空间布局和安排,需要与城乡规划所确定的城市、镇的发展布局、功能分区、用地布局以及禁止、限制和适宜建设的地域范围相衔接,加强统筹协调、优化空间布局,确保安全生产规划与城乡规划协调一致,防止出现规划之间冲突的现象,保证安全生产规划顺利实施。

2. 加强对安全生产工作领导,支持和督促有关部门依法履行安全生产监督管理的职责

在安全生产领域,具体的安全生产管理工作是由市场经济的竞争主体生产经营单位根据法律规定进行的,各级人民政府的有关部门依据各自的职责对其进行安全生产监督管理,国务院和地方各级人民政府分别负有领导全国和本地区安全生产工作的职责。市场经济条件下,政府转变职能后,不再是经济的直接、主要参加者,而是通过宏观调控,规范市场规则和秩序,做好市场服务来发挥政府的作用。但由于安全生产问题事关重大,与人民群众息息相关,因此,国家仍应有必要采取行政措施,直接进行干预,加强对安全生产工作的领导,支持、督促各有关部门依法履行安全生产监督管理职责。

3. 建立健全安全生产工作协调机制,及时协调、解决安全生产监督管理中存在的重大问题的职责

我国安全生产监督管理工作实行由国家安全生产监督管理部门综合监督管理、地方各级安全生产监督管理部门分级监督管理;消防救援、公安交通、煤矿安全监察、建筑、交通运输、质量技术监督等有关部门专门监督管理某一领域的安全生产的体制。因此,安全生产监督管理工作涉及面广,内容复杂,往往会涉及多个部门的互相配合与协调问题。县级以上地方人民政府对安全生产监督管理中存在的重大问题应当及时予以协调、解决,以免发生由于职责所限、人力不够、职责不清、分工不明确而产生监督管理不力的情形。为此,《安全生产法》修改时专门增加规定国务院和县级以上地方人民政府建立健全安全生产工作协调机制,适应了安全生产工作的特点和实际需要,符合我国安全生产监督管理体制的现状。

4. 安全生产宣传的职责

各级人民政府及其有关部门应当采取多种形式,加强对有关安全生产的法律、法规和安全生产知识的宣传,提高职工的安全生产意识。职工的安全生产意识是职工了解安全生产的法律、法规和掌握有关安全生产知识的状况以及对安全生产的观念和心理的总和。提高职工的安全生产意识,是减少或者杜绝生产安全事故、保障安全生产的关键所在,也是解决安全生产问题的基础性、长远性、根本性的工作。做好安全生产工作,必须增强全社会的安全生产意识,依靠和发动广大人民群众积极主动、自觉自愿地参与,营造人人关注安全、关爱生命的社会氛围,强化对安全生产的社会监督,落实群防群治的要求。加强对有关安全生产的法律、法规和有关安全生产知识的宣传,是增强全社会安全生产意识的重要途径。在这方面,各级人民政府及其有关部门负有重要责任。同时,各级人民政府及其有关部门对有关安全生产的法律、法规和安全生产知识掌握得比较全面、透彻,依托政府及其有关部门进行宣传,相对于其他主体来说有更大的优势。各级人民政府及其有关部门对安全生产宣传应高度重视,组织上切实保证,财力上大力保障;同时,要根据本地的实际情况,采取多种形式加强宣传,真正提高职工的安全生产意识。

5. 安全检查与处理的职责

县级以上地方各级人民政府应当根据本行政区域内的安全生产状况,组织有关部门按照职责分工,对本行政区域内容易发生重大生产安全事故的生产经营单位进行严格检查,发现事故隐患,应当及时处理。地方各级人民政府应当履行安全生产监督管理的职责,应采取措施积极消除重大事故隐患,定期或不定期地组织负有安全生产监督管理职责的有关部门对易发生重大生产事故的经营单位进行严格检查。在检查中发现事故隐患,应责令有关生产经营单位暂停有关业务,停产、停业整顿等,以消除事故隐患。

6. 制定应急救援预案和建立应急救援体系的职责

制定应急救援预案、建立应急救援体系是"安全第一、预防为主、综合治理"方针的体现。事后补救固然重要,事前的救援预案的演练,对于预防、减少事故发生和事故发生后的有效、及时处理有不可估量的作用。县级以上地方各级人民政府应当组织有关部门制定本行政区域内生产安全事故应急救援预案,建立应急救援体系。提前制定事故应急救援预案,组织、培训抢险队伍和配备救助器材,以便在事故发生后,能及时按照预定方案进行救援,使事故在短时间内得到有效控制。

7.组织生产安全事故抢救的职责

生产安全事故发生后,迅速采取有效处置措施,积极组织事故救援,可防止事故扩大,减少事故损失。有关地方人民政府和负有安全生产监督管理职责的部门负责人接到生产安全事故报告后,应当立即赶到事故现场,组织事故抢救。

8.奖励有功人员的职责

县级以上各级人民政府及其有关部门对报告重大事故隐患或者举报安全生产违法行为的有功人员,应给予奖励。具体奖励办法由国务院负责安全生产监督管理的部门会同国务院财政部门制定。

9.乡、镇人民政府以及街道办事处、开发区管理机构等地方人民政府的派出机关在安全生产工作中的职责

做好安全生产工作,必须强化基层、基础工作。实践中,乡、镇人民政府以及街道办事处、开发区管理机构等地方人民政府的派出机关在安全生产中发挥了不可或缺的重要作用,大量的安全生产监督检查工作,都是由他们完成或者配合完成的。为贯彻落实党的十八届三中全会关于安全生产实行属地管理,加强安全生产等领域基层执法力量的要求,明确乡、镇人民政府以及街道办事处、开发区管理机构等在安全生产工作中的地位和职责,在总结地方立法经验的基础上,《安全生产法》规定乡、镇人民政府以及街道办事处、开发区管理机构等地方人民政府的派出机关应当按照职责,加强对本行政区域内生产经营单位安全生产状况的监督检查,协助上级人民政府有关部门依法履行安全生产监督管理职责。

七、安全生产服务机构

1.安全生产服务机构的性质及特征

安全生产服务机构是指由依法设立的组织,受生产经营单位或者政府部门的委托,依法有偿从事安全生产评价、认证、检测、检验、培训和咨询服务等专门业务的技术服务活动。

安全生产服务机构具有以下特征。①独立性。安全生产服务机构必须是依法设立的具有独立法人资格的社会组织,它具有法定资质,以自己名义从事技术服务,享有权利、履行义务、承担责任。②服务性。安全生产服务是一种服务性工作,它是受生产经营单位或者政府部门的委托、聘请承担某一项或者多项技术服务业务。③客观性。从事安全生产服务的基本原则是尊重科学,实事求是,客观公正地完成服务工作。④有偿性。从事安全生产评价、认证、检测、检验和咨询服务要付出一定的成本,安全生产服务机构必然要收取合理的报酬和费用。⑤专业性。安全生产涉及许多非常复杂的科学技术和专门业务领域,只能由具有相应资质、熟悉专业的服务机构及其专业人员提供专门的技术服务。

2.安全生产服务机构的业务范围

安全生产服务机构的业务范围比较广泛,涵盖生产经营单位的开办、建设、生产、经营和政府监管的全过程。生产经营活动中的安全生产服务的范围和主要业务包括:矿山和用于生产、储存危险物品的建设项目,应当按照国家有关规定进行安全条件论证、安全评价、设计审查和竣工验收;安全设施必须与主体工程"三同时";安全设备、特种设备、劳动防护用品、安全工艺、危险物品、重大危险源和作业现场安全管理和安全技术培训等。

3. 安全生产服务机构和安全专业人员的权利、义务和责任

（1）安全生产服务机构和安全专业人员的权利

①依法从事的安全生产服务工作受法律保护，具有不受侵犯的权利；②有权依照法律、法规和规章、标准的规定，从事授权范围内的有关安全生产业务；③接受政府部门的委托或生产经营单位的聘请，按照委托和约定的有关事项从事安全生产服务；④有权拒绝从事非法或者服务范围以外的安全生产服务；⑤有依法收取服务报酬和费用的权利。

（2）安全生产服务机构和安全专业人员的义务

①具备法定条件，依法取得安全生产服务资质；②在法律、行政法规规定的行业、领域和业务范围内，按照执业准则，从事合法、真实的服务，不得从事欺诈和虚假的服务；③严格按照政府部门和生产经营单位的委托或者约定，完成所承担的安全生产服务事项；④接受政府有关主管部门对其进行的检查监督；⑤合理地确定服务报酬和收费标准。

（3）安全生产服务机构和安全专业人员的责任

①对其承担的服务工作的合法性、真实性负责；②对其违法犯罪行为承担相应的法律责任。

八、协会组织在安全生产管理中的作用

在市场经济条件下，要做好安全生产工作除了强化生产经营单位的主体责任，加强政府监督管理以外，还必须充分发挥有关协会组织的作用，这是转变政府职能、提高安全生产管理质量和水平的必然要求。实际上，在安全生产管理过程中，政府有关部门的监管手段是有限的，在有限的政府清单中发挥协会组织的作用是弥补政府监管不足、不到位的一项有效举措。从实际情况看，协会组织在安全生产工作中发挥着越来越重要的作用。

1. 提供安全生产信息及培训服务

为生产经营单位提供服务，是有关协会组织的一项重要职责，也是其生存的根本。从目前情况看，生产经营单位比较急需的是信息和培训等方面的服务。信息包括法规政策信息、经营信息、社会环境信息等涉及安全生产工作的各种信息，协会组织要充分发挥其自身优势，积极收集、汇总、分析相关方面的信息，并通过便利的方式及时向会员企业提供。在培训方面，协会组织既可以提供平台，也可以直接组织或者协助生产经营单位开展培训。

2. 发挥自律作用

发挥自律作用是协会组织担负的一项重要职责。加强自律有很多方式，包括组织生产经营单位签订自律公约；建立投诉、举报信息系统；制定行业内部的奖惩制度；建立诚信体系，曝光安全生产领域的违法违规行为；对会员单位实行评级制度等。发挥自律作用，关键是建立起切实有效、使生产经营单位自我约束的内部机制。

九、安全生产奖励

国家对在改善安全生产条件、防止生产安全事故、参加抢险救护等方面取得显著成绩的单位和个人，给予奖励。国家重点奖励的行为有：①在改善安全生产条件方面做出显著成绩。通过技术革新、发明创造，改进安全设施、设备、工艺、技术，攻克安全管理难关，提高安全技术装备的安全性能，减少作业场地的危险性，加强事故隐患和重大危险源的监控。②在防止生产安全事故方面做出显著成绩。在防止生产安全事故方面，提出或者建立严密科学的先进管理方

法、措施和规章制度,加强事故隐患的检测、预警、排查、控制和消除,有效地预防生产安全事故的,要给予奖励。③在抢险救护方面做出显著成绩。在事故的抢险救护工作中尽职尽责、见义勇为、不怕牺牲、不畏艰险,为抢救国家和人民的生命财产作出重要贡献的有功人员,应当褒奖。奖励形式主要包括3种,可以单独采用或者同时采用:一是给予荣誉奖励,授予荣誉称号;二是物质奖励,颁发奖金或者实物;三是晋升职务。

第3节　生产经营单位的安全生产保障

各类生产经营单位是生产经营活动的主体和安全生产工作的重点。能否实现安全生产,关键是生产经营单位能否具备法定的安全生产条件,保障生产经营活动的安全。《安全生产法》确立了生产经营单位安全保障制度,对生产经营活动安全实施全面的法律调整。

一、从事生产经营活动应具备的安全生产条件

生产经营单位的安全生产条件是指生产经营单位在生产经营过程中,其生产经营场所、生产经营设备和设施以及与生产经营相适应的管理组织与技术措施,应能满足生产经营的安全需要,不会导致人员伤亡,发生职业危害或者造成设备设施破坏和损失。

1. 生产经营活动的基本单元

生产经营单位是指从事各类生产经营活动的基本单元,具体包括:①各类生产经营企业。具有独立的企业法人资格的、从事生产经营活动的生产经营企业,主要有依照企业法登记或者经批准成立的企业和依照公司法设立的公司。②个体工商户。按照国家有关法规、规章的规定,雇工6人以下的为个体工商户。③公民。公民一人或者数人从事小规模生产经营活动,以及依法从事生产经营活动的有关人员,是最小的生产经营单元。④其他生产经营单位。包括从事生产经营活动的事业单位、安全生产服务机构。

2. 法定安全生产基本条件

各类生产经营单位必须具备法定的安全生产条件,这是实现安全生产的基本条件。《安全生产法》第17条规定,生产经营单位应当具备法律、行政法规和国家标准或者行业标准规定的安全生产条件;不具备安全生产条件的,不得从事生产经营活动。对法定安全生产基本条件的界定,应当把握3点:①各类生产经营单位的安全条件千差万别,法律不宜也难以作出统一的规定。受行业、管理方式、规模和地区差别等因素的影响,不同生产经营单位的安全条件差异很大,各有自身的特殊性。②相关安全生产立法中有关安全生产条件的规定,是生产经营单位必须遵循的行为规范。③安全生产条件是生产经营活动中始终都要具备,并需不断补充完善的。

二、生产经营单位主要负责人的安全生产职责

生产经营单位主要负责人在安全生产工作中居于全面领导和决策的地位。要建立健全安全生产责任制度,分清责任,首先要明确生产经营单位主要负责人的安全生产职责。生产经营单位的主要负责人对本单位的安全生产工作全面负责。同时,对其具体职责作了规定,生产经营单位的主要负责人对本单位安全生产负有7项职责:

1. 建立、健全本单位安全生产责任制

安全生产责任制是生产经营单位保障安全生产的最基本、最重要的管理制度。只有明确安全生产责任，分清责任，各尽其责，才能形成严密科学的安全生产责任体系。安全生产责任制是指建立和实施生产经营单位的全员、全过程、全方位的安全生产责任制度。主要包括：生产经营单位主要负责人、生产经营单位有关负责人、生产经营单位安全管理机构负责人及其安全管理人员、班组长、岗位职工的安全生产责任制度。

2. 组织制定本单位安全生产规章制度和操作规程

建章立制是生产经营单位搞好安全生产、实现科学管理的重要手段。只有建立健全安全生产规章制度和操作规程，才能保证生产经营作业的有序进行，实现安全生产。

3. 组织制定并实施本单位安全生产教育和培训计划

安全生产教育和培训是提高从业人员安全生产意识、安全生产知识和技能的关键所在。搞好安全生产教育和培训，需要有明确、合理的计划安排，以保证培训和教育有序实施并切实取得实效。由于制定和实施安全生产教育和培训计划涉及本单位整个生产经营活动的布局安排、资金保障、人员调度等重大问题，客观上需要生产经营单位的"一把手"亲自组织推动。针对实践中生产经营单位不重视安全生产教育和培训、安全生产教育和培训流于形式等突出问题，也有必要将组织制定并实施本单位安全生产教育和培训计划作为主要负责人的法定职责，促使生产经营单位进一步扎实做好安全生产教育和培训。

4. 保证本单位安全生产投入的有效实施

生产经营活动是一个连续、周而复始的过程，需要不断改善与之相适应的安全生产条件，不断维护、淘汰、更新安全设施、设备，使之处于良好安全状态。

5. 督促、检查本单位的安全生产工作，及时消除生产安全事故隐患

生产经营单位主要负责人对本单位安全生产工作负有不可推卸的领导责任，必须对日常生产经营活动的安全生产进行检查、督促，及时消除生产安全事故隐患。

6. 组织制定并实施本单位的生产安全事故应急救援预案

生产安全事故具有偶然性和突发性，往往造成巨大的人员伤害和财产损失，后果严重。建立事故应急救援机制，完善事故应急救援组织，做好救援物资准备，制定实施现场救援的预案，对可能发生的生产安全事故实施应急救援，是及时应对事故和减少人员伤亡及财产损失的重要措施。

7. 及时、如实报告生产安全事故

生产安全事故难以避免，但是能否及时、真实地报告情况，及时采取措施实施救援，关系到生产安全事故能否得到有效控制和处理，能否避免或者减少人员伤亡和财产损失。隐瞒不报、谎报和拖延不报生产安全事故的，势必延误救援时机，扩大人员伤亡和财产损失，这是一种严重违法行为。及时是指发生生产安全事故后，生产经营单位主要负责人必须按照有关规定，在最短的时间内以最快捷的速度向当地人民政府有关部门报告，不得故意拖延或者迟报。如实是指发生生产安全事故后，事故报告的内容和情况必须真实、准确。

三、安全生产资金投入

生产经营单位应当具备的安全生产条件所必需的资金投入，由生产经营单位的决策机构、主要负责人或者个人经营的投资人予以保证，并对由于安全生产所必需的资金投入不足导致的后果承担法律责任。生产经营单位的决策机构是指对生产经营单位的经营方案和投资计划等重大事项进行决策的机构；主要是指对安全生产资金投入进行决策的机构，如有限责任公司、股份有限公司的股东会或董事会。此外，一些民营企业投资人对企业资金投入等事项掌握最后的决策权，生产经营单位安全生产资金投入与否以及数量多少，与他们都有直接的关系。

安全生产资金投入是生产经营单位生产经营活动安全进行，防止和减少生产安全事故的资金保障。当前，部分生产经营单位由于各种各样原因，安全生产资金投入严重不足，安全设施、设备陈旧，甚至带病运转，防灾抗灾能力不足，这也是造成事故多发的重要原因之一。有些民营企业的负责人"要钱不要命"，不顾工人死活，千方百计减少安全生产资金投入，不具备基本的安全生产条件，事故隐患很多。针对这一问题，《安全生产法》特别强调，生产经营单位的决策机构、主要负责人或者个人经营的投资人对安全生产资金投入要予以保证，并对由于安全生产所必需的资金投入不足导致的后果承担责任。

安全投入用于安全设施的建设和改善，更新安全技术装备、器材、仪器、仪表、个人劳动防护用品、安全培训经费、对安全设备进行检测、维护、保养以及其他安全生产投入，以保证生产经营单位达到法律、行政法规和国家标准或者行业标准规定的安全生产条件。

四、安全生产的组织和人员保障

1.设置安全生产管理机构

矿山、金属冶炼、建筑施工、道路交通单位和危险物品的生产、经营、储存单位，应当设置安全生产管理机构或者配备专职安全生产管理人员。其他生产经营单位，从业人员超过100人的，应当设置安全生产管理机构或者配备专职安全生产管理人员；从业人员在100人以下的，应当配备专职或者兼职的安全生产管理人员。安全生产管理机构是指生产经营单位专门负责安全生产监督管理的内设机构，其工作人员都是专职安全生产管理人员。专职安全生产管理人员是指在生产经营单位中专门负责安全生产管理，不兼做其他工作的人员。安全生产管理机构的作用是落实国家有关安全生产法律法规，组织生产经营单位内部各种安全检查活动，负责日常安全检查，及时整改各种事故隐患，监督安全生产责任制落实等。它是生产经营单位安全生产的重要组织保证。

安全生产管理机构以及管理人员职责是：①组织或者参与拟订本单位安全生产规章制度、操作规程和生产安全事故应急救援预案；②组织或者参与本单位安全生产教育和培训，如实记录安全生产教育和培训情况；③督促落实本单位重大危险源的安全管理措施；④组织或者参与本单位应急救援演练；⑤检查本单位的安全生产状况，及时排查生产安全事故隐患，提出改进安全生产管理的建议；⑥制止和纠正违章指挥、强令冒险作业、违反操作规程的行为；⑦督促落实本单位安全生产整改措施。

生产经营单位的安全生产管理机构以及安全生产管理人员应当恪尽职守，依法履行职责。生产经营单位作出涉及安全生产的经营决策，应当听取安全生产管理机构以及安全生产管理人员的意见。生产经营单位不得因安全生产管理人员依法履行职责而降低其工资、福利等待遇或者解除与其订立的劳动合同。

危险物品的生产、储存单位以及矿山、金属冶炼单位的安全生产管理人员的任免，应当告知主管的负有安全生产监督管理职责的部门。

2. 主要负责人和安全生产管理人员的资质

生产经营单位的主要负责人和安全生产管理人员,必须具备与本单位所从事的生产经营活动相应的安全生产知识和管理能力;危险物品的生产、经营、存储单位以及矿山、金属冶炼、建筑施工、道路运输单位的主要负责人和安全生产管理人员,应当由有关主管的负有安全生产监督管理职责的部门对其安全生产知识和管理能力考核合格。危险物品的生产、储存单位以及矿山、金属冶炼单位应当有注册安全工程师从事安全生产管理工作。鼓励其他生产经营单位聘用注册安全工程师从事安全生产管理工作。

3. 从业人员的教育和培训

生产经营单位应当对从业人员进行安全生产教育和培训,保证从业人员具备必要的安全生产知识,熟悉有关安全生产规章制度和安全操作规程,掌握本岗位的安全操作技能。未经安全生产教育和培训的从业人员,不得上岗作业。生产经营单位使用被派遣劳动者的,应当将被派遣劳动者纳入本单位从业人员统一管理,对被派遣劳动者进行岗位安全操作规程和安全操作技能的教育和培训。劳务派遣单位应当对被派遣劳动者进行必要的安全生产教育和培训。

生产经营单位接收中等职业学校、高等学校学生实习的,应当对实习学生进行相应的安全生产教育和培训,提供必要的劳动防护用品。学校应当协助生产经营单位对实习学生进行安全生产教育和培训。

生产经营单位应当建立安全生产教育和培训档案,如实记录安全生产教育和培训的时间、内容、参加人员以及考核结果等情况。

生产经营单位采用新工艺、新技术、新材料或者使用新设备,必须了解、掌握其安全技术特性,采取有效的安全防护措施,并对从业人员进行专门的安全生产教育和培训。

4. 特种作业人员的资质和培训

特种作业是指容易发生事故,对操作者本人、他人的安全健康及设备、设施的安全可能造成重大危害的作业。特种作业的范围由特种作业目录规定。特种作业人员是指直接从事特种作业的从业人员。特种作业危险性较大,一旦发生事故,对整个企业安全生产的影响较大,而且会带来严重的生命和财产损失。因此,《安全生产法》规定,生产经营单位的特种作业人员必须按照国家有关规定经专门的安全作业培训,取得相应资格,方可上岗作业。特种作业人员安全技术培训考核管理规定对特种作业人员的安全技术培训、考核、发证作了具体规定。

五、安全生产基础保障

1. 建设项目安全设施的"三同时"

生产经营单位新建、改建、扩建工程项目的安全设施,必须与主体工程同时设计、同时施工、同时投入生产和使用。安全设施投资应当纳入建设项目概算。

2. 建设项目的安全论证与评价

矿山建设项目和用于生产、储存危险物品的建设项目,应当分别按照国家有关规定进行安全条件论证和安全评价。安全条件论证就是对建设项目的可行性报告和设计报告中有关的安全条件进行论证,以论证建设项目的安全条件是否符合国家规定的条件。安全评价,也称风险评价,是指运用定量或者定性的方法,对建设项目或者生产经营单位存在的职业危险因素和有害因素进行识别、分析和评估。通过评价,查找、分析和预测工程、系统存在的危险、有害因素及危险、危害程度,提出合理可行的安全对策措施,指导危险源监控和事故预防,以达到最低事故率、最少损失和最优的安全投资效益。

3. 建设项目安全设施"三同时"责任

①建设项目安全设施的设计人、设计单位应当对安全设施设计负责。

建设项目安全设施的设计人、设计单位对安全设施设计负责,对于增强设计人、设计单位的责任心,保证安全设施设计的质量,明确发生事故后的责任划分,意义重大。对于因安全设施设计不合格给生产经营单位造成损失的,应当承担赔偿责任;造成生产安全事故的,应承担必要的行政责任;构成犯罪的,依法承担刑事责任。

②矿山、金属冶炼建设项目,用于装卸危险物品的建设项目和用于生产、储存危险物品的建设项目安全设施设计应当按照国家有关规定报经有关部门审查,审查部门和负责审查的人员对审查结果负责。

建设项目的安全设施设计审查部门和负责审查的人员滥用职权、玩忽职守,对不符合要求的安全设施设计予以批准,造成生产安全事故的,依法追究审查部门有关负责人及负有直接责任的人员的责任;构成犯罪的,依法追究刑事责任。

③矿山、金属冶炼建设项目,用于装卸危险物品的建设项目和用于生产、储存危险物品的建设项目的施工单位必须按照批准的安全设施设计施工,并对安全设施的工程质量负责。

建设项目的安全设施施工单位未按照安全设施设计施工,造成生产安全事故的,依法追究有关负责人的责任;构成犯罪的,依法追究刑事责任。

④矿山、金属冶炼建设项目,用于装卸危险物品的建设项目和用于生产、储存危险物品的建设项目竣工投入生产或者使用前,必须依照有关法律、行政法规的规定对安全设施进行验收,验收合格后,方可投入生产和使用。验收部门和验收人员对验收结果负责。

建设项目的安全设施设计验收部门和验收人员滥用职权、玩忽职守,对不符合要求的安全设施设计予以验收,造成生产安全事故的,依法追究审查部门有关负责人及负有直接责任的人员的责任;构成犯罪的,依法追究刑事责任。

4. 劳动防护用品

劳动防护用品是指劳动者在劳动过程中为免遭或者减轻事故伤害或者职业危害所配备的防护装置。使用劳动防护用品是保障从业人员人身安全与健康的重要措施,也是保障生产经营单位安全生产的基础。生产经营单位必须为从业人员提供符合国家标准或者行业标准的劳动防护用品,并监督、教育从业人员按照使用规则佩戴、使用。

5. 工伤保险

从业人员人身安全保障是指从业人员的工伤社会保险补偿和人身伤亡赔偿的法律保障。工伤保险的主要任务是保障因工作遭受事故伤害、患职业病的职工获得医疗救治、职业康复和经济补偿。生产经营单位必须依法参加工伤保险,为从业人员缴纳保险费。

国家鼓励生产经营单位投保安全生产责任保险。

6. 从业人员安全告知与劳保用品管理

生产经营单位应当教育和督促从业人员严格执行本单位的安全生产规章制度和安全操作规程,并向从业人员如实告知作业场所和工作岗位存在的危险因素、防范措施以及事故应急措施。生产经营单位必须为从业人员提供符合国家标准或者行业标准的劳动防护用品,并监督、教育从业人员按照使用规则佩戴、使用。

六、安全生产管理保障

1. 安全警示标志管理

在有危险因素的生产经营场所和有关设施、设备上,设置安全警示标志,及时提醒从业人员注意危险,防止从业人员发生事故。生产经营单位应当在存在较大危险因素的生产经营场所和有关设施、设备上,设置明显的安全警示标志。安全警示标志分为禁止、警告、指令和提示标志。

2. 设备的安全管理

(1)安全设备管理

安全设备是指用于保证生产经营活动正常进行,防止事故发生,保障职工人身安全与健康的设备总称。由于安全设备关系到人身安全和健康,因此,《安全生产法》规定,安全设备的设计、制造、安装、使用、检测、维修、改造和报废,应当符合国家标准或者行业标准。生产经营单位必须对安全设备进行经常性维护、保养,并定期检测,保证正常运转。维护、保养、检测时应当作好记录,并由有关人员签字。

(2)特种设备和危险物品容器及运输工具的管理

生产经营单位使用的危险物品的容器、运输工具,涉及人身安全、危险性较大的海洋石油开采特种设备和矿山井下特种设备,以及危险物品的容器、运输工具,必须按照国家有关规定,由专业生产单位生产,并经取得专业资质的检测、检验机构检测、检验合格,取得安全使用证或者安全标志后,方可投入使用。检测、检验机构对检测、检验结果负责。特种设备主要包括海洋石油开采特种设备、矿山井下特种设备锅炉、压力容器、压力管道、电梯、起重机械、客运索道、大型游乐设施等。

(3)淘汰严重危及生产安全的工艺和设备

国家对严重危及生产安全的工艺、设备实行淘汰制度。省、自治区、直辖市人民政府可以根据本地区实际情况对国家淘汰目录规定以外的危及生产安全的工艺、设备予以淘汰。生产经营单位不得使用国家明令淘汰、禁止使用的危及生产安全的工艺、设备。

3. 危险物品的安全管理

危险物品是指易燃易爆物品、危险化学品、放射性物品等会危及人身安全和财产安全的物品。作为保障生产经营单位安全生产的一项重要措施,《安全生产法》规定,生产、经营、运输、储存、使用危险物品或者处置废弃危险物品的,由有关主管部门依照有关法律、法规的规定和国家标准或者行业标准审批并实施监督管理。

4. 重大危险源的安全管理

重大危险源是指长期地或者临时地生产、搬运、使用或者储存危险物品,且危险物品的数量等于或者超过临界量的单元。单元指一个(套)生产装置、设施或者场所,或者同属一个工厂且边缘距离小于 500 m 的几个(套)生产装置、设备或者场所。为了预防重大、特大事故的发生,降低事故造成的损失,必须建立有效的重大危险源控制系统,加强重大危险源的安全管理。《安全生产法》规定,生产经营单位对重大危险源应当登记建档,进行定期检测、评估、监控,并制定应急预案,告知从业人员和相关人员在紧急情况下应当采取的应急措施。生产经营单位应当按照国家有关规定将本单位重大危险源及有关安全措施、应急措施报有关地方人民政府安全生产监督管理部门和有关部门备案。

5. 生产安全事故隐患管理

生产经营单位应当建立健全生产安全事故隐患排查治理制度,采取技术、管理措施,及时发现并消除事故隐患。事故隐患排查治理情况应当如实记录,并向从业人员通报。县级以上地方各级人民政府负有安全生产监督管理职责的部门应当建立健全重大事故隐患治理督办制度,督促生产经营单位消除重大事故隐患。

生产经营单位主要负责人对本单位事故隐患排查治理工作全面负责。

6. 安全出口的管理

生产、经营、储存、使用危险物品的车间、商店、仓库不得与员工宿舍在同一座建筑物内,并应当与员工宿舍保持安全距离。生产经营场所和员工宿舍应当设立符合紧急疏散要求、标志明显、保持畅通的出口。禁止锁闭、封堵生产经营场所或者员工宿舍的出口。保障疏散通道和安全出口畅通、标志明显,是生产经营单位安全管理的重中之重。

7. 爆破、吊装作业安全管理

爆破、吊装以及国务院安全生产监督管理部门会同国务院有关部门规定的其他危险作业,生产经营单位进行爆破、吊装等危险作业,应当安排专门人员进行现场安全管理,确保操作规程的遵守和安全措施的落实。只有这样,才能达到保证安全生产的目的。

8. 交叉作业安全管理

两个以上生产经营单位在同一作业区域内进行生产经营活动,可能危及对方安全生产的,应当签订安全生产管理协议,明确各自的安全生产管理职责和应当采取的安全措施,并指定专职安全生产管理人员进行安全检查与协调。

9. 发包与出租的安全管理

生产经营单位不得将生产经营项目、场所、设备发包或者出租给不具备安全生产条件或者相应资质的单位或者个人。生产经营项目、场所发包或出租给其他单位的,生产经营单位应当与承包单位、承租单位签订安全生产管理协议,或者承包合同、租赁合同中约定各自安全生产管理职责;生产经营单位对承包单位、承租单位的安全生产工作统一协调、管理,定期进行安全检查,发现安全问题的,应当及时督促整改。

10. 现场安全检查

生产经营单位的安全生产管理人员应当根据本单位的生产经营特点,对安全生产状况进行经常性检查;对检查中发现的安全问题,应当立即处理;不能处理的,应当及时报告本单位有关负责人。检查及处理情况应当如实记录在案。

生产经营单位的安全生产管理人员在检查中发现重大事故隐患,向本单位有关负责人报告,有关负责人不及时处理的,安全生产管理人员可以向负有安全生产监督管理职责的主管部门报告,接到报告的部门应当依法及时处理。

第4节 从业人员的权利和义务

生产经营单位的从业人员是指从事生产经营活动各项工作的所有人员,既包括管理人员、技术人员和各岗位操作工人,也包括生产经营单位临时聘用人员和被派遣劳动者。对从业人员的安全生产保障,关系到从业人员的生命安全和职业健康。从业人员有获得安全生产保障的权利,是劳动者应该享有的基本的人权。

一、从业人员的安全生产权利

1. 危险因素和应急措施的知情、建议权

生产经营单位特别是各类矿山、危险物品生产经营单位,往往存在着一些对从业人员生命和健康带有危险、危害的因素,如接触粉尘、顶板、水、火、瓦斯、有毒有害气体的场所、工种、岗位、工序、设备、原材料、产品,这些危险、危害因素都有发生人身伤亡事故的可能。所以,从业人员有权了解其作业场所和工作岗位存在的危险、危害因素,防范措施及事故应急措施,从业人员有权对本单位的安全生产工作提出建议。

2. 安全管理的批评、检举和控告权

从业人员是生产经营单位的主人,他们对安全生产情况尤其是安全管理中的问题和事故隐患最了解、最熟悉,具有他人不能替代的作用。只有依靠他们并且赋予必要的安全生产监督权和自我保护权,才能做到预防为主、防患于未然。因此,从业人员有权对本单位安全生产工作中存在的问题提出批评、检举、控告。生产经营单位不得因从业人员对本单位安全生产工作提出的批评、检举、控告而降低其工资、福利等待遇或者解除与其订立的劳动合同。

3. 拒绝违章指挥和强令冒险作业权

在生产经营活动中经常出现企业负责人或者管理人员违章指挥和强令从业人员冒险作业的现象,由此可能导致事故,造成人员大量伤亡。因此,法律赋予从业人员拒绝违章指挥和强令冒险作业的权利,不仅是为了保护从业人员的人身安全,也是为了警示生产经营单位负责人和管理人员必须照章指挥,保证安全。

4. 紧急情况下的停止作业和撤离权

由于生产经营场所的自然和人为危险因素的存在不可避免,因此,在生产经营作业过程中经常会发生一些意外的或者人为的直接危及从业人员人身安全的危险情况,将会或者可能会对从业人员造成人身伤害。

从业人员在行使这项权利的时候,必须明确 4 点:①危及从业人员人身安全的紧急情况必须有确实可靠的直接根据,凭借个人猜测或者误判而实际并不属于危及人身安全的紧急情况除外,该项权利不能被滥用;②紧急情况必须是直接危及人身安全,间接危及人身安全的情况不应撤离,而应采取有效处理措施;③出现危及从业人员人身安全的紧急情况时,首先是停止工作,然后要采取可能的应急措施;采取应急措施无效时,再撤离作业场所;④该项权利不适合某些从事特殊职业的从业人员,比如飞行人员、船舶驾驶人员、车辆驾驶人员等。

5. 享受工伤保险和伤亡求偿权

《安全生产法》明确赋予从业人员享有工伤保险和获得伤亡赔偿的权利,同时规定了生产经营单位的相关义务。生产经营单位必须依法参加工伤保险,为从业人员缴纳保险费。生产经营单位与从业人员订立的劳动合同,应当载明有关保障从业人员劳动安全、防止职业危害的事项,以及依法为从业人员办理工伤保险的事项。生产经营单位不得以任何形式与从业人员订立协议,免除或者减轻其对从业人员因生产安全事故伤亡依法应当承担的责任。因生产安全事故受到损害的从业人员,除依法享有获得工伤社会保险外,依照有关民事法律尚有获得赔偿的权利的,有权向本单位提出赔偿要求。

《安全生产法》明确了4个问题:①从业人员依法享有工伤保险和伤亡求偿的权利。法律规定这项权利必须以劳动合同的必要条款的书面形式加以确认。②依法为从业人员缴纳工伤社会保险费和给予民事赔偿,是生产经营单位的法律义务。③发生生产安全事故后,从业人员依照劳动合同和工伤社会保险合同的约定,享有相应赔付金。④从业人员获得工伤社会保险赔付和民事赔偿的金额标准、领取和支付程序,必须符合法律、法规和国家的有关规定。

二、从业人员的安全生产义务

1. 遵章守规、服从管理的义务

安全生产规章制度和操作规程是从业人员在从事生产经营活动中确保安全的具体规范和依据。事实表明,从业人员违反规章制度和操作规程,是导致生产安全事故的主要原因。

2. 正确佩戴和使用劳保用品的义务

从业人员在作业过程中,应当严格遵守本单位的安全生产规章制度和操作规程,服从管理,正确佩戴和使用劳动保护用品。严禁在作业过程中不佩戴、不使用或者不正确佩戴、使用劳动防护用品。

3. 接受安全生产教育、培训的义务

从业人员应当接受安全生产教育和培训,掌握本职工作所需的安全生产知识,提高安全生产技能,加强安全生产的意识教育,增强事故预防和应急处理能力。这对提高生产经营单位从业人员的安全意识、安全技能以及预防、减少事故和人员伤亡等方面都具有积极意义。

4. 发现事故隐患及时报告的义务

从业人员发现事故隐患或者其他不安全因素,应当立即向现场安全生产管理人员或者本单位负责人报告;接到报告的人员应当及时予以处理。这就要求从业人员必须具有高度的责任心,防微杜渐,防患于未然,及时发现事故隐患和不安全因素,预防事故发生。

三、工会在安全生产管理中的权利

工会有权对建设项目的安全设施与主体工程同时设计、同时施工、同时投入生产和使用进行监督,提出意见。

工会对生产经营单位违反安全生产法律、法规,侵犯从业人员合法权益的行为,有权要求纠正;发现生产经营单位违章指挥、强令冒险作业或者发现事故隐患时,有权提出解决的建议,生产经营单位应当及时研究答复;发现危及从业人员生命安全的情况时,有权向生产经营单位建议组织从业人员撤离危险场所,生产经营单位必须立即作出处理。

工会有权依法参加事故调查,向有关部门提出处理意见,并要求追究有关人员的责任。

四、被派遣劳动者的权利与义务

劳务派遣是用人单位根据工作需要,从人力资源公司租赁或通过人力资源公司选聘所需人才,并通过人力资源公司为派遣人员办理劳动合同管理、发放薪酬、办理社会保险、保管档案、员工沟通,以及劳务纠纷处理等全方位的人力资源管理服务。根据《劳动合同法》规定,劳动合同用工是我国的企业基本用工形式。劳务派遣用工是补充形式,只能在临时性、辅助性或者替代性的工作岗位上实施。临时性工作岗位是指存续时间不超过6个月的岗位;辅助性工作岗位是指为主营业务岗位提供服务的非主营业务岗位;替代性工作岗位是指用工单位的劳

动者因脱产学习、休假等原因无法工作的一定期间内，可以由其他劳动者替代工作的岗位。

《安全生产法》规定，生产经营单位使用被派遣劳动者的，被派遣劳动者享有《安全生产法》规定的从业人员的权利，并应当履行《安全生产法》规定的从业人员的义务。

第5节　安全生产监督管理

《安全生产法》所确立的安全生产监督管理法律制度，充分体现了强化安全生产监督管理的宗旨和社会监督、齐抓共管的原则，把安全生产监督管理工作拓展到前所未有的领域。

一、安全生产工作监督管理体制

科学的安全生产监督管理制度必须有科学的监督管理体制加以保证，必须有高效的监督管理机构付诸实施。否则，再好的制度也难以贯彻落实。我国安全生产工作监督管理体制的主要内容是：

1. 安全生产工作的综合监督管理

安全生产事关人民群众生命、财产安全和社会稳定大局，又涉及各行各业和社会的方方面面，从有利于加强安全生产监督管理的原则考虑，需要有一个综合部门对各个领域、行业安全生产工作的监督管理全面负责，行使必要的协调、指导、督促、服务等职能。因此，《安全生产法》规定，国务院安全生产监督管理部门对全国安全生产工作实施综合监督管理；县级以上地方各级人民政府安全生产监督管理部门对本行政区域内安全生产工作实施综合监督管理。

2. 有关部门对安全生产工作的监督管理

由于安全生产涉及各行各业的生产经营单位，领域十分广泛，各行业、领域的情况和特点有很大差别，其安全生产监督管理具有很强的专业性。除各级安全生产监督管理部门外，还必须充分发挥有关部门的优势和作用。否则，很难体现专门行业、领域安全生产监督管理的特点，安全生产监督管理的目标也很难实现。

有关部门是指县级以上地方人民政府安全生产综合监督管理部门以外的负责专项安全生产监督管理的部门，包括国务院负责专项安全生产监督管理的部门和县级以上地方人民政府负责专项安全生产监督管理的部门。国务院有关部门是指公安部、交通运输部、住房和城乡建设部、工业和信息化部、环境保护部、国家煤矿安全监察局、民用航空局和国家质量监督检验检疫总局等国务院的部、委、局。因此，《安全生产法》规定，国务院有关部门和县级以上地方各级人民政府有关部门依照法律、行政法规的规定，在各自的职责范围内对有关行业、领域的安全生产工作实施监督管理。

根据我国现行安全生产法律、行政法规的规定以及机构设置和部门职责分工，负有安全生产监督管理职责的有关部门主要有：

①煤矿安全监察机构，负责对煤矿安全的监督管理；

②公安部门，负责对民用爆炸物品公共安全及购买、运输、爆破作业安全，烟花爆竹公共安全，危险化学品公共安全道路交通安全等实施监督管理；

③工业和信息化行政部门，负责民用爆炸物品生产、销售的安全监督管理；建筑行政部门，负责对建筑工程安全的监督管理；

④交通运输部门,负责对铁路、公路、水路、民航安全的监督管理;

⑤环境保护部门,负责核与辐射安全的监督管理;

⑥质量技术监督部门,负责对特种设备安全实施监督管理;

⑦民用航空局负责民用航空安全的监督管理;

⑧国家质量监督检验检疫总局负责特种设备安全的监督管理;

⑨国家食品药品监督管理总局负责食品药品的安全监督管理;

⑩安全生产监督管理部门同时具体负责消防安全、非煤矿山、烟花爆竹的安全监督管理以及危险化学品安全监督管理综合工作。

县级以上地方人民政府有关部门是指本级人民政府负责消防、道路交通、水上交通、建设、质检、环保、食品药品监管等专项安全生产监督管理工作的部门。地方人民政府有关部门依照法律、法规和本级人民政府的授权,负责本行政区域内的专项安全生产监督管理工作,并接受同级人民政府安全生产综合监督管理部门的指导和监督。

我国安全生产工作监督管理体制的特点是综合管理与专门管理相结合、统一管理与分级管理相结合。综合管理与专门管理、统一管理与分级管理的关系是分工负责,各司其职。

二、安全生产的国家监督

安全生产的国家监督,主要是指县级以上地方各级人民政府和负有安全生产监督管理职责的部门对安全生产工作的监督管理。

1.县级以上地方人民政府的安全生产监督管理职责

县级以上地方各级人民政府应当根据本行政区域内的安全生产状况,组织安全生产监督管理部门按照分类分级监督管理的要求,制定安全生产年度监督检查计划,并按照年度监督检查计划进行监督检查。分类分级监督管理是指根据生产经营单位危险性质的不同,划分不同的行业或者领域类别和级别。

2.负有安全生产监督管理职责的部门的监督管理

国务院负责安全生产监督管理的部门依照《安全生产法》的规定,对全国安全生产监督管理工作实施综合监督管理;县级以上地方人民政府负责安全生产监督管理的部门依照《安全生产法》的规定,对本行政区域内安全生产工作实施综合监督管理。负有安全生产监督管理职责的部门,包括负责安全生产监督管理的部门和其他有关部门,具体承担着对安全生产进行日常性监督检查的职责,其对安全生产的监督管理属于专门机关的监督管理,在安全生产监督管理中居于核心地位,发挥着极其重要的作用。

安全监管部门通过综合监督、日常监督、专项监督三种方式开展执法监督工作。综合监督是指上级安全监管部门按照安全生产监管执法监督办法规定的检查内容,对下级安全监管部门执法总体情况开展的执法监督。日常监督是指安全监管部门对内设机构、专门执法机构及其执法人员日常执法情况开展的执法监督。专项监督是指安全监管部门针对有关重要执法事项或者执法行为开展的执法监督。

3.监察机关的监督

《行政监察法》第2条规定,监察机关是人民政府行使监察职能的机关,依法对国家行政机关以及国家公务员和国家行政机关任命的其他人员实施监察。负有安全生产监督管理职责的部门属于行政机关,其工作人员是国家公务员。因此,他们应当属于监察机关的监察对象。

目的是加强对负有安全监管职责的部门及其工作人员履行安全监管职责的监督。

三、安全生产事项审批和验收

1. 安全生产事项审批和验收

负有安全生产监督管理职责的部门依照有关法律、法规的规定,对涉及安全生产的事项需要审查批准或者验收的,必须严格依照有关法律、法规和国家标准或者行业标准规定的安全生产条件和程序进行审查;不符合有关法律、法规和国家标准或者行业标准规定的安全生产条件的,不得批准或者验收通过。对未依法取得批准或者验收合格的单位擅自从事有关活动的,负责行政审批的部门发现或者接到举报后应当立即予以取缔,并依法予以处理。对已经依法取得批准的单位,负责行政审批的部门发现其不再具备安全生产条件的,应当撤销原批准。

2. 审批和验收过程的禁止事项

负有安全生产监督管理职责的部门对涉及安全生产的事项进行审查、验收,不得收取费用;不得要求接受审查、验收的单位购买其指定品牌或者指定生产、销售单位的安全设备、器材或者其他产品。

四、安全生产监督管理过程

1. 安全生产监督管理职责

安全生产监督管理部门和其他负有安全生产监督管理职责的部门依法开展安全生产行政执法工作,对生产经营单位执行有关安全生产的法律、法规和国家标准或者行业标准的情况进行监督检查,行使以下职权:

①进入生产经营单位进行检查,调阅有关资料,向有关单位和人员了解情况。

②对检查中发现的安全生产违法行为,当场予以纠正或者要求限期改正;对依法应当给予行政处罚的行为,依照法律、行政法规的规定作出行政处罚决定。

③对检查中发现的事故隐患,应当责令立即排除;重大事故隐患排除前或者排除过程中无法保证安全的,应当责令从危险区域内撤出作业人员,责令暂时停产停业或者停止使用相关设施、设备;重大事故隐患排除后,经审查同意,方可恢复生产经营和使用。

④对有根据认为不符合保障安全生产的国家标准或者行业标准的设施、设备、器材以及违法生产、储存、使用、经营、运输的危险物品予以查封或者扣押,对违法生产、储存、使用、经营危险物品的作业场所予以查封,并依法作出处理决定。

监督检查不得影响被检查单位的正常生产经营活动。

2. 安全生产监督检查的配合

生产经营单位对负有安全生产监督管理职责的部门的监督检查人员依法履行监督检查职责,应当予以配合,不得拒绝、阻挠。

3. 安全生产监督检查人员执法准则

安全生产监督检查人员应当忠于职守,坚持原则,秉公执法。安全生产监督检查人员执行监督检查任务时,必须出示有效的监督执法证件;对涉及的被检查单位的技术秘密和业务秘密,应当为其保密。

4. 安全生产监督检查记录

安全生产监督检查人员应当将检查的时间、地点、内容、发现的问题及其处理情况，做出书面记录，并由检查人员和被检查单位的负责人签字；被检查单位的负责人拒绝签字的，检查人员应当将情况记录在案，并向负有安全生产监督管理职责的部门报告。

5. 安全生产监督部门之间联合检查

负有安全生产监督管理职责的部门在监督检查中，应当互相配合，实行联合检查；确需分别进行检查的，应当互通情况，发现存在的安全问题应当由其他有关部门进行处理的，应当及时移送至其他有关部门并形成记录备查，接受移送的部门应当及时进行处理。

6. 处置重大事故隐患措施

负有安全生产监督管理职责的部门依法对存在重大事故隐患的生产经营单位作出停产停业、停止施工、停止使用相关设施或者设备的决定，生产经营单位应当依法执行，及时消除事故隐患。生产经营单位拒不执行，有发生生产安全事故的现实危险的，在保证安全的前提下，经本部门主要负责人批准，负有安全生产监督管理职责的部门可以采取通知有关单位停止供电、停止供应民用爆炸物品等措施，强制生产经营单位履行决定。通知应当采用书面形式，有关单位应当予以配合。

负有安全生产监督管理职责的部门依照前款规定采取停止供电措施，除有危及生产安全的紧急情形外，应当提前 24 小时通知生产经营单位。生产经营单位依法履行行政决定、采取相应措施消除事故隐患的，负有安全生产监督管理职责的部门应当及时解除措施。

五、安全生产的社会监督和舆论监督

1. 社会监督

社会监督作为政府监督管理的补充，发挥城乡社区基层组织在安全生产监督管理方面的作用十分重要。依靠和发挥社区基层组织，及时发现和查处事故隐患和安全生产违法行为，必将对强化监督管理和行政执法起到推动作用。

2. 舆论监督

当前安全生产工作得到全社会高度重视，舆论监督发挥出巨大作用。大众传媒在安全生产工作中占有重要舆论宣传和导向地位。新闻、出版、广播、电影、电视等单位有进行安全生产公益宣传教育的义务，有对违反安全生产法律、法规的行为进行舆论监督的权利。强调媒体宣传的公益性就是要求广大新闻媒体单位在安全生产宣传上，不能以盈利为目的，做到不收费或少收费，绝对不能搞有偿新闻。广大新闻媒体掌握着大量的公共资源，这些资源是由国家出资建设的，理应在安全生产这个关系国家和全体人民福祉的问题上发挥更加重要的作用。负有安全生产监督管理职责的部门应当建立举报制度，公开举报电话、信箱或者电子邮箱，受理有关安全生产的举报；受理的举报事项经调查核实后，应当形成书面材料；需要落实整改措施的，报经有关负责人签字并督促落实。

六、安全生产违法行为的举报

安全生产违法行为具有隐蔽性和广泛性，仅仅依靠各级安全监察部门是不能全部发现和查处的，必须依靠社会监督、举报才能及时发现和查处。调动广大人民群众的安全生产积极性，协助政府查处、建立举报制度是对安全生产违法行为进行监督和查处的主要途径。

1. 社会举报

《安全生产法》规定,任何单位或者个人对事故隐患或者安全生产违法行为,均有权向负有安全生产监督管理职责的部门报告或者举报。居民委员会、村民委员会发现其所在区域内的生产经营单位存在事故隐患或者安全生产违法行为时,应当向当地人民政府或者有关部门报告。

2. 举报受理

生产安全事故隐患和安全生产违法行为是国家明令整改和禁止的,对人民群众生命和财产安全危害极大,必须及时查处。县级以上负有安全生产监督管理职责的部门负责监督管理和行政执法,是法定的安全生产举报受理机关。为了强化执法,负有安全生产监督管理职责的部门应当建立举报制度,公开举报电话、信箱或者电子邮箱,受理有关安全生产的举报;举报人可以通过安全生产举报投诉特服电话"12350",或者以书信、电子邮件、传真、走访等方式举报安全生产重大事故隐患和非法违法行为。受理的举报事项经调查核实后,应当形成书面材料;需要落实整改措施的,报经有关负责人签字并督促落实。

安全生产重大事故隐患是指危害和整改难度较大,应当全部或者局部停产停业,并经过一定时间整改治理方能排除的隐患,或者因外部因素影响致使生产经营单位自身难以排除的隐患。安全生产非法违法行为的重点情形:无证、证照不全或者证照过期从事生产经营、建设活动的;未依法取得批准或者验收合格,擅自从事生产经营活动的;关闭取缔后又擅自从事生产经营、建设活动的;停产整顿、整合技改未经验收擅自组织生产和违反建设项目安全设施"三同时"规定的;未依法对从业人员进行安全生产教育培训,或者特种作业人员未依法取得特种作业操作资格证书而上岗作业的;与从业人员订立劳动合同,免除或者减轻其对从业人员因生产安全事故伤亡依法应承担的责任的;将生产经营项目、场所、设备发包或者出租给不具备安全生产条件或者相应资质的单位或者个人,或者未与承包单位、承租单位签订专门的安全生产管理协议或者未在承包合同、租赁合同中明确各自的安全生产管理职责,或者未对承包、承租单位的安全生产进行统一协调、管理的;未按规定对危险物品进行管理或者使用国家明令淘汰、禁止的危及生产安全的工艺、设备的;承担安全评价、认证、检测、检验工作的机构出具虚假证明的;生产安全事故瞒报、谎报以及重大隐患隐瞒不报,或者不按规定期限予以整治的,或者生产经营单位主要负责人在发生伤亡事故后逃匿的。

3. 安全生产举报投诉方式

国家安全生产监督管理总局、财政部联合制定的《安全生产举报奖励办法》规定,举报人可以通过安全生产举报投诉特服电话,或者以书信、电子邮件、传真、走访等方式举报安全生产重大事故隐患和非法违法行为。举报人对举报内容的真实性负责,不得捏造、歪曲事实,不得诬告、陷害他人。受理举报的安全监管部门应当依法保护举报人的合法权益并为其保密。

七、对举报安全生产违法行为有功人员的奖励

发动群众和社会力量对安全生产违法行为进行举报,可以避免和减少重大生产安全事故的发生,可以使安全生产违法行为及时得到查处。对举报有功人员给予奖励,可以弘扬正气。为了使举报制度得到贯彻落实,增强人民群众揭发安全生产违法行为的积极性,《安全生产法》规定,县级以上各级人民政府及其有关部门对报告重大事故隐患或者举报安全生产违法

行为的有功人员,给予奖励。根据《安全生产举报奖励办法》规定,经调查属实的,受理举报的安全生产监督部门应当按下列规定对有功的实名举报人给予现金奖励:对举报安全生产重大事故隐患、安全生产非法违法行为的,奖励1 000元至1万元;对举报瞒报、谎报一般事故的,奖励3 000元至5 000元;举报瞒报、谎报较大事故的,奖励5 000元至1万元;举报瞒报、谎报重大事故的,奖励1万元至2万元;举报瞒报、谎报特别重大事故的,奖励3万元。多人多次举报同一事项的,由最先受理举报的安全监管部门给予有功的实名举报人一次性奖励。多人联名举报同一事项的,奖金可以平均分配,由实名举报的第一署名人或者第一署名人书面委托的其他署名人领取奖金。

八、建立安全生产违法行为信息库

党的十八届三中全会决定,要建立健全社会征信体系,褒扬诚信,惩戒失信。国务院《关于促进市场公平竞争维护市场正常秩序的若干意见》要求将市场主体的信用信息作为行政管理的重要参考,建立健全守信激励和失信惩戒机制。根据市场主体信用状况实行分级分类、动态监管,建立健全经营异常名录制度,对违背市场竞争原则和侵犯消费者、劳动者合法权益的市场主体建立黑名单制度。对守信主体予以支持和激励,对失信主体在经营、投融资、取得政府供应土地、进出口、出入境、注册新公司、工程招投标、政府采购、获得荣誉、安全许可、生产许可、从业任职、资质审核等方面予以限制或禁止,对严重违法失信主体实行市场禁入制度。

《安全生产法》规定,负有安全生产监督管理职责的部门应当建立安全生产违法行为信息库,如实记录生产经营单位的安全生产违法行为信息;对违法行为情节严重的生产经营单位,应当向社会公告,并通报行业主管部门、投资主管部门、国土资源主管部门、证券监督管理机构以及有关金融机构。

根据《对安全生产领域失信行为开展联合惩戒的实施办法》。生产经营单位及其有关人员存在下列失信行为之一的,纳入联合惩戒对象:

①发生较大及以上生产安全责任事故,或1年内累计发生3起及以上造成人员死亡的一般生产安全责任事故的;②未按规定取得安全生产许可,擅自开展生产经营建设活动的;③发现重大生产安全事故隐患,或职业病危害严重超标,不及时整改,仍组织从业人员冒险作业的;④采取隐蔽、欺骗或阻碍等方式逃避、对抗安全监管监察;⑤被责令停产停业整顿,仍然从事生产经营建设活动的;⑥瞒报、谎报、迟报生产安全事故的;⑦矿山、危险化学品、金属冶炼等高危行业建设项目安全设施未经验收合格即投入生产和使用的;⑧矿山生产经营单位存在超层越界开采、以探代采行为的;⑨发生事故后,故意破坏事故现场,伪造有关证据资料,妨碍、对抗事故调查,或主要负责人逃逸的;⑩安全生产和职业健康技术服务机构出具虚假报告或证明,违规转让或出借资质的。

存在严重违法违规行为,发生重特大生产安全责任事故,或1年内累计发生2起较大生产安全责任事故,或发生性质恶劣、危害性严重、社会影响大的典型较大生产安全责任事故的联合惩戒对象,将被纳入安全生产不良记录"黑名单"管理。

联合惩戒信息通过全国信用信息共享平台和全国企业信用信息公示系统向各有关部门通报,并在国家安全生产监督管理总局政府网站和《中国安全生产报》向社会公布。联合惩戒和"黑名单"管理的期限为1年,自公布之日起计算。

九、安全生产守信单位联合激励

为有效激励生产经营单位安全生产守信行为,推动形成褒奖诚信的社会氛围,2017 年 12 月国家安全生产监督管理总局发布《对安全生产领域守信行为开展联合激励的实施办法》。

1. 纳入安全生产守信联合激励对象必须同时符合的条件

纳入安全生产守信联合激励对象的生产经营单位,必须同时符合以下条件:

①必须公开向社会承诺并严格遵守安全生产与职业健康法律、法规、标准等有关规定,严格履行安全生产主体责任;②生产经营单位及其主要负责人、分管安全负责人 3 年内无安全生产失信行为;③3 年内未受到安全监管监察部门作出的行政处罚;④3 年内未发生造成人员死亡的生产安全责任事故,未发现新发职业病病例;⑤安全生产标准化建设达到一级水平;⑥没有被其他行业领域认定为失信联合惩戒对象的记录。

2. 可以采取的激励措施

各级安全监管监察部门对纳入守信联合激励对象的生产经营单位可采取以下激励措施:

①在制订执法检查计划时,减少对其执法检查的频次;②安全生产许可证到期后可通过申报有关资料,直接延期一个许可周期;③在申请安全生产政策性资金、评先评优活动中,予以优先考虑;④优先参与安全生产法规、规章和标准的制修订工作;⑤建立联合激励对象名录,作为安全生产典型示范企业加以宣传推广;⑥地方各级安全监管部门和各级煤矿安全监察机构可结合实际,依法依规采取其他激励措施。

3. 信息发布及管理期限

联合激励信息通过全国信用信息共享平台和全国企业信用信息公示系统向各有关部门通报,并在国家安全生产监督管理总局政府网站和《中国安全生产报》向社会公布。生产经营单位守信联合激励管理自公布之日起计算,期限为 3 年。

第 6 节　安全生产事故的应急救援与调查处理

一、生产安全事故

1. 生产安全事故概念及分类

生产安全事故是指生产经营单位在生产经营活动中突然发生的,伤害人身安全和健康或者损坏设备设施或者造成经济损失的,导致原生产经营活动暂时中止或永远终止的意外事件。生产安全事故按事故发生的原因可分为责任事故和非责任事故;按事故造成的后果可分为人身伤亡事故和非人身伤亡事故。人身伤亡事故又称因工伤亡事故或工伤事故,是指生产经营单位的从业人员在生产经营活动中或在与生产经营相关的活动中,突然发生的、造成人体组织受到损伤或人体的某些器官失去正常机能,导致负伤肌体暂时地或长期地丧失劳动能力,甚至终止生命的事故。工伤事故按伤害的严重程度可分为轻伤、重伤、死亡事故。

2. 生产安全事故等级

《生产安全事故报告和调查处理条例》第 3 条的规定,根据生产安全事故造成的人员伤亡或者直接经济损失,事故一般分为四个等级:①特别重大事故,是指造成 30 人以上死亡,或者

100 人以上重伤,或者 1 亿元以上直接经济损失的事故;②重大事故,是指造成 10 人以上 30 人以下死亡,或者 50 人以上 100 人以下重伤,或者 5 000 万元以上 1 亿元以下直接经济损失的事故;③较大事故,是指造成 3 人以上 10 人以下死亡,或者 10 人以上 50 人以下重伤,或者 1 000 万元以上 5 000 万元以下直接经济损失的事故;④一般事故,是指造成 3 人以下死亡,或者 10 人以下重伤,或者 1 000 万元以下直接经济损失的事故。

二、生产安全事故的应急救援

如何防止和减少生产安全事故,遏制生产安全事故的频繁发生,减少事故中的人员伤亡和财产损失,促进安全生产形势的稳定好转,生产安全事故应急救援预案的制定及其体系的建立显得十分迫切和必要。

1. 生产安全事故的应急救援预案

县级以上地方各级人民政府应当组织有关部门制定本行政区域内特大生产安全事故应急救援预案。生产经营单位的主要负责人应当组织制定并实施本单位的生产安全事故应急救援预案。应急救援预案主要包括:应急救援预案的制定机构;应急救援预案的日常协调和指挥机构;相关部门在应急救援中的职责和分工;危险目标的确定和潜在危险性评估;应急救援组织的状况和人员、装备情况;应急救援组织的训练和演练;生产安全事故的紧急处理措施、人员疏散措施、工程抢险措施、现场医疗急救措施;生产安全事故的社会支持和援助;生产安全事故应急救援的经费保障;应急救援预案的其他内容。

2. 生产安全事故应急救援预案的相互衔接

生产经营单位应当制定本单位生产安全事故应急救援预案,与所在地县级以上地方人民政府组织制定的生产安全事故应急救援预案相衔接,并定期组织演练。

3. 生产安全事故应急救援体系

生产安全事故的应急救援体系是保证生产安全事故应急救援工作顺利实施的组织保障,主要包括应急救援指挥系统、应急救援日常值班系统、应急救援信息系统、应急救援技术支持系统、应急救援组织及经费保障。国家加强生产安全事故应急能力建设,在重点行业、领域建立应急救援基地和应急救援队伍,鼓励生产经营单位和其他社会力量建立应急救援队伍,配备相应的应急救援装备和物资,提高应急救援的专业化水平。

国务院安全生产监督管理部门建立全国统一的生产安全事故应急救援信息系统,国务院有关部门建立健全相关行业、领域的生产安全事故应急救援信息系统。建立省、市、县 3 级生产安全事故应急救援体系时,要统筹兼顾、合理规划、明确分工、相互协调,做到应急救援能力、资源的合理配置和有效使用。

4. 生产安全事故应急救援组织

危险物品的生产、经营、储存单位以及矿山、金属冶炼、城市轨道交通运营、建筑施工单位应当建立应急救援组织;生产经营规模较小,可以不建立应急救援组织的,应当指定兼职的应急救援人员。危险物品的生产、经营、储存单位以及矿山、金属冶炼、城市轨道交通运营、建筑施工单位应当配备必要的应急救援器材、设备,并进行经常性维护、保养,保证其正常运转。

5. 生产安全事故的抢救

生产安全事故的抢救要坚持及时、得当、有效的原则。因生产安全事故属突发事件,安全生产法要求在事故发生后,任何单位和个人都应当支持、配合事故的抢救工作,为事故抢救提供一切便利条件;同时明确有关部门及其负责人在事故抢救中的职责。

（1）生产经营单位负责人在事故抢救中的职责

单位负责人接到事故报告后,应当迅速采取有效措施组织抢救,防止事故扩大,减少人员伤亡和财产损失,并按照国家有关规定立即如实报告当地负有安全生产监督管理职责的部门,不得隐瞒不报、谎报或者拖延不报,不得故意破坏事故现场、毁灭有关证据。

（2）生产安全事故的抢救

生产经营单位发生生产安全事故时,单位的主要负责人应当立即组织抢救。有关地方人民政府和负有安全生产监督管理职责部门的负责人接到生产安全事故报告后,应当按照生产安全事故应急救援预案的要求立即赶到事故现场,组织事故抢救。

参与事故抢救的部门和单位应当服从统一指挥,加强协同联动,采取有效的应急救援措施,并根据事故救援的需要采取警戒、疏散等措施,防止事故扩大和次生灾害的发生,减少人员伤亡和财产损失。事故抢救过程中应当采取必要措施,避免或者减少对环境造成的危害。任何单位和个人都应当支持、配合事故抢救,并提供一切便利条件。

三、事故的调查处理

1. 生产安全事故的报告

（1）生产经营单位内部的事故报告

生产经营单位发生生产安全事故后,事故现场有关人员应当立即报告本单位负责人。单位负责人接到事故报告后,应当迅速采取有效措施,组织抢救,防止事故扩大,减少人员伤亡和财产损失。

（2）生产经营单位的事故报告

单位负责人接到事故报告后,应按照国家有关规定立即如实报告当地负有安全生产监督管理职责的部门,不得隐瞒不报、谎报或者迟报,不得故意破坏事故现场、毁灭有关证据。根据《生产安全事故报告和调查处理条例》规定,事故发生后,事故现场有关人员应当立即向本单位负责人报告;单位负责人接到报告后,应当于 1 小时内向事故发生地县级以上人民政府安全生产监督管理部门和负有安全生产监督管理职责的有关部门报告。情况紧急时,事故现场有关人员可以直接向事故发生地县级以上人民政府安全生产监督管理部门和负有安全生产监督管理职责的有关部门报告。

（3）安全生产监督管理部门的事故报告

负有安全生产监督管理职责的部门接到死亡、重大伤亡事故、特大伤亡事故报告后,应当立即报告当地政府,并按系统逐级上报。负有安全生产监督管理职责的部门和有关地方人民政府对事故情况不得隐瞒不报、谎报或者拖延不报。根据《生产安全事故报告和调查处理条例》规定,负有安全生产监督管理职责的部门接到事故报告后,应当依照下列规定上报事故情况,并通知公安机关、劳动保障行政部门、工会和人民检察院:

①特别重大事故、重大事故逐级上报至国务院负有安全生产监督管理职责的部门。

②较大事故逐级上报至省、自治区、直辖市人民政府负有安全生产监督管理职责的部门。

③一般事故上报至设区的市级人民政府负有安全生产监督管理职责的部门。

负有安全生产监督管理职责的部门依照规定上报事故情况,应当同时报告本级人民政府。

国务院负有安全生产监督管理职责的部门以及省级人民政府接到发生特别重大事故、重大事故的报告后，应当立即报告国务院。必要时，负有安全生产监督管理职责的部门可以越级上报事故情况。负有安全生产监督管理职责的部门逐级上报事故情况，每级上报的时间不得超过2小时。

2. 事故报告的内容

根据《生产安全事故报告和调查处理条例》规定，报告事故应当包括下列内容：

①事故发生单位概况；

②事故发生的时间、地点以及事故现场情况；

③事故的简要经过；

④事故已经造成或者可能造成的伤亡人数和初步估计的直接经济损失；

⑤已经采取的措施；

⑥其他应当报告的情况。

事故报告后出现新情况的，应当及时补报。自事故发生之日起30日内，事故造成的伤亡人数发生变化的，应当及时补报。道路交通事故、火灾事故自发生之日起7日内，事故造成的伤亡人数发生变化的，应当及时补报。

3. 生产安全事故的调查处理

(1)事故调查处理遵循的原则和要求

事故调查处理应当按照科学严谨、依法依规、实事求是、注重实效的原则，坚持"事故原因不查清不放过；防范措施不落实不放过；职工群众未受到教育不放过；事故责任者未受到处理不放过"的原则，及时准确地查清事故原因、事故性质和事故责任，总结经验教训，提出整改措施，并对事故责任者提出处理意见。事故调查报告应当依法及时向社会公布。事故发生单位应当及时全面落实整改措施，负有安全生产监督管理职责的部门应当加强监督检查。生产安全事故的处理时限为90天，最长不超过180天。

(2)失职渎职行为的责任追究

生产经营单位发生生产安全事故，经调查确定为责任事故的，除了应查明事故单位的责任并依法予以追究外，还应当查明对安全生产的有关事项负有审查批准和监督职责的行政部门的责任，对有失职、渎职行为的，依照《安全生产法》追究法律责任。

(3)生产安全事故的统计和公布

县级以上地方各级人民政府负责安全生产监督管理的部门应当定期统计分析本行政区域内发生生产安全事故的情况，并定期向社会公布。主要对某一地区某一时段内生产安全事故的数量、类别、死伤人数、财产损失等统计情况进行公布。

4. 不得阻挠和干涉事故调查

依法进行事故调查处理，对于查清事故原因、明确事故责任、处理事故责任人员、完善事故防范措施、防止事故再次发生具有重要意义。为了保证事故调查处理工作的顺利进行，任何单位和个人不得阻挠和干涉对事故的依法调查处理。阻挠和干涉事故调查处理行为包括：干扰和干涉事故调查组的成立；事故调查过程中的干扰和干涉；破坏事故现场；转移和隐匿有关证据；无理拒绝事故调查组的询问；提供伪证；等等。

第 7 节 安全生产法律责任

一、生产安全事故责任追究

1. 生产安全事故的分类

按照导致事故直接原因进行分类,生产安全事故分为自然灾害和人为责任事故两大类。

自然灾害事故是由于人类在生产经营过程中对自然灾害不能预见、不能抗御和不能克服而发生的事故。

人为责任事故是指由于生产经营单位或者从业人员在生产经营过程中违反安全生产法律法规、国家标准或者行业标准和规章制度、操作规程所出现的失误和疏忽而导致的事故。绝大多数事故是人为责任事故,常与安全生产责任制和规章制度不健全、从业人员违章操作、管理人员违章指挥、技术装备陈旧落后、安全管理混乱、事故隐患不能及时消除有关。

2. 事故责任主体

事故责任主体是指对发生生产安全事故负有责任的单位或者人员。按照安全生产的生产主体和监管主体划分,事故责任主体包括发生生产安全事故的生产经营单位的责任人员和对发生安全事故负有监管职责的有关人民政府及其有关部门的责任人员。发生生产安全事故负有责任的人员包括管理人员和从业人员。负有监管责任的有关人民政府及其有关部门的责任人员包括对生产安全事故负有失职、渎职和应负领导责任的各级人民政府领导人,负有安全生产监督管理职责的部门的负责人、安全生产监督管理和行政执法人员。

3. 法律责任追究

依照安全生产法律、行政法规的规定,对生产安全事故的责任者,要由法定的国家机关追究其法律责任。生产安全事故责任者所承担的法律责任的主要形式包括行政责任和刑事责任。行政责任是指违反有关行政管理的法律、法规的规定,但尚未构成犯罪的违法行为所应承担的法律责任。追究行政责任通常以行政处分和行政处罚两种方式来实施。行政处分是对国家工作人员及由国家机关派到企业事业单位任职的人员的违法行为给予的一种制裁性处理。行政处分包括警告、记过、记大过、降级、撤职、开除等。行政处罚主要是对国家机关和国家工作人员以外的生产经营单位及其有关人员的安全生产违法行为给予的行政制裁。刑事责任是责任主体实施刑事法律禁止的行为所应承担的法律后果。刑事责任与行政责任的区别:一是责任的内容不同,负刑事责任的行为比负行政责任的行为的社会危害性更大;二是行为人是否承担刑事责任,只能由司法机关依照刑事诉讼程序决定;三是负刑事责任的责任主体常被处以刑罚。追究刑事责任的必须是违反了安全生产法律、行政法规的规定,应当给予刑事处罚的严重安全生产违法行为。

二、安全生产法律责任的形式

追究安全生产违法行为法律责任的形式有行政责任、民事责任和刑事责任 3 种。

1. 行政责任

行政责任是指责任主体违反安全生产法律规定,有关人民政府和安全生产监督管理部门、公安机关依法对其实施行政处罚的一种法律责任。《安全生产法》规定的行政处罚，由负责安全生产监督管理的部门决定；予以关闭的行政处罚由负责安全生产监督管理的部门报请县级以上人民政府按照国务院规定的权限决定；给予拘留的行政处罚由公安机关依照《治安管理处罚法》的规定决定。有关法律、行政法规对行政处罚的决定机关另有规定的，依照其规定。《安全生产法》设定的行政处罚有责令改正、责令限期改正、责令停产停业整顿、责令停止建设、停止使用、责令停止违法行为、罚款、没收违法所得、吊销证照、行政拘留、关闭等。

2. 民事责任

民事责任是指责任主体违反安全生产法律规定造成民事损害，由人民法院依照民事法律强制进行民事赔偿的一种法律责任。民事责任的主要方式有停止侵害；排除妨碍；消除危险；返还财产；恢复原状；修理、重作、更换；赔偿损失；支付违约金；消除影响，恢复名誉；赔礼道歉。民事责任的追究是为了最大限度地维护当事人受到民事损害时享有获得民事赔偿的权利。

3. 刑事责任

刑事责任是指责任主体违反安全生产法律规定构成犯罪，由司法机关依照刑事法律给予刑罚的一种法律责任。依法处以剥夺犯罪分子人身自由的刑罚，是3种法律责任中最严厉的。刑事责任的主要方式有管制、拘役、有期徒刑、无期徒刑、死缓、死刑。为了制裁那些严重的安全生产违法犯罪分子，《安全生产法》设定了刑事责任。《刑法》中有关安全生产违法行为的罪名主要有重大责任事故罪、重大劳动安全事故罪、危险物品肇事罪、提供虚假证明文件罪和国家工作人员职务犯罪等。

三、安全生产违法行为的责任主体

安全生产违法行为的责任主体是指依照《安全生产法》的规定享有安全生产权利、负有安全生产义务和承担法律责任的社会组织和公民。责任主体包括以下4种：

1. 有关人民政府和负有安全生产监督管理职责的部门及其领导人、负责人

各级地方人民政府和负有安全生产监督管理职责的部门对其管辖行政区域和职权范围内的安全生产工作进行监督管理。监督管理既是法定职权，又是法定职责。如果由于有关人民政府和负有安全生产监督管理职责的部门及其领导人和负责人违反法律规定而导致重大、特大事故，执法机关将依法追究因其失职、渎职和负有领导责任的行为所应承担的法律责任。

2. 生产经营单位及其负责人、有关主管人员

《安全生产法》对生产经营单位的安全生产行为作出了规定，生产经营单位必须依法从事生产经营活动，否则将承担法律责任。《安全生产法》规定了生产经营单位主要负责人应负的7项安全生产职责；《安全生产法》规定了生产经营单位安全生产责任制应当明确各岗位的责任人员、责任范围和考核标准等内容。《安全生产法》规定了生产经营单位安全生产资金投入和安全生产费用提取、使用和监督管理等内容。《安全生产法》对安全管理机构和安全生产管理人员配备作出了规定；《安全生产法》对生产经营单位的主要负责人和安全生产管理人员的安全资质作出了规定。生产经营单位的主要负责人、分管安全生产的其他负责人和安全生产管理人员是安全生产工作的直接管理者，保障安全生产是他们义不容辞的法定责任。

3. 生产经营单位的从业人员

从业人员直接从事生产经营活动，因此他们往往是各种事故隐患和不安全因素的第一知情者和直接受害者。从业人员安全素质高低，对安全生产至关重要。所以，《安全生产法》在

赋予他们必要的安全生产权利的同时,设定了他们必须履行的安全生产义务。如果因从业人员违反安全生产义务而导致重大、特大事故,那么必须承担相应的法律责任。

4. 安全生产服务机构和安全生产服务人员

《安全生产法》规定,依法设立的为安全生产提供技术、管理服务机构,依照法律、行政法规和执业准则,接受生产经营单位的委托为其安全生产工作提供技术、管理服务。安全生产服务机构和安全生产服务人员必须具有执业资质才能依法为生产经营单位提供服务。如果安全生产服务机构和安全生产服务人员对其承担的安全评价、认证、检测、检验事项出具虚假证明,视其情节轻重,追究其行政责任、民事责任和刑事责任。

四、安全生产违法行为的行政执法主体

安全生产违法行为的行政执法主体是指法律、法规授权履行法律实施职权和负责追究有关法律责任的国家行政机关。鉴于安全生产法是安全生产领域的基本法律,它的实施涉及多个行政机关。在目前的安全生产监督管理体制下,它的执法主体是多个。依法实施行政处罚是有关行政机关的法定职权。行政责任是采用得最多的法律责任形式,它是国家机关依法行政的主要手段。《安全生产法》规定的行政执法主体有以下 4 种:

1. 县级以上人民政府负责安全生产监督管理职责的部门

《安全生产法》规定的负责安全生产监督管理职责的部门,专指县级以上人民政府设置的安全生产监督管理部门。安全生产法规定的行政处罚,由负责安全生产监督管理的部门决定,县级以上人民政府负责安全生产监督管理的部门就是本法的行政执法主体。除了法律特别规定之外的行政处罚,安全生产监督管理部门均有权决定。

2. 县级以上人民政府

针对不具备安全生产法和其他法律、行政法规和国家标准或行业标准规定的安全生产条件,经停产整顿仍不达标的生产经营单位,规定由负责安全生产监督管理的部门报请县级以上人民政府按照国务院规定的权限予以关闭。

3. 公安机关

生产经营单位主要负责人在本单位发生重大生产安全事故时,不立即组织抢救或者在事故调查处理期间擅离职守或者逃匿的,给予降职、撤职的处分,对逃匿的处 15 日以下拘留;构成犯罪的,依照刑法追究刑事责任。行政拘留是限制人身自由的行政处罚,由公安机关实施。

4. 法定的其他行政机关

鉴于历史原因,在《安全生产法》公布实施前,国家已经制定了一些有关安全生产的其他法律、行政法规,其中对有关行政处罚的机关已经明确。

五、地方政府、监管部门及其工作人员的法律责任

1. 负有安全生产监督管理职责的部门工作人员的法律责任

负有安全生产监督管理职责的部门的工作人员,有下列行为之一的,给予降级或者撤职的处分;构成犯罪的,依照《刑法》有关规定追究刑事责任:

①对不符合法定安全生产条件的涉及安全生产的事项予以批准或者验收通过的;

②发现未依法取得批准、验收的单位擅自从事有关活动或者接到举报后不予取缔或者不依法予以处理的;

③对已经依法取得批准的单位不履行监督管理职责,发现其不再具备安全生产条件而不撤销原批准或者发现安全生产违法行为不予查处的;

④在监督检查中发现重大事故隐患,不依法及时处理的。

负有安全生产监督管理职责的部门的工作人员有前款规定以外的滥用职权、玩忽职守、徇私舞弊行为的,依法给予处分;构成犯罪的,依照《刑法》有关规定追究刑事责任。

2. 制定购买和收取费用的法律责任

负有安全生产监督管理职责的部门,要求被审查、验收的单位购买其指定的安全设备、器材或者其他产品的,在对安全生产事项的审查、验收中收取费用的,由其上级机关或者监察机关责令改正,责令退还收取的费用;情节严重的,对直接负责的主管人员和其他直接责任人员依法给予处分。

3. 政府及监管部门事故报告的法律责任

有关地方人民政府、负有安全生产监督管理职责的部门,对生产安全事故隐瞒不报、谎报或者迟报的,对直接负责的主管人员和其他直接责任人员依法给予处分;构成犯罪的,依照《刑法》有关规定追究刑事责任。

六、生产经营单位及其负责人的法律责任

1. 安全生产资金投入的法律责任

生产经营单位的决策机构、主要负责人或者个人经营的投资人不依照《安全生产法》规定保证安全生产所必需的资金投入,致使生产经营单位不具备安全生产条件的,责令限期改正,提供必需的资金;逾期未改正的,责令生产经营单位停产停业整顿。

有违法行为,导致发生生产安全事故的,对生产经营单位的主要负责人给予撤职处分,对个人经营的投资人处 2 万元以上 20 万元以下的罚款;构成犯罪的,依照刑法有关规定追究刑事责任。

2. 生产经营单位的主要负责人的法律责任

生产经营单位的主要负责人未履行《安全生产法》规定的安全生产管理职责的,责令限期改正;逾期未改正的,处 2 万元以上 5 万元以下的罚款,责令生产经营单位停产停业整顿。

生产经营单位的主要负责人有违法行为,导致发生生产安全事故的,给予撤职处分;构成犯罪的,依照刑法有关规定追究刑事责任。

生产经营单位的主要负责人受刑事处罚或者撤职处分的,自刑罚执行完毕或者受处分之日起,5 年内不得担任任何生产经营单位的主要负责人;对重大、特别重大生产安全事故负有责任的,终身不得担任本行业生产经营单位的主要负责人。

3. 生产经营单位的主要负责人事故责任处罚

生产经营单位的主要负责人未履行《安全生产法》规定的安全生产管理职责,导致发生生产安全事故的,由安全生产监督管理部门依照下列规定处以罚款:

①发生一般事故的,处上一年年收入 30% 的罚款;

②发生较大事故的,处上一年年收入 40% 的罚款;

③发生重大事故的,处上一年年收入 60% 的罚款;

④发生特别重大事故的,处上一年年收入 80% 的罚款。

4. 安全生产管理人员的法律责任

生产经营单位的安全生产管理人员未履行《安全生产法》规定的安全生产管理职责的,责令限期改正;导致发生生产安全事故的,暂停或者撤销其与安全生产有关的资格;构成犯罪的,依照《刑法》有关规定追究刑事责任。

5. 生产经营单位日常管理的法律责任

生产经营单位有下列行为之一的,责令限期改正,可以处5万元以下的罚款;逾期未改正的,责令停产停业整顿,并处5万元以上10万元以下的罚款,对其直接负责的主管人员和其他直接责任人员处1万元以上2万元以下的罚款:

①未按照规定设置安全生产管理机构或者配备安全生产管理人员的;

②危险物品的生产、经营、储存单位以及矿山、金属冶炼、建筑施工、道路运输单位的主要负责人和安全生产管理人员未按照规定经考核合格的;

③未按照规定对从业人员、被派遣劳动者、实习学生进行安全生产教育和培训,或者未按照规定如实告知有关的安全生产事项的;

④未如实记录安全生产教育和培训情况的;

⑤未将事故隐患排查治理情况如实记录或者未向从业人员通报的;

⑥未按照规定制定生产安全事故应急救援预案或者未定期组织演练的;

⑦特种作业人员未按照规定经专门的安全作业培训并取得相应资格,上岗作业的。

6. 高危建设项目管理的法律责任

生产经营单位有下列行为之一的,责令停止建设或者停产停业整顿,限期改正;逾期未改正的,处50万元以上100万元以下的罚款,对其直接负责的主管人员和其他直接责任人员处2万元以上5万元以下的罚款;构成犯罪的,依照《刑法》有关规定追究刑事责任:

①未按照规定对矿山、金属冶炼建设项目或者用于生产、储存、装卸危险物品的建设项目进行安全评价的;

②矿山、金属冶炼建设项目或者用于生产、储存、装卸危险物品的建设项目没有安全设施设计或者安全设施设计未按照规定报经有关部门审查同意的;

③矿山、金属冶炼建设项目或者用于生产、储存、装卸危险物品的建设项目的施工单位未按照批准的安全设施设计施工的;

④矿山、金属冶炼建设项目或者用于生产、储存危险物品的建设项目竣工投入生产或者使用前,安全设施未经验收合格的。

7. 设施、设备、用品及工艺管理的法律责任

生产经营单位有下列行为之一的责令限期改正,可以处5万元以下的罚款;逾期未改正的,处5万元以上20万元以下的罚款,对其直接负责的主管人员和其他直接责任人员处1万元以上2万元以下的罚款;情节严重的,责令停产停业整顿;构成犯罪的,依照《刑法》有关规定追究刑事责任:

①未在有较大危险因素的生产经营场所和有关设施、设备上设置明显安全警示标志的;

②安全设备的安装、使用、检测、改造和报废不符合国家标准或者行业标准的;

③未对安全设备进行经常性维护、保养和定期检测的;

④未为从业人员提供符合国家标准或者行业标准的劳动防护用品的;

⑤危险物品的容器、运输工具,以及涉及人身安全、危险性较大的海洋石油开采特种设备

和矿山井下特种设备未经具有专业资质的机构检测、检验合格,取得安全使用证或者安全标志,投入使用的;

⑥使用应当淘汰的危及生产安全的工艺、设备的。

8. 违法生产、经营、使用或者处置危险物品的法律责任

未经依法批准,擅自生产、经营、运输、储存、使用危险物品或者处置废弃危险物品的,依照有关危险物品安全管理的法律、行政法规的规定予以处罚;构成犯罪的,依照《刑法》有关规定追究刑事责任。

9. 危险作业隐患管理的法律责任

生产经营单位有下列行为之一的,责令限期改正,可以处 10 万元以下的罚款;逾期未改正的,责令停产停业整顿,并处 10 万元以上 20 万元以下的罚款,对其直接负责的主管人员和其他直接责任人员处 2 万元以上 5 万元以下的罚款;构成犯罪的,依照《刑法》有关规定追究刑事责任:

①生产、经营、运输、储存、使用危险物品或者处置废弃危险物品,未建立专门安全管理制度、未采取可靠的安全措施的;

②对重大危险源未登记建档,或者未进行评估、监控,或者未制订应急预案的;

③进行爆破、吊装以及国务院安全生产监督管理部门会同国务院有关部门规定的其他危险作业,未安排专门人员进行现场安全管理的;

④未建立事故隐患排查治理制度的。

10. 未消除事故隐患的法律责任

生产经营单位未采取措施消除事故隐患的,责令立即消除或者限期消除;生产经营单位拒不执行的,责令停产停业整顿,并处 10 万元以上 50 万元以下的罚款,对其直接负责的主管人员和其他直接责任人员处 2 万元以上 5 万元以下的罚款。

11. 发包或者出租的法律责任

生产经营单位将生产经营项目、场所、设备发包或者出租给不具备安全生产条件或者相应资质的单位或者个人的,责令限期改正,没收违法所得;违法所得 10 万元以上的,并处违法所得 2 倍以上 5 倍以下的罚款;没有违法所得或者违法所得不足 10 万元的,单处或者并处 10 万元以上 20 万元以下的罚款;对其直接负责的主管人员和其他直接责任人员处 1 万元以上 2 万元以下的罚款;导致发生生产安全事故给他人造成损害的,与承包方、承租方承担连带赔偿责任。

生产经营单位未与承包单位、承租单位签订专门的安全生产管理协议或者未在承包合同、租赁合同中明确各自的安全生产管理职责,或者未对承包单位、承租单位的安全生产统一协调、管理的,责令限期改正,可以处 5 万元以下的罚款,对其直接负责的主管人员和其他直接责任人员可以处 1 万元以下的罚款;逾期未改正的,责令停产停业整顿。

12. 两个以上单位作业的法律责任

两个以上生产经营单位在同一作业区域内进行可能危及对方安全生产的生产经营活动,未签订安全生产管理协议或者未指定专职安全生产管理人员进行安全检查与协调的,责令限期改正,可以处 5 万元以下的罚款,对其直接负责的主管人员和其他直接责任人员可以处 1 万元以下的罚款;逾期未改正的,责令停产停业。

13. 经营场所和员工宿舍管理的法律责任

生产经营单位有下列行为之一的,责令限期改正,可以处5万元以下的罚款,对其直接负责的主管人员和其他直接责任人员可以处1万元以下的罚款;逾期未改正的,责令停产停业整顿;构成犯罪的,依照《刑法》有关规定追究刑事责任:

①生产、经营、储存、使用危险物品的车间、商店、仓库与员工宿舍在同一座建筑内,或者与员工宿舍的距离不符合安全要求的;

②生产经营场所和员工宿舍未设有符合紧急疏散需要、标志明显、保持畅通的出口,或者锁闭、封堵生产经营场所或者员工宿舍出口的。

14. 与从业人员订立协议的法律责任

生产经营单位与从业人员订立协议,免除或者减轻其对从业人员因生产安全事故伤亡依法应承担的责任的,该协议无效;对生产经营单位的主要负责人、个人经营的投资人处2万元以上10万元以下的罚款。

15. 生产经营单位拒绝、阻碍执法的法律责任

违反安全生产法规定,生产经营单位拒绝、阻碍负有安全生产监督管理职责的部门依法实施监督检查的,责令改正;拒不改正的,处2万元以上20万元以下的罚款;对其直接负责的主管人员和其他直接责任人员处1万元以上2万元以下的罚款;构成犯罪的,依照《刑法》有关规定追究刑事责任。

16. 生产经营单位的主要负责人事故发生时的法律责任

生产经营单位的主要负责人在本单位发生生产安全事故时,不立即组织抢救或者在事故调查处理期间擅离职守或者逃匿的,给予降级、撤职的处分,并由安全生产监督管理部门处上一年年收入60%至100%的罚款;对逃匿的处15日以下拘留;构成犯罪的,依照《刑法》有关规定追究刑事责任。生产经营单位的主要负责人对生产安全事故隐瞒不报、谎报或者迟报的,依照前款规定处罚。

17. 生产经营单位不具备安全生产条件的法律责任

生产经营单位不具备安全生产法和其他有关法律、行政法规和国家标准或者行业标准规定的安全生产条件,经停产停业整顿仍不具备安全生产条件的,予以关闭;有关部门应当依法吊销其有关证照。

18. 生产经营单位生产安全事故的法律责任

发生生产安全事故,对负有责任的生产经营单位除要求其依法承担相应的赔偿等责任外,由安全生产监督管理部门依照下列规定处以罚款:

①发生一般事故的,处20万元以上50万元以下的罚款;

②发生较大事故的,处50万元以上100万元以下的罚款;

③发生重大事故的,处100万元以上500万元以下的罚款;

④发生特别重大事故的,处500万元以上1 000万元以下的罚款;情节特别严重的,处1 000万元以上2 000万元以下的罚款。

19. 生产安全事故的赔偿责任

生产经营单位发生生产安全事故造成人员伤亡、他人财产损失的,应当依法承担赔偿责任;拒不承担或者其负责人逃匿的,由人民法院依法强制执行。

生产安全事故的责任人未依法承担赔偿责任,经人民法院依法采取执行措施后,仍不能对受害人给予足额赔偿的,应当继续履行赔偿义务;受害人发现责任人有其他财产的,可以随时请求人民法院执行。

七、安全生产服务机构的法律责任

承担安全评价、认证、检测、检验工作的机构,出具虚假证明的,没收违法所得;违法所得在10万元以上的,并处违法所得2倍以上5倍以下的罚款;没有违法所得或者违法所得不足10万元的,单处或者并处10万元以上20万元以下的罚款;对其直接负责的主管人员和其他直接责任人员处2万元以上5万元以下的罚款;给他人造成损害的,与生产经营单位承担连带赔偿责任;构成犯罪的,依照《刑法》有关规定追究刑事责任。对有违法行为的机构,吊销其相应资质。

八、从业人员的法律责任

生产经营单位的从业人员不服从管理,违反安全生产规章制度或者操作规程的,由生产经营单位给予批评教育,依照有关规章制度给予处分;构成犯罪的,依照《刑法》有关规定追究刑事责任。

九、民事赔偿的强制执行

民事责任的执法主体是各级人民法院。按照《民事诉讼法》的规定,只有人民法院是受理民事赔偿案件、确定民事责任、裁判追究民事责任的唯一的法律审判机关。如果当事人各方不能就民事赔偿和连带赔偿的问题协商一致,人民法院才可能成为民事责任的执法主体。如果当事各方就民事赔偿问题已经协商一致,就没有通过诉讼方式主张权利的必要。

1. 民事责任

民事责任是指当事人对其违反民事法律的行为依法应当承担的法律责任。追究民事责任的前提条件是民事关系主体一方侵犯了另一方的民事权利,造成其人身伤害或者财产损失,造成民事损害的一方必须承担相应的民事赔偿责任。《安全生产法》中设立了民事赔偿责任,依法调整当事人之间在安全生产方面的人身关系和财产关系,重视对财产权利的保护。安全生产法将民事赔偿具体分为连带赔偿和事故损害赔偿,并分别作出了规定。

2. 连带赔偿

连带赔偿是指两个以上生产经营单位或者社会组织对他们的共同民事违法行为所应承担的共同赔偿责任。连带赔偿责任的特点是有两个以上民事主体从事了一个或多个民事违法行为给受害方造成了民事损害,也就是人身伤害、财产损失或经济损失,责任双方均有对受害方进行民事赔偿的义务和责任。连带赔偿的主体是两个以上,共同实施了一个或者多个民事违法行为,其损害后果可能导致生产安全事故,也可能是其他后果。

3. 事故损害赔偿

事故损害赔偿专指因生产经营单位的安全生产违法行为而导致生产安全事故,造成人员伤亡、他人财产损失所应承担的赔偿责任。事故损害赔偿与连带赔偿的区别在于:事故损害赔偿只有一个主体,单独实施了一个或者多个民事违法行为,其损害后果只能是一个。

4. 民事赔偿的强制执行

为了维护公民、法人或其他组织的合法权益,专门对有关民事赔偿问题制定了强制执行措施。一是确定生产经营单位发生生产安全事故造成人员伤亡、他人财产损失的,应当依法承担赔偿责任。二是规定了强制执行措施。生产经营单位发生生产安全事故造成人员伤亡、他人财产损失,拒不承担赔偿责任或者其负责人逃匿的,由人民法院依法强制执行。三是规定了继续或者随时履行赔偿责任。安全生产事故的责任人未依法承担赔偿责任,经人民法院依法采取执行措施后,仍不能对受害人给予足额赔偿的,应当继续履行赔偿义务;受害人发现责任人有其他财产的,可以随时请求人民法院执行。

复习思考题

1. 名词解释:安全生产,安全生产法,劳动防护用品,安全设备,危险物品,重大危险源,生产安全事故,人身伤亡事故,安全生产条件,安全生产责任制,注册安全工程师。

2. 我国安全生产工作机制的具体内容是什么?

3. 生产经营单位主要负责人有哪些安全生产基本职责?

4. 安全生产服务机构的业务范围有哪些?

5. 生产经营单位主要负责人未履行法定安全生产管理职责,导致发生生产安全事故的,如何进行处罚?

6. 对举报安全生产重大事故隐患和违法行为的个人如何进行奖励?

7. 《安全生产法》明确了国家重点奖励的行为有哪些?

8. 生产经营单位的主要负责人对本单位安全生产负有哪些职责?

9. 特种作业人员应当符合哪些条件?

10. 《安全生产法》赋予从业人员的安全生产权利有哪些?

11. 《安全生产法》规定的安全生产违法行为的行政执法主体有哪些?

12. 按照《刑法》规定,重大责任事故罪如何进行处罚?

13. 纳入安全生产守信联合机理对象必须符合哪些条件?

第**3**章

安全生产单行法律

学习目标

☞ 应了解的知识点:建设项目、工作时间、最低工资、突发事件、矿产资源、养老保险、医疗保险、工伤保险、失业保险、生育保险;工作场所应符合的职业卫生要求;职业病病人权益保障措施;我国确立的社会保险制度;紧急避险造成损害的责任划分;道路交通安全工作的原则与目的;申请机动车登记应提交的资料;矿山开采应具备的图纸资料;发生自然灾害、事故灾难或者公共卫生事件应急处置措施;开办煤矿企业条件。

☞ 应熟悉的知识点:职业病危害、职业禁忌、个人防护用品、警示标志、劳动关系、集体合同、劳务派遣、精神损害、高度危险作业、消防设施、人员密集场所、消防通道、疏散通道、防火标志、道路、机动车、矿山、特种作业人员、资源税、意外伤害保险;职业病构成要件;职业卫生监管职责分工;用人单位采取的职业病防治管理措施;劳动者的权利和义务;消防档案的内容;严重危害道路交通安全行为的法律责任规定。

☞ 应掌握的知识点:职业病、职业病危害评价、劳动合同、社会保险、社会福利、劳动争议、民事权益、侵权责任、交通事故、安全生产费用、采矿许可证;职业病分类;劳动者职业卫生保护权利;建设项目职业病防护设施"三同时"的内容;劳动合同的具体条款;订立劳动合同应当遵循的原则;承担侵权责任的方式;矿长的安全生产职责。

第 1 节 职 业 病 防 治 法

《职业病防治法》于 2001 年 10 月 27 日由第九届全国人民代表大会常务委员会第 24 次会议通过,自 2002 年 5 月 1 日起施行。根据 2011 年 12 月 31 日第十一届全国人民代表大会常务委员会第 24 次会议《关于修改〈职业病防治法〉的决定》第一次修正,自 2019 年 12 月 31 起施行。根据 2016 年 7 月 2 日第十二届全国人民代表大会常务委员会第 21 次会议《关于修改〈节约能源法〉等六部法律的决定》第二次修正,自 2016 年 9 月 1 日起施行。根据 2017 年 11 月 4 日第十二届全国人民代表大会第 30 次会议《关于修改〈会计法〉等十一部法律的决定》第三次修正,自 2017 年 11 月 5 日起施行。根据 2018 年 12 月 29 日第十三届全国人民代表大会常务委员会第7次会议《关于修改〈劳动法〉等七部法律的决定》第四次修正,自2018年12月29日起施行。共7章,88条。具体内容包括总则(13条)、前期预防(6条)、劳动过程中的防护与管理(23条)、职业病诊断与职业病病人保障(19条)、监督检查(7条)、法律责任(16条)、附则(4条)。

立法目的是为了预防、控制和消除职业病危害,防治职业病,保护劳动者健康及其相关权益,促进经济社会发展。

一、职业病防治

1.职业病防治法

职业病防治法是指调整在预防、控制和消除职业病,防止职业病,保护劳动者健康以及相关权益过程中产生的社会关系的法律规范的总称。作为规范职业卫生工作的基本法律,是用人单位进行职业卫生管理必须遵循的行为准则,是各级人民政府及其有关部门进行职业卫生监管和行政执法的法律依据,是制裁各种职业卫生违法犯罪行为的有力武器。

2.职业病危害

职业病危害是指对从事职业活动的劳动者可能导致职业病的各种危害。职业病危害因素包括:职业活动中存在的各种有害的化学、物理、生物因素以及在作业过程中产生的其他职业有害因素。职业禁忌是指劳动者从事特定职业或者接触特定职业病危害因素时,比一般职业人群更易于遭受职业病危害和罹患职业病或者可能导致原有自身疾病病情加重,或者在从事作业过程中诱发可能导致对他人生命健康构成危险的疾病的个人特殊生理或者病理状态。

3.职业病及其分类

职业病是指企业、事业单位和个体经济组织等用人单位的劳动者在职业活动中,因接触粉尘、放射性物质和其他有毒、有害物质等因素而引起的疾病。构成职业病必须具备4个要件:

①患病主体必须是企业、事业单位或者个体经济组织的劳动者。

②必须是在从事职业活动的过程中产生的。

③必须是因接触粉尘、放射性物质和其他有毒、有害物质等职业病危害因素而引起的。

④必须是国家公布的职业病分类和目录所列的职业病。

《职业病分类和目录》将职业病分为职业性尘肺病及其他呼吸系统疾病、职业性皮肤病、职业性眼病、职业性耳鼻喉口腔疾病、职业性化学中毒、物理因素所致职业病、职业性放射性疾病、职业性传染病、职业性肿瘤、其他职业病10类132种。

4.职业病防治工作的方针和原则

职业病防治工作坚持"预防为主、防治结合"的方针,建立用人单位负责、行政机关监管、行业自律、职工参与和社会监督的机制,实行分类管理、综合治理。

预防为主是指在整个职业病防治过程中,要把预防措施作为根本措施和首要环节放在先导地位,控制职业病危害源头,并在一切职业活动中尽可能控制和消除职业病危害因素的产生,使工作场所职业卫生防护符合国家职业卫生标准和卫生要求。

防治结合是指职业病防治工作必须正确处理"防"与"治"的关系,不能把"防"与"治"对立起来或者相互分离。

分类管理是指按职业病危害因素的种类、性质、毒性、危害程度及对人体健康造成的损害后果确定类别,采取不同的管理方法。

综合治理是指在职业病防治活动中采取一切有效的管理和技术措施,并将其纳入法制化统一监督管理的轨道,对职业病危害所进行的治理。

(1)建立职业病防治责任制

用人单位应当建立、健全职业病防治责任制,加强对职业病防治的管理,提高职业病防治水平,对本单位产生的职业病危害承担责任。用人单位的主要负责人对本单位的职业病防治工作全面负责。用人单位必须依法参加工伤保险。工会组织依法对职业病防治工作进行监督,维护劳动者的合法权益。用人单位制定或者修改有关职业病防治的规章制度,应当听取工会组织的意见。国务院和县级以上地方人民政府劳动保障行政部门应当加强对工伤保险的监督管理,确保劳动者依法享受工伤社会保险待遇。

(2)国家实行职业卫生监督制度

国务院卫生行政部门、劳动保障行政部门依照《职业病防治法》和国务院确定的职责,负责全国职业病防治的监督管理工作。国务院有关部门在各自的职责范围内负责职业病防治的有关监督管理工作。县级以上地方人民政府卫生行政部门、劳动保障行政部门依据各自职责,负责本行政区域内职业病防治的监督管理工作。县级以上地方人民政府有关部门在各自的职责范围内负责职业病防治的有关监督管理工作。县级以上人民政府卫生行政部门、劳动保障行政部门(以下统称职业卫生监督管理部门)应当加强沟通,密切配合,按照各自职责分工,依法行使职权,承担责任。

(3)国家对职业病防治的鼓励政策

①国家鼓励和支持研制、开发、推广、应用有利于职业病防治和保护劳动者健康的新技术、新工艺、新设备、新材料,加强对职业病的机理和发生规律的基础研究,提高职业病防治科学技术水平;积极采用有效的职业病防治技术、工艺、设备、材料;限制使用或者淘汰职业病危害严重的技术、工艺、设备、材料;②国家鼓励和支持职业病医疗康复机构的建设;③任何单位和个人有权对违反《职业病防治法》的行为进行检举和控告。有关部门收到相关的检举和控告后,应当及时处理。对防治职业病成绩显著的单位和个人,给予奖励。

(4)纳入国民经济和社会发展计划

国务院和县级以上地方人民政府应当制定职业病防治规划,将其纳入国民经济和社会发展计划,并组织实施。县级以上地方人民政府统一负责、领导、组织、协调本行政区域的职业病防治工作,建立健全职业病防治工作体制、机制,统一领导、指挥职业卫生突发事件应对工作;加强职业病防治能力建设和服务体系建设,完善、落实职业病防治工作责任制。乡、民族乡、镇人民政府应当认真执行职业病防治法,支持职业卫生监督管理部门依法履行职责。

(5)加强对职业病防治的宣传教育

县级以上人民政府职业卫生监督管理部门应当加强对职业病防治的宣传教育,普及职业病防治的知识,增强用人单位的职业病防治观念,提高劳动者的职业健康意识、自我保护意识和行使职业卫生保护权利的能力。

(6)制定防治职业病的国家职业卫生标准

有关防治职业病的国家职业卫生标准,由国务院卫生行政部门组织制定并公布。国务院卫生行政部门应当组织开展重点职业病监测和专项调查,对职业健康风险进行评估,为制定职业卫生标准和职业病防治政策提供科学依据。县级以上地方人民政府卫生行政部门应当定期对本行政区域的职业病防治情况进行统计和调查分析。

二、职业病的前期预防

1. 源头控制和消除

用人单位应当依照法律、法规要求,严格遵守国家职业卫生标准,落实职业病预防措施,从源头上控制和消除职业病危害。

产生职业病危害的用人单位的设立除应当符合法律、行政法规规定的设立条件外,其工作场所还应当符合下列职业卫生要求:①职业病危害因素的强度或者浓度符合国家职业卫生标准;②有与职业病危害防护相适应的设施;③生产布局合理,符合有害与无害作业分开的原则;④有配套的更衣间、洗浴间、孕妇休息间等卫生设施;⑤设备、工具、用具等设施符合保护劳动者生理、心理健康的要求;⑥法律、行政法规和国务院卫生行政部门关于保护劳动者健康的其他要求。

2. 职业病危害项目申报制度

用人单位设有依法公布的职业病目录所列职业病危害项目的,应当及时、如实向所在地安全生产监督管理部门申报,接受监督。职业病危害因素分类目录由国务院卫生行政部门制定、调整并公布。职业病危害项目申报的具体办法由国务院卫生行政部门制定。

3. 建设项目职业病危害的预防

建设项目包括新建项目、扩建项目、改建项目、技术改造项目、技术引进项目。

(1)建设项目的职业危害评价

新建、扩建、改建建设项目和技术改造、技术引进项目可能产生职业病危害的,建设单位在可行性论证阶段应当向卫生行政部门提交职业病危害预评价报告。职业病危害预评价报告应当对建设项目可能产生的职业病危害因素及其对工作场所和劳动者健康的影响作出评价,确定危害类别和职业病防护措施。建设项目职业病危害分类管理办法由国务院卫生行政部门制定。

(2)建设项目的审批

卫生行政部门应当自收到职业病危害预评价报告之日起30日内,作出审核决定并书面通知建设单位。未提交预评价报告或者预评价报告未经卫生行政部门审核同意的,有关部门不得批准该建设项目。

(3)建设项目的"三同时"

建设项目的职业病防护设施应与主体工程同时设计、同时施工、同时投入生产和使用。职业病危害严重的建设项目的防护设施设计,应当经卫生行政部门审查,符合国家职业卫生标准和卫生要求的,方可施工。建设项目在竣工验收前,建设单位应当进行职业病危害控制效果评价。建设项目竣工验收时,其职业病防护设施经卫生行政部门验收合格后,方可投入正式生产和使用。

(4)建设项目职业病防护设施费用管理

建设项目的职业病防护设施所需费用应当纳入建设项目工程预算。

三、劳动过程中的防护与管理

用人单位应当采取下列职业病防治管理措施:设置或者指定职业卫生管理机构或者组织,配备专职或者兼职的职业卫生管理人员,负责本单位的职业病防治工作;制定职业病防治计划和实施方案;建立、健全职业卫生管理制度和操作规程;建立、健全职业卫生档案和劳动者健康监护档案;建立、健全工作场所职业病危害因素监测及评价制度;建立、健全职业病危害事故应急救援预案。

1. 职业卫生防护管理

产生职业病危害的用人单位,应当在醒目的位置设置公告栏,公布有关职业病防治的规章制度、操作规程、职业病危害事故应急救援措施和工作场所职业病危害因素检测结果。对产生严重职业病危害的作业岗位,应当在其醒目位置,设置警示标志和中文警示说明。警示说明应当载明产生职业病危害的种类、后果、预防以及应急救治措施等内容。

（1）职业病防护设施、设备和用品管理

用人单位必须采用有效的职业病防护设施,并为劳动者提供质量合格的个人使用的职业病防护用品。对产生严重职业病危害的作业岗位,应当在其醒目位置,设置警示标识和中文警示说明。警示说明应当载明产生职业病危害的种类、后果、预防以及应急救治措施等内容。对放射工作场所和放射性同位素的运输、贮存,必须配置防护设备和报警装置,保证接触放射线的工作人员佩戴个人剂量计。同时,对职业病防护设备、应急救援设施和个人使用的防护用品,应当进行经常性地维护、检修,定期检测其性能和效果,确保其处于正常状态,不得擅自拆除或者停止使用。对可能发生急性职业损伤的有毒、有害工作场所,用人单位应当设置报警装置,配置现场急救用品、冲洗设备、应急撤离通道和必要的泄险区。对放射性工作场所和放射性同位素的运输、贮存,用人单位必须配置防护设备和报警装置,保证接触放射线的工作人员佩戴个人剂量计。对职业病防护设备、应急救援设施和个人使用的职业病防护用品,用人单位应当进行经常性的维护、检修,定期检测其性能和效果,确保其处于正常状态,不得擅自拆除或者停止使用。用人单位应当实施由专人负责的职业病危害因素日常监测,并确保监测系统处于正常运行状态。用人单位应当按照国务院卫生行政部门的规定,定期对工作场所进行职业病危害因素检测、评价。检测、评价结果存入用人单位职业卫生档案,定期向所在地卫生行政部门报告并向劳动者公布。发现工作场所职业病危害因素不符合国家职业卫生标准和卫生要求时,用人单位应当立即采取相应治理措施,仍然达不到国家职业卫生标准和卫生要求的,必须停止存在职业病危害因素的作业;职业病危害因素经治理后,符合国家职业卫生标准和卫生要求的,方可重新作业。

（2）职业病危害材料的管理

向用人单位提供可能产生职业病危害的设备的,应当提供中文说明书,并在设备的醒目位置设置警示标志和中文警示说明。警示说明应当载明设备性能、可能产生的职业病危害、安全操作和维护注意事项、职业病防护以及应急救治措施等内容。向用人单位提供可能产生职业病危害的化学品、放射性同位素和含有放射性物质的材料的,应当提供中文说明书。说明书应当载明产品特性、主要成分、存在的有害因素、可能产生的危害后果、安全使用注意事项、职业病防护以及应急救治措施等内容。产品包装应当有醒目的警示标志和中文警示说明。贮存上述材料的场所应当在规定的部位设置危险物品标志或者放射性警示标志。

国内首次使用或者首次进口与职业病危害有关的化学材料,使用单位或者进口单位按照国家规定经国务院有关部门批准后,应当向国务院卫生行政部门、报送该化学材料的毒性鉴定以及经有关部门登记注册或者批准进口的文件等资料。进口放射性同位素、射线装置和含有放射性物质的物品的,按照国家有关规定办理。任何单位和个人不得生产、经营、进口和使用国家明令禁止使用的可能产生职业病危害的设备或者材料。

任何单位和个人不得将产生职业病危害的作业转移给不具备职业病防护条件的单位和个人。不具备职业病防护条件的单位和个人不得接受产生职业病危害的作业。

（3）职业病危害因素不符合标准和要求的管理

发现工作场所职业病危害因素不符合国家职业卫生标准和卫生要求时，用人单位应立即采取相应防治措施，仍然达不到国家职业卫生标准和卫生要求的，必须停止存在职业病危害因素作业；职业病危害因素经治理后，符合国家职业卫生标准和卫生要求的，方可重新作业。

2. 职业卫生技术服务管理

职业卫生技术服务机构是指为建设项目提供职业病危害预评价、职业病危害控制效果评价，为用人单位提供职业病危害因素检测、职业病危害现状评价、职业病防护设备设施与防护用品的效果评价等技术服务的机构。

职业病危害预评价是指可能产生职业病危害的建设项目，在其可行性论证阶段，对建设项目可能产生的职业病危害因素及其有害性与接触水平、职业病防护设施及应急救援设施等进行的预测性卫生学分析与评价。职业病危害控制效果评价是指建设项目完工后、竣工验收前，对工作场所职业病危害因素及其接触水平、职业病防护设施与措施及其效果等作出的综合评价。职业病危害现状评价是指对用人单位工作场所职业病危害因素及其接触水平、职业病防护设施及其他职业病防护措施与效果、职业病危害因素对劳动者的健康影响情况等进行的综合评价。职业卫生技术服务机构依法从事职业病危害因素检测、评价工作，接受卫生行政部门的监督检查，卫生行政部门应当依法履行监督职责。职业卫生服务机构所作检测、评价应当客观、真实。

3. 劳动合同的告知事项

用人单位对采用的技术、工艺、设备、材料，应当知悉其产生的职业病危害，对有职业病危害的技术、工艺、设备、材料隐瞒其危害而采用的，对所造成的职业病危害后果承担责任。

用人单位与劳动者订立劳动合同时，应当将工作过程中可能产生的职业病危害及其后果、职业病防护措施和待遇等如实告知劳动者，并在劳动合同中写明，不得隐瞒或欺骗。

劳动者在已订立劳动合同期间因工作岗位或工作内容变更，从事与所订立劳动合同中未告知的存在职业病危害的作业时，用人单位应当向劳动者履行如实告知的义务，并协商变更原劳动合同相关条款。

用人单位违反规定的，劳动者有权拒绝从事存在职业病危害的作业，用人单位不得因此解除与劳动者所订立的劳动合同。

4. 职业卫生培训

用人单位的负责人应当接受职业卫生培训，遵守职业病防治法律、法规，依法组织本单位的职业病防治工作。用人单位应当对劳动者进行上岗前的职业卫生培训和在岗期间的定期职业卫生培训。培训的内容包括相关的职业卫生知识，职业病防治法律、法规、规章和操作规程和职业病防护设备与个人防护用品的使用、维护等。

5. 劳动者健康检查和监护档案管理

（1）劳动者岗前、在岗和离岗的职业健康检查

劳动者的职业健康检查包括岗前、在岗期间和离岗时的职业健康检查。对从事接触职业病危害作业的劳动者，用人单位应当按照国务院卫生行政部门的规定组织上岗前、在岗期间和

离岗时的职业健康检查,并将检查结果书面告知劳动者。职业健康检查费用由用人单位承担。岗前的职业健康检查,是指对从事某种职业病有害因素作业的劳动者进行健康检查。目的是断定劳动者从事某种作业前的健康状况,是否适合参加该有害作业,是否有职业禁忌,是否有危及他人的疾患如传染病、精神病等。为用人单位是否安排就业,尤其是否安排劳动者从事有职业病危害的作业提供客观证据。在岗期间的定期健康体检,是按一定时间间隔对从事有害作业劳动者的健康状况进行常规的必要的检查。目的是及时发现职业病有害因素对劳动者健康的早期影响,以至于能及时诊断和处理,对可疑患者可进行观察,对发现有职业禁忌的劳动者或有与职业相关的健康损害者及时调离,安排适当的工作。离岗时的健康检查,是指劳动者在离岗前对其进行全面的健康检查。体检的内容与项目是依据劳动者所从事的岗位,工种中所存在的职业有害因素情况而有针对性地选择一些较为敏感的指标,对劳动者进行检查。目的是了解和判断该劳动者从事该有害作业若干时间后,目前的健康状况和变化是否与职业病危害因素有关。用人单位不得安排未经上岗前职业健康检查的劳动者从事接触职业病危害的作业;不得安排有职业禁忌的劳动者从事其所禁忌的作业;对在职业健康检查中发现有与所从事的职业相关的健康损害的劳动者,应当调离原工作岗位,并妥善安置;对未进行离岗前职业健康检查的劳动者不得解除或者终止与其订立的劳动合同。职业健康检查应当由省级以上人民政府卫生行政部门批准的医疗卫生机构承担。

(2)职业健康监护档案

用人单位应当为劳动者建立职业健康监护档案,并按照规定的期限妥善保管。职业健康监护档案应当包括劳动者的职业史、职业病危害接触史、职业健康检查结果和职业病诊疗等有关个人健康资料。劳动者离开用人单位时,有权索取本人职业健康监护档案复印件,用人单位应当如实、无偿提供,并在所提供的复印件上签章。

6. 职业病危害事故应急救援

用人单位应当建立、健全职业病危害事故应急救援预案,发生或者可能发生急性职业病危害事故时,用人单位应当立即采取应急救援和控制措施,并及时报告所在地卫生行政部门和有关部门。卫生行政部门接到报告后,应当及时会同有关部门组织调查处理;必要时,可以采取临时控制措施。卫生行政部门应当组织做好医疗救治工作。对遭受或者可能遭受急性职业病危害的劳动者,用人单位应当及时组织救治、进行健康检查和医学观察,所需费用由用人单位承担。用人单位不得安排未成年工从事接触职业病危害的作业;不得安排孕期、哺乳期的女职工从事对本人和胎儿、婴儿有危害的作业。

7. 劳动者的职业卫生权利

劳动者享有下列职业卫生保护权利:①获得职业卫生教育、培训;②获得职业健康检查、职业病诊疗、康复等职业病防治服务;③了解工作场所产生或者可能产生的职业病危害因素、危害后果和应当采取的职业病防护措施;④要求用人单位提供符合防治职业病要求的职业病防护设施和个人使用的职业病防护用品,改善工作条件;⑤对违反职业病防治法律、法规以及危及生命健康的行为提出批评、检举和控告;⑥拒绝违章指挥和强令进行没有职业病防护措施的作业;⑦参与用人单位职业卫生工作的民主管理,对职业病防治工作提出意见和建议。

用人单位应当保障劳动者行使前款所列权利。因劳动者依法行使正当权利而降低其工资、福利等待遇或者解除、终止与其订立的劳动合同的,其行为无效。

8.工会组织的作用

工会组织应当督促并协助用人单位开展职业卫生宣传教育和培训,有权对用人单位的职业病防治工作提出意见和建议,依法代表劳动者与用人单位签订劳动安全卫生专项集体合同,与用人单位就劳动者反映的有关职业病防治的问题进行协调并督促解决。工会组织对用人单位违反职业病防治法律、法规,侵犯劳动者合法权益的行为,有权要求纠正;产生严重职业病危害时,有权要求采取防护措施,或者向政府有关部门建议采取强制性措施;发生职业病危害事故时,有权参与事故调查处理;发现危及劳动者生命健康的情形时,有权向用人单位建议组织劳动者撤离危险现场,用人单位应当立即作出处理。

9.其他保障措施

①用人单位不得安排未成年工从事接触职业病危害的作业;不得安排孕期、哺乳期的女职工从事对本人和胎儿、婴儿有危害的作业;②用人单位按照职业病防治要求,用于预防和治理职业病危害、工作场所卫生检测、健康监护和职业卫生培训等费用,按照国家有关规定,在生产成本中据实列支;③职业卫生监督管理部门应当按照职责分工,加强对用人单位落实职业病防护管理措施情况的监督检查,依法行使职权,承担责任。

四、职业病诊断与职业病病人保障

1.职业病的诊断

(1)职业病诊断机构

医疗卫生机构承担职业病诊断,应当经省级卫生行政部门批准。省级卫生行政部门应当向社会公布本行政区域内承担职业病诊断的医疗卫生机构的名单。承担职业病诊断的医疗卫生机构应当具备下列条件:①持有医疗机构执业许可证;②具有与开展职业病诊断相适应的医疗卫生技术人员;③具有与开展职业病诊断相适应的仪器、设备;④具有健全的职业病诊断质量管理制度。承担职业病诊断的医疗卫生机构不得拒绝劳动者进行职业病诊断的要求。

(2)职业病的诊断

劳动者可以在用人单位所在地、本人户籍所在地或者经常居住地依法承担职业病诊断的医疗卫生机构进行职业病诊断。职业病诊断标准和职业病诊断、鉴定办法由国务院卫生行政部门制定。职业病伤残等级的鉴定办法由国务院劳动保障行政部门会同国务院卫生行政部门制定。职业病诊断应当综合分析病人的职业史,职业病危害接触史和工作场所职业病危害因素情况,临床表现以及辅助检查结果等因素。没有证据否定职业病危害因素与病人临床表现之间的必然联系的,应当诊断为职业病。承担职业病诊断的医疗卫生机构在进行职业病诊断时,应当组织3名以上取得职业病诊断资格的执业医师集体诊断。职业病诊断证明书应当由参与诊断的医师共同签署,并经承担职业病诊断的医疗卫生机构审核盖章。

(3)职业病诊断与鉴定

①用人单位应当如实提供职业病诊断、鉴定所需的劳动者职业史和职业病危害接触史、工作场所职业病危害因素检测结果等资料;卫生行政部门应当监督检查和督促用人单位提供上述资料;劳动者和有关机构也应当提供与职业病诊断、鉴定有关的资料。②职业病诊断、鉴定机构需要了解工作场所职业病危害因素情况时,可以对工作场所进行现场调查,也可以向卫生行政部门提出,卫生行政部门应当在10日内组织现场调查。用人单位不得拒绝、阻挠。③职业病诊断、鉴定过程中,用人单位不提供工作场所职业病危害因素检测结果等资料的,诊断、鉴

定机构应当结合劳动者的临床表现、辅助检查结果和劳动者的职业史、职业病危害接触史,并参考劳动者的自述、卫生行政部门提供的日常监督检查信息等,作出职业病诊断、鉴定结论。④劳动者对用人单位提供的工作场所职业病危害因素检测结果等资料有异议,或者因劳动者的用人单位解散、破产,无用人单位提供上述资料的,诊断、鉴定机构应当提请卫生行政部门进行调查,卫生行政部门应当自接到申请之日起30日内对存在异议的资料或者工作场所职业病危害因素情况作出判定;有关部门应当配合。⑤职业病诊断、鉴定过程中,在确认劳动者职业史、职业病危害接触史时,当事人对劳动关系、工种、工作岗位或者在岗时间有争议的,可以向当地的劳动人事争议仲裁委员会申请仲裁;接到申请的劳动人事争议仲裁委员会应当受理,并在30日内作出裁决。⑥当事人在仲裁过程中对自己提出的主张,有责任提供证据。劳动者无法提供由用人单位掌握管理的与仲裁主张有关的证据的,仲裁庭应当要求用人单位在指定期限内提供;用人单位在指定期限内不提供的,应当承担不利后果。⑦劳动者对仲裁裁决不服的,可以依法向人民法院提起诉讼。用人单位对仲裁裁决不服的,可以在职业病诊断、鉴定程序结束之日起15日内依法向人民法院提起诉讼;诉讼期间,劳动者的治疗费用按照职业病待遇规定的途径支付。当事人对职业病诊断有异议的,可以向作出诊断的医疗卫生机构所在地卫生行政部门申请鉴定。⑧职业病诊断争议由设区的市级以上卫生行政部门根据当事人的申请,组织职业病诊断鉴定委员会进行鉴定。当事人对设区的市级职业病诊断鉴定委员会的鉴定结论不服的,可以向省级卫生行政部门申请再鉴定。⑨职业病诊断鉴定委员会由相关专业的专家组成。省级卫生行政部门应当设立相关的专家库,需要对职业病争议作出诊断鉴定时,由当事人或者当事人委托有关卫生行政部门从专家库中以随机抽取的方式确定参加诊断鉴定委员会的专家。职业病诊断鉴定委员会应当按照国务院卫生行政部门颁布的职业病诊断标准和职业病诊断、鉴定办法进行职业病诊断鉴定,向当事人出具职业病诊断鉴定书。职业病诊断、鉴定费用由用人单位承担。职业病诊断鉴定委员会组成人员应当遵守职业道德,客观、公正地进行诊断鉴定,并承担相应的责任。职业病诊断鉴定委员会组成人员不得私下接触当事人,不得收受当事人的财物或者其他好处,与当事人有利害关系的,应当回避。人民法院受理有关案件需要进行职业病鉴定时,应当从省级卫生行政部门依法设立的相关的专家库中选取参加鉴定的专家。

2. 职业病病人的保障

(1)疑似职业病病人的保障

用人单位应及时安排疑似职业病病人进行诊断;在疑似职业病病人诊断或医学观察期间,不得解除或者终止与其订立的劳动合同;承担诊断和医学观察期间的费用。

①医疗卫生机构发现疑似职业病病人时,应当告知劳动者本人并及时通知用人单位。

②用人单位应当及时安排对疑似职业病病人进行诊断;在疑似职业病病人诊断或者医学观察期间,不得解除或者终止与其订立的劳动合同。

③疑似职业病病人在诊断、医学观察期间的费用,由用人单位承担。

(2)职业病病人的保障

①依法享受国家规定的职业病待遇。用人单位应当保障职业病病人依法享受国家规定的职业病待遇;用人单位应当按照国家有关规定,安排职业病病人进行治疗、康复和定期检查;用人单位对不适宜继续从事原工作的职业病病人,应当调离原岗位,并妥善安置;用人单位对从事接触职业病危害的作业的劳动者,应当给予适当岗位津贴。职业病病人变动工作单位,其依

法享有的待遇不变。用人单位在发生分立、合并、解散、破产等情形时,应当对从事接触职业病危害的作业的劳动者进行健康检查,并按照国家有关规定妥善安置职业病病人。

②依法享有社会保障的权利。职业病病人的诊疗、康复费用,伤残以及丧失劳动能力的职业病病人的社会保障,按照国家有关工伤社会保险的规定执行。

③依法享有获得赔偿的权利。职业病病人除依法享有工伤保险外,依照有关民事法律,尚有获得赔偿的权利的,有权向用人单位提出赔偿要求。劳动者被诊断患有职业病,但用人单位没有依法参加工伤保险的,其医疗和生活保障由该用人单位承担。

④可以申请医疗救助和生活救助。用人单位已经不存在或者无法确认劳动关系的职业病病人,可以向地方民政部门申请医疗救助和生活等方面的救助。地方各级人民政府应当根据本地区的实际情况,采取其他措施,使职业病病人获得医疗救治。

五、监督检查

(1)县级以上职业卫生监督管理部门依照职业病防治法律、法规、国家职业卫生标准和卫生要求,依据职责划分,对职业病防治工作进行监督检查。

(2)卫生行政部门履行监督检查职责时,有权采取下列措施:①进入被检查单位和职业病危害现场,了解情况,调查取证;②查阅或者复制与违反职业病防治法律、法规的行为有关的资料和采集样品;③责令违反职业病防治法律、法规的单位和个人停止违法行为。

(3)发生职业病危害事故或者有证据证明危害状态可能导致职业病危害事故发生时,卫生行政部门可以采取下列临时控制措施:①责令暂停导致职业病危害事故的作业;②封存造成职业病危害事故或者可能导致职业病危害事故发生的材料和设备;③组织控制职业病危害事故现场。在职业病危害事故或者危害状态得到有效控制后,卫生行政部门应当及时解除控制措施。

(4)职业卫生监督执法人员依法执行职务时,应当出示监督执法证件。被检查单位应当接受检查并予以支持配合,不得拒绝和阻碍。职业卫生监督执法人员应当忠于职守,秉公执法,严格遵守执法规范;涉及用人单位秘密的,应当为其保密。

(5)卫生行政部门及其职业卫生监督执法人员履行职责时,不得有下列行为:①对不符合法定条件的,发给建设项目有关证明文件、资质证明文件或者予以批准;②对已经取得有关证明文件的,不履行监督检查职责;③发现用人单位存在职业病危害的,可能造成职业病危害事故,不及时依法采取控制措施;④其他违反《职业病防治法》的行为。

(6)职业卫生监督执法人员应当依法经过资格认定。职业卫生监督管理部门应当加强队伍建设,提高职业卫生监督执法人员的政治、业务素质,依照有关法律、法规的规定,建立、健全内部监督制度,对其工作人员执行法律、法规和遵守纪律的情况,进行监督检查。

六、法律责任

1.建设单位的法律责任

建设单位有下列行为之一的,由卫生行政部门给予警告,责令限期改正;逾期不改正的,处10万元以上50万元以下的罚款;情节严重的,责令停止产生职业病危害的作业,或者提请有关政府按照国务院规定的权限责令停建、关闭:

①未按照规定进行职业病危害预评价的;②医疗机构可能产生放射性职业病危害的建设

项目未按照规定提交放射性职业病危害预评价报告,或者放射性职业病危害预评价报告未经卫生行政部门审核同意,开工建设的;③建设项目的职业病防护设施未按照规定与主体工程同时设计、同时施工、同时投入生产和使用的;④建设项目的职业病防护设施设计不符合国家职业卫生标准和卫生要求,或者医疗机构放射性职业病危害严重的建设项目的防护设施设计未经卫生行政部门审查同意擅自施工的;⑤未按规定对职业病防护设施进行职业病危害控制效果评价的;⑥建设项目竣工投入生产和使用前,职业病防护设施未按照规定验收合格的。

建设单位有下列行为之一的,由卫生行政部门给予警告,责令限期改正;逾期不改正的,处10万元以下的罚款:①工作场所职业病危害因素检测、评价结果没有存档、上报、公布的;②未采取职业病防治管理措施的;③未按照规定公布有关职业病防治的规章制度、操作规程、职业病危害事故应急救援措施的;④未按照规定组织劳动者进行职业卫生培训,或者未对劳动者个人职业病防护采取指导、督促措施的;⑤国内首次使用或者首次进口与职业病危害有关的化学材料,未按照规定报送毒性鉴定资料以及经有关部门登记注册或者批准进口的文件的。

2. 用人单位的法律责任

用人单位有下列行为之一的,由卫生行政部门责令限期改正,给予警告,并处5万元以上10万元以下的罚款:①未按照规定及时、如实向卫生行政部门申报产生职业病危害的项目的;②未实施由专人负责的职业病危害因素日常监测,或者监测系统不能正常监测的;③订立或者变更劳动合同时,未告知劳动者职业病危害真实情况的;④未组织职业健康检查、建立职业健康监护档案或者未将检查结果书面告知劳动者的;⑤未在劳动者离开用人单位时提供职业健康监护档案复印件的。

用人单位有下列行为之一的,由卫生行政部门给予警告,责令限期改正,逾期不改正的,处5万元以上20万元以下的罚款;情节严重的,责令停止产生职业病危害的作业,或者提请有关政府按照国务院规定的权限责令关闭:①工作场所职业病危害因素的强度或者浓度超过国家职业卫生标准的;②未提供职业病防护设施和个人使用的职业病防护用品,或者提供的职业病防护设施和个人使用的职业病防护用品不符合国家职业卫生标准和卫生要求的;③对职业病防护设备、应急救援设施和个人使用的职业病防护用品未按规定进行维护、检修、检测,或者不能保持正常运行、使用状态的;④未按照规定对工作场所职业病危害因素进行检测、评价的;⑤工作场所职业病危害因素经治理仍达不到国家职业卫生标准和卫生要求时,未停止存在职业病危害因素的作业的;⑥未按照规定安排职业病病人、疑似职业病病人进行诊治的;⑦发生或者可能发生急性职业病危害事故时,未立即采取应急救援和控制措施或者未按规定及时报告的;⑧未按规定在产生严重职业病危害作业岗位醒目位置设置警示标志和中文警示说明的;⑨拒绝职业卫生监督管理部门监督检查的;⑩隐瞒、伪造、篡改、毁损职业健康监护档案、工作场所职业病危害因素检测评价结果等相关资料,或者拒不提供职业病诊断、鉴定所需资料的;⑪未按照规定承担职业病诊断、鉴定费用和职业病病人的医疗、生活保障费用的。

用人单位和医疗卫生机构未按规定报告职业病、疑似职业病的,由主管部门依据职责分工责令限期改正,给予警告,可并处1万元以下罚款;弄虚作假的,并处2万元以上5万元以下罚款;对直接责任人员,给予降级或者撤职处分。

用人单位已经对劳动者生命健康造成严重损害的,由卫生行政部门责令停止产生职业病危害的作业,或者提请有关政府责令关闭,并处10万元以上50万元以下罚款。用人单位造成重大职业病危害事故或者其他严重后果,构成犯罪的,对直接责任人员追究刑事责任。

3. **生产经营单位的法律责任**

向用人单位提供可能产生职业病危害的设备、材料,未按照规定提供中文说明书或者设置警示标志和中文警示说明的,由卫生行政部门责令限期改正,给予警告,并处5万元以上20万元以下罚款。

有下列情形之一的,由卫生行政部门责令限期治理,并处5万元以上30万元以下的罚款;情节严重的,责令停止产生职业病危害的作业,或者提请有关政府责令关闭:

①隐瞒技术、工艺、设备、材料所产生的职业病危害而采用的;②隐瞒本单位职业卫生真实情况的;③可能发生急性职业损伤的有毒、有害工作场所、放射工作场所或者放射性同位素的运输、贮存不符合规定的;④使用国家明令禁止使用的可能产生职业病危害的设备或者材料的;⑤将产生职业病危害的作业转移给没有职业病防护条件的单位和个人,或者没有职业病防护条件的单位和个人接受产生职业病危害的作业的;⑥擅自拆除、停止使用职业病防护设备或者应急救援设施的;⑦安排未经职业健康检查的劳动者、有职业禁忌的劳动者、未成年工或者孕期、哺乳期女职工从事接触职业病危害的作业或者禁忌作业的;⑧违章指挥和强令劳动者进行没有职业病防护措施的作业的。

生产、经营或者进口国家明令禁止使用的可能产生职业病危害的设备或者材料的,依照有关法律、行政法规的规定给予处罚。

4. **职业卫生技术服务机构的法律责任**

(1)未取得职业卫生技术服务资质认可擅自从事职业卫生技术服务的,由卫生行政部门责令立即停止违法行为,没收违法所得;违法所得5 000元以上的,并处违法所得2倍以上10倍以下罚款;没有违法所得或者违法所得不足5 000元的,并处5 000元以上5万元以下罚款;情节严重的,对直接责任人员给予降级、撤职或者开除的处分。

(2)从事职业卫生技术服务机构和医疗卫生机构有下列行为之一的,由卫生行政部门责令立即停止违法行为,给予警告,没收违法所得;违法所得5 000元以上的,并处违法所得2倍以上5倍以下罚款;没有违法所得或者违法所得不足5 000元的,并处5 000元以上2万元以下罚款;情节严重的,由原认可或者登记机关取消其相应的资格;对直接责任人员,给予降级、撤职或者开除的处分;构成犯罪的,追究刑事责任:①超出资质批准范围从事职业卫生技术服务或者职业健康检查、职业病诊断的;②不按规定履行法定职责的;③出具虚假证明文件的。

5. **职业病诊断鉴定委员会的法律责任**

职业病诊断鉴定委员会组成人员收受职业病诊断争议当事人的财物或者其他好处的,给予警告,没收收受的财物,并处3 000元以上5万元以下的罚款,取消其担任职业病诊断鉴定委员会组成人员的资格,并从省级政府卫生行政部门专家库中予以除名。

6. **地方人民政府及职业卫生监管单位的法律责任**

①卫生行政部门不按规定报告职业病和职业病危害事故的,由上一级行政部门责令改正,通报批评,给予警告;虚报、瞒报的,对单位负责人、直接负责的主管人员和其他直接责任人员依法给予降级、撤职或者开除的处分。

②县级以上地方人民政府在职业病防治工作中未依法履行职责,本行政区域出现重大职业病危害事故、造成严重社会影响的,依法对直接责任人员给予记大过直至开除的处分。

③县级以上地方人民政府职业卫生监督管理部门不履行法定的职责,滥用职权、玩忽职守、徇私舞弊,依法对直接责任人员给予记大过或者降级的处分;造成职业病危害事故或者其

他严重后果的,给予撤职或者开除的处分。构成犯罪的,追究刑事责任。

第2节 突发事件应对法

《突发事件应对法》于2007年8月30日由第10届全国人民代表大会常务委员会第29次会议通过,自2007年11月1日起施行,共7章,70条。其主要内容有:总则(16条)、预防与应急准备(20条)、监测与预警(11条)、应急处置与救援(10条)、事后恢复与重建(5条)、法律责任(6条)、附则(2条)。

立法宗旨是为了预防和减少突发事件的发生,控制、减轻和消除突发事件引起的严重社会危害,规范突发事件应对活动,保护人民生命财产安全,维护国家安全、公共安全、环境安全和社会秩序。

一、突发事件

突发事件是指突然发生,造成或者可能造成严重社会危害,需要采取应急处置措施予以应对的自然灾害、事故灾难、公共卫生事件和社会安全事件。

突发事件内涵要素:①突发事件具有明显的公共性或社会性。国家启动《突发事件应对法》的核心目的是应对突发公共危机。公共危机是指在公共领域内发生的危机,也就是危机事件对一个社会系统的基本价值和行为准则架构产生严重威胁,给公众的正常生活造成严重影响,其影响和设计的主体具有社群性和大众性。②突发事件具有突发性和紧迫性。突发事件的发生往往是突如其来,如果不采取措施及时应对,危机就会迅速扩大和升级,会造成更大的危害和损害。③突发事件具有危害性和破坏性。危害性和破坏性是突发事件的本质特征,一旦发生突发事件,就会对生命财产、社会秩序、公共安全构成严重威胁。④突发事件必须借助于公权力的介入和动用社会人力、物力才能解决。

按照突发事件的性质、过程和机理的不同,将突发事件分为自然灾害、事故灾难、公共卫生事件和社会安全事件4类:①自然灾害,主要包括水旱灾害、气象灾害、地震灾害、地质灾害、海洋灾害、生物灾害和森林草原火灾等。②事故灾难,主要包括工矿商贸等企业的各类安全事故、交通运输事故、公共设施和设备事故、环境污染和生态破坏事件等。③公共卫生事件,主要包括传染病疫情、群体不明原因疾病、食品安全和执业危害、动物疫情以及其他严重影响公众健康和生命安全的事件。④社会安全事件,主要包括严重危害社会治安秩序的突发事件。

突发事件按照社会危害程度、影响范围、突发事件性质、可控性、行业特点等因素,将自然灾害、事故灾难、公共卫生事件分为特别重大、重大、较大和一般4级。突发事件的分级标准由国务院确定的部门制定。

二、突发事件应对的原则

1. 重在预防,关口前移,防患于未然

从制度上预防突发事件的发生,及时消除风险隐患。突发事件的演变有一个过程,这个过程从本质上看是可控的,只要措施得力、应对有方,预防和减少突发事件发生,减轻和消除突发

事件引起的严重社会危害,是完全可能的。

2. 既授予政府充分的应急权力,又对其权力行使进行规范

突发事件往往严重威胁、危害社会的整体利益。为了及时有效处置突发事件,控制、减轻和消除突发事件引起的严重社会危害,需要赋予政府必要处置权力,坚持效率优先,充分发挥政府的主导作用,以有效整合各种资源,协调指挥各种社会力量。因此,相关法律规定了政府应对突发事件可以采取的各种必要措施。同时,为了防止权力滥用,把应对突发事件的代价降到最低限度,在对突发事件进行分类、分级、分期的基础上,明确了权力行使的规则和程序。

3. 对公民权利的限制和保护相统一

突发事件往往具有社会危害性,政府固然负有统一领导、组织处置突发事件应对的主要职责,同时社会公众也负有义不容辞的责任。在应对突发事件时,为了维护公共利益和社会秩序,不仅需要公民、法人和其他组织积极参与有关突发事件应对工作,还需要其履行特定义务。因此,突发事件应对法对有关单位和个人在突发事件预防和应急准备、监测和预警、应急处置和救援等方面服从指挥、提供协助、给予配合、必要时采取先行处置措施的法定义务作出了规定。同时,为了保护公民的权利,确立了比例原则,并规定了征用补偿等制度。

4. 建立统一领导、综合协调、分级负责、属地管理的突发事件应对机制

实行统一的领导体制,整合各种力量,是提高突发事件处置工作效率的根本举措。借鉴世界各国的成功经验,结合我国的具体国情,国家建立"统一领导、综合协调、分类管理、分级负责、属地管理为主"的应急管理体制。突发事件应对工作实行预防为主、预防与应急相结合的原则。国家建立重大突发事件风险评估体系,对可能发生的突发事件进行综合性评估,减少重大突发事件的发生,最大限度地减轻重大突发事件的影响。

国家建立有效的社会动员机制,增强全民的公共安全和防范风险的意识,提高全社会的避险救助能力。

三、突发事件的预防和应急准备

建立健全有效的突发事件预防和应急准备制度,是做好突发事件应急处置工作的基础。

1. 各级政府应当制定和适时修订应急预案,并严格予以执行

各级政府和政府有关部门应当制定、适时修订应急预案,并严格予以执行;城乡规划应当符合预防、处置突发事件的需要,统筹安排应对突发事件所必需的设备和基础设施建设,合理确定应急避难场所;县级人民政府应当加强对本行政区域内危险源、危险区域的监控,并责令有关单位采取安全防范措施;省级和设区的市级人民政府应当加强对本行政区域内容易引发特别重大、重大突发事件的危险源、危险区域的监控,并责令有关单位采取安全防范措施;县级以上地方各级人民政府应当及时向社会公布危险源、危险区域;所有单位应当建立健全安全管理制度,定期检查本单位各项安全防范措施的落实情况,及时消除事故隐患,掌握并及时处理本单位可能引发社会安全事件的问题;县级人民政府及其有关部门、乡级人民政府、街道办事处、居民委员会、村民委员会应当及时调解处理可能引发社会安全事件的矛盾纠纷。

2. 建立专业应急救援队伍,有计划地组织开展应急救援训练

县级以上人民政府应当建立健全突发事件应急管理培训制度,整合应急资源,建立或者确定

综合性应急救援队伍,加强专业应急救援队伍与非专业应急救援队伍的合作,联合培训、联合演练,提高合成应急、协同应急的能力;国务院有关部门、县级以上地方各级人民政府及其有关部门、有关单位应当为专业应急救援队伍购买人身意外伤害保险,配备必要的防护设备和器材;解放军、武装警察部队和民兵组织应当有计划地组织开展应急救援的专门训练。

3. 开展应急知识的宣传普及活动和必要的应急演练

县级人民政府及其有关部门、乡级人民政府、街道办事处应当组织开展应急知识的宣传普及活动和必要的应急演练;居民委员会、村民委员会、企事业单位应当根据所在地人民政府的要求,结合自身的实际情况,开展有关突发事件应急知识的宣传普及活动和必要的应急演练;新闻媒体应当无偿开展突发事件预防与应急、自救与互救知识的公益宣传;各级各类学校应当把应急知识教育纳入教学内容。

4. 建立应急救援保障体系

国务院和县级以上地方各级人民政府应当采取财政措施,保障突发事件应对工作所需经费;国家建立健全应急物资储备保障制度,完善重要应急物资的监管、生产、储备、调拨和紧急配送体系;建立健全应急通信保障体系;国家鼓励公民、法人和其他组织为人民政府应对突发事件工作提供物资、资金、技术支持和捐赠;国家发展保险事业,建立财政支持的巨灾风险保险体系,并鼓励单位和公民参加保险;国家鼓励、扶持具备相应条件的教学科研机构培养应急管理人才,鼓励、扶持教学科研机构和有关企业研究开发突发事件预防、监测、预警、应急处置和救援的新技术、新设备和新工具。

四、突发事件的监测和预警

突发事件的早发现、早报告、早预警,是及时做好应急准备、有效处置突发事件、减少人员伤亡和财产损失的前提。为此,《突发事件应对法》规定:国务院建立全国统一的突发事件信息系统,县级以上地方人民政府应当建立或者确定本地区统一的突发事件信息系统,并与上下级人民政府及其有关部门、专业机构和监测网点的突发事件信息系统实现互联互通;县级以上人民政府及其有关部门、专业机构应当通过多种途径收集突发事件信息;县级人民政府应当在居民委员会、村民委员会和有关单位建立专职或者兼职信息报告员制度;获悉突发事件信息的公民、法人或者其他组织应当立即向所在地政府、有关主管部门或者指定的专业机构报告;国家建立健全突发事件监测制度,县级以上人民政府及其有关部门应当建立健全基础信息数据库,完善监测网络,划分监测区域,确定监测点,明确监测项目,提供必要的设备设施,配备专职或者兼职人员。

预警机制不够健全,是导致突发事件发生后处置不及时、人员财产损失比较严重的一个重要原因。为了从制度上解决这个问题,《突发事件应对法》规定,国家建立健全突发事件预警制度;县级以上地方政府应当及时发布相应级别的警报,决定并宣布有关地区进入预警期,并及时上报;发布三级、四级警报,宣布进入预警期后,县级以上地方各级人民政府应当采取措施,启动应急预案,加强监测、预报和预警工作,加强对突发事件信息的分析评估,定时向社会发布与公众有关的突发事件预测信息和分析评估结果,并对相关信息的报道工作进行管理,及时向社会发布警告,宣传避免、减轻危害的常识,公布咨询电话;发布一级、二级警报,宣布进入预警期后,县级以上地方各级人民政府还应当责令应急救援队伍和有关人员进入待命状态,调集应急救援所需物资、设备、工具,准备应急设施和避难场所,加强对重点单位、重要部位和重要基础设施的安全保卫,及时向社会发布有关避免或者减轻损害的建议、劝告,转移、疏散或者撤离易受危害的人员并予以妥善安置,转移重要财产,关闭或者限制使用易受危害的场所,控制或者限制容易导致危害扩大的公共场所的活动;发布警报的人民政府应当根据事态发展适时调整预警级别并重新发布,有事实证明不可能发生突发事件或者危险已经解除的,应当立即宣布解除警报、终止预警期并解除已采取的有关措施。

五、突发事件的应急处置与救援

突发事件发生后,政府必须在第一时间组织各方面力量,依法及时采取有力措施控制事态发展,开展应急救援工作,避免其发展为特别严重的事件,努力减轻和消除其对人民生命财产造成的损害。为此,《突发事件应对法》与现行有关突发事件应急的法律、行政法规作了衔接,同时根据应急处置工作的实际需要并参考借鉴国外一些应急法律的规定,规定了一些必要措施:突发事件发生后,有关人民政府应当针对其性质、特点和危害程度,依照《突发事件应对法》的规定和有关法律、法规、规章的规定采取应急处置措施;自然灾害、事故灾难或者公共卫生事件发生后,有关人民政府可以有针对性地采取人员救助、事态控制、公共设施和公众基本生活保障等方面的措施;社会安全事件发生后,有关人民政府应当立即组织有关部门依法采取强制隔离当事人、封锁有关场所和道路、控制有关区域和设施、加强对核心机关和单位的警卫等措施;发生严重危害社会治安秩序的事件时,公安机关可以根据现场情况依法采取相应的强制性措施;发生严重影响国民经济正常运行的突发事件后,国务院或者国务院授权的有关主管部门可以采取保障、控制等必要的应急措施。

六、事后恢复与重建

突发事件的威胁和危害基本得到控制或者消除后,应当及时组织开展事后恢复与重建工作,减轻突发事件造成的损失和影响,尽快恢复生产、生活、工作和社会秩序,妥善解决处置突发事件过程中引发的矛盾和纠纷。为此,《突发事件应对法》规定,履行统一领导职责或者组织处置突发事件的人民政府应当及时停止执行依照本法规定采取的应急处置措施,同时采取或者继续实施必要措施,防止发生次生、衍生事件或者重新引发社会安全事件;立即组织对突发事件造成的损失进行评估,组织受影响的地区尽快恢复生产、生活、工作和社会秩序,制订恢复重建计划,修复被损坏的公共设施;上级人民政府应当根据受影响地区遭受的损失和实际情况,提供资金、物资支持和技术指导,组织其他地区提供资金、物资和人力支援;国务院制定扶持受突发事件影响地区有关行业发展的优惠政策;受影响地区的人民政府应当制订并实施善后工作计划;及时总结应急处置工作的经验教训,制定改进措施,并向上一级人民政府提出报告。

七、建立健全突发事件预警制度

可以预警的自然灾害、事故灾难和公共卫生事件的预警级别,按照突发事件发生的紧急程度、发展势态和可能造成的危害程度分为一级、二级、三级和四级,分别用红色、橙色、黄色和蓝色标示,一级为最高级别。预警级别的划分标准由国务院或者国务院指定的部门制定。可以预警的自然灾害、事故灾难或者公共卫生事件即将发生或者发生的可能性增大时,县级以上地方各级人民政府应当根据有关法律、行政法规和国务院规定的权限和程序,发布相应级别的警报,决定并宣布有关地区进入预警期,同时向上一级人民政府报告,必要时可以越级上报,并向当地驻军和可能受到危害的毗邻或者相关地区的人民政府通报。

八、自然灾害、事故灾难或者公共卫生事件的应急处置措施

突发事件发生后，履行统一领导职责或者组织处置突发事件的人民政府应当针对其性质、特点和危害程度，立即组织有关部门，调动应急救援队伍和社会力量，依照有关法律、法规、规章的规定采取应急处置措施。

自然灾害、事故灾难或者公共卫生事件发生后，履行统一领导职责的人民政府可以采取下列一项或者多项应急处置措施；组织营救和救治受害人员，疏散、撤离并妥善安置受到威胁的人员以及采取其他救助措施；迅速控制危险源，标明危险区域，封锁危险场所，划定警戒区，实行交通管制以及其他控制措施；立即抢修被损坏的交通、通信、供水、排水、供电、供气、供热等公共设施，向受到危害的人员提供避难场所和生活必需品，实施医疗救护和卫生防疫以及其他保障措施；禁止或者限制使用有关设备、设施，关闭或者限制使用有关场所，中止人员密集的活动或者可能导致危害扩大的生产经营活动以及采取其他保护措施；启用本级人民政府设置的财政预备费和储备的应急救援物资，必要时调用其他急需物资、设备、设施、工具；组织公民参加应急救援和处置工作，要求具有特定专长的人员提供服务；保障食品、饮用水、燃料等基本生活必需品的供应；依法从严惩处囤积居奇、哄抬物价、制假售假等扰乱市场秩序的行为，稳定市场价格，维护市场秩序；依法惩处哄抢财物、干扰破坏应急处置工作等扰乱社会秩序的行为，维护社会治安；采取防止发生次生、衍生事件的必要措施。

九、社会安全事件的应急处置措施

社会安全事件发生后，组织处置工作的人民政府应当立即组织有关部门并由公安机关针对事件的性质和特点，依照有关法律、行政法规和国家其他有关规定，采取下列一项或者多项应急处置措施：强制隔离使用器械相互对抗或者以暴力行为参与冲突的当事人，妥善解决现场纠纷和争端，控制事态发展；对特定区域内的建筑物、交通工具、设备、设施以及燃料、燃气、电力、水的供应进行控制；封锁有关场所、道路，查验现场人员的身份证件，限制有关公共场所内的活动；加强对易受冲击的核心机关和单位的警卫，在国家机关、军事机关、国家通讯社、广播电台、电视台、外国驻华使领馆等单位附近设置临时警戒线；法律、行政法规和国务院规定的其他必要措施。严重危害社会治安秩序的事件发生时，公安机关应当立即依法出动警力，根据现场情况依法采取相应的强制性措施，尽快使社会秩序恢复正常。

十、法律责任

1）地方各级人民政府和县级以上各级人民政府有关部门违反《突发事件应对法》规定，不履行法定职责的，由其上级行政机关或者监察机关责令改正；有下列情形之一的，根据情节对直接负责的主管人员和其他直接责任人员依法给予处分：

①未按规定采取预防措施，导致发生突发事件，或者未采取必要的防范措施，导致发生次生、衍生事件的。

②迟报、谎报、瞒报、漏报有关突发事件的信息，或者通报、报送、公布虚假信息，造成后果的。

③未按规定及时发布突发事件警报、采取预警期的措施，导致损害发生的。

④未按规定及时采取措施处置突发事件或者处置不当,造成后果的。

⑤不服从上级人民政府对突发事件应急处置工作的统一领导、指挥和协调的。

⑥未及时组织开展生产自救、恢复重建等善后工作的。

⑦截留、挪用、私分或者变相私分应急救援资金、物资的。

⑧不及时归还征用的单位和个人的财产,或者对被征用财产的单位和个人不按规定给予补偿的。

2)有关单位有下列情形之一的,由所在地履行统一领导职责的人民政府责令停产停业,暂扣或者吊销许可证或者营业执照,并处 5 万元以上 20 万元以下的罚款;构成违反治安管理行为的,由公安机关依法给予处罚:

①未按规定采取预防措施,导致发生严重突发事件的。

②未及时消除已发现的可能引发突发事件的隐患,导致发生严重突发事件的。

③未做好应急设备、设施日常维护、检测工作,导致发生严重突发事件或者突发事件危害扩大的。

④突发事件发生后,不及时组织开展应急救援工作,造成严重后果的。

3)违反《突发事件应对法》规定,编造并传播有关突发事件事态发展或者应急处置工作的虚假信息,或者明知是有关突发事件事态发展或者应急处置工作的虚假信息而进行传播的,责令改正,给予警告;造成严重后果的,依法暂停其业务活动或者吊销其执业许可证;负有直接责任的人员是国家工作人员的,还应当对其依法给予处分;构成违反治安管理行为的,由公安机关依法给予处罚。

4)单位或者个人违反《突发事件应对法》规定,不服从所在地人民政府及其有关部门发布的决定、命令或者不配合其依法采取的措施,构成违反治安管理行为的,由公安机关依法给予处罚。

5)单位或者个人违反《突发事件应对法》规定,导致突发事件发生或者危害扩大,给他人人身、财产造成损害的,应当依法承担民事责任。

6)违反《突发事件应对法》规定,构成犯罪的,依法追究刑事责任。

第 3 节　消 防 法

《消防法》已由第九届全国人民代表大会常务委员会第二次会议于 1998 年 4 月 29 日通过,自 1998 年 9 月 1 日起施行。由十一届全国人民代表大会常务委员会第五次会议于 2008 年 10 月 28 日修订通过,自 2009 年 5 月 1 日起施行,共 7 章、74 条。主要内容包括总则(7 条)、火灾预防(27 条)、消防组织(8 条)、灭火救援(9 条)、监督检查(6 条)、法律责任(15 条)、附则(2 条)。

一、消防术语

火灾是指在时间或空间上失去控制的燃烧所造成的灾害。在各种灾害中,火灾是最经常、最普遍地威胁公众安全和社会发展的主要灾害之一。

消防设施是指火灾自动报警系统、自动灭火系统、消火栓系统、防烟排烟系统以及应急广播和应急照明、安全疏散设施等。

消防产品是指专门用于火灾预防、灭火救援和火灾防护、避难、逃生的产品。

消防装备是指消防队用于灭火救援的消防车辆、随车器材以及呼吸器、防化服、隔热服等消防员个人防护装备。

谎报火警是指故意编造火灾，并向公安消防机构报告的一种制造混乱的行为。谎报火警不但破坏了消防队正常的执勤秩序，而且严重扰乱了社会治安秩序，造成人们的恐慌，危害公共安全，属于严厉禁止的行为。

消防安全标志是指用以表达与消防有关的安全信息的图形符号或者文字标志，包括火灾报警和手动控制的标志、火灾时疏散途径的标志、灭火设备的标志、具有火灾爆炸危险的物质或场所的标志等。

二、立法目的

立法目的是预防火灾和减少火灾危害，加强应急救援工作，保护人身、财产安全，维护公共安全。

1. 预防火灾和减少火灾危害

在各种灾害中，火灾是最经常、最普遍地威胁公众安全和社会发展的主要灾害之一。人类能够对火进行利用和控制，是文明进步的一个重要标志。但是，失去控制的火就会给人类造成灾难。随着社会的不断发展，在社会财富日益增多的同时，导致发生火灾的危险性也在增多，火灾的危害性也越来越大。实践证明，随着社会和经济的发展，消防工作的重要性就越来越突出。

2. 加强应急救援工作

随着经济和社会的迅速发展，各种新技术、新材料、新工艺的大量开发和应用，用火、用电、用气范围的日益扩大，导致可能发生火灾的因素越来越多。近年来，恶性火灾时有发生，造成人员伤亡惨重、财产损失巨大，在一定程度上影响了经济发展和社会安定。所以，消防应急救援工作直接关系到经济建设能否顺利进行，是一项关系社会和经济发展的重要安全保障工作。

3. 保护公民人身、公共财产和公民财产的安全，维护公共安全

公民人身安全是指公民的生命健康安全。公共财产是指属于国家的、集体的财产。公民财产是指公民的个人财产，包括公民的合法收入、房屋、储蓄、生活用品、文物、图书资料、林木、牲畜等。火灾不仅给国家财产和公民人身、财产带来了巨大损失，还会影响正常的社会秩序、生产秩序、工作秩序、教学科研秩序以及公民的生活秩序。所以，保护公民人身、公共财产和公民财产的安全，维护公共安全，是消防立法应起的重要作用和所要达到的目的之一。

三、消防工作原则

消防安全是政府社会管理和公共服务的重要内容，是社会稳定经济发展的重要保障。各级人民政府必须加强对消防工作的领导，这是贯彻落实科学发展观、建设现代服务型政府、构建社会主义和谐社会的基本要求。政府有关部门对消防工作齐抓共管，这是消防工作的社会化属性决定的。《消防法》明确规定，消防工作贯彻"预防为主、防消结合"的方针，实行消防安全责任制，建立健全社会化的消防工作网络，确定了"政府统一领导、部门依法监管、单位全面负责、公民积极参与"的消防工作原则。

1. 预防为主、防消结合

"预防为主、防消结合",就是要把同火灾作斗争的预防火灾和扑救火灾两个基本手段结合起来。在消防工作中,要把火灾预防放在首位,积极贯彻落实各项防火措施,力求防止火灾的发生。无数事实证明,只要人们具有较强的消防安全意识,自觉遵守消防法律、法规和规章以及国家消防技术标准,大多数火灾是可以预防的。

2. 政府统一领导

政府统一领导,就是各级人民政府应当将消防工作纳入国民经济和社会发展计划,保障消防工作与经济建设和社会发展相适应;将消防规划纳入城乡规划并组织实施;组织开展消防宣传教育和消防安全检查,督促或者组织整改重大火灾隐患;建立多种形式的消防组织,增强火灾预防、扑救和应急救援能力;建立应急反应和处置机制,落实人员、装备等保障;根据火灾扑救需要,组织支援灭火等。

3. 部门依法监管

部门依法监管,就是公安机关依法对消防工作实施监督管理,并由公安消防机构负责实施;政府其他部门在各自的职责范围内,依照相关法律、法规的规定做好消防工作。

4. 单位全面负责

单位全面负责,就是每个单位要对本单位的消防安全负责,单位的主要负责人是本单位的消防安全责任人;应当加强对本单位人员的消防宣传教育,落实消防安全责任制;组织防火检查,及时消除火灾隐患,保障建筑消防设施完好有效;制定灭火和应急疏散预案,组织消防演练;发生火灾,及时报警和组织扑救。

5. 公民积极参与

公民积极参与,就是任何人都有维护消防安全、保护消防设施、预防火灾、报告火警的义务;任何成年人都有参加有组织的灭火工作的义务;任何人都有权对公安机关消防机构及其工作人员在执法中的违法违纪行为进行检举、控告。政府、部门、单位、公民四者都是消防安全责任主体,政府统一领导、部门依法监管、单位全面负责、公民积极参与,共同构筑消防安全工作格局,任何一方都非常重要,不可偏废。

6. 实行防火安全责任制

消防安全渗透在人们生产、生活的各个方面,各级政府、政府各部门、各行各业以及每个人在消防安全方面各尽其责,是我国做好消防工作的经验总结,也是从无数火灾中得出的教训。实践证明,实行防火安全责任制行之有效,它有利于增强全社会的消防安全意识,调动各部门、各单位和广大群众做好消防安全工作的积极性,转变消防工作就是公安消防机构的不正确认识,提高全社会整体抗御火灾的能力。地方各级人民政府应当对本行政区域内的消防工作负责,单位的法定代表人或主要负责人应当对本单位的消防安全工作全面负责,落实各级防火责任制、岗位防火责任制。分管领导应当对自己分管工作范围内的消防安全工作负责,各部门、各班组负责人以及每个岗位的人员应当对自己管辖工作范围内的消防安全负责,切实做到"谁主管,谁负责;谁在岗,谁负责",保证消防法律、法规和规章的贯彻执行,保证消防安全措施落到实处。

7. 建立健全社会化的消防工作网络

消防工作要坚持专门机关与群众相结合的原则,这是多年来我国消防工作经验的总结和升华,也是由消防工作既具有较强的法规性、政策性和专业技术性,又具有广泛的社会性、群众性的本质所决定的。具体体现在：一是在火灾预防方面，社会各单位和广大公民应当自觉遵守消防法规和消防安全规章制度，及时消除火灾隐患，在生产、生活和工作中具有消防安全意识，懂得消防安全基本知识，掌握自防自救的基本技能，积极纠正和制止违反消防法规的行为。公安消防机构要依法进行监督管理，依法履行消防监督检查、建筑工程消防监督审核等各项法定职责，依法纠正和处罚违反消防法规的行为。二是在消防组织建设方面，公安消防队是我国消防力量中的主力军，应当加强建设。同时，根据我国幅员辽阔、地区差异大、经济还不发达的实际情况，全国广大城乡的消防任务不可能全部由公安消防队承担，必须走发展多种形式的企业消防队、志愿消防队的道路。三是在灭火救援方面，任何人发现火灾都要立即报警，发生火灾的单位要及时组织力量扑救火灾，任何单位和个人都应当服从火场总指挥的决定，积极参加和支援火灾扑救。火灾扑灭后，有关单位和人员还应当如实提供相关情况，协助公安消防机构调查火灾事故。对于公安消防机构及其消防队来说，接到火警后必须迅速赶赴现场，救助遇险人员，扑救火灾，负责组织和指挥火灾的现场扑救，进行火灾事故调查工作。

四、各级政府消防工作责任

1.消防工作由国务院领导，由地方各级人民政府负责

国务院领导全国的消防工作，地方各级人民政府负责本行政区域内的消防工作。这是由消防工作的性质决定的，同时也是我国消防工作长期以来的实践经验升华为法律的结晶。消防安全关系人民安居乐业、社会稳定和经济建设，做好消防工作十分重要。发展消防事业必须在国务院统一领导下，以地方政府负责为主，切实加强领导。国务院作为中央人民政府、最高国家权力机关的执行机关、最高国家行政机关，加强对消防工作的领导，对于更快地发展我国的消防事业，使消防工作更好地保障社会主义现代化建设的顺利进行，使《消防法》能够得到更好的贯彻、落实，无疑具有重要作用。同时，消防工作又是一项地方性很强的政府行政工作，许多具体工作，都必须以地方政府负责为主。

2.将消防工作纳入国民经济和社会发展计划，保障消防工作与经济社会发展相适应

国民经济和社会发展计划是指国家对国民经济和社会发展各项内容所进行的分阶段的具体安排。它分为长期计划、中期计划、短期计划。消防工作是国民经济和社会发展的重要组成部分，直接关系到国家和人民生命财产安全和社会的稳定。所以，应当将其纳入国民经济和社会发展计划，明确一个阶段内消防工作应当达到的目标以及采取的措施。

五、有突出贡献单位和个人的表彰

1.消防工作中有突出贡献单位的表彰和奖励

在消防工作中有突出贡献或者成绩显著的单位，应当具有下列条件之一：消防安全宣传教育普及，消防安全措施落实，消防组织制度健全，火灾隐患及时消除，消防器材、设施完整好用，无火灾事故，成绩突出的；及时组织扑灭火灾或者积极支援邻近单位和居民扑灭火灾，避免重大损失，有显著贡献的；严格执法，秉公执法，科学监督，文明服务，在消防监督工作中取得显著成绩的；开展消防科学技术研究和技术革新，成绩显著的；在改善城乡消防设施方面有显著贡献的。

2.消防工作中有突出贡献个人的表彰和奖励

在消防工作中有突出贡献或者成绩显著的个人，应当具有下列条件之一：热爱消防工作，

积极参加火灾预防工作,成绩显著的;模范遵守消防法规,制止违反消防法规的行为,事迹突出的;及时发现和消除重大火灾隐患,避免火灾发生的;积极扑救火灾,抢救公共财产和人民生命财产安全,表现突出的;对查明火灾原因有突出贡献的;对消防科学技术研究或者技术革新有显著成绩的;在消防工作的其他方面作出显著贡献的。

对消防工作中有突出贡献单位或者个人的奖励,由上级主管部门或者本单位批准实施;成绩特别突出的,由公安消防机构核准,报请当地人民政府批准实施。奖励有精神的和物质的两种。精神奖励有记功、记大功、晋级、通令嘉奖、授予先进工作者荣誉称号等。物质奖励有颁发奖金、奖品等。

六、消防安全重点单位消防安全职责

1. 机关、团体、企业、事业单位消防安全职责

机关、团体、企业、事业单位等应当履行下列消防安全职责:落实消防安全责任制,制定本单位的消防安全制度、消防安全操作规程,制定灭火和应急疏散预案;按照国家标准、行业标准配置消防设施、器材,设置消防安全标志,并定期组织检验、维修,确保完好有效;对建筑消防设施每年至少进行一次全面检测,确保完好有效,检测记录应当完整准确,存档备查;保障疏散通道、安全出口、消防车通道畅通,保证防火防烟分区、防火间距符合消防技术标准;组织防火检查,及时消除火灾隐患;组织进行有针对性的消防演练;法律、法规规定的其他消防安全职责。单位的主要负责人是本单位的消防安全责任人。

2. 居民住宅区的管理单位的消防安全管理职责

住宅区的物业服务企业应当对管理区域内的共用消防设施进行维护管理,提供消防安全防范服务,居民住宅区的管理单位履行对居民住宅区的消防安全管理职责。管理单位是指房产管理单位、物业管理企业等。

3. 消防安全重点单位的确定原则

确定消防安全重点单位,对其严格管理,严格监督,是我国多年来消防工作行之有效的做法,实践证明,这种方法对于预防重、特大火灾事故,减少火灾损失具有重要作用。

消防安全重点单位,要根据发生火灾的危险性以及一旦发生火灾可能产生的危害后果来确定。通常应包括重要的厂矿企业、基建工地、交通枢纽、粮棉百货等物资集中的仓库、首脑机关、主要科研单位、历史文物建筑、图书馆、档案馆、陈列馆、易燃建筑密集区和经常聚集大量人员的重要场所等。县级以上地方人民政府公安机关消防机构应当将发生火灾可能性较大以及发生火灾可能造成重大的人身伤亡或者财产损失的单位,确定为本行政区域内的消防安全重点单位,并由公安机关报本级人民政府备案。

4. 消防安全重点单位的消防安全职责

消防安全重点单位除应当履行《消防法》第16条规定的职责外,还应当履行下列消防安全职责:确定消防安全管理人,组织实施本单位的消防安全管理工作。建立消防档案,确定消防安全重点部位,设置防火标志,实行严格管理。防火档案主要包括消防安全重点单位的基本情况,逐级消防安全责任人,各项消防安全制度,火灾隐患检查、整改情况,消防安全培训情况,消防设施、器材维护保养情况等内容;消防安全重点部位,必须加强消防管理的部位。防火标志,是指在消防安全重点部位设置的禁烟禁火等各种文字、符号的警告标志。实行每日防火巡查,并建立巡查记录。防火巡查制度,要求指定人员负责防火巡视检查,以便及时发现火灾苗

头,扑救初期火灾。巡查的主要内容一般包括:员工遵守防火安全制度情况,纠正违章违规行为;安全出口、疏散通道是否畅通无阻,安全疏散标志是否完好;各类消防设施、器材是否在位、完整并处于正常运行状态;及时发现火灾隐患并妥善处置等。对职工进行岗前消防安全培训,定期组织消防安全培训和消防演练。消防安全培训,其重点是各级、各岗位消防安全责任人、消防控制室人员、专职和义务消防人员、保安人员和重点岗位工种人员。重点岗位工种人员,要按照有关规定的要求,实行消防安全培训持证上岗制度。定期组织消防演练,是指按照预案进行实际的操作演练,以便及时发现问题,完善预案。同时也有助于增强人们的消防意识,熟悉消防设施、器材的位置和使用方法。

七、灭火救援

1. 制定应急预案,建立应急反应和处置机制

县级以上地方人民政府应当组织有关部门针对本行政区域内的火灾特点制定应急预案,建立应急反应和处置机制,为火灾扑救和应急救援工作提供人员、装备等保障。

2. 发现火灾应当立即报警

任何人发现火灾都应当立即报警。任何单位、个人都应当无偿为报警提供便利,不得阻拦报警。严禁谎报火警。人员密集场所发生火灾,该场所的现场工作人员应当立即组织、引导在场人员疏散。任何单位发生火灾,必须立即组织力量扑救。邻近单位应当给予支援。消防队接到火警,必须立即赶赴火灾现场,救助遇险人员,排除险情,扑灭火灾。

3. 火灾现场总指挥有权决定的事项

公安机关消防机构统一组织和指挥火灾现场扑救,应当优先保障遇险人员的生命安全。

火灾现场总指挥根据现场的需要,有权决定下列事项:使用各种水源;截断电力、可燃气体和可燃液体的输送,限制用火用电;划定警戒区,实行局部交通管制;利用邻近建筑物和有关设施;为了抢救人员和重要物资,防止火势蔓延,拆除或者破损毗邻火灾现场的建筑物、构筑物或者设施等;调动供水、供电、供气、通信、医疗救护、交通运输、环境保护等有关单位协助灭火救援。根据扑救火灾的紧急需要,有关地方人民政府应当组织人员、调集所需物资支援灭火。

4. 火灾以外的其他重大灾害事故的应急救援领导

公安消防队、专职消防队参加火灾以外的其他重大灾害事故的应急救援工作,由县级以上人民政府统一领导。

5. 应急救援特种车辆、物质运输的优先权力

消防车、消防艇前往执行火灾扑救或者应急救援任务,在确保安全的前提下,不受行驶速度、行驶路线、行驶方向和指挥信号的限制,其他车辆、船舶以及行人应当让行,不得穿插超越;收费公路、桥梁免收车辆通行费。交通管理指挥人员应当保证消防车、消防艇迅速通行。赶赴火灾现场或者应急救援现场的消防人员和调集的消防装备、物资,需要铁路、水路或者航空运输的,有关单位应当优先运输。消防车、消防艇以及消防器材、装备和设施,不得用于与消防和应急救援工作无关的事项。

6. 应急救援不收取任何费用

公安消防队、专职消防队扑救火灾、应急救援,不得收取任何费用。公安消防队扑救火灾不得收取费用,是由其性质和任务决定的。扑救火灾是公安消防队应尽的职责和义务,但有许多群众误以为公安消防队救火是收费的,以致不敢报火警或延误了报警,造成火灾扩大蔓延。

单位专职消防队、志愿消防队参加扑救外单位火灾所损耗的燃料、灭火剂和器材、装备等,由火灾发生地的人民政府给予补偿。

7. 应急救援人员的医疗与抚恤

对因参加扑救火灾或者应急救援受伤、致残或者死亡的人员,应给予医疗、抚恤。

（1）人民警察与现役军人的抚恤和优待

对在扑救火灾中而受伤,致残或者死亡的公安消防机构中的现役军官、士兵,抚恤、优待按照军人抚恤优待条例办理;人民警察与现役军人享受国家同样的抚恤和优待。

（2）其他参加扑救火灾人员的抚恤和优待

对其他参加扑救火灾受伤、致残或者死亡的人员,企事业单位职工按照因公受伤、致残、死亡的人员有关规定进行医疗及抚恤。非国家职工,其医疗,抚恤待遇,由起火单位或者所在单位按照国家有关规定办理。如果起火单位对起火没有责任的,或者确实无力负担的,由当地人民政府按照规定办理。在养伤期间或者丧失劳动能力的,由起火单位或者当地人民政府给予生活保障。

（3）扑救火灾中牺牲的人员的抚恤

对扑救火灾中牺牲的人员,根据《革命烈士褒扬条例》的规定,应当追认烈士的,由有关部门办理手续和予以抚恤。

8. 火灾现场勘验与事故调查

公安机关消防机构有权根据需要封闭火灾现场,负责调查火灾原因,统计火灾损失。

火灾扑灭后,发生火灾的单位和相关人员应当按照公安机关消防机构的要求保护现场,接受事故调查,如实提供与火灾有关的情况。公安机关消防机构根据火灾现场勘验、调查情况和有关的检验、鉴定意见,及时制作火灾事故认定书,作为处理火灾事故的证据。

八、举办大型群众性活动的消防安全

大型集会、焰火晚会、灯会等群众性的活动往往具有火灾危险性,人员聚集,消防安全工作极为重要,稍有疏忽就会引起火灾事故,极易造成众多的人员伤亡及不良的政治影响。因此,对这类活动的消防安全必须严格要求和管理,根据消防法的规定,大型集会、焰火晚会、灯会等火灾危险性较大或者一旦发生火灾可能造成较大人员伤亡的群众性活动需事先向公安消防机构申报。

主办单位应当履行的消防安全职责是:①制定灭火和应急疏散预案。预案的内容应当包括组织领导机构,各级各岗位人员职责,灭火措施,疏散路线、出口,应急措施等。②认真落实消防安全措施。③举办活动前进行消防申报。在举办活动前向当地公安消防机构申报,经公安消防机构对活动场所进行消防安全检查合格后,方可举办。申报应当包括主办单位的名称、地址、负责人,活动的时间、内容、地点,灭火和应急疏散预案,采取的消防安全措施等。④落实消防隐患整改。对公安消防机构提出的整改意见,应当负责落实,确保安全。当地公安消防机构对活动场所进行消防安全监督检查时,应把消除火灾、爆炸隐患作为重点,在重大活动前,必须对活动场地的水源情况、安全通道、电气设备、消防设施以及其他不安全因素进行检查。有些重大活动还要派出消防干警及车辆现场执勤,以确保安全。

九、监督检查

1. 各级人民政府

地方各级人民政府应当落实消防工作责任制,对本级人民政府有关部门履行消防安全职责的情况进行监督检查。县级以上地方人民政府有关部门应当根据本系统的特点,有针对性地开展消防安全检查,及时督促整改火灾隐患。

2. 公安机关消防机构

公安机关消防机构应当对机关、团体、企业、事业等单位遵守消防法律、法规的情况依法进行监督检查。公安派出所可以负责日常消防监督检查、开展消防宣传教育,具体办法由国务院公安部门规定。公安机关消防机构、公安派出所的工作人员进行消防监督检查,应当出示证件。公安机关消防机构在消防监督检查中发现火灾隐患的,应当通知有关单位或者个人立即采取措施消除隐患;不及时消除隐患可能严重威胁公共安全的,公安机关消防机构应当依照规定对危险部位或者场所采取临时查封措施。公安机关消防机构在消防监督检查中发现城乡消防安全布局、公共消防设施不符合消防安全要求,或者发现本地区存在影响公共安全的重大火灾隐患的,应当由公安机关书面报告本级人民政府。接到报告的人民政府应当及时核实情况,组织或者责成有关部门、单位采取措施,予以整改。公安机关消防机构及其工作人员应当按照法定的职权和程序进行消防设计审核、消防验收和消防安全检查,做到公正、严格、文明、高效。公安机关消防机构及其工作人员进行消防设计审核、消防验收和消防安全检查等,不得收取费用,不得利用消防设计审核、消防验收和消防安全检查谋取利益。公安机关消防机构及其工作人员不得利用职务为用户、建设单位指定或者变相指定消防产品的品牌、销售单位或者消防技术服务机构、消防设施施工单位。公安机关消防机构及其工作人员执行职务,应当自觉接受社会和公民的监督。

3. 单位团体和个人

任何单位和个人都有权对公安机关消防机构及其工作人员在执法中的违法行为进行检举、控告。收到检举、控告的机关,应当按照职责及时查处。建立和健全监督检查机制,实现以"群众监督、舆论监督"为主的监督模式,有利于公安消防机构及其工作人员在执法中的透明度。

十、法律责任

1. 建设单位、设计单位和监理单位的法律责任

①有下列行为之一的,责令停止施工、停止使用或者停产停业,并处 3 万元以上 30 万元以下罚款:依法应当经公安机关消防机构进行消防设计审核的建设工程,未经依法审核或者审核不合格,擅自施工的;消防设计经公安机关消防机构依法抽查不合格,不停止施工的;依法应当进行消防验收的建设工程,未经消防验收或者消防验收不合格,擅自投入使用的;建设工程投入使用后经公安机关消防机构依法抽查不合格,不停止使用的;公众聚集场所未经消防安全检查或者经检查不符合消防安全要求,擅自投入使用、营业的。建设单位未依照消防法规定将消防设计文件报公安机关消防机构备案,或者在竣工后未依照消防法规定报公安机关消防机构备案的,责令限期改正,处 5 000 元以下罚款。

②有下列行为之一的,责令改正或者停止施工,并处 1 万元以上 10 万元以下罚款:建设单

位要求建筑设计单位或者建筑施工企业降低消防技术标准设计、施工的;建筑设计单位不按照消防技术标准强制性要求进行消防设计的;建筑施工企业不按照消防设计文件和消防技术标准施工,降低消防施工质量的;工程监理单位与建设单位或者建筑施工企业串通,弄虚作假,降低消防施工质量的。

2. 违反消防安全规定行为的法律责任

单位有下列行为之一的,责令改正,处5 000元以上5万元以下罚款:①消防设施、器材或者消防安全标志的配置、设置不符合国家标准、行业标准,或者未保持完好有效的;②损坏、挪用或者擅自拆除、停用消防设施、器材的;③占用、堵塞、封闭疏散通道、安全出口或者有其他妨碍安全疏散行为的;④埋压、圈占、遮挡消火栓或者占用防火间距的;⑤占用、堵塞、封闭消防车通道,妨碍消防车通行的;⑥人员密集场所在门窗上设置影响逃生和灭火救援的障碍物的;⑦对火灾隐患经公安机关消防机构通知后不及时采取措施消除的。个人有第②、③、④、⑤项行为之一的,处警告或者500元以下罚款。有第1款第③、④、⑤、⑥项行为,经责令改正拒不改正的,强制执行,所需费用由违法行为人承担。

3. 易燃易爆危险品的场所的特殊规定

生产、储存、经营易燃易爆危险品的场所与居住场所设置在同一建筑物内,或者未与居住场所保持安全距离的,责令停产停业,并处5 000元以上5万元以下罚款。

生产、储存、经营其他物品的场所与居住场所设置在同一建筑物内,不符合消防技术标准的,依照前款规定处罚。

4. 违章指挥、违章作业的法律责任

①有下列行为之一的,依照《治安管理处罚法》的规定处罚:违反有关消防技术标准和管理规定生产、储存、运输、销售、使用、销毁易燃易爆危险品的;非法携带易燃易爆危险品进入公共场所或者乘坐公共交通工具的;谎报火警的;阻碍消防车、消防艇执行任务的;阻碍公安机关消防机构的工作人员依法执行职务的。

②有下列行为之一的,处警告或者500元以下罚款;情节严重的,处5日以下拘留:违反消防安全规定进入生产、储存易燃易爆危险品场所的;违反规定使用明火作业或者在具有火灾、爆炸危险的场所吸烟、使用明火的。

③有下列行为之一,尚不构成犯罪的,处10日以上15日以下拘留,可以并处500元以下罚款;情节较轻的,处警告或者500元以下罚款:指使或者强令他人违反消防安全规定,冒险作业的;过失引起火灾的;在火灾发生后阻拦报警,或者负有报告职责的人员不及时报警的;扰乱火灾现场秩序,或者拒不执行火灾现场指挥员指挥,影响灭火救援的;故意破坏或者伪造火灾现场的;擅自拆封或者使用被公安机关消防机构查封的场所、部位的。

5. 生产、销售不合格的消防产品、电器产品、燃气用具的法律责任

生产、销售不合格的消防产品或者国家明令淘汰的消防产品的,由产品质量监督部门或者工商行政管理部门依照《产品质量法》的规定从重处罚。

人员密集场所使用不合格的消防产品或者国家明令淘汰的消防产品的,责令限期改正;逾期不改正的,处5 000元以上5万元以下罚款,并对其直接负责的主管人员和其他直接责任人员处500元以上2 000元以下罚款;情节严重的,责令停产停业。

公安机关消防机构对于上述情形,除依法对使用者予以处罚外,应当将发现不合格的消防产品和国家明令淘汰的消防产品的情况通报产品质量监督部门、工商行政管理部门。产品质量监督部门、工商行政管理部门应当对生产者、销售者依法及时查处。

电器产品、燃气用具的安装、使用及其线路、管路的设计、敷设、维护保养、检测不符合消防技术标准和管理规定的,责令限期改正;逾期不改正的,责令停止使用,可以并处 1 000 元以上5 000 元以下罚款。

6. 不履行消防安全职责的法律责任

机关、团体、企事业等单位违反《消防法》第 16、第 17、第 18 条和第 21 条第 2 款规定的,责令限期改正;逾期不改正的,对其直接负责的主管人员和其他直接责任人员依法给予处分或者给予警告处罚。人员密集场所发生火灾,该场所的现场工作人员不履行组织、引导在场人员疏散的义务,情节严重,尚不构成犯罪的,处 5 日以上 10 日以下拘留。消防产品质量认证、消防设施检测等消防技术服务机构出具虚假文件的,责令改正,处 5 万元以上 10 万元以下罚款,并对直接负责的主管人员和其他直接责任人员处 1 万元以上 5 万元以下罚款;有违法所得的,并处没收违法所得;给他人造成损失的,依法承担赔偿责任;情节严重的,由原许可机关依法责令停止执业或者吊销相应资质、资格。前款规定的机构出具失实文件,给他人造成损失的,依法承担赔偿责任;造成重大损失的,由原许可机关依法责令停止执业或者吊销相应资质、资格。

7. 公安机关消防机构、各级地方人民政府的权责与违法行为的处罚

(1)公安机关消防机构、各级地方人民政府的权责

《消防法》规定的行政处罚,除另有规定的外,由公安机关消防机构决定;其中拘留处罚由县级以上公安机关依照《治安管理处罚法》的有关规定决定。公安机关消防机构需要传唤消防安全违法行为人的,依照《治安管理处罚法》的有关规定执行。被责令停止施工、停止使用、停产停业的,应当在整改后向公安机关消防机构报告,经公安机关消防机构检查合格,方可恢复施工、使用、生产、经营。当事人逾期不执行停产停业、停止使用、停止施工决定的,由作出决定的公安机关消防机构强制执行。

责令停产停业,对经济和社会生活影响较大的,由公安机关消防机构提出意见,并由公安机关报请本级人民政府依法决定。本级人民政府组织公安机关等部门实施。

(2)公安机关消防机构、各级地方人民政府违法行为的处罚规定

公安机关消防机构的工作人员滥用职权、玩忽职守、徇私舞弊,有下列行为之一,尚不构成犯罪的,依法给予处分:对不符合消防安全要求的消防设计文件、建设工程、场所准予审核合格、消防验收合格、消防安全检查合格的;无故拖延消防设计审核、消防验收、消防安全检查,不在法定期限内履行职责的;发现火灾隐患不及时通知有关单位或者个人整改的;利用职务为用户、建设单位指定或者变相指定消防产品的品牌、销售单位或者消防技术服务机构、消防设施施工单位的;将消防车、消防艇以及消防器材、装备和设施用于与消防和应急救援无关的事项的;其他滥用职权、玩忽职守、徇私舞弊的行为。

建设、产品质量监督、工商行政管理等其他有关行政主管部门的工作人员在消防工作中滥用职权、玩忽职守、徇私舞弊,尚不构成犯罪的,依法给予处分。

8. 构成犯罪的行为追究

《刑法》第 134 条规定,在生产、作业中违反有关安全管理的规定,因而发生重大伤亡事故或者造成其他严重后果的,处 3 年以下有期徒刑或者拘役;情节特别恶劣的,处 3 年以上 7 年以下有期徒刑。强令他人违章冒险作业,因而发生重大伤亡事故或者造成其他严重后果的,处 5 年以下有期徒刑或者拘役;情节特别恶劣的,处 5 年以上有期徒刑。

　　《刑法》第 135 条规定,安全生产设施或者安全生产条件不符合国家规定,因而发生重大伤亡事故或者造成其他严重后果的,对直接负责的主管人员和其他直接责任人员,处 3 年以下有期徒刑或者拘役;情节特别恶劣的,处 3 年以上 7 年以下有期徒刑。

　　举办大型群众性活动违反安全管理规定,因而发生重大伤亡事故或者造成其他严重后果的,对直接负责的主管人员和其他直接责任人员,处 3 年以下有期徒刑或者拘役;情节特别恶劣的,处 3 年以上 7 年以下有期徒刑。

　　《刑法》第 137 条规定,建设单位、设计单位、施工单位、工程监理单位违反国家规定,降低工程质量标准,造成重大安全事故的,对直接责任人员,处 5 年以下有期徒刑或者拘役,并处罚金;后果特别严重的,处 5 年以上 10 年以下有期徒刑,并处罚金。

　　《刑法》第 139 条规定,违反消防管理法规,经消防监督机构通知采取改正措施而拒绝执行,造成严重后果的,对直接责任人员,处 3 年以下有期徒刑或者拘役;后果特别严重的,处 3 年以上 7 年以下有期徒刑。在安全事故发生后,负有报告职责的人员不报或者谎报事故情况,贻误事故抢救,情节严重的,处 3 年以下有期徒刑或者拘役;情节特别严重的,处 3 年以上 7 年以下有期徒刑。

第 4 节　道路交通安全法

　　《道路交通安全法》于 2003 年 10 月 28 日第十届全国人民代表大会常务委员会第五次会议通过,自 2004 年 5 月 1 日起施行。根据 2007 年 12 月 29 日第十届全国人民代表大会常务委员会第三十一次会议《关于修改〈道路交通安全法〉的决定》第一次修正,自 2008 年 5 月 1 日起施行。根据 2011 年 4 月 22 日第十一届全国人民代表大会常务委员会第二十次会议《关于修改〈道路交通安全法〉的决定》第二次修正,自 2011 年 5 月 1 日起施行。共 8 章 124 条,具体内容包括:总则(7 条)、车辆和驾驶人(17 条)、道路通行条件(10 条)、道路通行规定(35 条)、交通事故处理(8 条)、执法监督(9 条)、法律责任(32 条)、附则(6 条)。立法宗旨是为了维护道路交通秩序,预防和减少交通事故,保护人身安全,保护公民、法人和其他组织的财产安全及其他合法权益,提高通行效率。

一、原则规定

1.技术术语

　　①道路是指公路、城市道路和虽在单位管辖范围但允许社会机动车通行的地方,包括广场、公共停车场等用于公众通行的场所。

　　②机动车是指以动力装置驱动或者牵引,上道路行驶的供人员乘用或者用于运送物品以及进行工程专项作业的轮式车辆。

　　③非机动车是指以人力或者畜力驱动,上道路行驶的交通工具,以及虽有动力装置驱动但设计最高时速、空车质量、外形尺寸符合有关国家标准的残疾人机动轮椅车、电动自行车等交通工具。

　　④交通事故是指车辆在道路上因过错或者意外造成的人身伤亡或者财产损失的事件。

　　⑤机动车驾驶人是指驾驶以动力装置驱动或者牵引,上道路行驶的供人员乘用或者用于

运送物品以及进行工程专项作业的轮式车辆人员。

2. 适用范围

中国境内的车辆驾驶人、行人、乘车人以及与道路交通活动有关的单位和个人,都应当遵守《道路交通安全法》。外国人、无国籍人和临时入境人员在中国境内驾驶机动车或者通行、乘车的也应当遵守。根据《临时入境机动车和驾驶人管理规定》(公安部令第 90 号)规定,临时入境机动车是指在国外注册登记,需临时进入中国境内行驶的机动车。临时入境机动车驾驶人是指持有境外机动车驾驶证,需临时进入中国境内驾驶机动车的境外人员。

3. **道路交通安全工作的原则与目的**

道路交通安全工作,应当遵循依法管理、方便群众的原则,保障道路交通有序、安全、畅通。人人遵守交通规则,服从交通管理,就会大大减少交通事故,提高通行能力。道路交通安全工作,涉及千家万户,直接关系到人们的生命健康。做好道路安全工作,对于保障国民经济的发展,保护财产安全和人民群众生命健康具有重要意义。依法管理,不仅要求被管理者服从法律,也要求管理者依法行政。只有依法管理,才能保证管理的有效,才能使被管理者与管理者处于平等地位,真心接受管理。方便群众,要求公安机关交通管理部门在依法开展道路交通工作中,尽可能为交通参与人提供便利和方便,保障交通参与人进行交通活动的顺利实现。这是道路交通安全管理的重要原则。依法管理和方便群众是统一的,管理的目的是为了使道路交通有序、安全、畅通。这就要求道路交通安全工作要与时俱进,提高管理水平,寓管理于服务之中。

4. **道路交通安全管理职责**

①各级人民政府应当保障道路交通安全管理工作与经济建设和社会发展相适应。县级以上地方各级人民政府应当适应道路交通发展的需要,依据道路交通安全法律、法规和国家有关政策,制定道路交通安全管理规划,并组织实施。

②国务院公安部门负责全国道路交通安全管理工作。县级以上地方各级人民政府公安机关交通管理部门负责本行政区域内的道路交通安全管理工作。县级以上各级人民政府交通、建设管理部门依据各自职责,负责有关的道路交通工作。

③各级人民政府应经常进行道路交通安全教育,提高公民的道路交通安全意识。公安机关交通管理部门及其交通警察执行职务时,应当加强道路交通安全法律、法规的宣传,并模范遵守道路交通安全法律、法规。机关、部队、企业事业单位、社会团体以及其他组织,应当对本单位的人员进行道路交通安全教育。教育行政部门、学校应当将道路交通安全教育纳入法制教育的内容。新闻、出版、广播、电视等有关单位,有进行道路交通安全教育的义务。

5. **加强道路交通安全的科学研究**

对道路交通安全管理工作,应加强科学研究,推广、使用先进的管理方法、技术、设备。

6. **军警机动车的管理**

解放军和武装警察部队在编机动车牌证、在编机动车检验以及机动车驾驶人考核工作,由解放军、武装警察部队有关部门负责。

7. **拖拉机的管理**

对上道路行驶的拖拉机,由农业主管部门行使《道路交通安全法》规定的公安机关交通管理部门的管理职权。

8. 对入境的境外机动车的管理

国家对入境的境外机动车的道路交通安全实施统一管理。

二、车辆和驾驶人

1. 对机动车实行登记

（1）国家对机动车实行登记制度

机动车经公安机关交通管理部门登记后，方可上道路行驶。尚未登记的机动车，需要临时上道路行驶的，应取得临时通行牌证。

（2）申领临时牌证的条件

符合下列条件之一者，可向当地车管所申领临时牌证：①从车辆购买地驶回使用地时，需在购买地车管所申领临时牌证；②车辆转籍，已缴正式牌证时，需在当地车管所申领临时牌证，以便驶回转入地；③在本地区未申领正式牌证的新车，需驶往外地改装时，需在本地申领临时牌证，改装完毕，在当地申领临时牌证驶回原地区；④尚未固定车籍需要临时试用的；⑤持有国外或我国港、澳地区牌的车辆，经我国政府允许，进入我国境内短期行驶的；⑥在本地行驶的其他辖区车辆，号牌遗失且有原发证机关证明的。

（3）申请机动车登记应当提交资料

申请机动车登记，应当提交以下证明、凭证：①机动车所有人的身份证明；②机动车来历证明；③机动车整车出厂合格证明或者进口机动车进口凭证；④车辆购置税的完税证明或者免税凭证；⑤法律、行政法规规定应当在机动车登记时提交的其他证明、凭证。

公安机关交通管理部门应当自受理申请之日起 5 个工作日内完成机动车登记审查工作，对符合规定条件的，应当发放机动车登记证书、号牌和行驶证；对不符合规定条件的，应当向申请人说明不予登记的理由。机动车登记证书是机动车所有权的法律证明，由机动车所有人保管，不随车携带。公安机关交通管理部门以外的任何单位或者个人不得发放机动车号牌或者要求机动车悬挂其他号牌。

（4）准予登记的机动车应符合国家安全技术标准

准予登记的机动车应当符合机动车国家安全技术标准。申请机动车登记时，应当接受对该机动车的安全技术检验。但是，经国家机动车产品主管部门依据机动车国家安全技术标准认定的企业生产的机动车型，该车型的新车在出厂时经检验符合机动车国家安全技术标准，获得检验合格证的，免予安全技术检验。

（5）驾驶机动车证照合法有效

驾驶机动车上道路行驶，应当悬挂机动车号牌，放置检验合格标志、保险标志，并随车携带机动车行驶证。机动车号牌是指在法定机关登记的准予机动车在我国境内道路上行驶的法定标志。机动车行驶证是指准予机动车上道路行驶的法定证件，由证夹、主页、副页三部分组成。机动车号牌应当按照规定悬挂并保持清晰、完整，不得故意遮挡、污损。任何单位和个人不得收缴、扣留机动车号牌。

（6）必须进行机动车登记的情形

有下列情形之一的，应当办理相应的登记：①机动车所有权发生转移的；②机动车登记内容变更的；③机动车用作抵押的；④机动车报废的。

（7）定期机动车安全技术检验

①对登记后上道路行驶的机动车,应当依照法律、行政法规的规定,根据车辆用途、载客载货数量、使用年限等不同情况,定期进行安全技术检验。对提供机动车行驶证和机动车第三者责任强制保险单的,机动车安全技术检验机构应当予以检验,任何单位不得附加其他条件。对符合机动车国家安全技术标准的,公安机关交通管理部门应发给检验合格标志。②对机动车的安全技术检验实行社会化。③机动车安全技术检验实行社会化的地方,任何单位不得要求机动车到指定的场所进行检验。公安机关交通管理部门、机动车安全技术检验机构不得要求机动车到指定的场所进行维修、保养。④机动车安全技术检验机构对机动车检验收取费用,应当严格执行国务院价格主管部门核定的收费标准。

2. 机动车强制报废与特种车辆标志

①国家实行机动车强制报废制度,根据机动车的安全技术状况和不同用途,规定不同的报废标准。应当报废的机动车必须及时办理注销登记。②达到报废标准的机动车不得上道路行驶。报废的大型客、货车及其他营运车辆应当在公安机关交通管理部门的监督下拆解。③警车、消防车、救护车、工程救险车应当按照规定喷涂标志图案,安装警报器、标志灯具。其他机动车不得喷涂、安装、使用上述车辆专用的或者与其相类似的标志图案、警报器或者标志灯具。警车、消防车、救护车、工程救险车应当严格按照规定的用途和条件使用。④公路监督检查的专用车辆,应当依照公路法的规定,设置统一的标志和示警灯。

3. 任何单位或者个人不得有下列行为

①拼装机动车或者擅自改变机动车已登记的结构、构造或者特征;②改变机动车型号、发动机号、车架号或者车辆识别代号;③伪造、变造或者使用伪造、变造的机动车登记证书、号牌、行驶证、检验合格标志、保险标志;④使用其他机动车的登记证书、号牌、行驶证、检验合格标志、保险标志。

4. 第三者责任强制保险

国家实行机动车第三者责任强制保险制度,设立道路交通事故社会救助基金。机动车第三者责任强制保险指由保险公司对被保险机动车发生道路交通事故造成受害人的人身伤亡、进行赔偿的责任保险。

5. 依法登记的非机动车

依法应当登记的非机动车,经公安机关交通管理部门登记后,方可上道路行驶。依法应当登记的非机动车的种类,由省、自治区、直辖市人民政府根据当地实际情况规定。非机动车的外形尺寸、质量、制动器、车铃和夜间反光装置,应当符合非机动车安全技术标准。

6. 机动车驾驶人

①驾驶机动车,应当依法取得机动车驾驶证。申请机动车驾驶证,应当符合国务院公安部门规定的驾驶许可条件;经考试合格后,由公安机关交通管理部门发给相应类别的机动车驾驶证。持有境外机动车驾驶证的人,符合国务院公安部门规定的驾驶许可条件,经公安机关交通管理部门考核合格的,可以发给中国的机动车驾驶证。驾驶人应当按照驾驶证载明的准驾车型驾驶机动车;驾驶机动车时,应当随身携带机动车驾驶证。公安机关交通管理部门以外的任何单位或者个人,不得收缴、扣留机动车驾驶证。

②机动车的驾驶培训实行社会化,由交通主管部门对驾驶培训学校、驾驶培训班实行资格管理,其中专门的拖拉机驾驶培训学校、驾驶培训班由农业主管部门实行资格管理。驾驶培训

学校、驾驶培训班应当严格按照国家有关规定,对学员进行道路交通安全法律、法规、驾驶技能的培训,确保培训质量。任何国家机关以及驾驶培训和考试主管部门不得举办或者参与举办驾驶培训学校、驾驶培训班。机动车驾驶人考试内容分为道路交通安全法律、法规和相关知识考试科目、场地驾驶技能考试科目、道路驾驶技能和安全文明驾驶常识考试科目。

③驾驶人驾驶机动车上道路行驶前,应当对机动车的安全技术性能进行认真检查;不得驾驶安全设施不全或者机件不符合技术标准等具有安全隐患的机动车。

④机动车驾驶人应当遵守道路交通安全法律、法规的规定,按照操作规范安全驾驶、文明驾驶。饮酒、服用国家管制的精神药品或者麻醉药品,或者患有妨碍安全驾驶机动车的疾病,或者过度疲劳影响安全驾驶的,不得驾驶机动车。任何人不得强迫、指使、纵容驾驶人违反道路交通安全法律、法规和机动车安全驾驶要求驾驶机动车。

⑤公安机关交通管理部门依照法律、行政法规的规定,定期对机动车驾驶证实施审验。

⑥公安机关交通管理部门对机动车驾驶人违反道路交通安全法律、法规的行为,除依法给予行政处罚外,实行累积记分制度。累积记分制是指从机动车驾驶员初次领取机动车驾驶证之日起一年内为一个记分周期,在一个记分周期内,记分分值累加计算。道路交通安全违法行为累积记分周期为 12 个月,满分为 12 分,从机动车驾驶证初次领取之日起计算。依据道路交通安全违法行为的严重程度,一次记分的分值为 12 分、6 分、3 分、2 分、1 分。

公安机关交通管理部门对累积记分达到规定分值的机动车驾驶人,扣留机动车驾驶证,对其进行道路交通安全法律、法规教育,重新考试;考试合格的,发还其机动车驾驶证。对遵守道路交通安全法律、法规,在一年内无累积记分的机动车驾驶人,可以延长机动车驾驶证的审验期。具体办法由国务院公安部门规定。

三、道路通行条件

1. 道路交通信号

①全国实行统一的道路交通信号。交通信号包括交通信号灯、交通标志、交通标线和交通警察的指挥。交通信号灯、交通标志、交通标线设置应符合道路交通安全、畅通要求和国家标准,保持清晰、醒目、准确、完好。根据通行需要,应当及时增设、调换、更新道路交通信号。增设、调换、更新限制性的道路交通信号,应当提前向社会公告,广泛进行宣传。②交通信号灯由红灯、绿灯、黄灯组成。红灯表示禁止通行,绿灯表示准许通行,黄灯表示警示。③铁路与道路平面交叉的道口,应当设置警示灯、警示标志或者安全防护设施。无人看守的铁路道口,应当在距道口一定距离处设置警示标志。④任何单位和个人不得擅自设置、移动、占用、损毁交通信号灯、交通标志、交通标线。

道路两侧及隔离带上种植的树木或者其他植物,设置的广告牌、管线等,应当与交通设施保持必要的距离,不得遮挡路灯、交通信号灯、交通标志,不得妨碍安全视距,不得影响通行。

2. 道路及配套设施

①道路、停车场和道路配套设施的规划、设计、建设,应当符合道路交通安全、畅通的要求,并根据交通需求及时调整。公安机关交通管理部门发现已经投入使用的道路存在交通事故频发路段,或者停车场、道路配套设施存在交通安全严重隐患的,应当及时向当地人民政府报告,并提出防范交通事故、消除隐患的建议,当地人民政府应及时作出处理决定。②道路出现坍塌、坑漕、水毁、隆起等损毁或者交通信号灯、交通标志、交通标线等交通设施损毁、灭失的,道

路、交通设施的养护部门或者管理部门应当设置警示标志并及时修复。公安机关交通管理部门发现危及交通安全,尚未设置警示标志的,应当及时采取安全措施,疏导交通,并通知道路、交通设施的养护部门或者管理部门。

3. 占用道路从事非交通活动

①未经许可,任何单位和个人不得占用道路从事非交通活动。

②因工程建设需要占用、挖掘道路,或者跨越、穿越道路架设、增设管线设施,应事先征得道路主管部门的同意;影响交通安全的,还应征得公安机关交通管理部门的同意。施工作业单位应在经批准的路段和时间内施工作业,在距离施工作业地点来车方向安全距离处设置安全警示标志,采取防护措施;施工作业完毕,应迅速清除道路上的障碍物,消除安全隐患,经道路主管部门和公安机关交通管理部门验收合格,符合通行要求后,方可恢复通行。对未中断交通的施工作业道路,公安交通管理部门应加强监督检查,维护道路交通秩序。

4. 建设停车场和人行横道线

①新建、改建、扩建的公共建筑、商业街区、居住区、大型建筑等,应配建、增建停车场;停车泊位不足的,应及时改建或者扩建;投入使用的停车场不得擅自停止使用或者改作他用。在城市道路范围内,在不影响行人、车辆通行情况下,可以施画停车泊位。②学校、幼儿园、医院、养老院门前的道路没有行人过街设施的,应施画人行横道线,设置提示标志。城市主要道路的人行道,应按照规划设置盲道。盲道是专门帮助盲人行走的道路设施。

四、道路通行规定

1. 一般规定

①机动车、非机动车实行右侧通行。②根据道路条件和通行需要,道路划分为机动车道、非机动车道和人行道的,机动车、非机动车、行人实行分道通行。没有划分机动车道、非机动车道和人行道的,机动车在道路中间通行,非机动车和行人在道路两侧通行。③道路划设专用车道的,在专用车道内只准许规定的车辆通行,其他车辆不得进入专用车道内行驶。④车辆、行人应当按照交通信号通行;遇有交通警察现场指挥时,应当按照交通警察的指挥通行;在没有交通信号的道路上,应当在确保安全、畅通的原则下通行。⑤公安机关交通管理部门根据道路和交通流量的具体情况,可以对机动车、非机动车、行人采取疏导、限制通行、禁止通行等措施。遇有大型群众性活动、大范围施工等情况,需要采取限制交通的措施,或者作出与公众的道路交通活动直接有关决定,应提前向社会公告。⑥遇有自然灾害、恶劣气象条件或者重大交通事故等严重影响交通安全的情形,采取其他措施难以保证交通安全时,公安机关交通管理部门可以实行交通管制。⑦有关道路通行的其他具体规定,由国务院规定。

2. 机动车通行规定

①机动车上道路行驶,不得超过限速标志标明的最高时速。在没有限速标志的路段,应当保持安全车速。夜间行驶或者在容易发生危险的路段行驶,以及遇有沙尘、冰雹、雨、雪、雾、结冰等气象条件时,应当降低行驶速度。②同车道行驶的机动车,后车应当与前车保持足以采取紧急制动措施的安全距离。有下列情形之一的,不得超车:前车正在左转弯、掉头、超车的;与对面来车有会车可能的;前车为执行紧急任务的警车、消防车、救护车、工程救险车的;行经铁路道口、交叉路口、窄桥、弯道、陡坡、隧道、人行横道、市区交通流量大的路段等没有超车条件的。③机动车通过交叉路口,应当按照交通信号灯、交通标志、交通标线或者交通警察的指挥

通过;通过没有交通信号灯、交通标志、交通标线或者交通警察指挥的交叉路口时,应当减速慢行,并让行人和优先通行的车辆先行。④机动车遇有前方车辆停车排队等候或者缓慢行驶时,不得借道超车或者占用对面车道,不得穿插等候的车辆。在车道减少的路段、路口,或者在没有交通信号灯、交通标志、交通标线或者交通警察指挥的交叉路口遇到停车排队等候或者缓慢行驶时,机动车应当依次交替通行。⑤机动车通过铁路道口时,应按照交通信号或者管理人员的指挥通行;没有交通信号或者管理人员的,应当减速或者停车,确认安全后通过。⑥机动车行经人行横道时,应当减速行驶;遇行人正在通过人行横道,应停车让行;机动车行经没有交通信号的道路时,遇行人横过道路,应当避让。⑦机动车载物应符合核定的载质量,严禁超载;载物的长、宽、高不得违反装载要求,不得遗洒、飘散载运物。机动车运载超限的不可解体的物品,影响交通安全的,应当按照公安机关交通管理部门指定的时间、路线、速度行驶,悬挂明显标志。在公路上运载超限的不可解体的物品,并应当依照公路法的规定执行。机动车载运爆炸物品、易燃易爆化学物品以及剧毒、放射性等危险物品,应当经公安机关批准后,按指定的时间、路线、速度行驶,悬挂警示标志并采取必要的安全措施。⑧机动车载人不得超过核定的人数,客运机动车不得违反规定载货。⑨禁止货运机动车载客。货运机动车需要附载作业人员的,应当设置保护作业人员的安全措施。⑩机动车行驶时,驾驶人、乘坐人员应当按规定使用安全带,摩托车驾驶人及乘坐人员应当按规定戴安全头盔。⑪机动车在道路上发生故障,需要停车排除故障时,驾驶人应当立即开启危险报警闪光灯,将机动车移至不妨碍交通的地方停放;难以移动的,应当持续开启危险报警闪光灯,并在来车方向设置警告标志等措施扩大示警距离,必要时迅速报警。⑫警车、消防车、救护车、工程救险车执行紧急任务时,可以使用警报器、标志灯具;在确保安全的前提下,不受行驶路线、行驶方向、行驶速度和信号灯的限制,其他车辆和行人应当让行。警车、消防车、救护车、工程救险车非执行紧急任务时,不得使用警报器、标志灯具,不享有前款规定的道路优先通行权。⑬道路养护车辆、工程作业车进行作业时,在不影响过往车辆通行的前提下,其行驶路线和方向不受交通标志、标线限制,过往车辆和人员应当注意避让。洒水车、清扫车等机动车应当按照安全作业标准作业;在不影响其他车辆通行的情况下,可以不受车辆分道行驶的限制,但是不得逆向行驶。⑭高速公路、大中城市中心城区内的道路,禁止拖拉机通行。其他禁止拖拉机通行的道路,由省、自治区、直辖市人民政府根据当地实际情况规定。在允许拖拉机通行的道路上,拖拉机可以从事货运,但是不得用于载人。⑮机动车应当在规定地点停放。禁止在人行道上停放机动车;在道路上临时停车的,不得妨碍其他车辆和行人通行。

3. 非机动车通行规定

①驾驶非机动车在道路上行驶应当遵守有关交通安全的规定。非机动车应当在非机动车道内行驶;在没有非机动车道的道路上,应当靠车行道的右侧行驶。②残疾人机动轮椅车、电动自行车在非机动车道内行驶时最高时速不得超过 15 km/h。③非机动车应当在规定地点停放。未设停放地点的,非机动车停放不得妨碍其他车辆和行人通行。④驾驭畜力车,应当使用驯服的牲畜;驾驭畜力车横过道路时,驾驭人应当下车牵引牲畜;驾驭人离开车辆时,应当拴系牲畜。

4. 行人和乘车人通行规定

①行人应当在人行道内行走,没有人行道的,靠路边行走。②行人通过路口或者横过道路,应当走人行横道或者过街设施;通过有交通信号灯的人行横道,应当按照交通信号灯指示

通行;通过没有交通信号灯、人行横道的路口,或者在没有过街设施的路段横过道路,应当在确认安全后通过。③行人不得跨越、倚坐道路隔离设施,不得扒车、强行拦车或者实施妨碍道路交通安全的其他行为。④学龄前儿童以及不能辨认或者不能控制自己行为的精神疾病患者、智力障碍者在道路上通行,应当由其监护人、监护人委托的人或者对其负有管理、保护职责的人带领。盲人在道路上通行,应当使用盲杖或者采取其他导盲手段,车辆应当避让盲人。⑤行人通过铁路道口时,应当按照交通信号或者管理人员的指挥通行;没有交通信号和管理人员的,应当在确认无火车驶临后迅速通过。⑥乘车人不得携带易燃易爆等危险物品,不得向车外抛洒物品,不得有影响驾驶人安全驾驶的行为。

5. 高速公路的特别规定

①行人、非机动车、拖拉机、轮式专用机械车、铰接式客车、全挂拖斗车以及其他设计最高时速低于 70 km/h 的机动车,不得进入高速公路。高速公路限速标志标明的最高时速不得超过 120 km/h。②机动车在高速公路上发生故障时,应依照《道路交通安全法》第 52 条的规定办理。但是,警告标志应当设置在故障车来车方向 150 m 以外,车上人员应当迅速转移到右侧路肩上或者应急车道内,并且迅速报警。机动车在高速公路上发生故障或者交通事故,无法正常行驶的,应当由救援车、清障车拖曳、牵引。③任何单位、个人不得在高速公路上拦截检查行驶的车辆,公安机关的人民警察依法执行紧急公务除外。

五、交通事故处理

1. 交通事故应符合的条件

①道路交通事故应限于车辆造成的人身伤亡和财产损失的事件。道路交通事故必须有一方为车辆,没有车辆就不能构成交通事故。交通事故包括机动车与机动车,机动车与非机动车,机动车与行人之间发生的交通事故。②道路交通事故必须发生在《道路交通安全法》所规定的道路上。③道路交通事故必须有造成人身伤亡或者财产损失的损害后果发生,这种后果不包括间接的损害后果,且为物质损失。④道路交通事故当事人的主观心理状态是因为过错或者意外,不能为故意行为。

2. 发生交通事故的现场处理

①在道路上发生交通事故,车辆驾驶人应当立即停车,保护现场;造成人身伤亡的,车辆驾驶人应当立即抢救受伤人员,并迅速报告执勤的交通警察或者公安机关交通管理部门。因抢救受伤人员变动现场的,应当标明位置。乘车人、过往车辆驾驶人、过往行人应当予以协助。

②在道路上发生交通事故,未造成人身伤亡,当事人对事实及成因无争议的,可以即行撤离现场,恢复交通,自行协商处理损害赔偿事宜;不即行撤离现场的,应当迅速报告执勤的交通警察或者公安机关交通管理部门。

③在道路上发生交通事故,仅造成轻微财产损失,并且基本事实清楚的,当事人应当先撤离现场再进行协商处理。

3. 交通事故后逃逸

车辆发生交通事故后逃逸的,事故现场目击人员和其他知情人员应当向公安机关交通管理部门或者交通警察举报。举报属实的,公安机关交通管理部门应当给予奖励。

4. 交通事故的认定

①公安机关交通管理部门接到交通事故报警后,应当立即派交通警察赶赴现场,先组织抢

救受伤人员,并采取措施,尽快恢复交通。交通警察应当对交通事故现场进行勘验、检查,收集证据。因收集证据的需要,可以扣留事故车辆,但是应当妥善保管,以备核查。

对当事人的生理、精神状况等专业性较强的检验,公安机关交通管理部门应当委托专门机构进行鉴定。鉴定结论应当由鉴定人签名。

②公安机关交通管理部门应当根据交通事故现场勘验、检查、调查情况和有关的检验、鉴定结论,及时制作交通事故认定书,作为处理交通事故的证据。交通事故认定书应当载明交通事故的基本事实、成因和当事人的责任,并送达当事人。

5. 交通事故损害赔偿争议的处理

对交通事故损害赔偿的争议,当事人可以请求公安机关交通管理部门调解,也可以直接向人民法院提起民事诉讼。经公安机关交通管理部门调解,当事人未达成协议或者调解书生效后不履行的,当事人可以向人民法院提起民事诉讼。

6. 及时抢救受伤人员与抢救费用追偿

医疗机构对交通事故中的受伤人员应当及时抢救,不得因抢救费用未及时支付而拖延救治。肇事车辆参加机动车第三者责任强制保险的,由保险公司在责任限额范围内支付抢救费用;抢救费用超过责任限额的,未参加机动车第三者责任强制保险或者肇事后逃逸的,由道路交通事故社会救助基金先行垫付部分或者全部抢救费用,道路交通事故社会救助基金管理机构有权向交通事故责任人追偿。

7. 交通事故的赔偿责任

机动车发生交通事故造成人身伤亡、财产损失的,由保险公司在机动车第三者责任强制保险责任限额范围内予以赔偿;不足的部分,按照下列规定承担赔偿责任:

①机动车之间发生交通事故的,由有过错的一方承担赔偿责任;双方都有过错的,按照各自过错的比例分担责任。②机动车与非机动车驾驶人、行人之间发生交通事故,非机动车驾驶人、行人没有过错的,由机动车一方承担赔偿责任;有证据证明非机动车驾驶人、行人有过错的,根据过错程度适当减轻机动车一方的赔偿责任;机动车一方没有过错的,承担不超过10%的赔偿责任。交通事故的损失是由非机动车驾驶人、行人故意碰撞机动车造成的,机动车一方不承担赔偿责任。

车辆在道路以外通行时发生的事故,公安机关交通管理部门接到报案的,参照《道路交通安全法》有关规定办理。

六、执法监督

1. 依法实施道路交通安全管理

①公安机关交通管理部门应当加强对交通警察的管理,提高交通警察的素质和管理道路交通的水平。公安机关交通管理部门应当对交通警察进行法制和交通安全管理业务培训、考核。交通警察经考核不合格的,不得上岗执行职务。

②公安机关交通管理部门及其交通警察实施道路交通安全管理,应当依据法定的职权和程序,简化办事手续,做到公正、严格、文明、高效。

③交通警察执行职务时,应当按照规定着装,佩戴人民警察标志,持有人民警察证件,保持警容严整,举止端庄,指挥规范。

④依照《道路交通安全法》发放牌证等收取工本费,应当严格执行国务院价格主管部门核

定的收费标准,并全部上缴国库。

⑤公安机关交通管理部门依法实施罚款的行政处罚,应依照有关法律、行政法规的规定,实施罚款决定与罚款收缴分离;收缴的罚款以及依法没收的违法所得,应当全部上缴国库。

2. 交通警察应当回避的情形

交通警察调查处理道路交通安全违法行为和交通事故,有下列情形之一的,应当回避:

①是本案的当事人或者当事人的近亲属;②本人或者其近亲属与本案有利害关系;③与本案当事人有其他关系,可能影响案件的公正处理。

3. 对交通行政执法活动的监督

①公安机关交通管理部门及其交通警察的行政执法活动,应当接受行政监察机关依法实施的监督。公安机关督察部门应当对公安机关交通管理部门及其交通警察执行法律、法规和遵守纪律的情况依法进行监督。上级公安机关交通管理部门应当对下级公安机关交通管理部门的执法活动进行监督。

②公安机关交通管理部门及其交通警察执行职务,应当自觉接受社会和公民的监督。

任何单位和个人都有权对公安机关交通管理部门及其交通警察不严格执法以及违法违纪行为进行检举、控告。收到检举、控告的机关,应当依据职责及时查处。

4. 不得下达罚款指标

任何单位不得给公安机关交通管理部门下达或者变相下达罚款指标;公安机关交通管理部门不得以罚款数额作为考核交通警察的标准。

公安机关交通管理部门及其交通警察对超越法律、法规规定的指令,有权拒绝执行,并同时向上级机关报告。

七、法律责任

1. 违法行为处罚

①公安机关交通管理部门及其交通警察对道路交通安全违法行为,应当及时纠正。

公安机关交通管理部门及其交通警察应当依据事实和《道路交通安全法》的有关规定对道路交通安全违法行为予以处罚。对于情节轻微、未影响道路通行的,指出违法行为,给予口头警告后放行。

②对道路交通安全违法行为的处罚种类包括:警告、罚款、暂扣或者吊销机动车驾驶证、拘留。

2. 一般违反道路通行规定的法律责任

①行人、乘车人、非机动车驾驶人违反道路交通安全法律、法规关于道路通行规定的,处警告或者5元以上50元以下罚款;非机动车驾驶人拒绝接受罚款处罚的,可以扣留其非机动车。

②机动车驾驶人违反道路交通安全法律、法规关于道路通行规定的,处警告或者20元以上200元以下罚款。

3. 严重危害道路交通安全行为的法律责任

①饮酒后驾驶机动车的,处暂扣6个月机动车驾驶证,并处1 000元以上2 000元以下罚款。因饮酒后驾驶机动车被处罚,再次饮酒后驾驶机动车的,处10日以下拘留,并处1 000元以上2 000元以下罚款,吊销机动车驾驶证。饮酒后驾驶营运机动车的,处15日拘留,并处5 000元罚款,吊销机动车驾驶证,5年内不得重新取得机动车驾驶证。

②醉酒驾驶机动车的,由公安机关交通管理部门约束至酒醒,吊销机动车驾驶证,依法追究刑事责任;5年内不得重新取得机动车驾驶证。醉酒驾驶营运机动车的,由公安机关交通管理部门约束至酒醒,吊销机动车驾驶证,依法追究刑事责任;10年内不得重新取得机动车驾驶证,重新取得机动车驾驶证后,不得驾驶营运机动车。

③饮酒后或者醉酒驾驶机动车发生重大交通事故,构成犯罪的,依法追究刑事责任,并由公安机关交通管理部门吊销机动车驾驶证,终生不得重新取得机动车驾驶证。

④公路客运车辆载客超过额定乘员的,处200元以上500元以下罚款;超过额定乘员20%或者违反规定载货的,处500元以上2 000元以下罚款。

⑤货运机动车超过核定载质量的,处200元以上500元以下罚款;超过核定载质量30%或者违反规定载客的,处500以上2 000元以下罚款。有《道路交通安全法》第92条第1款、第2款规定行为的,由公安机关交通管理部门扣留机动车至违法状态消除。

⑥运输单位的车辆有《道路交通安全法》第92条第1款、第2款规定的情形,经处罚不改的,对直接负责的主管人员处2 000元以上5 000元以下罚款。

4. 违反机动车停放、临时停车规定的法律责任

①对违反道路交通安全法律、法规关于机动车停放、临时停车规定的,可以指出违法行为,并予以口头警告,令其立即驶离。

②机动车驾驶人不在现场或者虽在现场但拒绝立即驶离,妨碍其他车辆、行人通行的,处20元以上200元以下罚款,并可以将该机动车拖移至不妨碍交通的地点或者公安机关交通管理部门指定的地点停放。公安机关交通管理部门拖车不得向当事人收取费用,并应当及时告知当事人停放地点。

③因采取不正确的方法拖车造成机动车损坏的,应当依法承担补偿责任。

5. 机动车安全技术检验机构的法律责任

①机动车安全技术检验机构实施机动车安全技术检验超过国务院价格主管部门核定收费标准收取费用的,退还多收取费用,由价格主管部门依照《价格法》的有关规定给予处罚。

②机动车安全技术检验机构不按照机动车国家安全技术标准进行检验,出具虚假检验结果的,由公安机关交通管理部门处所收检验费用5倍以上10倍以下罚款,并依法撤销其检验资格;构成犯罪的,依法追究刑事责任。

6. 不按规定使用机动车号牌和各类标志的法律责任

①上道路行驶的机动车未悬挂机动车号牌,未放置检验合格标志、保险标志,或者未随车携带行驶证、驾驶证的,公安机关交通管理部门应当扣留机动车,通知当事人提供相应的牌证、标志或者补办相应手续,并可以依照《道路交通安全法》第90条的规定予以处罚。当事人提供相应的牌证、标志或者补办相应手续的,应当及时退还机动车。

②故意遮挡、污损或者不按规定安装机动车号牌的,依照《道路交通安全法》第90条的规定予以处罚。

③伪造、变造或者使用伪造、变造的机动车登记证书、号牌、行驶证、驾驶证的,由公安机关交通管理部门予以收缴,扣留该机动车,处15日以下拘留,并处2 000元以上5 000元以下罚款;构成犯罪的,依法追究刑事责任。

④伪造、变造或者使用伪造、变造的检验合格标志、保险标志的,由公安机关交通管理部门予以收缴,扣留该机动车,处10日以下拘留,并处1 000元以上3 000元以下罚款;构成犯罪

的,依法追究刑事责任。

⑤使用其他车辆的机动车登记证书、号牌、行驶证、检验合格标志、保险标志的,由公安机关交通管理部门予以收缴,扣留该机动车,处 2 000 元以上 5 000 元以下罚款。当事人提供相应的合法证明或者补办相应手续的,应当及时退还机动车。

7. 非法安装警报器和未投保强制保险的法律责任

①非法安装警报器、标志灯具的,由公安机关交通管理部门强制拆除,予以收缴,并处 200 元以上 2 000 元以下罚款。

②机动车所有人、管理人未按照国家规定投保机动车第三者责任强制保险的,由公安机关交通管理部门扣留车辆至依照规定投保后,并处依照规定投保最低责任限额应缴纳的保险费的 2 倍罚款。其缴纳的罚款全部纳入道路交通事故社会救助基金。

8. 机动车驾驶人的法律责任

1)有下列行为之一的,由公安机关交通管理部门处 200 元以上 2 000 元以下罚款:

①未取得机动车驾驶证、机动车驾驶证被吊销或者机动车驾驶证被暂扣期间驾驶机动车的;②将机动车交由未取得机动车驾驶证或者机动车驾驶证被吊销、暂扣的人驾驶的;③造成交通事故后逃逸,尚不构成犯罪的;④机动车行驶超过规定时速 50% 的;⑤强迫机动车驾驶人违反道路交通安全法律、法规和机动车安全驾驶要求驾驶机动车,造成交通事故,尚不构成犯罪的;⑥违反交通管制的规定强行通行,不听劝阻的;⑦故意损毁、移动、涂改交通设施,造成危害后果,尚不构成犯罪的;⑧非法拦截、扣留机动车辆,不听劝阻,造成交通严重阻塞或者较大财产损失的。

行为人有第 2 项、第 4 项情形之一的,可以并处吊销机动车驾驶证;有第 1 项、第 3 项、第 5 项至第 8 项情形之一的,可以并处 15 日以下拘留。

2)驾驶拼装的机动车或者已达到报废标准的机动车上道路行驶的,公安机关交通管理部门应当予以收缴,强制报废。对驾驶机动车上道路行驶的驾驶人,处 200 元以上 2 000 元以下罚款,并吊销机动车驾驶证。

出售已达到报废标准的机动车的,没收违法所得,处销售金额等额的罚款,对该机动车应当予以收缴,强制报废。

3)违反道路交通安全法律、法规的规定,发生重大交通事故,构成犯罪的,依法追究刑事责任,并由公安机关交通管理部门吊销机动车驾驶证。

造成交通事故后逃逸的,由公安机关交通管理部门吊销机动车驾驶证,且终生不得重新取得机动车驾驶证。

4)对 6 个月内发生 2 次以上特大交通事故负有主要责任或者全部责任的专业运输单位,由公安机关交通管理部门责令消除安全隐患,未消除安全隐患的机动车,禁止上道路行驶。

9. 质量不合格机动车出厂销售的法律责任

①国家机动车产品主管部门未按照机动车国家安全技术标准严格审查,许可不合格机动车型投入生产的,对负有责任的主管人员和其他直接责任人员给予降级或者撤职的行政处分。机动车生产企业经国家机动车产品主管部门许可生产的机动车型,不执行机动车国家安全技术标准或者不严格进行机动车成品质量检验,致使质量不合格的机动车出厂销售的,由质量技术监督部门依照《产品质量法》的有关规定给予处罚。

②擅自生产、销售未经国家机动车产品主管部门许可生产的机动车型的,没收非法生产、

销售的机动车成品及配件,可以并处非法产品价值 3 倍以上 5 倍以下罚款;有营业执照的,由工商行政管理部门吊销营业执照,没有营业执照的,予以查封。

③生产、销售拼装的机动车或者生产、销售擅自改装的机动车的,可以并处非法产品价值 3 倍以上 5 倍以下罚款;有营业执照的,由工商行政管理部门吊销营业执照,没有营业执照的,予以查封。生产或者销售不符合机动车国家安全技术标准的机动车,构成犯罪的,依法追究刑事责任。

10. 影响道路交通安全活动的法律责任

①未经批准,擅自挖掘道路、占用道路施工或者从事其他影响道路交通安全活动的,由道路主管部门责令停止违法行为,并恢复原状,可以依法给予罚款;致使通行的人员、车辆及其他财产遭受损失的,依法承担赔偿责任。影响道路交通安全活动的,公安机关交通管理部门可以责令停止违法行为,迅速恢复交通。

②道路施工作业或者道路出现损毁,未及时设置警示标志、未采取防护措施,或者应当设置交通信号灯、交通标志、交通标线而没有设置或者应当及时变更交通信号灯、交通标志、交通标线而没有及时变更,致使通行的人员、车辆及其他财产遭受损失的,负有相关职责的单位应当依法承担赔偿责任。

③在道路两侧及隔离带上种植树木、其他植物或者设置广告牌、管线等,遮挡路灯、交通信号灯、交通标志,妨碍安全视距的,由公安机关交通管理部门责令行为人排除妨碍;拒不执行的,处 200 元以上 2 000 元以下罚款,并强制排除妨碍,所需费用由行为人负担。

11. 道路交通违法行为的行政处罚决定

①对道路交通违法行为人予以警告、200 元以下罚款,交通警察可以当场作出行政处罚决定,并出具行政处罚决定书。行政处罚决定书应当载明当事人的违法事实、行政处罚的依据、处罚内容、时间、地点以及处罚机关名称,并由执法人员签名或者盖章。

②当事人应当自收到罚款的行政处罚决定书之日起 15 日内,到指定的银行缴纳罚款。对行人、乘车人和非机动车驾驶人的罚款,当事人无异议的,可以当场予以收缴罚款。罚款应当开具省、自治区、直辖市财政部门统一制发的罚款收据;不出具财政部门统一制发的罚款收据的,当事人有权拒绝缴纳罚款。

③当事人逾期不履行行政处罚决定的,作出行政处罚决定的行政机关可采取下列措施:到期不缴纳罚款的,每日按罚款数额的 3% 加处罚款;申请人民法院强制执行。

④执行职务的交通警察认为应当对道路交通违法行为人给予暂扣或者吊销机动车驾驶证处罚的,可以先予扣留机动车驾驶证,并在 24 小时内将案件移交公安机关交通管理部门处理。道路交通违法行为人应当在 15 日内到公安机关交通管理部门接受处理。无正当理由逾期未接受处理的,吊销机动车驾驶证。公安机关交通管理部门暂扣或者吊销机动车驾驶证的,应当出具行政处罚决定书。

⑤对违反《道路交通安全法》规定予以拘留的行政处罚,由县、市公安局、公安分局或者相当于县一级的公安机关裁决。

⑥公安机关交通管理部门扣留机动车、非机动车,应当当场出具凭证,并告知当事人在规定期限内到公安机关交通管理部门接受处理。公安机关交通管理部门对被扣留的车辆应当妥善保管,不得使用。逾期不来接受处理,并且经公告 3 个月仍不来接受处理的,对扣留的车辆依法处理。

⑦暂扣机动车驾驶证的期限从处罚决定生效之日起计算;处罚决定生效前先予扣留机动车驾驶证的,扣留1日折抵暂扣期限1日。吊销机动车驾驶证后重新申请领取机动车驾驶证的期限,按照机动车驾驶证管理规定办理。

⑧公安机关交通管理部门根据交通技术监控记录资料,可以对违法的机动车所有人或者管理人依法予以处罚。对能够确定驾驶人的,依照《道路交通安全法》的规定依法予以处罚。

12. 交通管理部门及交通警察的法律责任

①交通警察有下列行为之一的,依法给予行政处分。

为不符合法定条件的机动车发放机动车登记证书、号牌、行驶证、检验合格标志的;批准不符合法定条件的机动车安装、使用警车、消防车、救护车、工程救险车的警报器、标志灯具以及喷涂标志图案的;为不符合驾驶许可条件、未经考试或者考试不合格人员发放机动车驾驶证的;不执行罚款决定与罚款收缴分离制度或者不按规定将依法收取的费用、收缴的罚款及没收的违法所得全部上缴国库的;举办或者参与举办驾驶学校或者驾驶培训班、机动车修理厂或者收费停车场等经营活动的;利用职务上的便利收受他人财物或者谋取其他利益的;违法扣留车辆、机动车行驶证、驾驶证、车辆号牌的;使用依法扣留的车辆的;当场收取罚款不开具罚款收据或者不如实填写罚款额的;徇私舞弊,不公正处理交通事故的;故意刁难,拖延办理机动车牌证的;非执行紧急任务时使用警报器、标志灯具的;违反规定拦截、检查正常行驶的车辆的;非执行紧急公务时拦截搭乘机动车的;不履行法定职责的。

公安机关交通管理部门有上述行为之一的,对直接负责的主管人员和其他直接责任人员给予相应的行政处分。

②依照《道路交通安全法》第115条的规定,给予交通警察行政处分的,在作出行政处分决定前,可以停止其执行职务;必要时,可以予以禁闭。交通警察受到降级或者撤职行政处分的,可以予以辞退。交通警察受到开除处分或者被辞退的,应当取消警衔;受到撤职以下行政处分的交通警察,应当降低警衔。

③交通警察利用职权非法占有公共财物,索取、收受贿赂,或者滥用职权、玩忽职守,构成犯罪的,依法追究刑事责任。

④公安机关交通管理部门及其交通警察有《道路交通安全法》第115条所列行为之一,给当事人造成损失的,应当依法承担赔偿责任。

第5节　侵权责任法

《侵权责任法》于2009年12月26日经第11届全国人民代表大会常务委员会第12次会议通过,自2010年7月1日起施行。共12章,92条,内容包括一般规定(5条)、责任构成和责任方式(20条)、不承担责任和减轻责任的情形(6条)、关于责任主体的特殊规定(9条)、产品责任(7条)、机动车交通事故责任(6条)、医疗损害责任(11条)、环境污染责任(4条)、高度危险责任(9条)、饲养动物损害责任(7条)、物件损害责任(7条)、附则(1条)。立法目的是为保护民事主体的合法权益,明确侵权责任,预防并制裁侵权行为,促进社会和谐稳定。

一、一般规定

1.侵害民事权益的侵权责任

民事权益是公民或者法人在民事活动中享有的权利和利益,包括生命权、健康权、姓名权、名誉权、荣誉权、肖像权、隐私权、婚姻自主权、监护权、所有权、用益物权、担保物权、著作权、专利权、商标专用权、发现权、股权、继承权等人身、财产权益。违反保护他人的法律,或者故意违背善良风俗,侵害下列民事利益的,应当认定为民事利益保护范围:①法律规定的具体人格权不能保护的其他人格利益;②死者的姓名、肖像、名誉、荣誉、隐私以及遗体或者遗骨等人格利益;③胎儿的人格利益;④法律规定的身份权不能保护的其他身份利益;⑤法律规定的物权、债权和知识产权不能保护的占有、纯粹经济利益损失等其他财产利益。死者的人格利益,由死者的近亲属予以保护。胎儿的人格利益受到损害,在其出生后有权就其受到的损害提出赔偿请求;胎儿遭受损害没有出生或出生时为死体的,该损害视为对其母亲的损害。

2.侵权人侵权责任

被侵权人有权请求侵权人承担侵权责任。侵权责任是指民事主体因实施侵权行为而应承担的民事法律后果。侵权责任是任何人都对他人承担这样一种义务,即不因为自己的错误行为而侵害了他人的合法权益,否则即能构成侵权行为,要对受害方承担责任。一般侵权民事责任是指因行为人对因故意或过失侵害他人财产权和人身权,并造成损害的违法行为应当承担的民事责任;特殊侵权民事责任是指当事人基于自己有关的行为、物件、事件或者其他特别原因致人损害,依照民法特别责任条款或者民事特别法的规定仍应对他人的人身、财产损失所应承担的民事责任。

3.侵权请求权的优先性

侵权人因同一行为应承担行政责任或者刑事责任的,不影响依法承担侵权责任;因同一行为应承担侵权责任和行政责任、刑事责任,侵权人财产不足支付的,先承担侵权责任。

4.侵权特别法的效力

①其他法律对侵权责任另有规定,且具特别意义的,应依照该特别规定确定侵权责任;②其他法律对侵权责任另有规定,但不具有特别意义的,在使用侵权责任法的有关规定时,可以作为确定侵权责任的参考;③其他法律的规定与侵权责任法的规定相冲突的,适用《侵权责任法》规定。

二、责任构成和责任方式

1.因过错损害他人民事权益的侵权责任

行为人因过错侵害他人民事权益,应当承担侵权责任。根据法律规定推定行为人有过错,行为人不能证明自己没有过错的,应当承担侵权责任。主张侵权责任,应当具备下列条件:①行为人的行为违反法定义务、违反保护他人的法律或者故意违背善良风俗,具有违法性;②受害人的人身或财产受到实际损害;③行为人的侵权行为与损害之间具有因果关系;④行为人具有故意或过失。故意是指行为人有意致人损害,或者明知其行为会造成损害仍实施加害行为;过失是指行为人由于疏忽或者懈怠而未尽合理注意义务。行为人损害他人民事权益,不论行为人有无过错,法律规定应当承担侵权责任的,依照其规定。

2. 共同实施侵权行为的连带责任

①二人以上共同实施侵权行为,造成他人损害的,应承担连带责任。②教唆、帮助他人实施侵权行为的,应当与行为人承担连带责任。教唆、帮助无民事行为能力人、限制民事行为能力人实施侵权行为的,应承担侵权责任;该无民事行为能力人、限制民事行为能力人的监护人未尽到监护责任的,应承担相应的责任。③二人以上实施危及他人人身、财产安全的行为,其中一人或者数人的行为造成他人损害,能够确定具体侵权人的,由侵权人承担责任;不能确定具体侵权人的,行为人承担连带责任。④二人以上分别实施侵权行为造成同一损害,每个人的侵权行为都足以造成全部损害的,行为人承担连带责任。⑤二人以上分别实施侵权行为造成同一损害,能够确定责任大小的,各自承担相应的责任;难以确定责任大小的,平均承担赔偿责任。⑥法律规定承担连带责任的,被侵权人有权请求部分或者全部连带责任人承担责任。⑦连带责任人根据各自责任大小确定相应的赔偿数额;难以确定责任大小的,平均承担赔偿责任。支付超出自己赔偿数额的连带责任人,有权向其他连带责任人追偿。

3. 承担侵权责任的方式

①停止侵害;②排除妨碍;③消除危险;④返还财产;⑤恢复原状;⑥赔偿损失;⑦赔礼道歉;⑧消除影响、恢复名誉。承担侵权责任的方式,可以单独适用,也可以合并适用。

4. 人身损害赔偿

①侵害他人造成人身损害的,应当赔偿医疗费、护理费、交通费等为治疗和康复支出的合理费用,以及因误工减少的收入。造成残疾的,还应当赔偿残疾生活辅助具费和残疾赔偿金。造成死亡的,还应当赔偿丧葬费和死亡赔偿金。②因同一侵权行为造成多人死亡的,可以相同数额确定死亡赔偿金。③被侵权人死亡的,其近亲属有权请求侵权人承担侵权责任。被侵权人为单位,该单位分立、合并的,承继权利的单位有权请求侵权人承担侵权责任。

被侵权人死亡的,支付被侵权人医疗费、丧葬费等合理费用的人有权请求侵权人赔偿费用,但侵权人已支付该费用的除外。

5. 财产损失赔偿

①侵害他人财产的,财产损失按照损失发生时的市场价格或者其他方式计算。侵害他人人身权益造成财产损失,是指侵害人格权、身份权、人格利益、身份利益以及知识产权中的精神利益而造成的财产损失。②侵害他人人身权益造成财产损失的,按照被侵权人因此受到的损失赔偿;被侵权人的损失难以确定,侵权人因此获得利益的,按照其获得的利益赔偿;侵权人因此获得的利益难以确定,被侵权人和侵权人就赔偿数额协商不一致,向人民法院提起诉讼的,由人民法院根据实际情况确定赔偿数额。

6. 侵权行为禁令

侵权行为危及他人人身、财产安全的,被侵权人可以请求侵权人承担停止侵害、排除妨碍、消除危险等侵权责任。有充分理由相信侵权行为可能危及他人人身、财产安全的,被侵权人在提起诉讼前,可以请求法院发布临时禁令,要求行为人停止侵害、排除妨碍或消除危险。请求侵权行为诉前禁令的被侵权人,应当提供相应的担保。请求侵权行为诉前禁令的被侵权人应当在三个月内起诉,超出该期限的,临时禁令予以撤销。

7. 精神损害赔偿

精神损害是指侵权行为致使受害人心理和感情遭受创伤和痛苦,无法正常进行日常活动的非财产上的损害。侵害他人人身权益,造成他人严重精神损害的,被侵权人可以请求精神损害赔偿。①受害人因生命权、健康权、身体权、姓名权、名称权、名誉权、肖像权、隐私权、人身自由权、性自主权、婚姻自主权等人格权以及监护权等身份权受到侵害的,受害人可以请求被侵权人承担精神损害赔偿责任。②被侵权人因其他人格利益、死者人格利益、胎儿人格利益、身份利益受到侵害的,可以请求被侵权人承担精神损害赔偿责任。③具有人格象征意义的特定纪念物品,因永久灭失或者毁损,受害人除了可以请求财产损害赔偿外,还可以请求人格利益受到损害的精神损害赔偿责任。④具有下列情况之一的,可以认定为严重精神损害:受害人因侵权行为造成死亡、残疾或者伤害的;侵害其他人格、身份权益,造成社会不良影响,或者给受害人的生活造成较大影响的;因为侵权人的行为使受害人遭受医学上可证明的生理或精神损伤的。⑤侵害他人人身权益,虽然没有造成严重精神损害,人民法院可以根据实际需要,确定侵权人承担名义损害赔偿。确定名义损害赔偿的数额,由人民法院根据实际情况确定,但数额不宜过高。有下列情况之一的,受害人可以请求加害人承担精神损害赔偿责任:侵权行为致他人遭受实际危险,受害人虽未遭受身体伤害但因惊吓造成严重精神损害的;因侵权人的行为,造成与受害人密切联系的第三人受到严重精神损害的。

8. 因防止他人民事权益被侵害而使自己受到损害的赔偿

因防止、制止他人民事权益被侵害而使自己受到损害的,由侵权人承担责任。侵权人逃逸或者无力承担责任,被侵权人请求补偿的,受益人应当给予适当补偿。

9. 公平分担损失

受害人和行为人对损害的发生都没有过错的,可以根据实际情况,由双方分担损失。

10. 赔偿费用的支付方式

损害发生后,当事人可以协商赔偿费用的支付方式。协商不一致的,赔偿费用应当一次性支付;一次性支付确有困难的,可以分期支付,但应当提供相应的担保。

三、不承担责任和减轻责任的情形

1. 过失相抵与归责原则

①被侵权人对损害的发生也有过错的,可以减轻侵权人的责任。过失相抵,适用于适用过错责任原则和过错推定原则的侵权责任案件。适用无过错责任原则的侵权责任案件是否使用过失相抵,应依照法律的特别规定;法律没有特别规定,且没有禁止适用规定的,受害人具有重大过失的,可以适用过失相抵的规定。②损害是因受害人故意造成的,行为人不承担责任。在适用过错责任原则或者适用过错推定责任原则的侵权责任纠纷案件中,受害人过错是全部损害原因的,可以免除行为人的责任。③因不可抗力造成他人损害的,不承担责任。法律另有规定的,依照其规定。《民法通则》第153条规定,不可抗力是指不能预见、不能避免并且不能克服的客观情况,包括地震、台风、洪水、海啸等某些自然现象和战争等某些社会现象;以不可抗力作为免责事由的,其不可抗力对于损害的发生,应当对损害的发生具有全部的原因力。不具有全部原因力的,应当减轻行为人的责任。④因正当防卫造成损害的,不承担责任。根据《刑法》第20条规定,为使国家、公共利益、本人或者他人的人身、财产和其他权利免受正在进行的不法侵害,而采取的制止不法侵害的行为,对不法侵害人造成损害的,属于正当防卫,不负刑事责任。⑤自然原因引起的紧急避险,避险人不承担民事责任或者依据公平分担损失规则在其受益范围内承担补偿责任。根据《刑法》第21条规定,为了使国家、公共利益、本人或者他人的人身、财产和其他权利免受正在发生的危险,不得已采取的损害另一较小合法权益的行

为,造成损害的,不负刑事责任。

2. 第三人应承担的侵权责任

损害是因第三人造成的,第三人应当承担侵权责任。

3. 正当防卫过度的责任划分

①正当防卫以不法侵害的存在为前提,该不法侵害应以在客观上危害他人利益为标准。②错误的防卫构成过失侵权。防卫过程中故意侵害他人权益的,应当承担侵权责任。③正当防卫超过必要的限度,造成不应有的损害的,正当防卫人应当承担适当的责任。其限度通常以不法侵害的手段和强度以及防卫权益的性质为依据。

4. 紧急避险造成损害的责任划分

①因紧急避险造成损害的,由引起险情发生的人承担责任。②紧急避险采取措施不当或者超过必要的限度,造成不应有的损害的,紧急避险人应当承担适当的责任。③由他人行为引起的紧急避险,由避险造成的损害由引起险情发生的人承担赔偿责任。④避险人能够证明行为人明知对方是紧急避险而进行防卫的,防卫人不能免除责任。

四、责任主体的特殊规定

1. 监护人的侵权责任

①无民事行为能力人、限制民事行为能力人造成他人损害的,由监护人承担侵权责任。监护人尽到监护责任的,可以减轻其侵权责任。②有财产的无民事行为能力人、限制民事行为能力人造成他人损害的,从本人财产中支付赔偿费用。不足部分,由监护人赔偿。

2. 完全民事行为能力人的侵权责任

①完全民事行为能力人对自己的行为暂时没有意识或者失去控制造成他人损害有过错的,应承担侵权责任;没有过错的,根据行为人的经济状况对受害人适当补偿。②完全民事行为能力人因醉酒、滥用麻醉药品或者精神药品对自己的行为暂时没有意识或者失去控制造成他人损害的,应承担侵权责任。

3. 用人单位的侵权责任

①用人单位包括国家机关、事业单位、社会团体、企业、合伙、个体经济组织和民办非企业单位等。其工作人员因执行工作任务造成他人损害的,由用人单位承担侵权责任。②劳务派遣期间,被派遣的工作人员因执行工作任务造成他人损害的,由接受劳务派遣的用工单位承担侵权责任;劳务派遣单位有过错的,承担相应的补充责任。劳务派遣是指由劳务派遣机构与派遣劳工订立劳动合同,并支付报酬,把劳动者派向其他用工单位,再由其用工单位向派遣机构支付一笔服务费用的一种用工形式。

4. 劳务关系双方的侵权责任

个人之间形成劳务关系,提供劳务一方因劳务造成他人损害的,由接受劳务一方承担侵权责任。提供劳务一方因劳务自己受到损害的,根据双方各自的过错承担相应的责任。劳务关系是劳动者与用工者根据口头或书面约定,由劳动者向用工者提供一次性的或者是特定的劳动服务,用工者依约向劳动者支付劳务报酬的一种有偿服务的法律关系。

5. 网络用户及网络服务提供者的侵权责任

①网络用户、网络服务提供者利用网络侵害他人民事权益的,应承担侵权责任。网络服务提供者是指依照其提供的服务形式有能力采取必要措施的信息存储空间或者提供搜索、链接

服务等网络服务提供商,也包括在自己的网站上发表作品的网络内容提供商。②网络用户利用网络服务实施侵权行为的,被侵权人有权通知网络服务提供者采取删除、屏蔽、断开链接等必要措施。网络服务提供者接到通知后未及时采取必要措施的,对损害的扩大部分与该网络用户承担连带责任。③网络服务提供者知道网络用户利用其网络服务侵害他人民事权益,未采取必要措施的,与该网络用户承担连带责任。

6. 管理人或者组织者的侵权责任

①宾馆、商场、银行、车站、娱乐场所等公共场所的管理人或者群众性活动的组织者,未尽到安全保障义务,造成他人损害的,应当承担侵权责任。②因第三人的行为造成他人损害的,由第三人承担侵权责任;管理人或者组织者未尽到安全保障义务的,承担相应的补充责任。安全保障义务应当依据以下标准综合认定:安全保障义务人是否获益;风险或损害行为的来源及强度;安全保障义务人控制、防范危险或损害的能力;受害人参加经营活动或者社会活动的具体情形。

7. 教育机构的侵权责任

①无民事行为能力人在幼儿园、学校或者其他教育机构学习、生活期间受到人身损害的,幼儿园、学校或者其他教育机构应当承担责任,但能够证明尽到教育、管理职责的,不承担责任。②限制民事行为能力人在学校或者其他教育机构学习、生活期间受到人身损害,学校或者其他教育机构未尽到教育、管理职责的,应承担责任。③无民事行为能力人或者限制民事行为能力人在幼儿园、学校或者其他教育机构学习、生活期间,受到幼儿园、学校或者其他教育机构以外的人员人身损害的,由侵权人承担侵权责任;幼儿园、学校或者其他教育机构未尽到管理职责的,承担相应的补充责任。

五、产品责任

1. 产品缺陷的侵权责任

因产品存在缺陷造成他人损害的,生产者应当承担侵权责任。产品缺陷是指由于制造、设计中的原因或者警示说明不充分、未尽召回警示义务而导致产品存在的危及人身、财产安全的不合理危险。

2. 销售缺陷产品的侵权责任

①因销售者的过错使产品存在缺陷,造成他人损害的,销售者应承担侵权责任。②销售者不能指明缺陷产品的生产者,也不能指明缺陷产品的供货者的,销售者应承担侵权责任。

3. 同时起诉生产者或者销售者的责任承担

①因产品存在缺陷造成损害的,被侵权人可以向产品的生产者请求赔偿,也可以向产品的销售者请求赔偿。②产品缺陷由生产者造成的,销售者赔偿后,有权向生产者追偿。③因销售者的过错使产品存在缺陷的,生产者赔偿后,有权向销售者追偿。

4. 第三人过错使产品存在缺陷的侵权责任

因运输者、仓储者等第三人的过错使产品存在缺陷,造成他人损害的,产品的生产者、销售者赔偿后,有权向第三人追偿。第三人是指产品的零部件提供者或者原材料提供者等。

5. 被侵权人有权向第三人行使赔偿请求权

因产品缺陷危及他人人身、财产安全的,被侵权人有权请求生产者、销售者承担排除妨碍、消除危险等侵权责任。

6. 发现产品缺陷未采取补救措施的侵权责任

产品投入流通后发现存在缺陷的,生产者、销售者应当及时采取警示、召回等补救措施。未及时采取补救措施或者补救措施不力造成损害的,应当承担侵权责任。

7. 承担惩罚性赔偿

明知产品存在缺陷仍然生产、销售,造成他人死亡或者健康严重损害的,被侵权人有权请求相应的惩罚性赔偿。确定惩罚性赔偿金,应在赔偿实际损害之外,另行确定不超过实际损失三倍的赔偿金,并根据侵权人主观恶意程度以及实际损害的数额等因素综合确定。

六、机动车交通事故责任

1. 机动车发生交通事故的赔偿责任

①机动车发生交通事故造成损害的,依照道路交通安全法的有关规定承担赔偿责任。②因租赁、借用等情形机动车所有人与使用人不是同一人时,发生交通事故后属于该机动车一方责任的,由保险公司在机动车强制保险责任限额范围内予以赔偿。不足部分,由机动车使用人承担赔偿责任;机动车所有人对损害的发生有过错的,承担相应的赔偿责任。③当事人之间已经以买卖等方式转让并交付机动车但未办理所有权转移登记,发生交通事故后属于该机动车一方责任的,由保险公司在机动车强制保险责任限额范围内予以赔偿。不足部分,由受让人承担赔偿责任。

2. 买卖报废机动车的赔偿责任

以买卖等方式转让拼装或者已达到报废标准的机动车,发生交通事故造成损害的,由转让人和受让人承担连带责任。报废机动车是指达到国家报废标准,或者虽未达到国家报废标准,但发动机或者底盘严重损坏,经检验不符合国家机动车运行安全技术条件或者国家机动车污染物排放标准的机动车。拼装机动车是指使用报废汽车发动机、方向机、变速器、前后桥、车架以及其他零配件组装的机动车。

3. 盗抢机动车发生交通事故的赔偿责任

盗窃、抢劫或者抢夺的机动车发生交通事故造成损害的,由盗窃人、抢劫人或者抢夺人承担赔偿责任。保险公司在机动车强制保险责任限额范围内垫付抢救费用的,有权向交通事故责任人追偿。

4. 发生交通事故后逃逸的赔偿责任

机动车驾驶人发生交通事故后逃逸,该机动车参加强制保险的,由保险公司在机动车强制保险责任限额范围内予以赔偿;机动车不明或者该机动车未参加强制保险,需要支付被侵权人人身伤亡的抢救、丧葬等费用的,由道路交通事故社会救助基金垫付。道路交通事故社会救助基金垫付后,其管理机构有权向交通事故责任人追偿。道路交通事故社会救助基金是指依法筹集用于垫付机动车道路交通事故中受害人人身伤亡的丧葬费用、部分或者全部抢救费用的社会专项基金。

七、医疗损害责任

1. 医疗机构应当承担赔偿责任

①患者在诊疗活动中受到损害,医疗机构及其医务人员有过错的,由医疗机构承担赔偿责任。②医务人员在诊疗活动中应当向患者说明病情和医疗措施。需要实施手术、特殊检查、特

殊治疗的,医务人员应当及时向患者说明医疗风险、替代医疗方案等情况,并取得其书面同意;不宜向患者说明的,应当向患者的近亲属说明,并取得其书面同意。医务人员未尽到告知义务,造成患者损害的,医疗机构应当承担赔偿责任。③医务人员在诊疗活动中未尽到与当时的医疗水平相应的诊疗义务,造成患者损害的,医疗机构应当承担赔偿责任。④患者有损害,因下列情形之一的,推定医疗机构有过错:违反法律、行政法规、规章以及其他有关诊疗规范的规定;隐匿或者拒绝提供与纠纷有关的病历资料;伪造、篡改或者销毁病历资料。⑤因药品、消毒药剂、医疗器械的缺陷,或者输入不合格的血液造成患者损害的,患者可以向生产者或者血液提供机构请求赔偿,也可以向医疗机构请求赔偿。患者向医疗机构请求赔偿的,医疗机构赔偿后,有权向负有责任的生产者或者血液提供机构追偿。⑥患者或者其近亲属不配合医疗机构进行符合诊疗规范的诊疗,医疗机构及其医务人员也有过错的,应当承担相应的赔偿责任。⑦医疗机构及其医务人员泄露患者隐私或者未经患者同意公开其病历资料,造成患者损害的,应当承担侵权责任。

2. 紧急情况下实施医疗措施

因抢救生命垂危的患者等紧急情况,不能取得患者或者其近亲属意见的,经医疗机构负责人或者授权的负责人批准,可以立即实施相应的医疗措施。

3. 医疗机构不承担赔偿责任

患者有损害,因下列情形之一的,医疗机构不承担赔偿责任:①患者或者其近亲属不配合医疗机构进行符合诊疗规范的诊疗;②医务人员在抢救生命垂危的患者等紧急情况下已经尽到合理诊疗义务;③限于当时的医疗水平难以诊疗。

4. 医疗机构及其医务人员工作要求

①医疗机构及其医务人员应当按照规定填写并妥善保管住院志、医嘱单、检验报告、手术及麻醉记录、病理资料、护理记录、医疗费用等病历资料。患者要求查阅、复制住院志、医嘱单、检验报告、手术及麻醉记录、病理资料、护理记录、医疗费用等病历资料的,医疗机构应当提供。②医疗机构及其医务人员应当对患者的隐私保密。泄露患者隐私或者未经患者同意公开其病历资料,造成患者损害的,应当承担侵权责任。未经患者同意,医疗机构或医务人员不得窥视、接触患者的身体,也不得将患者作为教学工具;未经患者同意,与诊疗无关的人员不得进入门诊就诊室、检查室、手术室、住院病房;医疗机构及医务人员不得窥视、干涉患者的私人活动,患者为无民事行为能力人或限制行为能力人的除外。③医疗机构及其医务人员不得违反诊疗规范实施不必要的检查。医疗机构及其医务人员对患者进行不必要的检查,导致患者支出不必要的医疗费用,或者因此造成患者人身损害,或者导致患者丧失最佳治疗时机或最佳治疗方案的,医疗机构应当承担赔偿责任。

5. 妨害医务人员工作应承担的法律责任

医疗机构及其医务人员的合法权益受法律保护。干扰医疗秩序,妨害医务人员工作、生活的,应当依法承担法律责任。法律责任包括行政责任和刑事责任,造成损害的,应当承担侵权赔偿责任。

八、环境污染责任

1. 污染环境的侵权责任

因污染环境造成损害的,污染者应当承担侵权责任。环境包括生活环境和生态环境。

2.污染环境纠纷中污染者的举证责任

因污染环境发生纠纷,污染者应当就法律规定的不承担责任或者减轻责任的情形及其行为与损害之间不存在因果关系承担举证责任。

3.环境污染数人侵权行为责任大小的确定

两个以上污染者污染环境,污染者承担责任的大小,根据污染物的种类、排放量等因素确定。两个以上污染者污染环境,没有主观意思联络的,应当承担按份责任。两个以上的污染者承担按份责任的具体比例,能确定原因力大小的,按照造成损害的原因力确定责任份额;不能确定原因力大小的,按照市场份额规则确定责任份额;不能通过前述方法确定责任份额的,平均分配责任份额。

4.环境责任中第三人的过错赔偿

因第三人的过错污染环境造成损害的,被侵权人可以向污染者请求赔偿,也可以向第三人请求赔偿。污染者赔偿后,有权向第三人追偿。环境污染责任中的第三人过错,不免除污染者的赔偿责任。

九、高度危险责任

1.高度危险作业的侵权责任

从事高度危险作业造成他人损害的,应承担侵权责任。高度危险作业是指从事高空、高压、易燃、易爆、剧毒、放射性、高速运输工具等对周围环境有高度危险的作业。高度危险责任是指高度危险行为人实施高度危险活动或者管理高度危险物,造成他人人身损害或者财产损害,应承担损害赔偿责任的特殊侵权责任。侵权行为的归责原则有过错责任原则、公平责任原则、无过错责任原则等三种。

2.民用核设施的经营者的侵权责任

民用核设施发生核事故造成他人损害的,民用核设施的经营者应当承担侵权责任,但能够证明损害是因战争等情形或者受害人故意造成的,不承担责任。战争等情形是指武装冲突、敌对行动、国家战争或市民暴乱等情形,不包括自然灾害等不可抗力原因。

3.民用航空器经营者的侵权责任

民用航空器造成他人损害的,民用航空器的经营者应当承担侵权责任,但能够证明损害是因受害人故意造成的,不承担责任。

4.高度危险物占有人的侵权责任

占有或者使用易燃、易爆、剧毒、放射性等高度危险物造成他人损害的,占有人或者使用人应当承担侵权责任,但能够证明损害是因受害人故意或者不可抗力造成的,不承担责任。被侵权人对损害的发生有重大过失的,可以减轻占有人或者使用人的责任。

5.高空、高压、地下挖掘活动或使用高速轨道运输工具的侵权责任

从事高空、高压、地下挖掘活动或者使用高速轨道运输工具造成他人损害的,经营者应当承担侵权责任,但能够证明损害是因受害人故意或者不可抗力造成的,不承担责任。被侵权人对损害的发生有过失的,可以减轻经营者的责任。地下挖掘活动是指在地表之下进行的挖掘活动。高速轨道交通运输工具是指高速铁路、普通铁路、城市铁路、地下铁路、有轨电车等通过轨道运行的交通工具。

6. 遗失、抛弃高度危险物的侵权责任

遗失、抛弃高度危险物造成他人损害的,由所有人承担侵权责任。所有人将高度危险物交由他人管理的,由管理人承担侵权责任;所有人有过错的,与管理人承担连带责任。

7. 非法占有高度危险物的侵权责任

非法占有高度危险物造成他人损害的,由非法占有人承担侵权责任。所有人、管理人不能证明对防止他人非法占有尽到高度注意义务的,与非法占有人承担连带责任。

8. 高度危险区域的免责或减责

未经许可进入高度危险活动区域或者高度危险物存放区域受到损害,管理人已经采取安全措施并尽到警示义务的,可以减轻或者不承担责任。

9. 高度危险责任的限额赔偿

承担高度危险责任,法律、行政法规以及行政法规性文件规定赔偿限额的,依照其规定。

十、饲养动物损害责任

1. 饲养动物的侵权责任

饲养的动物造成他人损害的,动物饲养人或者管理人应当承担侵权责任,但能够证明损害是因被侵权人故意或者重大过失造成的,可以不承担或者减轻责任。

2. 未对动物采取安全措施的侵权责任

违反管理规定,未对动物采取安全措施造成他人损害的,动物饲养人或者管理人应当承担侵权责任。

3. 饲养烈性犬等危险动物的侵权责任

禁止饲养的烈性犬等危险动物造成他人损害的,动物饲养人或者管理人应当承担侵权责任。烈性犬是指价格相对昂贵,本身性情比较暴躁,而且很具攻击性的犬种。

4. 动物园的动物致害的侵权责任

动物园的动物造成他人损害的,动物园应当承担侵权责任,但能够证明尽到管理职责的,不承担责任。

5. 遗弃和逃逸动物的侵权责任

①遗弃、逃逸的动物在遗弃、逃逸期间造成他人损害的,由原动物饲养人或者管理人承担侵权责任。②对逃逸和遗弃的动物致害,适用无过错责任。逃逸或遗弃的动物被他人重新收养之后造成他人损害的,由新的饲养人或管理人承担赔偿责任;原动物所有人或管理人有过错的,应当承担相应的补充责任。③对于无法找到原所有人或管理人的,可以由动物管理部门设立的动物致害救助基金给予补偿;动物管理部门在补偿后,有权向责任人追偿。

6. 第三人过错的侵权责任

因第三人的过错致使动物造成他人损害的,被侵权人可以向动物饲养人或者管理人请求赔偿,也可以向第三人请求赔偿。动物饲养人或者管理人赔偿后,有权向第三人追偿。

十一、物件损害责任

1. 建(构)筑物等设施及其悬挂物脱落与坠落致害的侵权责任

建筑物、构筑物或者其他设施及其搁置物、悬挂物发生脱落、坠落造成他人损害,所有人、管理人或者使用人不能证明自己没有过错的,应承担侵权责任。所有人、管理人或者使用人赔偿后,有其他责任人的,有权向其他责任人追偿。其他责任人是指建筑物等设施的所有人、管理人或者使用人之外的,对损害发生负有责任的第三人。

2. 建(构)筑物或其他设施倒塌的侵权责任

①建筑物、构筑物或者其他设施倒塌造成他人损害的,由建设单位与施工单位承担连带责任。建设单位、施工单位赔偿后,有其他责任人的,有权向其他责任人追偿。其他责任人是指建设单位和施工单位以外的设计单位、勘测单位、监理单位以及其他有关单位等第三人。②因其他责任人的原因,建筑物、构筑物或者其他设施倒塌造成他人损害的,由其他责任人承担侵权责任。

3. 建筑物抛掷物或坠落物的加害人不明的补偿责任

①从建筑物中抛掷物品或者从建筑物上坠落的物品造成他人损害,难以确定具体侵权人的,除能够证明自己不是侵权人的外,由可能加害的建筑物使用人给予补偿。②具有以下情形之一的,可以认定为能够证明自己不是加害人:损害发生时,证明人不在该建筑物之中;损害发生时,证明人所处建筑物位置无法实施该特定行为;证明人无法完成该行为;证明人实际没有致损之物。

4. 堆放物倒塌的侵权责任

堆放物倒塌造成他人损害,堆放人不能证明自己没有过错的,应当承担侵权责任。

5. 公共道路上堆码妨碍通行物品的侵权责任

在公共道路上堆放、倾倒、遗撒妨碍通行的物品造成他人损害的,有关单位或者个人应当承担侵权责任。有关单位或个人是指堆放人、倾倒人、遗撒人,以及对公共道路负有管理职责的法人或者自然人。

6. 因林木折断的侵权责任

因林木折断造成他人损害,林木的所有人或者管理人不能证明自己没有过错的,应当承担侵权责任。

7. 施工作业场所未设置明显标志和采取安全措施的侵权责任

①在公共场所或者道路上挖坑、修缮安装地下设施等,没有设置明显标志和采取安全措施造成他人损害的,施工人应当承担侵权责任。②窨井等地下设施造成他人损害,管理人不能证明尽到管理职责的,应当承担侵权责任。

第6节　矿山安全法

《矿山安全法》于1992年11月7日经第7届全国人民代表大会常务委员会第28次会议审议通过,自2003年5月1日起施行。2009年8月27日第十一届全国人民代表大会常务委员会第十次会议通过《关于修改部分法律的决定》,自2009年8月27日起施行,共8章,50条。主要内容包括:总则(6条)、矿山建设的安全保障(6条)、矿山开采的安全保障(7条)、矿山企业的安全管理(13条)、矿山安全的监督和管理(3条)、矿山事故处理(4条)、法律责任(9条)、附则(2条)。

立法宗旨是为了保障矿山生产安全,防止矿山事故,保护矿山职工人身安全,促进采矿业的发展。

一、原则规定

矿山是指在依法批准的矿区范围内从事矿产资源开采活动的场所及其附属设施。据统计,我国已经探明并进行开采的矿产资源超过 180 余种。矿产资源开采活动是指在依法批准的矿区范围内从事矿产资源勘探和矿山建设、生产、闭坑及有关活动。《矿山安全法》是调整在矿山建设、生产、闭坑及监督管理等活动中产生的有关矿山安全的各种社会关系的法律规范的总称。国务院安全监察行政主管部门对全国矿山安全工作实施统一监督。县级以上地方各级人民政府安全监察行政主管部门对本行政区域内的矿山安全工作实施统一监督。县级以上人民政府管理矿山企业的主管部门对矿山安全工作进行管理。

(1)指导思想

①坚持保护矿工生命安全的宗旨。《矿山安全法》处处体现"安全第一、预防为主、综合治理"原则,要求一切采矿活动都必须保证矿山职工的生命安全。

②认真总结中华人民共和国成立以来矿山安全工作的经验和教训,从实际出发,强化矿山安全的监督和管理,将国家监察与群众监督结合起来。

③突出矿山企业及其主管人员的安全责任。在矿山安全与人的关系中,主要方面是人,特别是企业的主管人员的责任尤其重大。企业主管人员要对企业的安全生产尽职尽责,要建立健全各级安全生产责任制。

(2)矿山安全生产奖励

各级人民政府、政府有关部门或者企业事业单位对有下列情形之一的单位和个人,按照国家有关规定给予奖励:

①在矿山安全管理和监督工作中,忠于职守,作出显著成绩的。

②防止矿山事故或者抢险救护有功的。

③在推广矿山安全技术、改进矿山安全设施方面,作出显著成绩的。

④在矿山安全生产方面提出合理化建议,效果显著的。

⑤在改善矿山劳动条件或者预防矿山事故方面有发明创造和科研成果,效果显著的。

二、矿山建设的安全保障

1. 矿山建设工程安全设施的保障

矿山建设工程的安全设施必须与主体工程同时设计、同时施工、同时投入生产和使用。

包括我国境内新建、改建、扩建的矿山基本建设项目、技术改造项目和引进的建设项目。

矿山应当有保障安全生产、预防事故和职业危害的安全设施,并符合下列基本要求:

①每个矿井至少有两个独立的能行人的直达地面的安全出口。矿井的每个生产水平和各个采区至少有两个能行人的安全出口,并与直达地面的出口相通。

②每个矿井有独立的采用机械通风的通风系统,保证井下作业场所有足够的风量。

③井巷断面能满足行人、运输、通风和安全设施、设备的安装、维修及施工需要。

④井巷支护和采场顶板管理能保证作业场所的安全。

⑤相邻矿井之间、矿井与露天矿之间、矿井与老窑之间留有足够的安全隔离矿柱。矿山井巷布置留有足够的保障井上和井下安全的矿柱或者岩柱。

⑥露天矿山的阶段高度、平台宽度和边坡角能满足安全作业和边坡稳定的需要。

⑦有地面和井下的防水、排水系统,有防止地表水泄入井下和露天采场的措施。

⑧溜矿井有防止和处理堵塞的安全措施。

⑨有自然发火可能性的矿井,主要运输巷道布置在岩层或者不易自然发火的矿层内,并采用预防性灌浆或者其他有效的预防自然发火的措施。

⑩矿山地面消防设施符合国家有关消防的规定。矿井有防灭火设施和器材。

⑪地面及井下供配电系统符合国家有关规定。

⑫矿山提升运输设备及设施符合下列要求:钢丝绳、连接装置、提升容器以及保险链有足够的安全系数;提升容器与井壁、罐道梁之间及两个提升容器之间有足够的间隙;提升绞车和提升容器有可靠的安全保护装置;电机车、架线、轨道的选型能满足安全要求;运送人员的机械设备有可靠的安全保护装置;提升运输设备有灵敏可靠的信号装置。

⑬每个矿井有防尘供水系统。地面和井下所有产生粉尘的作业地点有综合防尘措施。

⑭有瓦斯、矿尘爆炸可能性的矿井,采用防爆电气设备,并采取防尘和隔爆措施。

⑮开采放射性矿物的矿井,符合下列要求:矿井进风量和风质能满足降氡的需要,避免串联通风和污风循环;主要进风道开在矿脉之外,穿矿脉或者岩体裂隙发育的进风巷道有防止氡析出的措施;采用后退式回采;能防止井下污水散流,并采取封闭的排放污水系统。

⑯矿山储存爆破材料的场所符合国家有关规定。

⑰排土场、矸石山有防止发生泥石流和其他危害的安全措施,尾矿库有防止溃坝等事故的安全设施。

⑱有防止山体滑坡和因采矿活动引起地表塌陷造成危害的预防措施。

⑲每个矿井配置足够数量的通风检测仪表和有毒有害气体与井下环境检测仪器。开采有瓦斯突出的矿井,装备监测系统或者检测仪器。

⑳有与外界相通的、符合安全要求的运输设施和通信设施。

㉑有更衣室、浴室等设施。

2.矿山建设工程设计的保障

(1)矿山建设工程设计

矿山建设工程的设计文件,必须符合矿山安全规程和行业技术规范。①矿井的通风系统和供风量、风质、风速;露天矿的边坡角和台阶的宽度、高度;供电系统;提升、运输系统;防水、排水系统和防火、灭火系统;防瓦斯系统和防尘系统等项目的设计;必须符合矿山安全规程和行业技术规范。②每个矿井必须有两个以上能行人的安全出口,出口之间的直线水平距离必须符合矿山安全规程和行业技术规范。③矿山必须有与外界相通的、符合安全要求的运输和通信设施。

(2)矿山建设工程设计的审批

矿山建设工程设计不符合矿山安全规程和行业技术规范的,管理矿山企业的主管部门不得批准。矿山建设工程安全设施的设计必须有安全监察行政主管部门参加审查。

3.矿山建设工程施工与竣工验收保障

矿山建设工程必须按照管理矿山企业的主管部门批准的设计文件施工。矿山建设工程安全设施竣工后,由管理矿山企业的主管部门验收,并须有安全监察行政主管部门参加。不符合矿山安全规程和行业技术规范,不得验收,不得投入生产。

三、矿山开采的安全保障

1. 具备保障安全生产的条件

具备安全生产条件是矿山企业从事矿山开采的前提,只有具备了相关法律、行政法规或者部门规章规定的安全生产条件,才能取得安全生产许可证。

矿山企业应当在采矿许可证批准的范围内开采,禁止越层、越界开采。

矿山开采应当具备的图纸资料:水文地质图和工程地质图;矿山总布置图和矿井井上、井下对照图;矿井、巷道、采场布置图;矿山生产和安全保障的主要系统图。

2. 严格执行矿山安全规程和行业技术规范

矿山开采必须执行开采不同矿种的矿山安全规程和行业技术规范。矿山企业应当在采矿许可证批准的范围内开采,禁止越层、越界开采。矿山设计规定保留的矿柱、岩柱,在规定的期限内,应当予以保护,不得开采或者毁坏。

3. 各种设备、器材、防护用品和安全检测仪器符合标准

矿山使用的有特殊要求的设备、器材、防护用品和安全检测仪器,必须符合国家安全标准或者行业安全标准;否则,不得使用。矿山使用的设备、器材、防护用品和安全检测仪器主要有:①采掘、支护、装载、运输、提升、通风、排水、瓦斯抽采、压缩空气和起重设备;②电动机、变压器、配电柜、电气开关、电控装置;③爆破材料、通信器材、矿灯、电缆、钢丝绳、支护材料、防火材料;④各种安全卫生检测仪器仪表;⑤自救器、安全帽、防尘口罩或面罩、防护服、防护鞋等防护用品和自救设备;⑥经国家有关部门认定的其他特殊安全要求的设备和器材。

4. 机电设备及其防护装置、安全检测仪器的检查维修与操作

矿山企业必须对机电设备及其防护装置、安全检测仪器,定期检查、维修,保证使用安全。非负责设备运行的人员,不得操作设备。非值班电气人员,不得进行电气作业。操作电气设备的人员,应当有可靠的绝缘保护。检修电气设备时,不得带电作业。

5. 作业场所环境质量符合安全要求

矿山作业场所空气中的有毒有害物质的浓度,不得超过国家标准或者行业标准。矿山企业必须对作业场所中的有毒有害物质和井下空气含氧量进行检测,保证符合要求。粉尘作业地点,每月至少检测 2 次;放射性物质作业地点,每月至少检测 3 次。其他有毒有害物质作业点,井下每月至少检测 1 次,地面每季度至少检测 1 次;采用个体采样方法检测呼吸性粉尘的,每季度至少检测 1 次。

井下风量、风质、风速和作业环境的气候,必须符合矿山安全规程的规定。采掘工作面进风风流中,按照体积计算,氧气不得低于 20% ,二氧化碳不得超过 0.5% 。井下作业地点的空气温度不得超过 28 ℃;超过时,应当采取降温或者其他防护措施。

井下采掘作业,必须按照作业规程的规定管理顶帮。采掘作业通过地质破碎带或者其他顶帮破碎地点时,应当加强支护。煤矿和其他有瓦斯爆炸可能性的矿井,应当严格执行瓦斯检查制度,任何人不得携带烟草和点火用具下井。

6. 安全事故隐患或危害采取预防措施

①矿山企业对冒顶、片帮、边坡滑落和地表塌陷;瓦斯爆炸和煤尘爆炸;冲击地压、瓦斯突出和井喷;地面和井下的火灾、水灾;爆破器材和爆破作业发生的危害;粉尘、有毒有害气体、放射性物质和其他有害物质引起的危害等事故隐患必须采取预防措施。②矿山企业对使用机械

设备、电气设备、排土场、矸石山、尾矿库和矿山闭坑后可能引起的危害,应当采取预防措施。

四、矿山企业的安全管理

1. 安全生产责任制度

安全生产责任制度是指企业各级领导、职能部门、有关工程技术人员和生产工人在劳动过程中,对各自职务或岗位范围内安全生产负责的制度。矿山企业应当建立、健全行政领导岗位安全生产责任制,职能机构安全生产责任制和岗位人员安全生产责任制。矿长(含矿务局局长、公司经理)对本企业的安全生产工作负有下列职责:①认真贯彻执行法律、法规和有关矿山安全生产的规定;②制定本企业安全生产管理制度;③根据需要配备合格的安全工作人员,对每个行业场所进行跟班检查;④采取有效措施,改善职工劳动条件,保证安全生产所需的材料、设备、仪器和劳动防护用品的及时供应;⑤对职工进行安全教育、培训;⑥制订矿山灾害的预防和应急计划;⑦及时采取措施,处理矿山存在的事故隐患;⑧及时、如实向有关行政主管部门报告矿山事故。

2. 安全生产民主监督管理制度

(1)发挥职工和职工代表大会的监督作用

矿山企业职工有权对危害安全的行为提出批评、检举和控告。矿长对本企业的安全生产工作负责,应当定期向职工代表大会或者职工大会报告安全生产工作。

报告事项主要包括:企业安全生产重大决策;企业安全技术措施计划及其执行情况;职工安全教育、培训计划及其执行情况;职工提出的改善劳动条件的建议和要求的处理情况;重大事故处理情况;有关安全生产的其他重要事项。

(2)发挥企业工会的监督作用

矿山企业工会依法维护职工生产安全的合法权益,组织职工对矿山安全工作进行监督。矿山企业工会有权要求企业行政方面或者有关部门对企业违反有关安全的法律、法规的行为认真处理;有权派代表参加企业召开讨论有关安全生产的会议,提出意见和建议。矿山企业工会发现企业行政方面违章指挥、强令工人冒险作业或者生产过程中发现明显重大事故隐患和职业危害,有权提出解决的建议;发现危及职工生命安全的情况时,有权向矿山企业行政方面建议组织职工撤离危险现场,矿山企业行政方面必须及时作出处理决定。

矿山企业工会有权督促企业行政方面加强职工的安全教育、培训工作,开展安全宣传活动,提高职工的安全生产意识和技术素质。

3. 矿山企业职工享有的权利和应当履行的义务

(1)矿山企业职工享有的权利

①有权获得作业场所安全与职业危害方面的信息。

②有权向有关部门和工会组织反映矿山安全状况和存在的问题。

③对任何危害职工安全健康的决定和行为,有权提出批评、检举和控告。

(2)矿山企业职工应当履行的义务

①遵守有关矿山安全的法律、法规和企业规章制度。

②维护矿山企业的生产设备、设施。

③接受安全教育和培训。

④及时报告危险情况,参加抢险救护。

4. 安全教育、培训考核制度

（1）矿长、安全工作人员培训考核

矿长必须经过考核，具备安全专业知识，具有领导安全生产和处理矿山事故的能力。矿山企业应当根据需要，设置安全机构或者配备专职安全工作人员，专职安全工作人员应当经过培训，具备必要的安全专业知识和矿山安全工作经验，能胜任现场安全检查工作。矿长、专职安全工作人员的培训考核由安全监察部门组织进行。

（2）企业职工安全教育与培训

矿山企业必须对职工进行安全教育、培训；未经安全教育、培训的，不得上岗。矿山企业安全生产的特种作业人员必须接受专门培训，经考核合格取得操作资格证书的，方可上岗作业。

矿山企业的特种作业人员包括瓦斯检查工、防突工、爆破工、通风工、信号工、拥罐工、电工、金属焊接工、矿井水泵工、瓦斯抽采工、主要通风机操作工、主提升机操作工、绞车操作工、输送机操作工、尾矿工、安全检查工和矿内机动车司机等。

5. 安全劳动保护制度

矿山企业必须向职工发放保障安全生产所需的劳动防护用品。矿山企业不得录用未成年人从事矿山井下劳动。矿山企业对女职工按照国家规定实行特殊劳动保护，不得分配女职工从事矿山井下劳动。

6. 矿山安全事故防范

矿山安全生产管理必须坚持"安全第一、预防为主、综合治理"的方针。矿山企业必须制定矿山事故防范措施，并组织落实。矿山企业应当建立由专职或者兼职人员组成的救护和医疗急救组织，配备必要的装备、器材和药物。不具备单独建立专业救护和医疗急救组织的小型矿山企业，除应当建立兼职的救护和医疗急救组织外，还应当与邻近的有专业的救护和医疗急救组织的矿山企业签订救护和急救协议，或者与邻近的矿山企业联合建立专业救护和医疗急救组织。矿山企业必须从矿产品销售额中按照国家规定提取安全生产费用。安全生产费用必须全部用于改善矿山安全生产条件，不得挪作他用。企业应当加强安全生产费用管理，编制年度安全生产费用提取和使用计划，纳入企业财务预算。企业年度安全生产费用使用计划和上一年安全费用的提取、使用情况按照管理权限报同级财政部门、安全生产监督管理部门、煤矿安全监察机构和行业主管部门备案。

安全生产费用是指企业按照规定标准提取在成本中列支，专门用于完善和改进企业或者项目安全生产条件的资金。安全生产费用按照"企业提取、政府监管、确保需要、规范使用"的原则进行管理。

（1）安全费用提取标准

《企业安全生产费用提取和使用管理办法》，明确规定了直接从事煤炭生产、非煤矿山开采、建设工程施工、危险品生产与储存、交通运输、烟花爆竹生产、冶金、机械制造、武器装备研制生产与试验的企业以及其他经济组织的安全生产费用提取标准。

①煤炭生产企业依据开采的原煤产量按月提取。各类煤矿原煤单位产量安全生产费用提取标准为：煤与瓦斯突出矿井、高瓦斯矿井吨煤30元；其他井工矿吨煤15元；露天矿吨煤5元。矿井瓦斯等级划分按《煤矿安全规程》《矿井瓦斯等级鉴定规范》的规定执行。

②非煤矿山开采企业依据开采的原矿产量按月提取。

（2）安全生产费用适用范围

①煤炭生产企业安全生产费用的使用范围：煤与瓦斯突出及高瓦斯矿井落实"两个四位一体"综合防突措施支出；煤矿安全生产改造和重大隐患治理支出；完善煤矿井下监测监控、人员定位、紧急避险、压风自救、供水施救和通信联络安全避险"六大系统"支出，应急救援技术装备、设施配置和维护保养支出，事故逃生和紧急避难设施设备的配置和应急演练支出；开展重大危险源和事故隐患评估、监控和整改支出；安全生产检查、评价、咨询、标准化建设支出；配备和更新现场作业人员安全防护用品支出；安全生产宣传、教育、培训支出；安全生产适用新技术、新标准、新工艺、新装备的推广应用支出；安全设施及特种设备检测检验支出；其他与安全生产直接相关的支出。

②非煤矿山开采企业安全生产费用的使用范围：完善、改造和维护安全防护设施设备和重大安全隐患治理支出；完善非煤矿山监测监控、人员定位、紧急避险、压风自救、供水施救和通信联络等安全避险"六大系统"支出；完善尾矿库全过程在线监控系统和海上石油开采出海人员动态跟踪系统支出，应急救援技术装备、设施配置及维护保养支出，事故逃生和紧急避难设施设备的配置和应急演练支出；开展重大危险源和事故隐患评估、监控和整改支出；安全生产检查、评价、咨询、标准化建设支出；配备和更新现场作业人员安全防护用品支出；安全生产宣传、教育、培训支出；安全生产适用的新技术、新标准、新工艺、新装备的推广应用支出；安全设施及特种设备检测检验支出；尾矿库闭库及闭库后维护费用支出；地质勘探单位野外应急食品、应急器械、应急药品支出；其他与安全生产直接相关的支出。

五、矿山安全的监督管理

1. 安全监察行政主管部门的监督职责

县级以上各级人民政府安全监察行政主管部门对矿山安全工作行使下列监督职责：①检查矿山企业和管理矿山企业的主管部门贯彻执行矿山安全法律、法规的情况；②参加矿山建设工程安全设施的设计审查和竣工验收；③检查矿山劳动条件和安全状况；④检查矿山企业职工安全教育、培训工作；⑤监督矿山企业提取和使用安全技术措施专项费用的情况；⑥参加并监督矿山事故的调查和处理；⑦法律、行政法规规定的其他监督职责。

2. 矿山企业主管部门的管理职责

县级以上人民政府管理矿山企业的主管部门对矿山安全工作行使下列管理职责：①检查矿山企业贯彻执行矿山安全法律、法规的情况；②审查批准矿山建设工程安全设施的设计；③负责矿山建设工程安全设施的竣工验收；④组织矿长和矿山企业安全工作人员的培训工作；⑤调查和处理重大矿山事故；⑥法律、行政法规规定的其他管理职责。

六、矿山事故的处理

1. 矿山事故的报告

发生矿山事故，矿山企业必须立即组织抢救，防止事故扩大，减少人员伤亡和财产损失，对伤亡事故必须立即如实报告安全监察行政主管部门和管理矿山企业的主管部门。

根据《矿山安全法实施条例》的规定，事故发生后，事故现场有关人员应当立即报告矿长或者有关主管人员；矿山发生重伤、死亡事故后，矿山企业应当在 24 小时内如实向劳动行政主管部门和管理矿山企业的主管部门报告；上述主管部门接到死亡事故或者一次重伤 3 人以上的事故报告后,应当立即报告本级人民政府,并报各自的上一级主管部门。根据企业职工伤亡事故报告和处理规定的规定,死亡事故报至省、自治区、直辖市企业主管部门和劳动部门;重大死亡事故报至国务院有关主管部门、劳动部门、安全监察部门。

2. 事故的调查和处理

发生一般矿山事故,由矿山企业负责调查和处理。发生重大矿山事故,由政府及其有关部门、工会和矿山企业按照行政法规的规定进行调查和处理。根据企业职工伤亡事故报告和处理规定的规定,轻伤、重伤事故,由企业负责人或者指定人员组织生产、技术、安全等有关人员以及工会成员组成事故调查组,进行调查;死亡事故,由企业主管部门会同企业所在地设区的市劳动部门、公安部门、工会组成事故调查组,进行调查;重大死亡事故,按照企业的隶属关系由省、自治区、直辖市企业主管部门或者国务院有关主管部门会同同级劳动部门、公安部门、监察部门、工会组成事故调查组,进行调查;死亡事故和重大死亡事故调查组应当邀请人民检察院派员参加。事故调查结束后,由事故调查组提出事故处理意见和防范措施建议,由发生事故的企业及其主管部门负责处理。对构成犯罪的,由司法机关依照刑法的有关规定追究刑事责任。

3. 事故的善后处理

矿山企业对矿山事故中伤亡职工按照《工伤保险条例》给予抚恤金或者补偿。矿山事故发生后,应当尽快消除现场危险,查明事故原因,提出防范措施。现场危险消除后,方可恢复生产。

七、法律责任

1. 矿山企业的法律责任

①有未对职工进行安全教育、培训,分配职工上岗作业的;使用不符合国家或者行业安全标准的设备、器材、防护用品、安全检测仪器的;未按照规定提取或者使用安全技术措施专项费用的;拒绝矿山安全监督人员现场检查或者在被检查时隐瞒事故隐患、不如实反映情况的;未按照规定及时、如实报告矿山事故的,由安全监察行政主管部门责令改正,可以并处罚款;情节严重的,提请县级以上人民政府决定责令停产整顿。

②矿长不具备安全专业知识的,安全生产的特种作业人员未取得操作资格证书上岗作业的,由安全监察行政主管部门责令限期改正;逾期不改正的,提请县级以上人民政府决定责令停产,调整配备合格人员后,方可恢复生产。

③矿山建设工程安全设施的设计未经批准擅自施工的,由管理矿山企业的主管部门责令停止施工;拒不执行的,由管理矿山企业的主管部门提请县级以上人民政府决定由有关主管部门吊销其采矿许可证和营业执照。

④矿山建设工程的安全设施未经验收或者验收不合格擅自投入生产的,由安全监察行政主管部门会同管理矿山企业的主管部门责令停止生产,并由安全监察行政主管部门处以罚款;拒不停止生产的,由安全监察行政主管部门提请县级以上人民政府决定由有关主管部门吊销其采矿许可证和营业执照。

⑤已经投入生产的矿山企业,不具备安全生产条件而强行开采的,由安全监察行政主管部门会同管理矿山企业的主管部门责令限期改进;逾期仍不具备安全生产条件的,由安全监察行政主管部门提请县级以上人民政府决定责令停产整顿或者由有关主管部门吊销其采矿许可证

和营业执照。

2. 有关人员的法律责任

①有未对职工进行安全教育、培训,分配职工上岗作业的;使用不符合国家或者行业安全标准的设备、器材、防护用品、安全检测仪器的;未按照规定提取或者使用安全技术措施专项费用的;拒绝矿山安全监督人员现场检查或者在被检查时隐瞒事故隐患、不如实反映情况的;未按照规定及时、如实报告矿山事故情况的;情节严重的,除责令停产整顿外,对主管人员和直接责任人员由其所在单位或者上级主管机关给予行政处分。

②矿山企业主管人员违章指挥、强令工人冒险作业,因而发生重大伤亡事故的,依照《刑法》有关规定追究刑事责任。

③矿山企业主管人员对矿山事故隐患不采取措施,因而发生重大伤亡事故的,依照《刑法》有关规定追究刑事责任。

④矿山安全监督人员和安全管理人员滥用职权、玩忽职守、徇私舞弊,构成犯罪的,依法追究刑事责任;不构成犯罪的,给予行政处分。

第7节 劳动法

《劳动法》于1994年7月5日由第八届全国人民代表大会常务委员会第八次会议通过,自1995年1月1日起施行;根据2009年8月27日第十一届全国人民代表大会常务委员会第十次会议通过《关于修改部分法律的决定》,进行了第一次修订,自2009年8月27日起施行;根据2018年12月29日第十三届全国人民代表大会常务委员会第七次会议通过的《关于修改〈劳动法〉等七部法律的决定》进行了第二次修订,自2018年12月29日起施行。共13章,107条。具体内容包括总则(9条)、促进就业(6条)、劳动合同和集体合同(20条)、工作时间和休息休假(10条)、工资(6条)、劳动安全卫生(6条)、女职工和未成年工特殊保护(8条)、职业培训(4条)、社会保险和福利(7条)、劳动争议(8条)、监督检查(4条)、法律责任(17条)、附则(2条)。

立法宗旨是为了保护劳动者的合法权益,调整劳动关系,建立和维护适应社会主义市场经济的劳动制度,促进经济发展和社会进步。

一、劳动法基础

1. 调整对象

劳动法是调整劳动关系以及与劳动关系密切联系的其他社会关系的法律规范的总称。它是一个独立的法律部门,是融实体法和程序法为一体的劳动法律规范的总和。

劳动法的调整对象是劳动关系以及与劳动关系密切联系的其他社会关系。劳动法调整的社会关系是指劳动者与用人单位之间在实现劳动过程中发生的社会关系。劳动法调整的劳动关系具有以下特征:①劳动关系是劳动者与用人单位基于劳动合同发生的社会关系。建立劳动关系应当订立劳动合同。②劳动关系是在实现劳动过程中发生的社会关系。③劳动关系是具有人身关系、经济关系属性的社会关系。劳动者是劳动力的所有者,劳动力及劳动能力与劳动者人身不可须臾分离,具有人身性。④劳动关系是具有平等性、从属性的社会关系。劳动者与用人单位的法律地位平等,劳动关系是具有平等性的社会关系。

劳动法的调整对象主要是劳动关系,同时还调整与劳动关系密切联系的其他社会关系。与劳动关系密切联系的其他社会关系表现为:①因管理劳动力而发生的社会关系。②因执行社会保险而发生的社会关系。③因组织工会和工会活动而发生的社会关系。④因处理劳动争议而发生的社会关系。⑤因监督劳动法律、法规的执行而发生的社会关系。

2. 适用范围

在中国境内的企业、个体经济组织和与之形成劳动关系的劳动者;国家机关、事业组织、社会团体的公勤人员;实行企业化管理的事业组织的非公勤人员;其他通过劳动合同与国家机关、事业组织、社会团体建立劳动关系的劳动者。

3. 劳动者的基本权利和义务

(1)劳动者的基本权利

劳动者享有平等就业和选择职业的权利、取得劳动报酬的权利、休息休假的权利、获得劳动安全卫生保护的权利、接受职业技能培训的权利、享受社会保险和福利的权利、提请劳动争议处理的权利以及法律规定的其他劳动权利。

(2)劳动者的义务

劳动者应当完成劳动任务,提高职业技能,执行劳动安全卫生规程,遵守劳动纪律和职业道德。

二、促进就业

1. 劳动就业的原则

(1)平等就业原则

平等就业是指在就业机会均等和录用标准相同的条件下,求职者以平等的身份相互竞争实现就业。劳动者享有平等就业的权利;劳动者就业,不因民族、种族、性别、宗教信仰不同而受歧视;妇女享有与男子平等的就业权利。在录用职工时,除国家规定的不适合妇女的工种或岗位外,不得以性别为由拒绝录用妇女或者提高对妇女的录用标准。

(2)双向选择原则

双向选择是指求职者自由选择用人单位,用人单位自主择优录用求职者。求职者可以根据自身的素质、意愿和劳动力市场价格信息,选择用人单位;用人单位可以根据生产经营需要和岗位工作特点,按照"面向社会、公开招用、全面考核、择优录用"的原则,选择必要数量、相应质量的求职者。

(3)照顾特殊群体人员就业原则

残疾人、少数民族人员、退役现役军人的就业,《残疾人保障法》《民族区域自治法》《兵役法》和《退伍义务兵安置条例》有具体规定。

(4)禁止使用童工原则

禁止用人单位招用未满16周岁的未成年人。文艺、体育和特种工艺单位招用未满16周岁的未成年人,必须履行审批手续,并保障其接受义务教育的权利。

2. 促进就业的措施

促进就业是国家的基本职责。国家和地方各级人民政府主要采取以下措施,创造就业条件,扩大就业机会:①国家通过促进经济和社会发展,创造就业条件;②国家鼓励企事业组织、社会团体在法律、法规规定范围内兴办产业,拓展经营,增加就业岗位;③国家支持劳动者自愿组织起来就业和从事个体经营实现就业;④地方各级人民政府应当采取措施,发展多种类型的职业介绍机构,提供就业服务。

三、劳动合同

1.劳动合同和特征

劳动合同是劳动者与用人单位确立劳动关系、明确双方权利和义务的协议。

劳动合同除了具有合同的共同特征外,还有自己独有的下列特征:①劳动合同主体具有特定性。劳动合同主体一方是劳动者,即具有劳动权利能力和劳动行为能力的人;另一方是用人单位,即具有使用劳动力权利能力和行为能力的企业、个体经济组织、国家机关、事业组织、社会团体等用人单位。②劳动合同内容具有权利义务统一性和对应性。劳动合同规定劳动者、用人单位双方在实现劳动过程中的权利和义务。双方的权利与义务具有同一性。劳动合同双方当事人的权利与义务还具有对应性。③劳动合同客体具有单一性。劳动合同双方当事人的权利义务共同指向劳动者的劳动力,即蕴含在劳动者体内的脑力与体力结合而成的劳动能力。劳动力是劳动合同的唯一客体。④劳动合同具有要式、有偿合同的特性。劳动合同应当以书面形式订立。用人单位根据劳动者劳动的数量和质量付给劳动报酬,不能无偿使用劳动者的劳动力。⑤劳动合同具有涉及第三人利益的特性。劳动者因享有社会保险和福利待遇的权利而附带产生没有参加签订劳动合同的第三人依法享受有关社会保险和福利待遇。

2.劳动合同的订立

(1)订立劳动合同的原则

①合法原则。订立劳动合同,不得违反法律、法规的规定。依法订立劳动合同,必须符合3项要求:当事人必须具备合法资格;劳动合同的内容合法;劳动合同的形式合法。②平等自愿、协商一致的原则。平等是指劳动者与用人单位的法律地位平等,双方都以平等的身份订立劳动合同。自愿是指订立劳动合同完全出于双方当事人自己的意志,任何一方不得将自己的意志强加给对方,任何第三人也不得对其订立劳动合同进行非法干涉。协商一致是指劳动者与用人单位依法对劳动合同各项条款在充分表达自己意愿的基础上,经过平等协商,取得一致意见,签订劳动合同。

(2)劳动合同的内容

劳动合同的内容是指劳动者与用人单位达成的劳动权利与义务的具体内容。具体表现为合同条款有:①劳动合同期限;②工作内容;③劳动保护和劳动条件;④劳动报酬;⑤劳动纪律;⑥劳动合同终止的条件;⑦违反劳动合同的责任。劳动合同除前款规定的必备条款外,当事人可以协商约定其他内容。

(3)劳动合同的效力

①劳动合同的成立和生效。劳动合同成立是指双方当事人意思表示一致,设立劳动合同关系。劳动合同成立,并不意味着劳动合同一定生效。劳动合同生效是指已经成立的劳动合同在当事人之间产生的一定的法律约束力。②劳动合同的无效。无效劳动合同是指当事人违反法律、法规的规定,订立的不具有法律效力的劳动合同。

《劳动法》第18条规定,下列劳动合同无效:违反法律、行政法规的劳动合同;采取欺诈、威胁等手段订立的劳动合同。无效的劳动合同,从订立的时候起,就没有法律约束力。确认劳动合同部分无效的,如果不影响其余部分的效力,其余部分仍然有效。劳动合同的无效,由劳动争议仲裁委员会或者人民法院确认。

3.劳动合同的履行

劳动合同依法订立即具有法律约束力,当事人必须履行劳动合同规定的义务。

4.劳动合同的变更

变更劳动合同应当遵循平等自愿、协商一致的原则,不得违反法律、行政法规的规定。允许变更劳动合同的条件是:①经双方当事人协商同意的;②订立劳动合同时所依据的法律、行政法规和规章已经修改或废止;③劳动合同条款与集体合同规定不同的;④企业经上级主管部门批准或根据市场变化决定转产或调整生产任务;⑤企业严重亏损或因发生自然灾害,确实无法按照原约定的条件履行合同的;⑥因其他客观情况发生重大变化,致使合同无法履行的;⑦劳动者因健康状况而不能从事原工作的;⑧法律、行政法规允许的其他情况。

在劳动合同没有变更的情况下,用人单位不得安排劳动者从事劳动合同规定以外的工作,但下列情况除外:①发生事故或遇灾害,需要及时抢修或救灾;②发生短期停工;③劳动者违反劳动纪律而被调动从事其他工作;④法律、行政法规允许的其他情况。

5.劳动合同的解除

(1)解除劳动合同的条件和程序

劳动合同的解除是指劳动合同当事人在劳动合同期限届满之前终止劳动合同关系的法律行为。解除劳动合同,可以分为以下几种情况:①双方协商解除劳动合同。双方协商解除劳动合同,须达成解除劳动合同的书面协议。②用人单位单方解除劳动合同。用人单位单方解除劳动合同,可分为以下3种情况:一是因劳动者不符合录用条件或者严重过错或者触犯刑法,用人单位可随时通知劳动者解除劳动合同;二是因劳动者不能胜任工作或因客观原因致使劳动合同无法履行的,用人单位应提前30日书面通知劳动者,方可解除劳动合同;三是因经济性裁减人员,用人单位按照法定程序与被裁减人员解除劳动合同。劳动者有下列情形之一的,用人单位不得解除劳动合同:患职业病或者因负伤并被确认丧失或者部分丧失劳动能力的;患病或者负伤,在规定的医疗期间的;女职工在孕期、产期、哺乳期内的;法律、行政法规规定的其他情形。③劳动者单方解除劳动合同。劳动者单方解除劳动合同,可分为两种情况:一是提前30日书面通知用人单位解除劳动合同。二是随时通知用人单位解除劳动合同。有下列情形之一的,劳动者可以随时通知用人单位解除劳动合同:在试用期限内的;用人单位以暴力、威胁或者非法限制人身自由的手段强迫劳动的;用人单位未按照劳动合同约定支付劳动报酬或者提供劳动条件的。④劳动合同自行解除。劳动者被开除、除名或因违反纪律被辞退,劳动合同自行解除。

(2)解除劳动合同的经济补偿

解除劳动合同的经济补偿是指因解除劳动合同而由用人单位给予劳动者的一次性经济补偿金。《劳动法》第28条规定,用人单位依法解除劳动合同的,应当依照国家有关规定给予经济补偿。

6.劳动合同的终止

劳动合同的终止是指终止劳动合同的法律效力。劳动合同订立后,双方当事人不得随意终止劳动合同。劳动合同期满或者当事人约定的劳动合同终止条件出现,劳动合同即行终止。根据这一规定和终止劳动合同的实际情况,有下列情形之一的,劳动合同即行终止:①劳动合同期限届满；②企业宣告破产或者依法解散、关闭、撤销；③劳动者被开除、除名或因违纪被辞退；④劳动者完全丧失劳动能力或者死亡；⑤劳动者达到退休年龄；⑥法律、行政法规规定的其他情况。

7. 违反劳动合同的赔偿责任

（1）用人单位承担的赔偿责任

用人单位违反劳动合同的规定的情形有：①用人单位故意拖延不订立劳动合同，即招用后故意不按规定订立劳动合同以及劳动合同到期后故意不及时续订劳动合同；②由于用人单位的原因订立无效劳动合同，或订立部分无效劳动合同；③用人单位违反规定或劳动合同的约定侵害女职工或未成年工合法权益的；④用人单位违反规定或劳动合同的约定解除劳动合同的。用人单位有上述情形之一，对劳动者造成损害的，应按下列规定赔偿劳动者的损失：①造成劳动者工资收入损失的，按劳动者本人应得工资收入支付给劳动者，并加付应得工资收入25%的赔偿费用；②造成劳动者劳动保护待遇损失的，应按国家规定补足劳动者的劳动保护津贴和用品；③造成劳动者工伤、医疗待遇损失的，除按国家规定为劳动者提供工伤、医疗待遇外，还应支付劳动者相当于医疗费用25%的赔偿费用；④造成女职工和未成年工身体健康受到损害的，除按国家规定提供治疗期间的医疗待遇外，还应支付相当于其医疗费用25%的赔偿费用；⑤劳动合同约定的其他赔偿费用。

（2）劳动者承担的赔偿责任

劳动者违反劳动合同的规定或劳动合同的约定解除劳动合同，对用人单位造成损失的，劳动者应赔偿用人单位下列损失：①用人单位招录其所支付的费用；②用人单位为其支付的培训费用，双方另有约定的按约定办理；③对生产、经营和工作造成的直接经济损失；④劳动合同约定的其他赔偿费用。

（3）连带赔偿责任

用人单位招用尚未解除劳动合同的劳动者，对原用人单位造成经济损失的，除该劳动者承担直接赔偿责任外，该用人单位应当承担连带赔偿责任。其连带赔偿的份额应不低于对原用人单位造成经济损失总额的70%。

四、集体合同

1. 集体合同及其特征

集体合同是集体协商双方代表根据法律、行政法规规定就劳动报酬、工作时间、休息休假、劳动安全卫生、保险福利等事项在平等协商一致的基础上签订的书面协议。集体合同具有的特征：①集体合同当事人一方是企业或事业组织工会或职工代表，另一方是企业或事业组织；②集体合同内容是职工集体劳动事项，包括劳动报酬、工作时间、休息休假、劳动安全卫生、保险福利等；③集体合同是要式合同，报送劳动行政部门登记、审查、备案方为有效；④集体合同适用于企业或事业组织及其工会和全体职工；⑤集体合同效力高于劳动合同，劳动合同规定的职工个人劳动条件和劳动报酬等标准不得低于集体合同的规定。

2. 集体合同的订立、履行、变更、解除和终止

（1）集体合同的订立

集体合同由工会代表职工与企业签订；没有建立工会的企业，由职工推举的代表与企业签订。订立集体合同应当遵循的原则是：①合法原则。集体合同的当事人、内容、期限、形式、签订程序,必须符合法律法规的规定。②民主原则。通过职工代表大会或职工大会组织职工讨论、通过集体合同。③平等合作、协商一致原则。集体合同双方法律地位平等,按照真诚合作、协商一致的原则订立集体合同。④三兼顾原则。兼顾国家、企事业、职工的利益。

(2)集体合同的内容和期限

集体合同内容包括劳动报酬;工作时间;休息休假;保险福利;劳动安全卫生;合同期限;变更、解除、种植集体合同的协商程序;双方履行集体合同的权利义务;履行集体合同发生争议时协商处理的约定;违反集体合同的责任;双方认为应当协商约定的其他内容。集体合同期限为1~3年。

(3)集体合同的变更和解除

在集体合同有效期限内,有下列情形之一的,允许变更或解除集体合同:①经双方当事人协商同意;②订立集体合同依据的法律、法规已经修改或废止;③因不可抗力的原因致使集体合同部分或全部不能履行;④企业转产、停产、破产、被兼并,致使集体合同无法履行;⑤工会组织依法撤销。

(4)集体合同的终止

集体合同期限届满或双方约定的终止条件出现,集体合同即行终止。

3. 集体合同争议的处理

(1)因签订集体合同发生争议的处理

因签订集体合同发生争议,双方当事人不能自行协商解决的,当事人一方或双方可向劳动行政部门的劳动争议协调处理机构书面提出协调处理申请;未提出申请的,劳动行政部门认为必要时可视情况进行协调处理。

(2)因履行集体合同发生争议的处理

因履行集体合同发生的争议,依据《企业劳动争议处理条例》处理。

五、工作时间和休息休假

1. 工作时间

工作时间是指法律规定的劳动者在一昼夜和一周内从事生产或工作的小时数。它包括每日工作的小时数和每周工作的天数和小时数。1995年3月25日国务院发布《关于修改〈职工工作时间的规定〉的决定》中明确要求,职工每日工作8小时,每周工作40小时。

2. 工作日的分类

工作日是指法律规定的劳动者在一昼夜内工作时间的小时数。它是以日为计算单位的工作时间。工作日分为定时工作日和无定时工作日两类。定时工作日是规定工作时间长度的工作日。无定时工作日是指没有规定固定工作时间限制的工作日。

3. 休息休假时间

休息休假时间是指劳动者在国家规定的法定工作时间以外,不从事生产或工作而可以自行支配的时间。休息休假时间分为:①工作日内间歇时间,是指在工作日内给予劳动者休息和用膳时间。一般为1至2小时,最少不得少于半小时。②工作日间的休息时间,是指两个邻近工作日之间的休息时间。一般不少于16小时。③公休假日,是指劳动者在1周内享有不少于24小时的连续休息时间。用人单位应当保证劳动者每周至少休息1日。④法定节日,用人单位在下列节日期间应当依法安排劳动者休假:元旦、春节、清明节、国际劳动节、端午节、国庆节、中秋节以及法律、法规规定的其他休假节日。⑤年休假,是指职工满一定工作年限,每年有照领工资的连续休息时间。国家实行带薪年休假制度,劳动者连续工作1年以上的,享受带薪年休假。《职工带薪年休假条例》规定,职工连续工作1年以上的,享受带薪年休假;单位应当保证职工享受年休假;职工在年休假期间享受与正常工作期间相同的工资收入;职工累计工作已满1年不满10年的,年休假5天;已满10年不满20年的,年休假10天;已满20年的,年休假15天;国家法定休假日、休息日不计入年休假的假期。

4. 加班加点的条件与限制措施

加班是指劳动者在法定节日或公休假日从事生产或工作。加点是指劳动者在正常工作日以外继续从事生产或工作。《劳动法》第42条规定,有下列情形之一的,可以适当延长工作时间:①发生自然灾害、事故或者因其他原因,威胁劳动者生命健康和财产安全,需要紧急处理的;②生产设备、交通运输线路、公共设施发生故障,影响生产和公共利益,必须及时抢修的;③法律、行政法规规定的其他情形。

为了保护劳动者身体健康,促进企业改善经营管理,劳动法采取两个措施限制加班加点。

(1)用人单位与工会和劳动者协商

用人单位由于生产经营需要,经与工会和劳动者协商后可延长工作时间,一般每日不得超过1小时;因特殊原因需要延长工作时间的,在保障劳动者身体健康的条件下延长工作时间每日不得超过3小时,但是每月不得超过36小时。

(2)确定较高的加班加点的工资报酬

有下列情形之一的,用人单位应当按照下列标准支付高于劳动者正常工作时间的工资报酬:①安排劳动者延长工作时间的,支付不低于工资150%的工资报酬;②休息日安排劳动者工作又不能安排补休的,支付不低于工资200%的工资报酬;③法定休假日安排劳动者工作的,支付不低于工资300%的工资报酬。

六、工资

工资是指用人单位依据国家有关规定或集体合同、劳动合同的约定,以货币形式直接支付给本单位劳动者的劳动报酬。一般包括计时工资、计件工资、奖金、津贴和补贴、延长工作时间的工资报酬以及特殊情况下支付的工资等。国家实行最低工资保障制度。最低工资具体标准由省级政府规定,报国务院备案。工资应当以货币形式按月支付给劳动者,不得克扣或者无故拖欠劳动者工资。最低工资标准,是指劳动者在法定工作时间或依法签订的劳动合同约定的工作时间内提供了正常劳动的前提下,用人单位依法应支付的最低劳动报酬。最低工资标准一般采取月最低工资标准和小时最低工资标准的形式。月最低工资标准适用于全日制就业劳动者,小时最低工资标准适用于非全日制就业劳动者。

七、劳动安全卫生与特殊劳动保护

1. 劳动安全卫生

劳动安全卫生,是指劳动者在生产和工作过程中应得到的生命安全和身体健康基本保障的制度,是劳动者实现宪法赋予的生命权、健康权的具体保障。用人单位必须建立、健全劳动安全卫生制度,严格执行国家劳动安全卫生规程和标准,对劳动者进行劳动安全卫生教育,防止劳动过程中的事故,减少职业危害。劳动安全卫生制度包括:①劳动安全卫生设施"三同时"制度。劳动安全卫生设施必须符合国家规定的标准。新建、改建、扩建工程的劳动安全卫生设施必须与主体工程同时设计、同时施工、同时投入生产和使用。②劳动防护用品发放和职业病检查制度。用人单位必须为劳动者提供符合国家规定的劳动安全卫生条件和必要的劳动防护用品,对从事有职业病危害作业的劳动者应当进行定期健康检查。③伤亡事故和职业病统计报告处理制度。国家建立伤亡事故和职业病统计报告和处理制度。县级以上各级人民政府劳动行政部门、有关部门和用人单位应当依法对劳动者在劳动过程中发生的伤亡事故和劳动者的职业病状况,进行统计、报告和处理。

2. 女职工特殊劳动保护

(1)女职工禁忌劳动范围

女职工禁忌从事的劳动范围:①矿山井下作业;②体力劳动强度分级标准中规定的第四级体力劳动强度的作业;③每小时负重6次以上、每次负重超过20 kg的作业,或者间断负重、每次负重超过25 kg的作业。

(2)女职工"四期"保护

①月经期保护。女职工在经期禁忌从事的劳动范围:冷水作业分级标准中规定的第二级、第三级、第四级冷水作业;低温作业分级标准中规定的第二级、第三级、第四级低温作业;体力劳动强度分级标准中规定的第三级、第四级体力劳动强度的作业;高处作业分级标准中规定的第三级、第四级高处作业。

②怀孕期保护。女职工在孕期禁忌从事的劳动范围:作业场所空气中铅及其化合物、汞及其化合物、苯、镉、铍、砷、氰化物、氮氧化物、一氧化碳、二硫化碳、氯、己内酰胺、氯丁二烯、氯乙烯、环氧乙烷、苯胺、甲醛等有毒物质浓度超过国家职业卫生标准的作业;从事抗癌药物、己烯雌酚生产,接触麻醉剂气体等的作业;非密封源放射性物质的操作,核事故与放射事故的应急处置;高处作业分级标准中规定的高处作业;冷水作业分级标准中规定的冷水作业;低温作业分级标准中规定的低温作业;高温作业分级标准中规定的第三级、第四级的作业;噪声作业分级标准中规定的第三级、第四级的作业;体力劳动强度分级标准中规定的第三级、第四级体力劳动强度的作业;在密闭空间、高压室作业或者潜水作业,伴有强烈振动的作业,或者需要频繁弯腰、攀高、下蹲的作业。用人单位不得因女职工怀孕、生育、哺乳降低其工资、予以辞退、与其解除劳动或者聘用合同。女职工在孕期不能适应原劳动的,用人单位应当根据医疗机构的证明,予以减轻劳动量或者安排其他能够适应的劳动。

对怀孕7个月以上的女职工,用人单位不得延长劳动时间或者安排夜班劳动,并应当在劳动时间内安排一定的休息时间。怀孕女职工在劳动时间内进行产前检查,所需时间计入劳动时间。

③生育期保护。女职工生育享受98天产假,其中产前可以休假15天;难产的,增加产假15天;生育多胞胎的,每多生育1个婴儿,增加产假15天。女职工怀孕未满4个月流产的,享受15天产假;怀孕满4个月流产的,享受42天产假。女职工产假期间的生育津贴,对已经参加生育保险的,按照用人单位上年度职工月平均工资的标准由生育保险基金支付;对未参加生育保险的,按照女职工产假前工资的标准由用人单位支付。女职工生育或者流产的医疗费用,按照生育保险规定的项目和标准,对已经参加生育保险的,由生育保险基金支付;对未参加生育保险的,由用人单位支付。

④哺乳期保护。女职工在哺乳期禁忌从事的劳动范围:作业场所空气中铅及其化合物、汞

及其化合物、苯、镉、铍、砷、氰化物、氮氧化物、一氧化碳、二硫化碳、氯、已内酰胺、氯丁二烯、氯乙烯、环氧乙烷、苯胺、甲醛等有毒物质浓度超过国家职业卫生标准的作业;非密封源放射性物质的操作,核事故与放射事故的应急处置;体力劳动强度分级标准中规定的第三级、第四级体力劳动强度的作业;作业场所空气中锰、氟、溴、甲醇、有机磷化合物、有机氯化合物等有毒物质浓度超过国家职业卫生标准的作业。对哺乳未满 1 周岁婴儿的女职工,用人单位不得延长劳动时间或者安排夜班劳动。

用人单位应当在每天的劳动时间内为哺乳期女职工安排 1 小时哺乳时间;女职工生育多胞胎的,每多哺乳 1 个婴儿每天增加 1 小时哺乳时间。

3. 未成年工特殊劳动保护

未成年工是指年满 16 周岁未满 18 周岁的劳动者。对未成年工特殊劳动保护的措施有:①上岗前培训。未成年工上岗,用人单位应对其进行有关的职业安全卫生教育和培训。②禁止安排未成年工从事矿上、井下、有毒有害、国家规定的第 4 级体力劳动强度和其他禁忌从事的劳动。③提供适合未成年工身体发育的生产工具等。④定期进行健康检查。用人单位应按规定在下列时间对未成年工定期进行健康检查:安排工作岗位之前;工作满 1 年;年满 18 周岁,距前一次的体检时间已超过半年。

八、职业培训

1. 职业培训

职业培训是指为培养和提高劳动者从事各种职业所需要的知识和技能而进行的教育和训练。基本内容分为基本素质培训、职业知识培训、专业知识与技能培训和社会实践培训。主要特点是较强针对性与实用性;较强灵活性;教学与生产相结合;理论知识教育与实际操作训练相结合,突出技能操作训练。

《劳动法》规定,国家通过各种途径,采取各种措施,发展职业培训事业,开发劳动者的职业技能,提高劳动者素质,增强劳动者的就业能力和工作能力。各级人民政府应当把发展职业培训纳入社会经济发展的规划,鼓励和支持有条件的企业、事业组织、社会团体和个人进行各种形式的职业培训。从事技术工种的劳动者,上岗前必须经过培训。

2. 职业培训制度

职业培训制度是国家为培养和提高从事各种职业的技术业务知识和实际操作技能而制定的法律规范。

《劳动法》规定,用人单位应当建立职业培训制度,按照国家规定提取和使用职业培训经费,根据本单位实际,有计划地对劳动者进行职业培训。

根据《关于企业职业教育经费提取与使用管理的意见》规定,一般企业按照职工工资总额的 1.5% 足额提取职业培训经费;从业人员技术要求高、培训任务重、经济效益较好的企业,可按 2.5% 提取职业培训经费,列入成本开支。

3. 职业资格证书制度

职业资格证书制度是劳动就业制度的一项重要内容,是一种特殊形式的国家考试制度。它是按照国家制定的职业技能标准或任职资格条件,通过政府认定的考核鉴定机构,对劳动者的技能水平或职业资格进行客观公正、科学规范的评价和鉴定,对合格者授予相应的国家职业资格证书。

《劳动法》规定,国家确定职业分类,对规定的职业制定职业技能标准,实行职业资格证书制度,由经备案的考核鉴定机构负责对劳动者实施职业技能考核鉴定。

4.职业分类

职业分类是指按一定的规则、标准及方法,按照职业的性质和特点,把一般特征和本质特征相同或相似的社会职业,分成并统一归纳到一定类别系统中去的过程。

2015 版《职业分类大典》规定,职业分类结构为 8 个大类、75 个中类、434 个小类、1 481个职业。其中,8 个大类分别是党的机关、国家机关、群众团体和社会组织、企事业单位负责人;专业技术人员;办事人员和有关人员;社会生产服务和生活服务人员;农、林、牧、渔业生产及辅助人员;生产制造及有关人员;军人;不便分类的其他从业人员。

九、社会保险和福利

1.社会保险及其特征

社会保险是指国家通过立法设立社会保险基金,使劳动者在暂时或永久丧失劳动能力以及失业时获得物质帮助和补偿的一种社会保障制度。国家发展社会保险事业,建立社会保险制度,设立社会保险基金,使劳动者在年老、患病、工伤、失业、生育等情况下获得帮助和补偿。社会保险的特征是:①强制性。国家通过立法强制实施社会保险。用人单位和劳动者必须依法参加社会保险,缴纳社会保险费。②补偿性。它是对劳动者所遇劳动风险的补偿。③互济性。它是通过统筹社会保险基金来帮助和补偿遭遇劳动风险的劳动者。

2.社会保险制度

劳动者在下列情形下,依法享受社会保险待遇:①退休;②患病、负伤;③因工伤残或者患职业病;④失业;⑤生育。劳动者死亡后,其遗属依法享受遗属津贴。劳动者享受社会保险待遇的条件和标准由法律、法规规定。劳动者享受的社会保险金必须按时足额支付。

我国目前的社会保险制度有:

①养老保险制度。养老保险制度是指国家立法强制征集社会保险费(税),并形成养老基金,当劳动者退休后支付退休金,以保证其基本生活需要的社会保障制度。

②医疗保险制度。医疗保险制度是指一个国家或地区按照保险原则为解决居民防病治病问题而筹集、分配和使用医疗保险基金的制度。

③工伤保险制度。工伤保险制度是指劳动者在生产经营或在某些规定情况下,遭遇意外事故,造成伤残、职业病、死亡等伤害,为劳动者提供医疗救治和康复服务,保证劳动者及其家属生活的社会保障制度。

④失业保险制度。失业保险制度是国家通过立法强制实施,由社会集中建立失业保险基金,对非因本人意愿中断就业失去工资收入的劳动者提供一定时期的物质帮助及再就业服务的一项社会保险制度。

⑤生育保险制度。生育保险制度是通过国家立法,在职业妇女因生育子女而暂时中断劳动时由国家和社会及时给予生活保障和物质帮助的一项社会保险制度。

3.社会福利

国家发展社会福利事业,兴建公共福利设施,为劳动者休息、修养和疗养提供条件。用人单位应当制造条件,改善集体福利,提高劳动者的福利待遇。

十、劳动争议

1. 劳动争议及其处理原则

劳动争议又称劳动纠纷,是指劳动者与用人单位之间因执行劳动法律、法规或履行劳动合同、集体合同发生的争执。解决劳动争议,应当根据合法、公正、及时处理的原则,依法维护劳动争议当事人的合法权益。

2. 劳动争议处理机构

(1)劳动争议调解委员会

劳动争议调解委员会是指依法成立的调解本单位发生的劳动争议的群众性组织。在用人单位内,可以设立劳动争议调解委员会。由职工代表、用人单位代表和工会代表组成。主任由工会代表担任。劳动争议调解委员会的职责是:①调解本单位内发生的劳动争议;②检查督促争议双方当事人履行调解协议;③对职工进行劳动法律、法规的宣传教育,做好劳动争议预防工作。

(2)劳动争议仲裁委员会

劳动争议仲裁委员会是指依法成立行使劳动争议仲裁权的劳动争议处理机构。由劳动部门代表、工会代表、用人单位代表组成。仲裁委员会委员由组成仲裁委员会的三方组织各自选派。仲裁委员会组成人数必须是单数,仲裁委员会设主任 1 人,副主任1~2人。主任由劳动行政部门代表担任。

(3)人民法院

当事人对仲裁裁决不服的,可自收到裁决书之日起 15 日内向人民法院提起诉讼。

3. 劳动争议处理程序

用人单位与劳动者发生劳动争议,当事人可以依法申请调解、仲裁、提起诉讼,也可以协商解决。劳动争议处理程序可分为协商、调解、仲裁、诉讼 4 个阶段。

(1)协商

劳动争议发生后,当事人应当协商解决。不愿协商的,可以申请调解。

(2)调解

劳动争议发生后,当事人不愿协商或者协商不成的,可以向本单位调解委员会申请调解,但调解也不是处理劳动争议的必经程序。

(3)仲裁

调解不成的,可以向劳动争议仲裁委员会申请仲裁。当事人也可以直接向劳动争议仲裁委员会申请仲裁。仲裁是处理劳动争议的必经程序。

(4)诉讼

当事人如果对仲裁裁决不服,可以向当地基层人民法院起诉。目前,法院是由民事审判庭依民事诉讼程序对劳动争议案件进行审理,实行两审终审制。

十一、监督检查与法律责任

1. 监督检查

(1)劳动行政部门的监督检查职责

县级以上各级人民政府劳动行政部门依法对用人单位遵守劳动法律、法规的情况进行监督检查,对违反劳动法律、法规的行为有权制止,并责令改正。县级以上各级人民政府劳动行政部门监督检查人员执行公务,有权进入用人单位了解执行劳动法律、法规的情况,查阅必要的资料,并对劳动场所进行检查。

(2)其他部门的监督职责

县级以上各级人民政府有关部门在各自职责范围内,对用人单位遵守劳动法律、法规的情况进行监督。

(3)工会的监督职责

各级工会依法维护劳动者的合法权益,对用人单位遵守劳动法律、法规的情况进行监督。任何组织和个人对于违反劳动法律、法规的行为有权检举和控告。

2. 法律责任

(1)用人单位的法律责任

①用人单位制定的劳动规章制度违反法律、法规规定的,由劳动行政部门给予警告,责令改正;对劳动者造成损害的,应当承担赔偿责任。②用人单位延长劳动者工作时间的,由劳动行政部门给予警告,责令改正,并可以处以罚款。③用人单位有下列侵害劳动者合法权益情形之一的,由劳动部门责令支付劳动者的工资报酬、经济补偿,并可以责令支付赔偿金:克扣或者无故拖欠劳动者工资的;拒不支付劳动者延长工作时间工资报酬的;低于当地最低工资标准支付劳动者工资的;解除劳动合同后,未依照《劳动法》规定给予劳动者经济补偿的。④用人单位的劳动安全设施和劳动卫生条件不符合国家规定或者未向劳动者提供必要的劳动防护用品和劳动保护设施的,由劳动行政部门或者有关部门责令改正,可以处以罚款;情节严重的,提请县级以上人民政府决定责令停产整顿;对事故隐患不采取措施,致使发生重大事故,造成劳动者生命和财产损失的,对责任人员依照《刑法》第187条的规定追究刑事责任。⑤用人单位强令劳动者违章冒险作业,发生重大伤亡事故,造成严重后果的,对责任人员依法追究刑事责任。⑥用人单位非法招用未满16周岁的未成年人的,由劳动行政部门责令改正,处以罚款;情节严重的,由市场监督管理部门吊销营业执照。⑦用人单位违反《劳动法》对女职工和未成年工的保护规定,侵害其合法权益的,由劳动行政部门责令改正,处以罚款。⑧对女职工或者未成年工造成损害的,应当承担赔偿责任。⑨用人单位有下列行为之一,由公安机关对责任人员处以15日以下拘留、罚款或者警告;构成犯罪的,对责任人员依法追究刑事责任:以暴力、威胁或者非法限制人身自由的手段强迫劳动的;侮辱、体罚、殴打、非法搜查和拘禁劳动者的。⑩由于用人单位的原因订立的无效合同,对劳动者造成损害的,应当承担赔偿责任。用人单位违反《劳动法》规定的条件解除劳动合同或者故意拖延不订立劳动合同的,由劳动行政部门责令改正;对劳动者造成损害的,应当承担赔偿责任。用人单位招用尚未解除劳动合同的劳动者,对原用人单位造成经济损失的,该用人单位应当依法承担连带赔偿责任。用人单位无故不缴纳社会保险费的,由劳动行政部门责令其限期缴纳;逾期不缴的,可以加收滞纳金。用人单位无理阻挠劳动行政部门、有关部门及其工作人员行使监督检查权,打击报复举报人员的,由劳动行政部门或者有关部门处以罚款;构成犯罪的,对责任人员依法追究刑事责任。

(2)劳动者的法律责任

劳动者违反《劳动法》规定的条件解除劳动合同或者违反劳动合同中约定的保密事项,对用人单位造成经济损失的,应当依法承担赔偿责任。

（3）劳动行政部门及国家工作人员的法律责任

①劳动行政部门或者有关部门的工作人员滥用职权、玩忽职守、徇私舞弊，构成犯罪的，依法追究刑事责任；不构成犯罪的，给予行政处分。②国家工作人员和社会保险基金经办机构的工作人员挪用社会保险基金，构成犯罪的，依法追究刑事责任。

第8节　劳动合同法

《劳动合同法》于 2007 年 6 月 29 日经第十届全国人民代表大会常务委员会第 28 次会议通过，自 2008 年 1 月 1 日起施行。2012 年 12 月 28 日第十一届全国人民代表大会常务委员会第 30 次会议通过《关于修改〈劳动合同法〉的决定》，自 2013 年 7 月 1 日起施行，共 8 章，98 条。具体内容包括：总则（6 条）、劳动合同的订立（22 条）、劳动合同的履行和变更（7 条）、劳动合同的解除和终止（15 条）、特别规定（22 条）、监督检查（7 条）、法律责任（16 条）、附则（3 条）。立法宗旨是为了完善劳动合同制度，明确劳动合同双方当事人的权利和义务，保护劳动者的合法权益，构建和发展和谐稳定的劳动关系。

一、基本要求

①中国境内的企业、个体经济组织、民办非企业单位等组织与劳动者建立劳动关系，订立、履行、变更、解除或者终止劳动合同，适用劳动合同法。国家机关、事业单位、社会团体和与其建立劳动关系的劳动者，订立、履行、变更、解除或者终止劳动合同，依照执行。

②订立劳动合同，应当遵循合法、公平、平等自愿、协商一致、诚实信用的原则。

依法订立的劳动合同具有约束力，用人单位与劳动者应当履行劳动合同约定的义务。

③用人单位应当依法建立和完善劳动规章制度，保障劳动者享有劳动权利、履行劳动义务。用人单位在制定、修改或者决定有关劳动报酬、工作时间、休息休假、劳动安全卫生、保险福利、职工培训、劳动纪律以及劳动定额管理等直接涉及劳动者切身利益的规章制度或者重大事项时，应当经职工代表大会或者全体职工讨论，提出方案和意见，与工会或者职工代表平等协商确定。

④县级以上政府劳动行政部门会同工会和企业方面代表，建立健全协调劳动关系三方机制，共同研究解决有关劳动关系的重大问题。

⑤工会应当帮助、指导劳动者与用人单位依法订立和履行劳动合同，并与用人单位建立集体协商机制，维护劳动者的合法权益。

二、劳动合同的订立

①用人单位自用工之日起即与劳动者建立劳动关系。用人单位应当建立职工名册备查。

②用人单位招用劳动者时，应当如实告知劳动者工作内容、工作条件、工作地点、职业危害、安全生产状况、劳动报酬，以及劳动者要求了解的其他情况；用人单位有权了解劳动者与劳动合同直接相关的基本情况，劳动者应当如实说明。

③用人单位招用劳动者，不得扣押劳动者的居民身份证和其他证件，不得要求劳动者提供担保或者以其他名义向劳动者收取财物。

④建立劳动关系,应当订立书面劳动合同。已建立劳动关系,未同时订立书面劳动合同的,应当自用工之日起 1 个月内订立书面劳动合同。

⑤用人单位未在用工的同时订立书面劳动合同,与劳动者约定的劳动报酬不明确的,新招用的劳动者的劳动报酬按照集体合同规定的标准执行。

⑥劳动合同分为固定期限劳动合同、无固定期限劳动合同和以完成一定工作任务为期限的劳动合同。

⑦有下列情形之一,劳动者提出或者同意续订、订立劳动合同的,除劳动者提出订立固定期限劳动合同外,应当订立无固定期限劳动合同:劳动者在该用人单位连续工作满 10 年的;劳动者连续工作满 10 年且距法定退休年龄不足 10 年的;连续订立 2 次固定期限劳动合同的。用人单位自用工之日起满 1 年不与劳动者订立书面劳动合同的,视为用人单位与劳动者已订立无固定期限劳动合同。

⑧劳动合同必备条款:用人单位的名称、住所和主要负责人;劳动者姓名、住址和居民身份证号码;劳动合同期限;工作内容和工作地点;工作时间和休息休假;劳动报酬;社会保险;劳动保护、劳动条件和职业危害防护;应当纳入劳动合同的其他事项。

⑨劳动合同对劳动报酬和劳动条件等标准约定不明确,引发争议的,用人单位与劳动者可以重新协商;协商不成的,适用集体合同规定。

⑩劳动合同期限 3 个月以上不满 1 年的,试用期不得超过 1 个月;劳动合同期限 1 年以上不满 3 年的,试用期不得超过 2 个月;3 年以上固定期限和无固定期限的劳动合同,试用期不得超过 6 个月。同一用人单位与同一劳动者只能约定一次试用期。以完成一定工作任务为期限的劳动合同或者劳动合同期限不满三个月的,不得约定试用期。

⑪劳动者在试用期的工资不得低于劳动合同约定工资的 80%,并不得低于用人单位所在地的最低工资标准。在试用期中,用人单位不得解除劳动合同。

⑫用人单位为劳动者提供专项培训费用,对其进行专业技术培训的,可以与该劳动者订立协议,约定服务期。劳动者违反服务期约定的,应当按照约定向用人单位支付违约金。

⑬竞业限制的人员限于用人单位的高级管理人员、高级技术人员和其他负有保密义务的人员。竞业限制范围、地域、期限由用人单位与劳动者约定,其约定不得违反法律法规规定。

⑭下列劳动合同无效或者部分无效:以欺诈、胁迫的手段或者乘人之危,使对方在违背真实意思的情况下订立或者变更劳动合同的;用人单位免除自己的法定责任、排除劳动者权利的;违反法律法规强制性规定的。

⑮劳动合同被确认无效,劳动者已付出劳动的,用人单位应当向劳动者支付劳动报酬。劳动报酬的数额,参照本单位相同或者相近岗位劳动者的劳动报酬确定。

三、劳动合同的履行和变更

①用人单位与劳动者应当按照劳动合同的约定,全面履行各自的义务。

②用人单位应当向劳动者及时足额支付劳动报酬。用人单位拖欠或者未足额支付劳动报酬的,劳动者可以依法向当地人民法院申请支付令,人民法院应当依法发出支付令。

③用人单位应当严格执行劳动定额标准,不得强迫或者变相强迫劳动者加班。用人单位安排加班的,应当按照国家有关规定向劳动者支付加班费。

④劳动者拒绝用人单位管理人员违章指挥、强令冒险作业的,不视为违反劳动合同。

劳动者对危害生命安全和身体健康的劳动条件,有权对用人单位提出批评、检举和控告。

⑤用人单位变更名称、法定代表人、主要负责人等事项,不影响劳动合同的履行。

⑥用人单位发生合并或者分立等情况,原劳动合同继续有效,劳动合同由承继其权利和义务的用人单位继续履行。用人单位与劳动者协商一致,可以变更劳动合同约定的内容。

四、劳动合同的解除和终止

1. 劳动合同的解除

①用人单位与劳动者协商一致,可以解除劳动合同。

②劳动者提前 30 日以书面形式通知用人单位,可以解除劳动合同。

③用人单位有下列情形之一的,劳动者可以解除劳动合同:未提供劳动条件的;未及时足额支付劳动报酬的;未依法为劳动者缴纳社会保险费的;用人单位的规章制度损害劳动者权益的;因劳动合同法第 26 条规定的情形致使劳动合同无效的;其他情形。

用人单位以暴力、威胁或者非法限制人身自由的手段强迫劳动者劳动的,或者用人单位违章指挥、强令冒险作业危及劳动者人身安全的,劳动者可以立即解除劳动合同,不需事先告知用人单位。

④劳动者有下列情形之一的,用人单位可以解除劳动合同:在试用期间被证明不符合录用条件的;严重违反用人单位的规章制度的;严重失职,营私舞弊,给用人单位造成重大损害的;劳动者同时与其他用人单位建立劳动关系,对完成本单位的工作任务造成严重影响,或者经用人单位提出,拒不改正的;因劳动合同法第 26 条规定的情形致使劳动合同无效的;被依法追究刑事责任的。

⑤有下列情形之一的,用人单位提前 30 日以书面形式通知劳动者本人或者额外支付劳动者 1 个月工资后,可以解除劳动合同:劳动者患病或者非因工负伤,在规定的医疗期满后不能从事原工作,也不能从事由用人单位另行安排的工作的;劳动者不能胜任工作,经过培训或者调整工作岗位,仍不能胜任工作的;劳动合同订立时所依据的客观情况发生重大变化,致使劳动合同无法履行,经用人单位与劳动者协商,未能就变更劳动合同内容达成协议的。

⑥有下列情形之一,需要裁减人员 20 人以上或者裁减不足 20 人但占企业职工总数 10%以上的,用人单位提前 30 日向工会或者全体职工说明情况,听取工会或者职工的意见后,裁减人员方案经向劳动行政部门报告,可以裁减人员:依照企业破产法规定进行重整的;生产经营发生严重困难的;企业转产、重大技术革新或者经营方式调整,经变更劳动合同后,仍需裁减人员的;因劳动合同订立时所依据的客观经济情况发生重大变化,致使劳动合同无法履行的。

⑦劳动者有下列情形之一的,用人单位不得解除劳动合同:从事接触职业病危害作业的劳动者未进行离岗前职业健康检查,疑似职业病病人在诊断或者医学观察期间的;在本单位患职业病或者因工负伤并被确认丧失或部分丧失劳动能力的;患病或者非因工负伤,在规定医疗期内的;女职工在孕期、产期、哺乳期的;在本单位连续工作满 15 年,距法定退休年龄不足 5 年的;其他情形。

⑧用人单位单方解除劳动合同,应当事先将理由通知工会。

2. 劳动合同终止

①有下列情形之一的,劳动合同终止:劳动合同期满的;劳动者开始依法享受基本养老保险待遇的;劳动者死亡,被法院宣告死亡或失踪的;用人单位被依法宣告破产的;用人单位被吊

销营业执照、责令关闭、撤销或者用人单位决定提前解散的;其他情形。

②劳动合同期满,有劳动合同法 42 条规定情形之一的,劳动合同应当续延至相应的情形消失时终止。但是,劳动合同法第 42 条第 2 项规定丧失或者部分丧失劳动能力劳动者的劳动合同的终止,按照国家有关工伤保险的规定执行。

③有下列情形之一的,用人单位应当向劳动者支付经济补偿:劳动者依法解除劳动合同的;用人单位与劳动者协商一致解除劳动合同的;终止固定期限劳动合同的;依法终止劳动合同的;其他情形。

经济补偿按劳动者在本单位工作的年限,每满 1 年支付 1 个月工资的标准向劳动者支付。6 个月以上不满 1 年的,按 1 年计算;不满 6 个月的,向劳动者支付半个月工资的经济补偿,向其支付经济补偿的年限最高不超过 12 年。

用人单位违反劳动合同法规定解除或者终止劳动合同,劳动者要求继续履行劳动合同的,用人单位应当继续履行;劳动者不要求继续履行劳动合同或者劳动合同已经不能继续履行的,用人单位应当支付赔偿金。

国家采取措施,建立健全劳动者社会保险关系跨地区转移接续制度。

五、特别规定

1.集体合同

企业职工一方与用人单位通过平等协商,就劳动报酬、工作时间、休息休假、劳动安全卫生、保险福利等事项订立集体合同。企业职工一方与用人单位可以订立劳动安全卫生、女职工权益保护、工资调整机制等专项集体合同。

在县级以下区域内,建筑业、采矿业、餐饮服务业等行业可以由工会与企业方面代表订立行业性集体合同,或者区域性集体合同。集体合同订立后,应当报送劳动行政部门;劳动行政部门自收到集体合同文本之日起 15 日内未提出异议的,集体合同即行生效。

用人单位违反集体合同,侵犯职工劳动权益的,工会可以依法要求用人单位承担责任;因履行集体合同发生争议,经协商解决不成的,工会可以依法申请仲裁、提起诉讼。

2.劳务派遣

企业经营劳务派遣业务应具备的条件:注册资本不少于 200 万元;有固定经营场所和设施;有劳务派遣管理制度;法律法规规定的其他条件。经营劳务派遣业务,应当向劳动行政部门依法申请行政许可;经许可的,依法办理相应的公司登记。

劳务派遣单位应当与被派遣劳动者订立 2 年以上的固定期限劳动合同,按月支付劳动报酬;被派遣劳动者在无工作期间,劳务派遣单位应当按照所在地人民政府规定的最低工资标准,向其按月支付报酬。劳务派遣单位派遣劳动者应当与接受以劳务派遣形式用工的单位订立劳务派遣协议。劳务派遣单位应当将劳务派遣协议的内容告知被派遣劳动者。

被派遣劳动者享有与用工单位的劳动者同工同酬的权利。用工单位应当按照同工同酬原则,对被派遣劳动者与本单位同类岗位的劳动者实行相同的劳动报酬分配办法。

被派遣劳动者有权在用工单位依法参加工会,维护自身的合法权益。被派遣劳动者可以与劳务派遣单位解除劳动合同。

劳务派遣用工只能在临时性、辅助性或者替代性的工作岗位上实施。临时性工作岗位是指存续时间不超过 6 个月的岗位;辅助性工作岗位是指为主营业务岗位提供服务的非主营业务岗位;替代性工作岗位是指用工单位的劳动者因脱产学习、休假等原因无法工作的一定期间内,可以由其他劳动者替代工作的岗位。

3.非全日制用工

非全日制用工是指以小时计酬为主,劳动者在同一用人单位一般平均每日工作时间不超过 4 小时,每周工作时间累计不超过 24 小时的用工形式。

六、监督检查

①国务院劳动行政部门负责全国劳动合同制度实施的监督管理。县级以上地方政府劳动行政部门负责本行政区域内劳动合同制度实施的监督管理。

②县级以上地方政府劳动行政部门依法进行监督检查:用人单位制定直接涉及劳动者切身利益的规章制度及其执行的情况;用人单位与劳动者订立和解除劳动合同的情况;劳务派遣单位和用工单位遵守劳务派遣有关规定的情况;用人单位遵守国家关于劳动者工作时间和休息休假规定的情况;用人单位支付劳动合同约定的劳动报酬和执行最低工资标准的情况;用人单位参加各项社会保险和缴纳社会保险费的情况;其他劳动监察事项。

③县级以上地方政府劳动行政部门实施监督检查时,有权查阅与劳动合同、集体合同有关材料,有权对劳动场所进行实地检查,用人单位和劳动者都应当如实提供有关情况和材料。

④县级以上政府建设、卫生、安全生产监督管理等有关主管部门,在各自职责范围内,对用人单位执行劳动合同制度的情况进行监督管理。

⑤劳动者合法权益受到侵害的,有权要求依法申请仲裁、提起诉讼。工会依法维护劳动者的合法权益,对用人单位履行劳动合同、集体合同的情况进行监督。

⑥任何组织或者个人对违反劳动合同法的行为都有权举报,县级以上人民政府劳动行政部门应当及时核实、处理,并对举报有功人员给予奖励。

七、法律责任

①用人单位直接涉及劳动者切身利益的规章制度违反法律、法规规定的,由劳动行政部门责令改正,给予警告;给劳动者造成损害的,应当承担赔偿责任。

②用人单位提供的劳动合同文本未载明劳动合同必备条款或者用人单位未将劳动合同文本交付劳动者的,由劳动行政部门责令改正;给劳动者造成损害的,应当承担赔偿责任。

③用人单位自用工之日起超过 1 个月不满 1 年未与劳动者订立书面劳动合同的,应当向劳动者每月支付 2 倍的工资。用人单位不与劳动者订立无固定期限劳动合同的,自应当订立无固定期限劳动合同之日起向劳动者每月支付 2 倍的工资。

④用人单位违反劳动合同法规定与劳动者约定试用期的,由劳动行政部门责令改正;违法约定的试用期已经履行的,由用人单位以劳动者试用期满月工资为标准,按已经履行的超过法定试用期的期间向劳动者支付赔偿金。

⑤用人单位扣押劳动者居民身份证等证件的,由劳动行政部门责令限期退还劳动者本人,并依法给予处罚。用人单位以担保等名义向劳动者收取财物的,由劳动行政部门责令限期退还劳动者本人,并以每人 500 元以上 2 000 元以下的标准处以罚款;给劳动者造成损害的,应当承担赔偿责任。

⑥用人单位有下列情形之一的,由劳动行政部门责令限期支付劳动报酬、加班费或者经济

补偿;劳动报酬低于当地最低工资标准的,应当支付其差额部分;逾期不支付的,责令用人单位按应付金额 50% 以上 100% 以下的标准向劳动者加付赔偿金:未按照劳动合同的约定或者国家规定及时足额支付劳动者劳动报酬的;低于当地最低工资标准支付劳动者工资的;安排加班不支付加班费的;解除或者终止劳动合同,未向劳动者支付经济补偿的。

⑦劳动合同被确认无效,给对方造成损害的,有过错的一方应当承担赔偿责任。

⑧用人单位违法解除劳动合同的,依照经济补偿标准的 2 倍向劳动者支付赔偿金。

⑨用人单位有下列情形之一的,依法给予行政处罚;构成犯罪的,依法追究刑事责任;给劳动者造成损害的,应当承担赔偿责任:以暴力、威胁或者非法限制人身自由的手段强迫劳动的;违章指挥或者强令冒险作业危及劳动者人身安全的;侮辱、体罚、殴打、非法搜查或者拘禁劳动者的;劳动条件恶劣、环境污染严重,给劳动者身心健康造成严重损害的。

⑩用人单位未向劳动者出具解除或者终止劳动合同的书面证明,由劳动行政部门责令改正;给劳动者造成损害的,应当承担赔偿责任。

⑪劳动者解除劳动合同,或者违反劳动合同中约定的保密义务或者竞业限制,给用人单位造成损失的,应当承担赔偿责任。

⑫用人单位招用与其他用人单位尚未解除或者终止劳动合同的劳动者,给其他用人单位造成损失的,应当承担连带赔偿责任。

⑬未经许可,擅自经营劳务派遣业务的,由劳动行政部门责令停止违法行为,没收违法所得,并处违法所得 1 倍以上 5 倍以下的罚款;没有违法所得的,处 50 000 元以下的罚款。

劳务派遣单位、用工单位违反有关劳务派遣规定的,由劳动行政部门责令限期改正;逾期不改正的,以每人 5 000 元以上 10 000 元以下的标准处以罚款,对劳务派遣单位,吊销其劳务派遣业务经营许可证。

⑭对不具备合法经营资格的用人单位的违法犯罪行为,依法追究法律责任;劳动者已经付出劳动的,该单位或者其出资人应当向劳动者支付劳动报酬、经济补偿、赔偿金;给劳动者造成损害的,应当承担赔偿责任。

⑮个人承包经营违法招用劳动者,给劳动者造成损害的,发包组织与个人承包经营者承担连带赔偿责任。

⑯劳动行政部门及其工作人员玩忽职守、不履行法定职责,违法行使职权,给劳动者或者用人单位造成损害的,应当承担赔偿责任;对直接负责的主管人员和责任人员,依法给予行政处分;构成犯罪的,依法追究刑事责任。

第 9 节　矿产资源法

《矿产资源法》于 1986 年 3 月 19 日由第 6 届全国人民代表大会常务委员会第 15 次会议通过,自 1986 年 10 月 1 日起施行。1996 年 8 月 29 日第 8 届全国人民代表大会常务委员会第 21 次会议通过《关于修改矿产资源法的决定》,进行第一次修正,自 1997 年 1 月 1 日起施行。2009 年 8 月 27 日第十一届全国人大会常务会第十次会议通过《关于修改部分法律的决定》,进行第二次修正,自 2009 年 8 月 27 日起施行,共 7 章,53 条。主要内容有总则(11 条)、矿产资源勘查的登记和开采的审批(11 条)、矿产资源的开采(6 条)、集体矿山企业和个体采矿(4

条)、法律责任(11 条)、附则(4 条)。

立法宗旨是为了发展矿业,加强矿产资源的勘查,开发利用和保护工作,保障社会主义现代化建设的当前和长远的需要。

一、矿产资源管理

1.矿产资源与矿产资源属性

(1)矿产资源

矿产资源是指由地质作用形成的,具有利用价值的,呈固态、液态、气态的自然资源。我国95%的能源和80%的工业原料来自矿产资源,矿产资源是国家不可再生的宝贵财富,是人类赖以生存和发展的必要条件。矿产资源的有限性和非再生性,使它的合理利用和法律保护成为非常迫切的任务。

(2)矿产资源属性

①耗竭性。随着人类对矿产资源的不断开发利用,矿产资源会被不断消耗、逐渐枯竭,需要格外珍惜和保护。

②隐蔽性。矿产资源赋存在地下,需要运用专门的知识和技术,投入物化劳动和创造性思维劳动才可以发明和查明,需要进行大量的风险投资和长周期的勘查开采,才能获得可利用的矿产品。

③分布不均衡性。矿产资源的分布是不均匀的,需要加强地区之间的互利合作,以满足地区经济发展对矿产品的需求。

④可变化性。随着人类社会科学技术的进步,过去认为不是矿产资源的可以成为矿产资源,过去认为开采没有经济价值的贫矿,可以成为有经济效益的矿产。

(3)矿产资源法

矿产资源法是指调整在勘探、开采、利用、保护和管理矿产资源过程中所发生的社会关系的法律规范的总称。

2.矿产资源所有权与探矿权、采矿权

矿产资源属于国家所有,由国务院行使国家对矿产资源的所有权。地表或者地下的矿产资源的国家所有权,不因其所依附的土地的所有权或者使用权的不同而改变。国务院授权国务院地质矿产主管部门对全国矿产资源分配实施统一管理。国家所有权益主要体现在 3 个方面:一是经济利益,开采矿产资源必须依法缴纳资源补偿费;二是资源分配权;三是矿业的使用权。

国家保障矿产资源的合理开发利用。禁止任何组织或者个人用任何手段侵占或者破坏矿产资源。各级人民政府必须加强矿产资源的保护工作。

国家保障依法设立的矿山企业开采矿产资源的合法权益。国有矿山企业是开采矿产资源的主体。国家保障国有矿业经济的巩固和发展。

国家实行探矿权、采矿权有偿取得的制度;开采矿产资源,必须按照国家有关规定缴纳资源税和资源补偿费。

探矿权是指在依法取得的勘查许可证规定的范围内,勘查矿产资源的权利。取得勘查许可证的单位或者个人称为探矿权人。采矿权是指在依法取得的采矿许可证规定的范围内,开采矿产资源和获得所开采的矿产品的权利。取得采矿许可证的单位或者个人称为采矿权人。

勘查、开采矿产资源,必须依法分别申请,经批准取得探矿权、采矿权,并办理登记;国家保护探矿权和采矿权不受侵犯;国家实行探矿权、采矿权有偿取得的制度;禁止将探矿权、采矿权倒卖牟利。

3.矿产资源管理

（1）矿产资源管理的内容

矿产资源监督管理主要是指勘查和采矿的登记管理,矿区范围的核定和划定,矿产资源勘查和开采活动的监督管理。

（2）矿产资源管理主体

国务院地质矿产主管部门主管全国矿产资源勘查、开采的监督管理工作。国务院有关主管部门协助国务院地质矿产主管部门进行矿产资源勘查、开采的监督管理工作。

省级政府地质矿产主管部门主管本行政区域内矿产资源勘查、开采的监督管理工作。省级政府有关主管部门协助同级地质矿产主管部门进行矿产资源勘查、开采的监督管理工作。

4.特定矿种与规划矿区

①国家规定实行保护性开采特定矿种,是指国务院根据国民经济建设和高科技发展的需要,以及资源稀缺、贵重程度确定的,由国务院有关主管部门按照国家计划批准开采的矿种;

②国家规划矿区,是指国家根据建设规划和矿产资源规划,为建设大、中型矿山划定的矿产资源分布区域;

③对国民经济具有重要价值的矿区,是指国家根据国民经济发展需要划定的,尚未列入国家建设规划的,储量大、质量好、具有开发前景的矿产资源保护区域。

5.矿产资源分类

《矿产资源法实施细则》规定,矿产资源分为能源矿产、金属矿产、非金属矿产、水气矿产。

二、矿产资源管理主要法律制度

1.矿产资源所有权制度

（1）矿产资源所有权制度

《宪法》明确规定,矿产资源属于国家所有。《矿产资源法》规定,矿产资源属于国家所有,由国务院行使国家对矿产资源的所有权。地表或者地下的矿产资源的国家所有权,不因其所依附的土地所有权或者使用权的不同而改变。矿产资源国家所有权包括占有、使用、收益和处分4个方面的权能。

（2）探矿权、采矿权制度

《矿产资源法》明确规定,勘查、开采矿产资源,必须依法分别申请,经批准取得探矿权、采矿权,并办理登记。国家保护探矿权和采矿权不受侵犯。在其他条款中,对探矿权、采矿权的取得、利用、流转和保护等都作了原则性规定,构建起了矿业权法律体系框架。

2.矿产资源勘查开采审批登记制度

（1）矿产资源勘查审批登记制度

《矿产资源法》规定,国家对矿产资源勘查实行统一的区块登记管理制度。特定矿种的矿产资源勘查登记工作,可以由国务院授权有关主管部门负责。矿产资源勘查登记制度包括探矿权申请人资格管理制度、区块管理制度、探矿权审批制度、勘查许可证制度、探矿权年检制度以及探矿权变更、延续、保留和注销制度。

（2）矿产资源开采审批登记制度

《矿产资源开采登记管理办法》明确规定：凡在我国领域及管辖的其他海域开采矿产资源，必须履行开采登记。矿产资源开采登记制度主要包括采矿权申请人资格管理制度、开发利用方案审查制度、采矿权审批制度、采矿许可证制度、采矿权年检制度以及采矿权变更、延续、保留和注销制度。

3. 矿产资源有偿使用制度

（1）探矿权、采矿权有偿取得制度

探矿权是指在依法取得的勘查许可证规定的范围内，勘查矿产资源的权利。取得勘查许可证的单位或者个人称为探矿权人。采矿权是指在依法取得的采矿许可证规定的范围内，开采矿产资源和获得所开采的矿产品的权利。取得采矿许可证的单位或者个人称为采矿权人。

《矿产资源法》规定，国家实行探矿权、采矿权有偿取得的制度。开采矿产资源，必须按照国家有关规定缴纳资源税和资源补偿费。

（2）探矿权、采矿权转让制度

《矿产资源法》规定了探矿权、采矿权可以依法转让的两种情形：一是探矿权人有权在划定的勘查作业区内进行规定的勘查作业，有权优先取得勘查作业区内矿产资源的采矿权。探矿权人在完成规定的最低勘查投入后，经依法批准，可以将探矿权转让他人。二是已取得采矿权的矿山企业，因企业合并、分立，与他人合资、合作经营，或者因企业资产出售以及有其他变更企业资产产权的情形而需要变更采矿权主体的，经依法批准，可以将采矿权转让给他人采矿。

（3）矿产资源有偿使用的体现方式

①资源税是以各种应税自然资源为课税对象、为了调节资源级差收入并体现国有资源有偿使用而征收的一种税。

②探矿权、采矿权使用费和价款。探矿权、采矿权使用费是指国家将矿产资源探矿权、采矿权出让给探矿权人、采矿权人后，按照规定向探矿权人、采矿权人收取的使用费。探矿权、采矿权价款是指国家将其出资勘查形成的探矿权、采矿权出让给探矿权人、采矿权人，按照规定向探矿权人、采矿权人收取的价款。

③矿产资源补偿费。矿产资源补偿费是一种财产性收益，是矿产资源国家所有权在经济上的实现形式。矿产资源补偿费由中央和地方共享，地矿主管部门会同同级财政部门负责征收。

④矿区使用费。在我国内海、领海、大陆及其他属于我国行使管辖权的海域内依法从事开采海洋和陆上石油资源的中国企业和外国企业，应当缴纳矿区使用费。

4. 矿产资源规划管理制度

《矿产资源法》规定，国家对矿产资源的勘查、开发实行统一规划、合理布局、综合勘查、合理开采和综合利用的方针。全国矿产资源的分配和开发利用，应当兼顾当前和长远的利益、中央和地方的利益，实行统一规划、有效保护、合理开采、综合利用。我国对矿产资源实行统一规划的目的，一是为了维护矿产资源国家所有权益，加强国家对矿产资源开发利用的宏观调控；二是促进矿产资源的优化配置与合理利用；三是节约矿产资源，有效保护环境，促进国民经济发展。

5. 矿产资源储量管理制度

（1）矿产资源储量登记统计制度

矿产资源储量登记，包括勘查探明的矿产资源储量、矿山企业占用的矿产资源储量和建设单位建设项目压覆的矿产资源储量的登记，也包括相应的矿产资源资产评估结果的登记。

（2）矿产资源储量统计制度

包括年度矿产资源储量填报制度、年度矿产资源储量审计制度、矿产资源储量表管理制度等。矿产资源储量登记是矿产资源储量统计、核算的基础，矿产资源储量统计、核算是矿产资源储量登记的延续。

6. 矿产资源开发监督管理制度

（1）矿产资源开发监督管理制度

矿产资源监督管理是指地质矿产主管部门对矿业权人在从事矿产资源勘查、开发的过程中履行合理开发利用和有效保护矿产资源义务的监督管理。

（2）矿产督察员制度

为加强对矿产资源合理开发利用和保护的监督管理工作，国家实行矿产督察制度，设置矿产督察员。矿产督察员是政府部门向企业派出的人员，分为国家和地方两级。

国家级矿产督察员负责所在省、自治区、直辖市的矿产资源开发利用和保护的监督管理工作，重点是国有大型和中央直属矿山企业，受聘任部门的委托可跨省、自治区、直辖市巡回督察。

地方级矿产督察员负责所在地级市辖区内除国有大型和中央直属矿山企业以外的其他国有矿山企业、乡镇集体矿山企业和个体采矿的矿产资源开发利用和保护的监督管理工作，受聘任部门的委托可跨地级市辖区巡回督察。

三、矿产资源勘查的登记和开采审批

1. 矿产资源的勘查登记

国家对矿产资源勘查实行统一的区块登记管理制度。勘查矿产资源，应当按照国务院关于矿产资源勘查登记管理的规定，办理申请、审批和勘查登记。

矿产资源勘查登记工作，由国务院地质矿产主管部门负责；特定矿种的矿产资源登记工作，可以由国务院授权有关主管部门负责。矿产资源勘查工作区范围和开采矿区范围，以经纬度划分的区块为基本单位。矿产资源勘查区块登记管理办法由国务院制定。

2. 矿产资源的开采审批

设立矿山企业，必须符合国家规定的资质条件，并依照法律和国家有关规定，由审批机关对其矿区范围、矿山设计或者开采方案、生产技术条件、安全措施和环境保护措施等进行审查，审查合格的，才予批准。新开办矿山企业要分别通过开办矿山企业的审批和采矿登记两种程序。采矿许可证制度是关于采矿许可证的取得条件、申请、审核、发放和管理的一套程序、措施和方法。

开采下列矿产资源的，由国务院地质矿产主管部门审批，并颁发采矿许可证：①国家规划矿区和对国民经济具有重要价值的矿区的矿产资源；②前项规定区域以外可供开采的矿产储量规模在大型以上的矿产资源；③国家规定实行保护性开采的特定矿种；④领海及中国管辖的其他海域的矿产资源；⑤国务院规定的其他矿产资源。

3．开办矿山企业的条件

（1）开办国有矿山企业的条件

除应当具备有关法律、法规规定的条件外，并应当具备下列条件：

①有供矿山建设使用的矿产勘查报告。

②有矿山建设项目的可行性研究报告。

③有确定的矿区范围和开采范围。

④有矿山设计。

⑤有相应的生产技术条件。

国务院、国务院有关主管部门和省、自治区、直辖市人民政府，按照国家有关固定资产投资管理的规定，对申请开办的国有矿山企业根据前款所列条件审查合格后，方予批准。

（2）开办集体矿山企业或者私营矿山企业的条件

除应当具备有关法律、法规规定的条件外，并应当具备下列条件：

①有供矿山建设使用的与开采规模相适应的矿产勘查资料。

②有经过批准的无争议的开采范围。

③有与所建矿山规模相适应的资金、设备和技术人员。

④有与所建矿山规模相适应的，符合国家产业政策和技术规范的可行性研究报告、矿山设计或者开采方案。

⑤矿长具有矿山生产、安全管理和环境保护的基本知识。

（3）申请个体采矿应当具备的条件

①有经过批准的无争议的开采范围。

②有与采矿规模相适应的资金、设备和技术人员。

③有相应的矿产勘查资料和经批准的开采方案。

④有必要的安全生产条件和环境保护措施。

四、矿产资源的勘查

矿产资源的勘查分为区域地质调查、矿产资源普查和矿床勘探。区域地质调查，应按照国家统一规划进行，区域地质调查的报告和图件按照国家规定验收，提供有关部门使用。

矿产资源普查，在完成主要矿种普查任务的同时，应当对普查区内包括共生或者伴生矿产的成矿地质条件及矿床工业远景作出初步综合评价。矿床勘探，必须对矿区内具有工业价值的共生和伴生矿产进行综合评价，并计算其储量。未作综合评价的勘探报告不予批准。

矿床勘探报告及其他有价值的勘查资料，按照国务院规定实行有偿使用。

五、矿产资源的开采

1．合理开采

矿山企业开采矿产资源，必须采取合理的开采顺序、开采方法和选矿工艺。开采回采率、采矿贫化率和选矿回收率应达到设计要求。

2．综合开采

在开采主要矿产的同时，对具有工业价值的共生和伴生矿产应当统一规划，综合开采，综合利用，防止浪费；对暂时不能综合开采或者必须同时采出而暂时还不能综合利用的矿产以及含有有用组分的尾矿,应当采取有效的保护措施,防止损失破坏。

3. 安全、环保与节约用地

开采矿产资源,必须遵守国家劳动安全卫生规定,具备保障安全生产的必要条件;必须遵守有关环境保护的法律规定,防止污染环境;开采矿产资源应当节约用地。耕地、草原、林地因采矿受到破坏的,矿山企业应当因地制宜地采取复垦利用、植树种草或者其他利用措施。开采矿产资源给他人生产、生活造成损失的,应当负责赔偿,并采取必要的补救措施。在建设铁路、工厂、水库、输油管道、输电线路和各种大型建筑物或者建筑群之前,建设单位必须向所在省级地质矿产主管部门了解拟建工程所在地区的矿产资源分布和开采情况。非经国务院授权的部门批准,不得压覆重要矿床。

4. 禁采区

非经国务院授权的有关主管部门同意不得在下列地区开采矿产资源:①港口、机场、国防工程设施固定地区以内;②重要工业区、大型水利工程设施、城镇市政工程设施附近一定距离以内;③铁路、重要公路两侧一定距离以内;④重要河流、堤坝两侧一定距离以内;⑤国家划定的自然保护区、重要风景区,国家重点保护的历史和名胜古迹所在地;⑥国家规定不得开采矿产资源的其他地区。

5. 采矿人合法权益保护

国家依法保护集体所有制矿山企业、私营矿山企业和个体采矿者的合法权益,依法对集体所有制矿山企业、私营矿山企业和个体采矿者进行监督管理。

6. 矿山可行性研究与设计

单位或者个人开采矿产资源前,应当委托持有相应矿山设计证书的单位进行可行性研究和设计。开采零星分散矿产资源和用作建筑材料的砂、石、黏土的,可以不进行可行性研究和设计,但是应当有开采方案和环境保护措施。

矿山设计必须依据设计任务书,采用合理的开采顺序、开采方法和选矿工艺。

矿山设计必须按照国家有关规定审批;未经批准,不得施工。

六、集体矿山企业和个体采矿

1. 原则性规定

国家对集体矿山企业和个体采矿实行"积极扶持、合理规划、正确引导、加强管理"的方针,鼓励集体矿山企业开采国家指定范围内的矿产资源,允许个人采挖零星分散露源和只能用作普通建筑材料的砂、石、黏土以及生活自用采挖少量矿产。矿产储量规模适宜由矿山企业开采的矿产资源、国家规定实行保护性开发的特定矿种和国家规定禁止个人开采的其他矿产资源,个人不得开采。国家指导、帮助集体矿山企业和个体采矿不断提高技术水平、矿产资源利用率和经济效益。禁止乱挖滥采,破坏矿产资源。

地质矿产主管部门、地质工作单位和国有矿山企业应当按照"积极支持、有偿互惠"的原则向集体矿山企业和个体采矿提供地质资料和技术服务。

集体矿山企业和个体采矿应当提高技术水平,提高矿产资源回收率。禁止乱挖滥采,破坏矿产资源。集体矿山企业必须测绘井上、井下工程对照图。县级以上人民政府应当指导、帮助集体矿山企业和个体采矿进行技术改造,改善经营管理,加强安全生产。

2. 集体矿山企业可以开采的矿产资源

①不适于国家建设大、中型矿山的矿床及矿点。

②经国有矿山企业同意,并经其上级主管部门批准,在其矿区范围内划出的边缘零星矿产。

③矿山闭坑后,经原矿山企业主管部门确认可以安全开采并不会引起严重环境后果的残留矿体。

④国家规划可以由集体所有制矿山企业开采的其他矿产资源。

集体所有制矿山企业开采国有矿山企业边缘零星矿产资源时,必须与国有矿山企业签订合理开发利用矿产资源和矿山安全协议,不得浪费和破坏矿产资源,并不得影响国有矿山企业的生产安全。

3. 个体采矿者可以采挖的矿产资源

①零星分散的小矿体或者矿点。

②只能用作普通建筑材料的砂、石、黏土。

七、法律责任

1. 未取得采矿许可证擅自采矿的法律责任

未取得采矿许可证擅自采矿的,擅自进入国家规划矿区、对国民经济具有重要价值的矿区范围采矿的,擅自开采国家规定实行保护性开采的特定矿种的,责令停止开采、赔偿损失,没收采出的矿产产品和违法所得,可以并处罚款;拒不停止开采,造成矿产资源破坏的,依照《刑法》第156条的规定对直接责任人员追究刑事责任。

2. 超越批准开采范围采矿的法律责任

超越批准的矿山范围采矿的,责令退回本矿区范围内开采、赔偿损失,没收越界开采的矿产产品和违法所得,可以并处罚款;拒不退回本矿区范围内开采,造成矿产资源破坏的,吊销采矿许可证,依照《刑法》第156条的规定对直接责任人员追究刑事责任。

3. 非法转让矿产资源的法律责任

买卖、出租或者以其他形式转让矿产资源的,没收违法所得,予以罚款。将探矿权、采矿权倒卖牟利的,吊销勘查许可证、采矿许可证,没收违法所得,处以罚款。

4. 非法占用财产、破坏设施和扰乱秩序的法律责任

盗窃、抢夺矿山企业和勘查单位的矿产产品和其他财物的,破坏采矿、勘查设施的,扰乱矿区和勘查作业区的生产秩序、工作秩序的,分别依照《刑法》有关规定追究刑事责任;情节显著轻微的,依照《治安管理处罚法》有关规定予以处罚。

5. 采取破坏性开采方法的法律责任

采取破坏性的开采方法开采矿产资源的,处以罚款,可以吊销采矿许可证;造成矿产资源严重破坏的,依照《刑法》第156条的规定对直接责任人追究刑事责任。

6. 以暴力、威胁方法阻止国家工作人员依法执行职务的法律责任

以暴力、威胁方法阻碍从事矿产资源勘查、开采监督管理工作的国家工作人员依法执行职务的,依照《刑法》第157条的规定追究刑事责任;拒绝、阻碍从事矿产资源勘查开采监督管理工作的国家工作人员依法执行职务未使用暴力、威胁方法的,公安机关依照《治安管理处罚法》的规定处罚。

7.国家工作人员违反《矿产资源法》的法律责任

负责矿产资源勘查、开采监督管理工作的国家工作人员和其他有关国家工作人员徇私舞弊、滥用职权或者玩忽职守,违反《矿产资源法》规定批准勘查、开采矿产资源和颁发勘查许可证、采矿许可证,或者对违法采矿行为不依法予以制止、处罚,构成犯罪的,依法追究刑事责任;不构成犯罪的,给予行政处分。违法颁发的勘查许可证、采矿许可证,上级人民政府地质矿产主管部门有权予以撤销。

第 10 节　煤炭法

《煤炭法》已于 1996 年 8 月 29 日第 8 届全国人民代表大会常务委员会第二十一次会议通过,自 1996 年 12 月 1 日起施行。根据 2009 年 8 月 27 日第十一届全国人民代表大会常务委员会第十次会议《关于修改部分法律的决定》第一次修正,自 2009 年 8 月 27 日起施行;根据 2011 年 4 月 22 日第十一届全国人民代表大会常务委员会第二十次会议《关于修改〈煤炭法〉的决定》第二次修正,自 2011 年 7 月 1 日起施行;根据 2013 年 6 月 29 日第十二届全国人民代表大会常务委员会第三次会议《关于修改〈文物保护法〉等十二部法律的决定》第三次修正,自 2013 年 6 月 29 日起施行,共 8 章,69 条。主要内容包括总则(13 条)、煤炭生产开发规划与煤矿建设(8 条)、煤炭生产与煤矿安全(19 条)、煤炭经营(9 条)、煤矿矿区保护(5 条)、监督检查(4 条)、法律责任(10 条)、附则(1 条)。

立法宗旨是为了合理开发利用和保护煤炭资源,规范煤炭生产、经营活动,促进和保障煤炭行业的发展。

一、煤炭资源的保护

1.煤炭法

煤炭是远古高等植物遗骸,埋在地层下,经过地壳隔绝空气的压力和温度条件下作用,产生的碳化化石黑色固体矿物,由碳、氢、氧、氮、硫等有机质元素组成。我国是世界上最早利用煤炭的国家,也是世界上煤炭资源最丰富的国家之一。煤炭是我国主要的基础能源和工业原料,在国民经济和社会发展中具有重要的战略地位,发挥了重要的作用。煤炭也是一种矿产资源,具有有限性和非再生性,因而,通过立法加以合理利用和保护是非常必要的。《煤炭法》是指调整在勘探、开采、利用、保护和管理煤炭资源过程中所发生的社会关系的法律规范的总称。

2.煤矿企业安全生产的方针

煤矿企业必须坚持“安全第一、预防为主、综合治理”的安全生产方针,建立健全安全生产的责任制度和群防群治制度。各级人民政府及其有关部门和煤矿企业必须采取措施加强劳动保护,保障煤矿职工的安全和健康。国家对煤矿井下作业的职工采取特殊保护措施。煤炭生产必须坚持“安全第一、预防为主、综合治理”的方针,是根据煤炭生产的自然规律、客观条件、历史的经验教训和社会主义性质所确定的一项重要的长期的方针。

3.煤炭资源开发的保护

煤炭资源属于国家所有。地表或者地下的煤炭资源的国家所有权,不因其依附的土地所有权或者使用权不同而改变。国家对煤炭开发实行统一规划、合理布局、综合利用的方针。

国家维护煤矿矿区的生产秩序、工作秩序,保护煤矿企业设施。国家依法保护煤炭资源,禁止任何乱采、滥挖破坏煤炭资源的行为。开发利用煤炭资源,应当遵守有关环境保护的法律、法规,防止污染和其他公害,保护生态环境。

4. 煤矿企业的独立法人资格

矿务局是国有煤矿企业,具有独立法人资格。矿务局和其他具有独立法人资格的煤矿企业、煤炭经营企业依法实行自主经营、自负盈亏、自我约束、自我发展。

二、煤炭生产开发规划与煤矿建设

1. 煤炭生产开发规划

国务院煤炭管理部门根据全国矿产资源规划规定的煤炭资源,组织编制和实施煤炭生产开发规划。省、自治区、直辖市人民政府煤炭管理部门根据全国矿产资源规划规定的煤炭资源,组织编制和实施本地区煤炭生产开发规划,并报国务院煤炭管理部门备案。煤炭生产开发规划应当根据国民经济社会发展的需要制定,并纳入国民经济和社会发展计划。

2. 煤矿建设

国家制定优惠政策,支持煤炭工业发展,促进煤矿建设。煤矿建设项目应当符合煤炭生产开发规划和煤炭产业政策。

（1）开办煤矿企业的条件

开办煤矿企业,应当具备下列条件:有煤矿建设项目可行性研究报告或者开采方案;有计划开采的矿区范围、开采范围和资源综合利用方案;有开采所需的地质、测量、水文资料和其他资料;有符合煤矿安全生产和环境保护要求的矿山设计;有合理的煤矿矿井生产规模和与其相适应的资金、设备和技术人员;法律、行政法规规定的其他条件。

（2）开办煤矿企业的程序

开办煤矿企业,必须依法向煤炭管理部门提出申请。依照规定的条件和国务院规定的分级管理的权限审查批准。审查批准煤矿企业,须由地质矿产主管部门对其开采范围和资源综合利用方案进行复核并签署意见。经批准开办的煤矿企业,凭批准文件由地质矿产主管部门颁发采矿许可证。《开办煤矿企业审批办法》规定,开办煤矿企业应当按照法律规定向煤炭管理部门提出申请。经审查批准后方可进行采矿登记和煤矿建设。因此,开办煤矿企业的程序包括申请、审批、领证 3 个阶段。

（3）环境保护设施"四同时"

煤矿建设应当坚持煤炭开发与环境治理同步进行。煤矿建设项目的环境保护设施必须与主体工程同时设计、同时施工、同时验收、同时投入使用。

（4）合理利用土地资源

煤矿建设使用土地,应当依照有关法律、行政法规的规定办理。征收土地的,应当依法支付土地补偿费和安置补偿费,做好迁移居民安置工作。煤矿建设应当贯彻"保护耕地、合理利用土地"的原则。地方人民政府对煤矿建设依法使用土地和迁移居民,应当给予支持和协助。

（5）严格限制劣质煤使用

根据《关于加快落后小煤矿关闭退出工作的通知》规定,完善煤炭产业发展规划,停止核准高硫高灰煤项目,依法依规引导已核准的项目暂缓建设,正在建设的项目压缩规模,已投产的项目限制产量。落实商品煤质量管理有关规定,加大对京津冀、长三角、珠三角等地区销售使用劣质散煤情况的检查力度。

三、煤炭生产和安全

1.煤炭生产的有关规定

特殊或稀缺煤种的保护性开采,对国民经济具有重要价值的特殊煤种或者稀缺煤种,国家实行保护性开采。开采国家规定实行保护性开采的特定矿种,办理申请、审批和采矿登记时,应当持有国务院有关主管部门批准的文件。开采煤炭资源必须符合煤矿开采规程,遵守合理的开采顺序,达到规定的煤炭资源回采率。煤炭资源回采率由国务院煤炭管理部门根据不同的资源和开采条件确定。国家鼓励煤矿企业进行复采或者开采边角残煤和极薄煤。根据《生产矿井煤炭资源回采率暂行管理办法》规定,煤矿企业必须执行《煤炭工业技术政策》有关开采的规定,遵循合理开采程序,加强煤炭资源管理,达到国家规定的煤炭资源回采率。煤矿企业负责人对本企业资源回采率负直接责任,总工程师负技术责任。地质测量机构应积极采用先进技术,提高勘探程度,提交各类合格地质报告,并负责本企业的储量监督管理工作。设计部门负责从设计参数上保证资源回采率达到技术政策的规定。生产技术机构负责完成提高资源回采率的技术管理工作。

设计能力9万吨/年以上煤矿矿井的采区回采率,执行以下标准:薄煤层不低于85%;中厚煤层不低于80%;厚煤层不低于75%;水力采煤不低于70%。

国家鼓励煤矿企业积极采用新技术、新工艺、新装备提高采区回采率,把采区回采率作为考核煤矿企业负责人的内容。煤矿企业应当加强煤炭产品质量的监督检查和管理。煤炭产品质量应当按照国家标准或者行业标准分等论级。煤炭生产应当依法在批准的开采范围内进行,不得超越批准开采范围越界、越层开采。采矿作业不得擅自开采保安煤柱,不得采用可能危及相邻煤矿生产安全的决水、爆破、贯通巷道等危险方法。

因开采煤炭压占土地或者造成地表土地塌陷、挖损,由采矿者负责进行复垦,恢复到可供利用的状态;造成他人损失的,应当依法给予补偿。关闭煤矿和报废矿井,应当依照有关法律、法规和国务院煤炭管理部门的规定办理。国家提倡和支持煤矿企业和其他企业发展煤电联产、炼焦、煤化工、煤建材等,进行煤炭的深加工和精加工。国家鼓励煤矿企业发展煤炭洗选加工,综合开发利用煤层气、煤矸石、煤泥、石煤和泥炭。国家发展和推广洁净煤技术。

2.煤炭生产安全的有关规定

(1)局、矿长安全生产责任制

煤矿企业的安全生产管理,实行矿务局局长、矿长负责制。局长、矿长负责制是安全生产责任制的核心,因为只有在煤矿企业中掌管全部生产经营活动的负责人承担安全生产管理的责任,负责生产的同时负责安全,才是有力和有效的。矿务局局长、矿长及煤矿企业的其他主要负责人必须遵守有关矿山安全法律、法规和煤炭行业安全规章、规程,加强对煤矿安全生产工作的管理,执行安全生产责任制度,采取有效措施,防止伤亡和其他安全生产事故的发生。

(2)安全教育与安全培训

这是以预防为主的重要内容。煤矿企业应当对职工进行安全生产教育、培训;未经安全生产教育、培训的,不得上岗作业。煤矿企业职工必须遵守有关安全生产的法律、法规、煤炭行业规章、规程和企业规章制度。

（3）紧急情况的处理

在煤矿井下作业中，出现危及职工生命安全并无法排除的紧急情况时，作业现场负责人或者安全管理人员应当立即组织职工撤离危险现场，并及时报告有关方面负责人。

（4）工会对安全的职责和权利

煤矿企业工会发现企业行政方面违章指挥、强令职工冒险作业或者生产过程中发现明显重大事故隐患，可能危及职工生命安全的情况，有权提出解决问题的建议，煤矿企业行政方面必须及时作出处理决定。企业行政方面拒不处理的，工会有权提出批评、检举和控告。

（5）安全器材、装备劳动与保护用品

煤矿企业使用的设备、器材、火工产品和安全仪器，必须符合国家标准或者行业标准。煤矿企业必须为职工提供保障安全生产所需的劳动保护用品。

（6）井下作业职工的意外伤害保险制度

煤矿企业应当依法为职工参加工伤保险缴纳工伤保险费。鼓励企业为井下作业职工办理意外伤害保险，支付保险费。

四、矿区保护

1. 保护生产设施设备

任何单位或者个人不得危害煤矿矿区的电力、通信、水源、交通及其他生产设施。对盗窃或者破坏煤矿矿区设施、器材及其他危及煤矿安全的行为，一切单位和个人都有权举报。

2. 维护矿区秩序

禁止任何单位和个人扰乱煤矿矿区的生产秩序和工作秩序。未经煤炭企业同意，任何单位或者个人不得在煤矿企业依法取得土地使用权的有效期间内在该土地上种植、养殖、取土或者修建建筑物、构筑物。未经煤矿企业同意，任何单位或者个人不得占用煤矿企业的铁路专用线、专用道路、专用航道、专用码头、电力专用线、专用供水管路。任何单位或者个人需要在煤矿采区范围内进行可能危及煤矿安全的作业时，应当经煤矿企业同意，报煤炭管理部门批准，并采取安全措施后，方可进行作业。在煤矿矿区范围内需要建设公用工程或者其他工程的，有关单位应当事先与煤矿企业协商并达成协议后，方可施工。

五、监督检查与法律责任

1. 监督检查

煤炭管理部门和有关部门依法对煤矿企业和煤炭经营企业执行煤炭法律、法规的情况进行监督检查。煤炭管理部门和有关部门的监督检查人员进行监督检查时，有权向煤矿企业、煤炭经营企业或者用户了解有关执行煤炭法律、法规的情况，查阅有关资料，并有权进入现场进行检查。煤矿企业、煤炭经营企业和用户对依法执行监督检查任务的煤炭管理部门和有关部门的监督检查人员应当提供方便。煤炭管理部门和有关部门的监督检查人员对煤矿企业和煤炭经营企业违反煤炭法律、法规的行为，有权要求其依法改正。煤炭管理部门和有关部门的监督检查人员进行监督检查时，应当出示证件。

2. 法律责任

（1）未达到规定的煤炭资源回采率的法律责任

开采煤炭资源未达到国务院煤炭管理部门规定的煤炭资源回采率的，由煤炭管理部门责令限期改正;逾期仍达不到规定的回采率的,责令停止生产。

(2)擅自开采保安煤柱或用危险方法进行采矿作业的法律责任

擅自开采保安煤柱或者采用危及相邻煤矿生产安全的危险方法进行采矿作业的,由劳动行政主管部门会同煤炭管理部门责令停止作业;由煤炭管理部门没收违法所得,并处违法所得1倍以上5倍以下的罚款;构成犯罪的,由司法机关依法追究刑事责任;造成损失的,依法承担赔偿责任。

(3)煤矿企业管理人员违章指挥的法律责任

煤矿企业的管理人员违章指挥、强令职工冒险作业,发生重大伤亡事故的,依照刑法有关规定追究刑事责任。

(4)不及时消除事故隐患造成重大伤亡事故的法律责任

煤矿企业的管理人员对煤矿事故隐患不采取措施予以消除,发生重大伤亡事故的,依照刑法有关规定追究刑事责任。

(5)在煤矿采区范围内进行危及煤矿安全作业的法律责任

未经批准或者未采取安全措施,在煤矿采区范围内进行危及煤矿安全作业的,由煤炭管理部门责令停止作业,可以并处5万元以下的罚款;造成损失的,依法承担赔偿责任。

(6)阻碍、破坏、扰乱煤矿建设的法律责任

有下列行为之一的,由公安机关依照《治安管理处罚法》的有关规定处罚;构成犯罪的,由司法机关依法追究刑事责任:阻碍煤矿建设,致使煤矿建设不能正常进行的;故意损坏煤矿矿区的电力、通信、水源、交通及其他生产设施的;扰乱煤矿矿区秩序,致使生产、工作不能正常进行的;拒绝、阻碍监督检查人员依法执行职务的。

(7)非法侵占煤矿合法资产的法律责任

未经煤矿企业同意,在煤矿企业依法取得土地使用权的有效期间内在该土地上修建建筑物、构筑物的,由当地人民政府动员拆除;拒不拆除的,责令拆除。

未经煤矿企业同意,占用煤矿企业的铁路专用线、专用道路、专用航道、专用码头、电力专用线、专用供水管路的,由县级以上地方人民政府责令限期改正;逾期不改正的,强制清除,可以并处5万元以下的罚款;造成损失的,依法承担赔偿责任。

(8)在煤炭产品中掺杂、掺假行为的法律责任

在煤炭产品中掺杂、掺假,以次充好的,责令停止销售,没收违法所得,并处违法所得一倍以上五倍以下的罚款;构成犯罪的,由司法机关依法追究刑事责任。

(9)国家工作人员玩忽职守、滥用职权的法律责任

煤炭管理部门和有关部门的工作人员玩忽职守、徇私舞弊、滥用职权的,依法给予行政处分;构成犯罪的,由司法机关依法追究刑事责任。

复习思考题

1.名词解释:职业病,个人防护用品,劳动关系,工作时间,最低工资,社会福利,劳动争议,民事权益,侵权责任,精神损害,高度危险作业,消防设施,消防通道,交通事故,安全生产费用,特种作业人员,突发事件,意外伤害保险。

2.构成职业病必须具备哪四个要件？

3.产生职业病危害用人单位的工作场所应当符合哪些职业卫生要求？

4.用人单位应当采取哪些职业病防治管理措施？

5.劳动者职业卫生保护权利有哪些？

6.建设项目职业病防护设施"三同时"包括哪些内容？

7.保障职业病病人权益措施有哪些？

8.我国已经确立了哪几项社会保险制度？

9.订立劳动合同应当遵循哪些原则？

10.承担侵权责任的方式有哪些？

11.机关、团体、企业、事业单位应当履行哪些消防安全职责？

12.矿长对本企业的安全生产工作负有哪些职责？

13.《侵权责任法》规定的承担侵权责任方式有哪些？

14.对道路交通安全违法行为的处罚种类包括哪些？

15.劳动者有哪些情形之一的,用人单位不得解除劳动合同？

16.《消防法》明确了哪些消防工作原则？

第 **4** 章
安全生产法规

学习目标

☞ 应了解的知识点:特殊监察、简易程序、较大事故、应急演练评估、安全监管监察人员、从业人员、特种作业人员、营业性爆破作业单位;煤矿安全监察工作方式、工作方法和行政处罚种类;工伤保险基金的特点及其用途;生产企业取得安全生产许可证应具备的安全生产条件;煤矿和非煤矿山企业申请领取安全生产许可证应提交的资料。

☞ 应熟悉的知识点:企业、工伤保险待遇、煤矿领导、建设矿井的领导、金属非金属地下矿山企业、应急救援、事故隐患、现场处置方案、安全生产非法行为、安全生产违法行为;不同等级致残职工的工伤待遇;骗取工伤保险待遇和工伤保险基金应当承担的法律责任;事故调查处理的原则及主要任务;事故调查报告的内容;事故发生单位对特别重大事故发生负有责任的处罚;综合应急预案的内容;未取得四项证照的煤矿擅自从事生产的严重后果;矿山企业领导未按规定带班下井的,应当承担的法律责任;需要每 3 年进行一次应急预案评估的生产经营单位;在进行可行性研究时,生产经营单位应当进行安全预评价建设项目;建设项目安全设施设计不予批准,并不得开工建设;安全生产举报处理工作应当遵循的原则;我国民用爆炸物品的安全监管职责划分。

☞ 应掌握的知识点:煤矿安全监察、工伤保险基金、劳动能力鉴定、特别重大事故、重大事故、应急预案、应急演练、煤矿重大安全生产隐患、综合应急预案、专项应急预案、安全培训、建设项目安全设施、重大事故隐患、民用爆炸物品、非营业性爆破作业单位;生产安全事故的报告内容;关闭煤矿的具体要求;国家实行安全生产许可制度的行业领域;未取得安全生产许可证擅自进行生产应承担的法律责任;需要重新参加安全培训人员;建设项目安全设施"三同时"的具体内容;重大事故隐患治理方案的内容;重点安全生产非法违法行为;申请从事爆破作业的单位应具备的条件。

第 1 节　煤矿安全监察

一、《煤矿安全监察条例》的内容

《煤矿安全监察条例》于 2000 年 11 月 7 日由国务院发布,自 2000 年 12 月 1 日起施行;2013 年 5 月 31 日国务院第 10 次常务会议通过《关于废止和修改部分行政法规的决定》,对其进行了第一次修改,自 2013 年 7 月 18 日起施行。共 5 章 50 条。立法目的是保障煤矿安全,规范煤矿安全监察工作,保障煤矿职工人身安全与身体健康。

二、煤矿安全监察体制

1. 煤矿安全监察管理体制

从全国安全监察工作实际出发,借鉴国外的成功经验,在实行政企分开的基础上,按照精简、统一、效能的原则,改革原有的安全监察体制,实行垂直管理。按照突出重点、先易后难、分步实施的要求,建立起与社会主义市场经济体制相适应的煤矿安全监察管理体制。

2. 煤矿安全监察机构的职能

煤矿安全监察机构是指国家煤矿安全监督机构和在省、自治区、直辖市设立的煤矿安全监督机构及其在大中型矿区设立的煤矿安全监察办事处。

煤矿安全监察实行垂直管理、分级监察的管理体制。国家煤矿安全监察局是国务院下属的负责煤矿安全监察的行政执法机构,承担全国煤矿的安全监察职能。主要产煤省、自治区、直辖市设立煤矿安全监察局。省、自治区、直辖市煤矿安全监察局可在大中型矿区设立安全监察办事处,作为其派出机构。

3. 煤矿安全监察的性质

煤矿安全监察是国家安全监察机关为实施国家有关煤矿安全的法律;保障煤矿安全、保护国家、集体和个人财产不受损失;保护人民的生命安全而对煤矿生产经营管理中的各种行为进行监督、检查,并对违法行为进行处理的活动。

4. 煤矿安全监察的任务

煤矿安全监察的任务是保证国家有关煤矿安全的方针和法律法规的执行,预防和处理煤矿事故,查处煤矿安全违法行为,以保障煤矿安全生产和经营,保证职工生命财产安全。

5. 煤矿安全监察员

煤矿安全监察机构设煤矿安全监察员。煤矿安全监察员应当公道、正派,熟悉煤矿安全法律、法规和规章、具有相应的专业知识和相关的工作经验,并经考试录用。

三、煤矿安全监察工作

1. 煤矿安全监察工作方式

煤矿安全监察工作是对煤矿企业生产建设的全系统、全方位、全过程和全员性的工作,必须考虑到行业的特殊性、环境与生产条件的多变性、生产作业的连续性、工作地点的移动性、作业情况的不一致性以及安全状况各异性,来确定采用不同的安全监察工作方式。

（1）视时监察

视时监察就是对某些特定时间、某些季节加强监察工作。根据事故分析，每年的6、7、8月，天气炎热，昼长夜短，又是农忙季节，是事故多发性季节，必须加强监察。根据事故分析，每天凌晨3时至5时，是事故多发时间，应加强监察。根据人体生物节律理论，人的体力、情绪和智力分别按照23天、28天和33天为周期进行变化，分为高潮期、低潮期和临界期，在临界期时表现为事故多发，应当加强安全监察。

（2）重点监察

重点监察是对监察的不同场所和人员有所侧重，其关键问题是依据实际情况正确地确定监察重点。具体做法是严格审查作业规程和安全措施并监督实施；选派有经验和有一定专业水平的安监人员到重点场所实施监察；增加对重点场所的监察次数。

（3）一般监察

一般监察就是在日常情况下进行的监察工作，也称常规监察。

（4）特殊监察

特殊监察就是在事故即将发生或正在发生的特殊情况下，采取特殊的办法进行监察工作。在这种情况下进行常规监察不合实际，首要的是指令、指挥和帮助撤出人员进行抢救，并采取防止事故扩大的措施。要求安全监察人员在看到事故征兆而又不能确认是否立即发生事故时，应耐心细致地进行观察，并同施工人员一道采取相应的预防措施。当预防无效且有立即发生事故的危险时，应指令停止作业，撤出人员，报告有关人员决策处理。

2. 安全监察工作的方法

（1）安全监察工作四步法

通过观看和查找方法捕捉信息。观看就是看设计文件、作业规程、安全措施、责任制度、操作规程、作业场所、作业情况、工程质量、安全设施等；查找就是要查找不安全因素、事故隐患、事故征兆等，在监察职权范围内，要求既要观看又要查找，观看要仔细全面，查找要认真彻底。查找的方法有凭专业技能检查和用检测仪器探测两种。

（2）监督与服务结合的方法

从国内外的安全监察实践看，只有把监督与服务结合起来，也就是"监中有帮、帮中有监"，才能受到企业的欢迎，尽快地消除生产过程中的事故隐患。

（3）重预防、抓教育的方法

捕捉、甄别和处理安全隐患是安全监察工作的一个方面，防止和减少安全隐患的产生是另一个方面。因此，重预防、抓教育是搞好安全监察工作的又一种方法。

3. 安全监察工作的手段

（1）定期和不定期的安全检查和督促

定期和不定期安全检查和督促，是常用的监察手段。定期检查是通过有计划、有组织、有目的的形式来实现的。不定期检查则是采取个别的、日常的巡视方式来实现的。

（2）完善技术装备

提高安全监察工作质量，一靠安监员素质，二靠先进监察工具、仪器。

（3）法制手段

根据国家安全法规，对安全问题进行依法处理。如下达行政处罚决定书、责令停止作业、行政处分和经济制裁处罚等。

（4）信息手段

信息手段是现代安全监察的重要手段之一。煤矿施工地点分散,工作环境复杂,多工种、多工序作业,自然灾害多,需要及时掌握一些可靠的数据,如事实情况、动态分析等,以对监察场所有确切的评价,进而采取相应的措施,提高安全监察工作的质量,达到实施安全监察的目的。

四、煤矿安全监察重点

安全监察是搞好安全生产、职业病防治工作的重要手段,利用这种手段,可以宣传、贯彻党和国家的安全生产方针和劳动保护政策、法规,提高领导和群众的安全生产意识;可以发现和解决大量安全隐患和职业危害因素,改善企业的劳动条件;查清情况,总结经验教训,有利于防止伤亡事故和职业病的发生,有利于进一步开展职业病防治工作,促进煤矿安全生产。

1. 安全监察工作的内容

安全监察工作的内容,包括查思想、查制度、查安全设施、查隐患、查事故处理。

（1）查思想

主要是对照党和国家有关安全生产方针、政策及有关文件,检查企业领导和职工群众对安全生产的认识。查干部是否真正做到了关心职工的安全健康;查指挥人员有无违章指挥;职工是否人人关心安全生产,在生产中是否有不安全行为和不安全操作;国家的安全生产方针和有关政策、法令是否真正得到贯彻执行。

（2）查制度

主要检查企业领导是否把安全生产摆上议事日程,是否真正贯彻了安全生产责任制;在计划、布置、检查、总结、评比生产的同时,是否都有安全的内容,"五同时"是否得到落实;企业各职能部门在各自业务范围内,是否对安全生产负责,安全专职机构是否健全,工人群众参与安全生产管理活动;改善劳动条件的措施计划是否按年度编制和执行,安全技术措施经费是否按规定提取和使用;新建、扩建、改建工程项目是否与安全技术措施工程同时设计、同时施工、同时投产的要求得到落实。还要检查企业的安全教育制度、新工人入矿的"三级教育"制度、特种作业人员和调换工种工人的培训教育制度、各工种的安全操作规程的岗位责任制的执行情况。

（3）查安全设施、查隐患

主要深入生产现场,检查企业的劳动条件、生产设备以及相应的安全卫生设施。重点检查采掘工作面的支护情况;矿井通风及矿内的气候条件;采区或工作面的安全出口是否畅通;矿井水灾、火灾、瓦斯和煤尘等灾害的预防措施是否齐全、有效;机电设备的防漏电、触电装置是否完善,防爆装置是否符合防爆要求,个人劳动防护用品的质量和使用是否符合安全规定,压力容器等特种设备的安全附件是否灵敏、可靠、齐全。煤矿的要害部位和重点设备包括主通风机房、爆炸物品库、变配电所、压风机房、绞车房等。

（4）查事故处理

检查企业对工伤事故是否及时报告、认真调查、严肃处理。在监察中如发现未按"四不放过"的要求,草率处理的事故,要重新严肃处理,从中找出原因,采取有效措施,防止类似事故重复发生。在开展安全监察工作中,企业可根据各自的情况和季节特点,做到每次监察的内容有所侧重,突出重点,真正收到效果。

2.安全监察工作执法的重点

煤矿企业应当建立、健全安全生产责任制。煤矿企业的安全生产管理,实行矿务局局长、矿长负责制;矿务局局长、矿长应当定期向职工代表大会或者职工大会报告安全工作,发挥职工代表大会和职工群众的监督作用;煤矿企业应当对设立负责安全管理工作的职能部门、配备适应工作需要的安全管理人员;煤矿企业应当对职工进行安全生产教育、培训;未经安全生产教育培训的,不得上岗作业。矿务局局长、矿长必须取得煤矿安全监察机关颁发的任职资格证书,特种作业人员必须取得煤矿安全监察机关颁发的操作资格证书;未取得资格证书的,不得任职或者上岗作业;煤矿企业职工不得违章指挥、违章作业、违反劳动纪律;煤矿建设工程的安全设施,必须与主体工程同时设计、同时施工、同时验收、同时投入生产或者使用。煤矿建设项目的可行性研究报告和总体设计,应当对煤矿开采的安全条件进行论证。煤矿建设项目的设计文件,必须符合《煤矿安全规程》和行业技术规范,并编制安全专篇。煤矿建设工程安全设施设计,应当报送煤矿安全监察机关审查同意。修改安全设施设计,应当征得原审查煤矿安全监察机关同意;未经审查同意不得施工。煤矿建设工程的安全设施投入生产或者使用前,必须经过煤矿安全监察机关验收。

煤矿企业生产发展规划和年度计划,应当包括下列安全隐患的预防与处理措施:瓦斯爆炸、煤尘爆炸、煤与瓦斯突出;冒顶、片帮、冲击地压、边坡滑落和地表塌陷;地面和井下水灾、火灾;爆炸材料和爆破作业发生的危害;粉尘、有毒有害气体、放射性物质和其他有害物质引起的危害;其他危害。

煤矿企业应当填绘保障安全生产的图纸、资料;设置安全标志,确定井下避灾路线;按照规定提取和使用符合安全生产需要的安全保障基金和安全技术措施专项费用;在职工自愿的基础上,设立职工安全互助基金;按照国家规定对女职工实行特殊劳动保护,不得分配女职工从事煤矿井下劳动;向职工发放保障安全所需的劳动防护用品,对从事有职业危害作业的职工应当按照规定进行健康检查;为煤矿井下作业职工办理意外伤害保险,支付保险费;建立由专职或者兼职人员组成的救护和医疗急救组织,配备必要的装备、器材和药品。

五、煤矿安全监察行政处罚

1.煤矿安全监察行政处罚基本原则

行政处罚是指行政主体为了有效地实施行政管理,达到对违法者予以惩戒,促使其以后不再犯,依法对行政相对人违反行政法律规范尚未构成犯罪的行为,给予人身的、财产的、名誉的或其他形式的法律制裁的行政行为。其旨在维护公共利益和社会秩序,保护公民、法人或者其他组织的合法权益。

(1)处罚法定原则

煤矿安全生产违法行为行政处罚是典型的侵权行为,其实施必然会对煤矿和从业人员造成财产权、人身权或者其他权益的剥夺或者侵害。具体内容包括:①处罚主体及其职权法定。煤矿和有关人员的安全生产违法行为,由煤矿安全监察机关实施行政处罚。②处罚的依据法定。行政处罚的实施必须有法律、法规或规章作为依据。③处罚程序法定。行政处罚的程序,包括简易程序、一般程序和听证程序3种。

(2)公正、公开原则

公正原则要求对煤矿安全生产违法行为实施行政处罚必须公平、公开没有偏私,设定和实施行政处罚必须以事实为依据,与违法行为的事实、性质、情节以及社会危害程度相当。为了保证行政处罚的公正,行政处罚必须公开,阳光是最好的防腐剂。

（3）保障相对人权利原则

对煤矿安全生产违法行为事实行政处罚的整个过程都体现了对相对人权利的保障。煤矿和有关人员对煤矿安全监察局给予的行政处罚,享有陈述权、申辩权;对行政处罚不服的,有权依法申请行政复议或者提起行政诉讼。煤矿和有关人员因煤矿安全监察局给予行政处罚受到损害的,有权依法提出赔偿请求。同时,对于煤矿安全监察局作出的责令停产整顿、责令停产、吊销有关证照、较大数额罚款等处罚的,相对人有要求举行听证的权利。

（4）首先纠正违法行为原则

煤矿安全监察机构及其煤矿安全监察员对检查中发现的煤矿安全违法行为,可以作出下列现场处理决定:当场予以纠正或者要求限期改正;责令限期达到要求;责令立即停止作业（施工）或者立即停止使用;经现场处理决定后拒不改正,或者依法应当给予行政处罚的煤矿安全违法行为,依法作出行政处罚决定。

（5）一事不再罚原则

行政处罚旨在惩戒违法行为人,使其不再违犯,以维护法治秩序,但行政机关不得将处罚视为创收和谋取经济利益的手段。

2. 行政处罚的种类和管辖

（1）行政处罚的种类

根据现行煤矿安全生产法律、法规的规定,煤矿安全监察行政处罚共有7种。

①警告。警告是指煤矿安全监察机关对违反煤矿安全生产法律规范的煤矿和有关人员所实施的一种书面形式的谴责和告诫。

②罚款。罚款是指煤矿安全监察机关依法强制实施对行政违法的相对人在一定期限内缴纳一定数量货币的处罚行为。

③没收违法所得。没收违法所得是煤矿安全监察机关将相对人实施营利性违法行为所得的财物收归国有的制裁。

④责令停产停业。责令停产停业是煤矿安全监察机关强令违法从事生产经营者停止生产的处罚,主要包括有责令停止生产、责令停止作业、责令停止施工、责令停止使用、责令停产整顿和责令停产停业整顿等几种。

⑤暂扣或吊销安全生产许可证。吊销许可证是对违法者从事某种活动的权利或享有的资格的取消;而暂扣许可证,则是中止行为人从事某项活动的资格,待行为人改正以后或经过一定期限以后,再发还许可证。

⑥行政拘留。行政拘留是公安机关对违反治安管理的人在短期内剥夺其人身自由的一种强制性惩罚措施。

⑦关闭。关闭矿井是煤矿安全监察机关对严重违反安全生产法律、法规的煤矿,依法剥夺其从事生产活动的权利的一种处罚。

（2）行政处罚管辖

行政处罚的管辖是指各行政主体之间进行行政处罚时在事务、地域和层级方面的分工。煤矿安全监察机关实施行政处罚按照属地原则进行管辖。两个以上煤矿安全监察机构因行政处罚管辖权发生争议的,由其共同的上一级煤矿安全监察机构指定管辖。

3. 行政处罚程序

行政处罚程序是保障正确实施行政处罚的前提条件,它可分为简易程序、一般程序和听证程序 3 种。

（1）简易程序

简易程序是指行政主体对符合法定条件的行政处罚事项,当场作出行政处罚决定的程序。行政机关对行政违法行为适用简易程序,必须同时具备 3 个条件:违法事实确凿;有法定依据;对公民处以 50 元以下、对法人或者其他组织处以 1 000 元以下的罚款或者警告的行政处罚。简易程序应当包含表明身份程序、说明理由程序、听取意见程序、作出裁决程序、执行备案程序等最基本的必要程序。

（2）一般程序

一般程序是行政机关进行行政处罚所遵循的最基本的程序。一般程序适用于除依据简易程序作出的行政处罚以外的其他行政案件。一般程序适用的具体过程应包括立案、调查取证、告知当事人、听取当事人的陈述和申辩或举行听证、作出行政处罚决定、制作行政处罚决定书和行政处罚决定书的送达。

（3）听证程序

听证程序是一般程序中的特别程序,是指行政机关为了查明案件事实、公正合理地实施行政处罚,在作出责令停产停业整顿、责令停产停业、吊销有关证照、较大数额罚款等行政处罚决定之前,当事人要求,通过公开举行由有关各方利害关系人参加的听证会,广泛听取意见的方式、方法和制度。听证的范围限于煤矿安全监察机关给予责令停产停业整顿、责令停产停业、吊销有关证照、数额较大罚款等行政处罚案件。

4. 行政处罚决定的执行和备案

行政处罚决定的执行是指有关国家机关对违法者执行行政处罚决定的活动,是行政处罚决定实现的阶段。没有行政处罚的执行,行政处罚决定就没有任何意义。

（1）行政处罚决定执行的原则

①行政复议或行政诉讼期间处罚不停止执行原则。该原则是指当事人对行政处罚决定不服申请行政复议或者提起行政诉讼的,行政处罚决定不停止执行,法律另有规定的除外。

②罚缴分离原则。该原则是指作出行政罚款决定的行政机关与收缴罚款的机构实行分离的一种行政处罚执行方式。

（2）行政处罚决定的执行

当场收缴罚款的,应当出具省级财政部门统一制发的罚款收据。安全监察员应当自收缴罚款之日起 2 日内,交至其所属的煤矿安全监察机关;煤矿安全监察机关应当在 2 日内将罚款缴付指定银行。当事人确有经济困难,需要延期或者分期缴纳罚款的,经当事人申请和煤矿安全监察机关批准,可以暂缓或者分期缴纳。当事人逾期不履行行政处罚决定的,作出行政处罚决定的煤矿安全监察机构可以采取下列措施:到期不缴纳罚款的,每日按罚款数额的 3% 加处罚款;根据法律规定,将查封、扣押的设施、设备、器材拍卖所得价款抵缴罚款;申请人民法院强制执行。行政处罚执行完毕后,案件材料应按一案一卷单独立卷归档。

（3）行政处罚备案制度

行政处罚备案制,是指下一级煤矿安全监察部门作出较为严重的行政处罚后,应当在法定期限内报上一级煤矿安全监察机构备案。煤矿安全监察分局处以 1 万元以上罚款、责令停产停业、停产停业整顿的行政处罚的,应当自作出行政处罚之日起7日内报省级煤矿安全监察局备案。省级煤矿安全监察局处以10万元以上罚款、责令停产停业、停产停业整顿的行政处罚的,应当自作出行政处罚之日起7日内报国家煤矿安全监察局备案。对上级煤矿安全监察机构交办案件给予行政处罚的,由决定行政处罚的煤矿安全监察机构自作出行政处罚之日起7日内报上级煤矿安全监察机构备案。

第2节　安全生产许可证管理

《安全生产许可证条例》于2004年1月7日国务院第三十四次常务会议通过,自2004年1月7日起施行,2013年5月31日,国务院第十次常务会议通过《关于废止和修改部分行政法规的决定》,进行了第一次修改,自2013年7月18日起施行;2014年7月9日,国务院第54次常务会议通过《关于修改部分行政法规的决定》,进行了第二次修改,自2014年7月29日起施行,共24条。立法的目的是严格规范安全生产条件,进一步加强安全生产监督管理,防止和减少生产安全事故。

一、安全生产许可证的颁发管理

国家对矿山企业、建筑施工企业和危险化学品、烟花爆竹、民用爆炸物品生产企业实行安全生产许可制度。企业未取得安全生产许可证,不得从事生产活动。国务院安全生产监督管理部门负责中央管理的非煤矿矿山企业和危险化学品、烟花爆竹生产企业安全生产许可证的颁发和管理。省级安全生产监督管理部门负责中央管理以外的非煤矿矿山企业和危险化学品、烟花爆竹生产企业安全生产许可证的颁发和管理,并接受国务院安全生产监督管理部门的指导和监督。国家煤矿安全监察机构负责中央管理的煤矿企业安全生产许可证的颁发和管理。在省级煤矿安全监察机构负责中央管理的煤矿以外的其他煤矿企业安全生产许可证的颁发和管理,并接受国家煤矿安全监察机构的指导和监督。

省级民用爆炸物品行业主管部门负责民用爆炸物品生产企业安全生产许可证的颁发和管理,并接受国务院民用爆炸物品行业主管部门的指导和监督。

二、取得安全生产许可证的条件

企业取得安全生产许可证,应当具备下列安全生产条件:建立、健全安全生产责任制,制定完备的安全生产规章制度和操作规程;安全投入符合安全生产要求;设置安全生产管理机构,配备专职安全生产管理人员;主要负责人和安全生产管理人员经考核合格;特种作业人员经有关业务主管部门考核合格,取得特种作业操作资格证书;从业人员经安全生产教育和培训合格;依法参加工伤保险,为从业人员缴纳保险费;厂房、作业场所和安全设施、设备、工艺符合有关安全生产法律、法规、标准和规程的要求;有职业危害防治措施,并为从业人员配备符合国家标准或者行业标准的劳动防护用品;依法进行安全评价;有重大危险源检测、评估、监控措施和应急预案;有生产安全事故应急救援预案、应急救援组织或者应急救援人员,配备必要的应急救援器材、设备;法律、法规规定的其他条件。

三、取得安全生产许可证的程序

1. 申请的提出

企业进行生产前,应当向安全生产许可证颁发管理机关申请领取安全生产许可证,并提供相关文件、资料。煤矿企业应当以矿(井)为单位,取得安全生产许可证。

2. 申请的审查及决定

安全生产许可证颁发管理机关应当自收到申请之日起 45 日内审查完毕,经审查符合本条例规定的安全生产条件的,颁发安全生产许可证;不符合安全生产条件的,不予颁发安全生产许可证,书面通知企业并说明理由。

3. 安全生产许可证的有效期限

安全生产许可证的有效期为 3 年。安全生产许可证有效期满需要延期的,企业应当于期满前 3 个月向原安全生产许可证颁发管理机关办理延期手续。

企业在安全生产许可证有效期内,严格遵守有关安全生产的法律法规,未发生死亡事故的,安全生产许可证有效期届满时,经原安全生产许可证颁发管理机关同意,不再审查,安全生产许可证有效期延期 3 年。

4. 煤矿企业安全生产许可证直接办理延期手续

煤矿企业在安全生产许可证有效期内符合下列条件,在安全生产许可证有效期届满时,经原安全生产许可证颁发管理机关同意,不再审查,直接办理延期手续:

①严格遵守有关安全生产的法律法规和煤矿企业安全生产许可证实施办法;②接受安全生产许可证颁发管理机关及煤矿安全监察机构的监督检查;③未因存在严重违法行为纳入安全生产不良记录"黑名单"管理;④未发生生产安全死亡事故;⑤煤矿安全质量标准化等级达到二级及以上。

5. 煤矿企业变更安全生产许可证

煤矿企业在安全生产许可证有效期内有下列情形之一的,应当向原安全生产许可证颁发管理机关申请变更安全生产许可证:

①变更主要负责人的;②变更隶属关系的;③变更经济类型的;④变更煤矿企业名称的;⑤煤矿改建、扩建工程经验收合格的。

四、安全生产许可证的监督管理

安全生产许可证颁发管理机关应当建立、健全安全生产许可证档案管理制度,并定期向社会公布企业取得安全生产许可证的情况。企业取得安全生产许可证后,应当加强日常安全生产管理,接受安全生产许可证颁发管理机关的监督检查。国务院安全生产监督管理部门和省级安全生产监督管理部门对建筑施工企业、民用爆炸物品生产企业、煤矿企业取得安全生产许可证的情况进行监督。安全生产许可证颁发管理机关应当加强对取得安全生产许可证的企业的监督检查,发现其不再具备安全生产条件的,应当暂扣或者吊销安全生产许可证。企业不得转让、冒用安全生产许可证或者使用伪造的安全生产许可证。

安全生产许可证颁发管理机关工作人员在安全生产许可证颁发、管理和监督检查工作中,不得索取或者接受企业的财物,不得谋取其他利益。

监察机关对安全生产许可证颁发管理机关及其工作人员履行规定的职责实施监察。

任何单位或者个人对违反《安全生产许可证条例》规定的行为,有权向安全生产许可证颁发管理机关或者监察机关等有关部门举报。

五、安全生产许可证的法律责任

1. 生产企业的法律责任

未取得安全生产许可证擅自进行生产的,责令停止生产,没收违法所得,并处 10 万元以上 50 万元以下的罚款;造成重大事故或者其他严重后果,构成犯罪的,依法追究刑事责任;安全生产许可证有效期满未办理延期手续,继续进行生产的,责令停止生产,限期补办延期手续,没收违法所得,并处 5 万元以上 10 万元以下的罚款;逾期仍不办理延期手续,继续进行生产的,责令停止生产,没收违法所得,并处 10 万元以上 50 万元以下的罚款;造成重大事故或者其他严重后果,构成犯罪的,依法追究刑事责任;转让安全生产许可证的,没收违法所得,处 10 万元以上 50 万元以下的罚款,并吊销其安全生产许可证;构成犯罪的,依法追究刑事责任;接受转让的,责令停止生产,没收违法所得,并处 10 万元以上 50 万元以下的罚款;造成重大事故或者其他严重后果,构成犯罪的,依法追究刑事责任;冒用安全生产许可证或者使用伪造的安全生产许可证的,责令停止生产,没收违法所得,并处 10 万元以上 50 万元以下的罚款;造成重大事故或者其他严重后果,构成犯罪的,依法追究刑事责任。

《安全生产许可证条例》施行前已经进行生产的企业,应当自《安全生产许可证条例》施行之日起 1 年内,向安全生产许可证颁发管理机关申请办理安全生产许可证;逾期不办理安全生产许可证,或者经审查不符合《安全生产许可证条例》规定的安全生产条件,未取得安全生产许可证,继续进行生产的,责令停止生产,没收违法所得,并处 10 万元以上 50 万元以下的罚款;造成重大事故或者其他严重后果,构成犯罪的,依法追究刑事责任。

2. 安全生产许可证颁发部门工作人员的法律责任

安全生产许可证颁发管理机关工作人员有下列行为之一的,给予降级或者撤职处分;构成犯罪的,依法追究刑事责任:向不符合《安全生产许可证条例》规定的安全生产条件的企业颁发安全生产许可证的;发现企业未依法取得安全生产许可证擅自从事生产活动,不依法处理的;发现取得安全生产许可证的企业不再具备《安全生产许可证条例》规定的安全生产条件,不依法处理的;接到对违反《安全生产许可证条例》规定行为的举报后,不及时处理的;在安全生产许可证颁发、管理和监督检查工作中,索取或者接受企业的财物或者谋取其他利益的。

第 3 节 生产安全事故报告和调查处理

一、立法目的与立法背景

1. 立法目的

《生产安全事故报告和调查处理条例》于 2007 年 3 月 28 日国务院第 172 次常务会议通过,自 2007 年 6 月 1 日起施行,共 6 章 46 条。

立法的目的是规范生产安全事故的报告和调查处理,落实生产安全事故责任追究制度,减少和防止生产安全事故。

2. 适用范围

生产经营活动中发生的造成人身伤亡或者直接经济损失的生产安全事故的报告和调查处理,适用《生产安全事故报告和调查处理条例》。

3. 立法背景

事故报告和调查处理是涉及人民群众切身利益和社会稳定的大事,必须尽快依法规范。

制定《生产安全事故报告和调查处理条例》的必要性主要体现在 4 个方面:

(1)贯彻落实科学发展观、落实安全发展指导原则的需要

近年来,党和政府提出了"安全第一、预防为主、综合治理"的安全生产方针、"安全发展"的指导思想和构建和谐社会的目标,要求强化安全生产管理和监督,有效遏制重特大事故的发生。

(2)推进依法治安、重典治乱的需要

事故报告和调查处理工作政策性、法律性强,必须依法确定事故报告和调查处理的体制、制度、机制、程序和责任,确保事故报告和调查处理工作的法律化、制度化和规范化。

(3)依法规范事故报告和调查处理工作的需要

事故调查处理工作具有复杂性、专业性和实效性的特点,需要制定明确、具体和可操作性强的事故报告、事故调查、事故处理和责任追究等方面的法律规定。依法规范事故报告和调查处理的主体、职责、程序,建立基本制度和长效机制,理顺关系,建立层次分明、衔接有序、高效统一的事故报告和调查体系。

(4)加大安全事故责任追究力度的需要

依法治安、重典治乱的重点是依法实施事故责任追究,保护人民群众的生命财产安全,建立安全生产法律秩序。对那些造成人员伤亡多、经济损失大、社会影响恶劣的重特大事故责任人,要严肃追究责任,坚决绳之以法,决不姑息迁就。建立事故信息公布和举报制度,公开事故调查处理情况,接受社会监督和舆论监督。

二、生产安全事故分级

事故等级划分涉及事故性质、危害程度以及事故责任的法律界定,需要科学地确定事故分级的要素。近二十多年来,各级政府和部门将事故分为特别重大事故、特大事故、重大事故、一般事故等 4 级。在《生产安全事故报告和调查处理条例》制定过程中确定了以人员伤亡、直接经济损失和社会影响等 3 个要素对生产安全事故进行分级。

1. 事故定级的要素

事故定级要素的界定必须从各类事故侵犯的相关主体、社会关系和危害后果等方面来考虑。事故分级要素有人身要素、经济要素和社会要素 3 个,可以单独使用。

(1)人身要素

安全生产和事故调查处理都要以人为本,最大限度地保护从业人员和人民群众的生命安全和身体健康。事故危害的最严重后果,就是造成人员死亡、重伤(中毒)。因此,将人员伤亡的数量列为事故分级的第一要素。

（2）经济要素

事故不仅造成人员伤亡,而且还会造成直接经济损失。要保护国家、企业和人民群众的财产权,必须根据造成直接经济损失的多少来区分事故等级。

（3）社会要素

有些事故的伤亡人数、直接经济损失数额虽然达不到法定标准,但是具有恶劣的社会影响、政治影响和国际影响,也必须列为特殊事故进行调查处理,这是维护社会稳定的需要。

2. 通用事故分级规定

根据生产安全事故造成的人员伤亡或者直接经济损失,生产安全事故分为4个等级:①特别重大事故,是指造成30人以上死亡,或者100人以上重伤,或者1亿元以上直接经济损失的事故;②重大事故,是指造成10人以上30人以下死亡,或者50人以上100人以下重伤,或者5 000万元以上1亿元以下直接经济损失的事故;③较大事故,是指造成3人以上10人以下死亡,或者10人以上50人以下重伤,或者1 000万元以上5 000万元以下直接经济损失的事故;④一般事故,是指造成3人以下死亡,或者10人以下重伤,或者1 000万元以下直接经济损失的事故。

3. 特殊的事故分级规定

事故分为特别重大事故、重大事故、较大事故和一般事故4个等级。由于生产经营活动涉及众多行业和领域,各个行业和领域事故的情况都有各自的特点,发生事故的情形比较复杂,差别也比较大,很难用一个标准来划分各个行业或者领域事故的等级。

因此,针对一些行业或者领域事故的实际情况,授权国务院安全生产监督管理部门可以会同国务院有关部门,制定事故等级划分的补充性规定。

三、生产安全事故的报告

1. 对事故报告的总体要求

事故报告应当及时、准确、完整,任何单位和个人对事故不得迟报、漏报、谎报或者瞒报,这是对事故报告提出的总体要求。这一规定是根据实践中事故报告存在的主要问题作出的,具有很强的现实针对性。事故发生后,及时、准确、完整地报告事故,对于及时、有效地组织事故救援,减少事故损失,顺利开展事故调查具有非常重要的意义。

2. 事故报告主体

要做到及时报告事故情况,必须明确法定的事故报告主体。事故报告主体不履行法定报告义务,将受到法律的追究。负有事故报告义务的主体有5种:①事故发生单位的现场人员;②事故单位负责人;③有关政府职能部门;④有关地方人民政府;⑤其他报告义务人。

3. 事故报告的对象

发生事故后,作为不同的事故报告主体应当履行各自的报告义务。因此,向谁报告,也就是事故报告的对象必须明确。事故报告对象,有事故发生单位和有关行政机关两类。①事故发生单位的报告对象。事故发生后,事故现场有关人员应当立即向本单位负责人报告;单位负责人接到报告后,应当于1小时内向事故发生地县级以上人民政府安全生产监督管理部门和负有安全生产监督管理职责的有关部门报告。②县级以上人民政府职能部门的报告对象。按照逐级报告程序,县级以上人民政府安全生产监督管理部门和负有安全生产监督管理职责的有关部门接到事故单位的报告后,应当立即向本级人民政府和上一级人民政府安全生产综合监督管理部门和负有安全生产监督管理的有关部门报告。

4. 事故通知对象

为了便于组织事故调查和开展善后处理工作,除了规定事故报告主体外,还规定了安全生产监督管理部门和负有安全生产监督管理职责的有关部门接到事故报告后,应当及时通知同级的有关部门和单位。

(1)公安部门

为及时有效打击安全生产犯罪行为,应当及时通知公安机关,以便公安机关迅速开展调查取证工作及对犯罪嫌疑人采取措施,防止其逃匿,同时维护事故现场秩序,保护事故现场;对逃匿的,由公安机关迅速追捕归案。

(2)劳动保障行政部门

由于工伤事故的认定主要由劳动保障行政部门负责,从实际情况看,生产安全事故大多属于工伤事故,且往往直接涉及工伤认定和工伤保险赔偿等一系列具体问题。因此,劳动保障行政部门有必要及时获知事故及人员伤亡的有关情况的信息。

(3)工会

工会作为工人权益的代表,不仅在平时要主动维护工人权益,而且在事故发生后更要掌握情况,积极参与事故调查,充分发挥工人权益维护者的作用。

(4)人民检察院

现实表明,在一些重特大事故的背后往往存在官商勾结、权钱交易的现象,为打掉事故背后的保护伞,应当通知人民检察院,以便其及时介入事故调查,为职务犯罪的侦查做好相应准备。

5. 事故报告程序

(1)报告事故的内容

①事故发生单位概况。②事故发生的时间、地点以及事故现场情况。③事故的简要经过。④事故已经造成或者可能造成的伤亡人数和初步估计的直接经济损失。⑤已经采取的措施。⑥其他应当报告的情况。

(2)政府部门的报告程序

特别重大事故、重大事故逐级上报至国务院安全生产监督管理部门和负有安全生产监督管理职责的有关部门;较大事故逐级上报至省级安全生产监督管理部门和负有安全生产监督管理职责的有关部门;一般事故上报至地级安全生产监督管理部门和负有安全生产监督管理职责的有关部门。

(3)事故的越级上报

事故现场有关人员在一定情况下可以越级报告。情况紧急时,事故现场有关人员可以直接向事故发生地县级以上安全生产监督管理部门和负有安全生产监督管理职责的有关部门报告;安全监管部门和有关部门越级报告。

6. 事故报告时限

事故发生后,事故现场有关人员应当立即向本单位负责人报告;单位负责人接到报告后,应当于1小时内向事故发生地县级以上人民政府安全生产监督管理部门和负有安全生产监督管理职责的有关部门报告。安全生产监督管理部门和负有安全生产监督管理职责的有关部门逐级上报事故情况,每级上报的时间不得超过 2 小时。

7. 事故应急救援

事故发生后,事故现场有关人员应当立即向本单位负责人报告;单位负责人接到报告后,应当于 1 小时内向事故发生地县级以上安全生产监督管理部门和负有安全生产监督管理职责的有关部门报告。事故发生后,生产经营单位应当立即启动事故应急预案,采取有效处置措施,开展先期应急工作,控制事态发展,防止事故扩大,减少人员伤亡和财产损失,并按规定向有关部门报告。应急处置工作结束后,应尽快组织恢复生产、生活秩序,配合事故调查组进行调查。

事故发生地有关地方人民政府、安全生产监督管理部门和负有安全生产监督管理职责的有关部门接到事故报告后,其负责人应当立即赶赴事故现场,组织事故救援。

8. 事故现场保护

事故现场保护的主要任务就是在现场勘查之前,维持现场原始状态,既不使它减少任何痕迹、物品,也不使它增加任何痕迹、物品。事故现场保护主体是有关单位和人员,主要是指事故发生单位和接到事故报告并赶赴事故现场的安全生产监督管理部门和负有安全生产监督管理职责的有关部门及其工作人员。保护事故现场,必须根据事故现场的具体情况和周围环境,划定保护区的范围,布置警戒,必要时,将事故现场封锁起来,禁止一切人员进入保护区,禁止随意触摸或者移动事故现场的任何物品。

9. 事故犯罪嫌疑人的控制

组织事故调查的安全生产监督管理部门和负有安全生产监督管理职责的有关部门,发现事故责任者涉嫌构成犯罪,依法需要追究刑事责任的,应当主动向公安机关进行移送。公安机关发现有犯罪行为的,或者在接到检察机关、安全生产监督管理部门和负有安全生产监督管理职责的有关部门移送的涉嫌犯罪案件后,应当依法立案进行侦查,并对犯罪嫌疑人采取强制措施。

10. 生产安全事故值班制度

安全生产监督管理部门和负有安全生产监督管理职责的有关部门在实践中建立的值班制度,对全面准确掌握各方面安全生产动态,确保生产安全事故的有效处置发挥了重要作用。生产安全事故值班制度是执行事故报告制度,保证及时、准确上报事故的需要;这是事故信息来源渠道的有益补充,对揭露谎报、瞒报事故有重要作用;这是维护公民检举、举报权利,确保人民群众民主权利的重要措施。

四、生产安全事故的调查

1. 事故调查处理的任务

(1)及时、准确地查清事故经过、事故原因和事故损失

查清事故发生的经过和事故原因,是事故调查处理的首要任务和内容,也是进行下一步工作的基础。这是确定事故等级的依据。查清事故经过、事故原因和事故损失,重在及时、准确。

(2)查明事故性质,认定事故责任

事故性质是指事故是人为事故还是自然事故,是意外事故还是责任事故。查明事故性质是认定事故责任的基础和前提。

（3）总结事故教训，提出整改措施

通过查明事故经过和事故原因，发现安全生产管理工作的漏洞，从事故中总结血的经验教训，并提出整改措施，防止今后类似事故再次发生，这是事故调查处理的重要任务和内容之一，也是事故调查处理的最根本目的。

（4）对事故责任者依法追究责任

生产安全事故责任追究制度是我国安全生产领域的一项基本制度。结合对事故责任的认定，对事故责任人分别提出不同的处理建议，使有关责任者受到合理的处理，包括给予党纪处分、行政处分或者建议追究相应的刑事责任。这较好地体现了事故调查处理的"四不放过"原则，即事故原因不查清不放过，防范措施不落实不放过，职工群众未受到教育不放过，事故责任者未受到处理不放过。

2. 事故调查处理的原则

事故调查处理是一项比较复杂的工作，涉及方方面面的关系，同时又具有很强的科学性和技术性。要搞好事故调查处理工作，必须有正确的原则作指导。

（1）政府领导、分级负责的原则

政府领导、分级负责事故调查处理是《生产安全事故报告和调查处理条例》确立的重要原则，这项原则的核心是确立了有关人民政府对事故调查处理的领导权。

（2）实事求是的原则

实事求是是唯物辩证法的基本要求。一是必须全面、彻底查清生产安全事故的原因，不得弄虚作假；二是一定要从实际出发，在查明事故原因的基础上明确事故责任；三是提出处理意见要实事求是，要根据事故责任划分，对事故责任人提出处理意见；四是总结事故教训、落实事故整改措施要实事求是，总结教训要准确、全面，落实整改措施要坚决、彻底。

（3）尊重科学的原则

尊重科学，是事故调查处理工作的客观规律。生产安全事故的调查处理具有很强的科学性和技术性，特别是事故原因的调查，往往需要作很多技术上的分析和研究，利用很多技术手段。尊重科学，一是要有科学的态度，防止个人意识主导，努力做到客观、公正；二是要特别注意充分发挥专家和技术人员的作用，把对事故原因的查明、事故责任的分析和认定建立在科学的基础上。

3. 事故调查组的地位与职责

（1）事故调查组的组成原则

事故调查组的组成要精简、效能，这是缩短事故处理时限，降低事故调查处理成本，尽最大可能提高工作效率的前提。

（2）事故调查组的组成

对事故调查组的组成规定，一是根据事故的具体情况，确定事故调查组的组成。二是事故调查组由以下部门、单位派人组织或者参加：有关人民政府，包括组织事故调查或事故发生地有关人民政府；安全生产监督管理部门；负有安全生产监督管理职责的有关部门；监察机关；公安机关；工会；人民检察院。三是事故调查组可以聘请有关专家参与调查。事故调查组应当明确的 4 个问题：一是事故调查组的组成必须依照条例执行；二是事故调查组的成员履行事故调查的行为是职务行为，代表其所属部门、单位进行事故调查工作；三是事故调查组成员都要接受事故调查组的领导；四是事故调查组聘请的专家参与事故调查。

（3）事故调查组成员的基本条件

具有事故调查所需要的知识和专长，包括专业技术知识、法律知识等；与所调查的事故没有利害关系，主要是为了保证事故调查的公正性。

（4）事故调查组组长的产生

设立事故调查组组长是今后事故调查的必经程序，不设置事故调查组组长，事故调查工作没有法律效力，其调查结果无效。事故调查组组长由负责事故调查的人民政府指定。

（5）事故调查组组长的职责

事故调查组组长主持事故调查组工作，具体职责是：全过程领导事故调查工作；主持事故调查会议，确定事故调查组各小组职责和事故调查组成员的分工；协调事故调查工作中的重大问题，对事故调查中的分歧意见作出决策等。

（6）事故调查组的职权

事故调查组要完成各项职责，就必须赋予事故调查权和文件资料获得权。

（7）事故发生单位有关人员的配合义务

事故发生单位的负责人和有关人员在事故调查期间不得擅离职守，并应当随时接受事故调查组的询问，如实提供有关情况，这是事故发生单位有关人员的法定义务，必须遵守，否则就要承担相应的法律责任。

（8）事故调查中进行技术鉴定

事故发生不仅涉及人的操作行为、管理行为，而且会涉及生产作业环境的安全状态和设备、设施的安全状况，所以在事故调查中进行技术鉴定往往是确定事故发生直接原因的有效途径和技术支持。

（9）事故调查组成员行为规范

事故调查不是一项普通的工作，为保证事故调查的客观、公正、高效，事故调查组成员必须遵循一定的行为规范。事故调查组成员要有品德操守。事故调查组成员要有工作操守。事故调查组成员要恪尽职守，兢兢业业，严格履行职责，发挥专业特长和技术特长，按期完成事故调查组交办的事故调查任务。事故调查组成员要守纪、保密。事故调查组成员要遵守事故调查组的纪律，服从事故调查组的领导，廉洁自律，认真负责，协调行动，听从指挥，同时，要严格保守事故调查中的秘密。

4. 事故调查时限

提出事故调查报告，意味着事故调查工作的结束。对事故调查工作设定时限，是提高事故调查效率的保障，是针对当前事故调查久拖不决、不能按时提交事故调查报告的情况较为普遍而作出的硬性规定，对落实"四不放过"原则、及时吸取事故教训意义重大。

5. 事故调查报告的内容

事故调查组按照规定履行事故调查职责，目的就是要提交事故调查报告。事故调查报告是事故调查组工作成果的集中体现，是事故处理的直接依据，对事故调查报告的内容作出规定，有利于事故调查报告内容的规范、完整。事故调查报告应当包括的内容有：事故发生单位概况；事故发生经过和事故救援情况；事故造成的人员伤亡和直接经济损失；事故发生的原因和事故性质；事故责任的认定以及对事故责任者的处理建议；事故防范和整改措施。

6. 工会参加事故调查处理及工会的权利

事故调查处理是安全生产的重要环节，工会参加事故调查处理，是其法定权利。《安全生产法》规定,工会依法组织职工参加本单位安全生产工作的民主管理和民主监督,维护职工在安全生产方面的合法权益。

7. 事故调查报告的批复与落实

(1)事故调查报告的批复

事故调查报告是事故调查组履行事故调查职责,事故调查报告批复的主体是负责事故调查的人民政府。

重大事故、较大事故、一般事故的调查报告的批复时限为15日,考虑到特别重大事故一般情况比较复杂,涉及面较广,事故调查报告批复的主体是国务院,特别重大事故的批复时限为30日,起算时间也是接到事故调查报告之日。

(2)有关机关对批复的落实

有关机关包括作出批复的人民政府有关部门、下级人民政府及其有关部门。

有关机关落实批复的主要内容有两项:一是对事故发生单位和有关人员进行行政处罚,二是对负有事故责任的国家工作人员进行处分。

(3)事故发生单位对批复的落实

生产经营单位作为安全生产的责任主体,发生事故后,除了接受法律、行政法规规定的行政处罚外,还有义务按照负责事故调查的人民政府的批复,对本单位负有事故责任的人员进行内部处理。

(4)刑事责任的追究

负有事故责任的人员涉嫌构成犯罪的,依法追究刑事责任。这是对事故责任人员最严厉的处罚。

五、法律责任

1. 事故发生单位主要负责人的法律责任

①事故发生单位主要负责人有下列行为之一的,处上一年年收入40%～80%的罚款;属于国家工作人员的,并依法给予处分;构成犯罪的,依法追究刑事责任:不立即组织事故抢救的;迟报或者漏报事故的;在事故调查处理期间擅离职守的。

②事故发生单位主要负责人未依法履行安全生产管理职责,导致事故发生的,属于国家工作人员的,并依法给予处分;构成犯罪的,依法追究刑事责任:发生一般事故的,处上一年年收入30%的罚款;发生较大事故的,处上一年年收入40%的罚款;发生重大事故的,处上一年年收入60%的罚款;发生特别重大事故的,处上一年年收入80%的罚款。

2. 事故发生单位及有关人员的法律责任

事故发生单位及其有关人员有下列行为之一的,对事故发生单位处100万元以上500万元以下的罚款;对主要负责人、直接负责的主管人员和其他直接责任人员处上一年年收入60%～100%的罚款;属于国家工作人员的,并依法给予处分;构成违反治安管理行为的,给予治安管理处罚;构成犯罪的,依法追究刑事责任:谎报或者瞒报事故的;伪造或者故意破坏事故现场的;转移、隐匿资金、财产,或者销毁有关证据、资料的;拒绝接受调查或者拒绝提供有关情况和资料的;在事故调查中作伪证或者指使他人作伪证的;事故发生后逃匿的。

3. 事故发生单位对事故发生负有责任的处罚

事故发生单位对事故发生负有责任的,依照下列规定处以罚款:发生一般事故的,处10万元以上20万元以下的罚款;发生较大事故的,处20万元以上50万元以下的罚款;发生重大事故的,处50万元以上200万元以下的罚款;发生特别重大事故的,处200万元以上500万元以下的罚款。

4. 安全生产监督管理部门人员的法律责任

有关地方人民政府、安全生产监督管理部门和负有安全生产监督管理职责的有关部门有下列行为之一的,对直接负责的主管人员和其他直接责任人员依法给予处分;构成犯罪的,依法追究刑事责任:不立即组织事故抢救的;迟报、漏报、谎报或者瞒报事故的;阻碍、干涉事故调查工作的;在事故调查中作伪证或者指使他人作伪证的。

5. 对事故发生负有责任的单位和个人的法律责任

事故发生单位对事故发生负有责任的,由有关部门依法暂扣或者吊销其有关证照;对事故发生单位负有事故责任的有关人员,依法暂停或者撤销其与安全生产有关的执业资格、岗位证书;事故发生单位主要负责人受到刑事处罚或者撤职处分的,自刑罚执行完毕或者受处分之日起,5年内不得担任任何生产经营单位的主要负责人。

为发生事故的单位提供虚假证明的中介机构,由有关部门依法暂扣或者吊销其有关证照及其相关人员的执业资格;构成犯罪的,依法追究刑事责任。

6. 参与事故调查的人员的法律责任

参与事故调查的人员在事故调查中有下列行为之一的,依法给予处分;构成犯罪的,依法追究刑事责任:对事故调查工作不负责任,致使事故调查工作有重大疏漏的;包庇、袒护负有事故责任的人员或者借机打击报复的。

7. 政府相关部门有关责任人的法律责任

违反《生产安全事故报告和调查处理条例》规定,有关地方人民政府或者有关部门故意拖延或者拒绝落实经批复的对事故责任人的处理意见的,由监察机关对有关责任人员依法给予处分。

第4节 事故隐患排查治理与安全生产举报奖励

《安全生产事故隐患排查治理暂行规定》经2007年12月22日国家安全生产监督管理总局局长办公会议审议通过,自2008年2月1日起施行。共5章32条。立法目的是建立安全生产事故隐患排查治理长效机制,强化安全生产主体责任,加强事故隐患监督管理,防止和减少事故,保障人民群众生命财产安全。

国家安全生产监督管理总局、财政部联合发布的《安全生产举报奖励办法》,自2012年5月2日起施行。共19条,立法目的是加强安全生产领域的社会监督,鼓励举报安全生产重大事故隐患和非法违法行为,及时发现并排除重大事故隐患,制止和惩处非法违法行为。

一、事故隐患与排查治理

1. 事故隐患

事故隐患是指生产经营单位违反安全生产法律、法规、规章、标准、规程和安全生产管理制度的规定,或者因其他因素在生产经营活动中存在可能导致事故发生的物的危险状态、人的不安全行为和管理上的缺陷。

2. 事故隐患分类

事故隐患分为一般事故隐患和重大事故隐患。一般事故隐患是指危害和整改难度较小，发现后能够立即整改排除的隐患；重大事故隐患是指危害和整改难度较大，应当全部或者局部停产停业，并经过一定时间整改治理方能排除的隐患，或者因外部因素影响致使生产经营单位自身难以排除的隐患。

3. 事故隐患排查治理

事故隐患排查治理和监督管理工作坚持"安全第一、预防为主、综合治理"的方针，遵循"谁主管谁负责，谁审批谁负责，谁受益谁负责"的原则，实行属地为主、分级分类管理。生产经营单位应当建立健全事故隐患排查治理制度。生产经营单位主要负责人对本单位事故隐患排查治理工作全面负责。

4. 事故隐患排查治理的重点范围

①煤矿、非煤矿山、危险化学品、烟花爆竹、民用爆炸物品、建筑施工、冶金、建材、有色、石油、电力、船舶、机械等工矿企业及其生产、储运、经营等各类设备设施；②道路交通、水运、铁路、城市轨道交通、民航等行业生产经营单位、站点、场所及设施，以及城市基础设施等；③渔业、农机、水利等行业的生产经营单位、场所及设施；④商场、公共娱乐场所、旅游景点、学校、医院、宾馆、饭店、网吧、公园、劳动密集型企业等人员密集场所；⑤锅炉、压力容器、压力管道、电梯、起重机械、客运索道、大型游乐设施和厂内专用机动车辆等特种设备；⑥易受暴雨、洪涝、暴雪、雷电、泥石流、山体滑坡等自然灾害影响企业、单位和场所；⑦近年来事故多发的地区和单位；⑧作业场所存在粉尘和使用高毒物品等职业危害的生产经营单位；⑨地方政府及安全生产监督管理部门认为有必要的其他生产经营单位。

5. 事故隐患监督管理

各级安全生产监管监察部门按照职责对所辖区域内生产经营单位排查治理事故隐患工作依法实施综合监督管理；各级人民政府有关部门在各自职责范围内对生产经营单位排查治理事故隐患工作依法实施监督管理。任何单位和个人发现事故隐患，均有权向安全生产监管监察部门和有关部门报告。安全生产监管监察部门接到事故隐患报告后，应当按照职责分工立即组织核实并予以查处；发现所报告事故隐患应当由其他有关部门处理的，应当立即移送有关部门并记录备查。

二、重点行业领域安全生产重大事故隐患

1. 煤矿安全生产重大事故隐患

①超能力、超强度或者超定员组织生产；②瓦斯超限作业；③煤与瓦斯突出矿井，未依照规定实施防突出措施；④高瓦斯矿井未建立瓦斯抽采系统和监控系统，或者不能正常运行；⑤通风系统不完善、不可靠；⑥有严重水患，未采取有效措施；⑦超层越界开采；⑧有冲击地压危险，未采取有效措施；⑨自然发火严重，未采取有效措施；⑩使用明令禁止使用或者淘汰的设备、工艺；⑪煤矿没有双回路供电系统；⑫新建煤矿边建设边生产，煤矿改扩建期间，在改扩建的区域生产，或者在其他区域的生产超出安全设计规定的范围和规模；⑬煤矿实行整体承包生产经营后，未重新取得或者及时变更安全生产许可证而从事生产，或者承包方再次转包，以及将井下采掘工作面和井巷维修作业进行劳务承包；⑭煤矿改制期间，未明确安全生产责任人和安全管

理机构,或者在完成改制后,未重新取得或者变更采矿许可证、安全生产许可证和营业执照;⑮其他重大事故隐患。

2. 金属、非金属地下矿山重大生产安全事故隐患

①安全出口不符合国家标准、行业标准或设计要求;②使用国家明令禁止使用的设备、材料和工艺;③相邻矿山的井巷相互贯通;④没有及时填绘图,现状图与实际严重不符;⑤露天转地下开采,地表与井下形成贯通,未按照设计要求采取相应措施;⑥地表水系穿过矿区,未按照设计要求采取防治水措施;⑦排水系统与设计要求不符,导致排水能力降低;⑧井口标高在当地历史最高洪水位1 m以下,未采取相应防护措施;⑨水文地质类型为中等及复杂的矿井没有设立专门防治水机构、配备探放水作业队伍或配齐专用探放水设备;⑩水文地质类型复杂的矿山关键巷道防水门设置与设计要求不符;⑪有自燃发火危险的矿山,未按照国家标准、行业标准或设计采取防火措施;⑫在突水威胁区域或可疑区域进行采掘作业,未进行探放水;⑬受地表水倒灌威胁的矿井在强降雨天气或其来水上游发生洪水期间,不实施停产撤人;⑭相邻矿山开采错动线重叠,未按照设计要求采取相应措施;⑮开采错动线以内存在居民村庄,或存在重要设备设施时未按照设计要求采取相应措施;⑯擅自开采各种保安矿柱或其形式及参数劣于设计值;⑰未按照设计要求对生产形成的采空区进行处理;⑱具有严重地压条件,未采取预防地压灾害措施;⑲巷道或者采场顶板未按照设计要求采取支护措施;⑳矿井未按照设计要求建立机械通风系统,或风速、风量、风质不符合国家标准或行业标准的要求;㉑未配齐具有矿用产品安全标志的便携式气体检测报警仪和自救器;㉒提升系统的防坠器、阻车器等安全保护装置或信号闭锁措施失效,未定期试验或检测检验;㉓一级负荷没有采用双回路或双电源供电,或单一电源不能满足全部一级负荷需要;㉔地面向井下供电的变压器或井下使用的普通变压器采用中性接地。

3. 金属、非金属露天矿山重大生产安全事故隐患

①地下转露天开采,未探明采空区或未对采空区实施专项安全技术措施;②使用国家明令禁止使用的设备、材料和工艺;③未采用自上而下、分台阶或分层的方式进行开采;④工作帮坡角大于设计工作帮坡角,或台阶高度超过设计高度;⑤擅自开采或破坏设计规定保留的矿柱、岩柱和挂帮矿体;⑥未按标准对采场边坡、排土场稳定性进行评估;⑦高度200 m及以上的边坡或排土场未进行在线监测;⑧边坡存在滑移现象;⑨上山道路坡度大于设计坡度10%以上;⑩封闭圈深度30 m及以上的凹陷露天矿山,未按照设计要求建设防洪、排洪设施;⑪雷雨天气实施爆破作业;⑫危险级排土场。

4. 尾矿库重大生产安全事故隐患

①库区和尾矿坝上存在未按批准的设计方案进行开采、挖掘、爆破等活动;②坝体出现贯穿性横向裂缝,且出现较大范围管涌、流土变形,坝体出现深层滑动迹象;③坝外坡比陡于设计坡比;④坝体超过设计坝高,或超设计库容储存尾矿;⑤尾矿堆积坝上升速率大于设计堆积上升速率;⑥未按法规、国家标准或行业标准对坝体稳定性进行评估;⑦浸润线埋深小于控制浸润线埋深;⑧安全超高和干滩长度小于设计规定;⑨排洪系统构筑物严重堵塞或坍塌,导致排水能力急剧下降;⑩设计以外的尾矿、废料或者废水入库;⑪多种矿石性质不同的尾砂混合排放时,未按设计要求进行排放;⑫冬季未按照设计要求采用冰下放矿作业。

5. 化工和危险化学品生产经营单位重大生产安全事故隐患

①危险化学品生产、经营单位主要负责人和安全生产管理人员未依法经考核合格;②特种

作业人员未持证上岗;③涉及"两重点一重大"(指安监部门重点监管的危险化工工艺、重点监管的危险化学品和重大危险源的监管)的生产装置、储存设施外部安全防护距离不符合国家标准要求;④涉及重点监管危险化工工艺的装置未实现自动化控制,系统未实现紧急停车功能,装备的自动化控制系统、紧急停车系统未投入使用;⑤构成一级、二级重大危险源的危险化学品罐区未实现紧急切断功能;涉及毒性气体、液化气体、剧毒液体的一级、二级重大危险源的危险化学品罐区未配备独立的安全仪表系统;⑥全压力式液化烃储罐未按国家标准设置注水措施;⑦液化烃、液氨、液氯等易燃易爆、有毒有害液化气体的充装未使用万向管道充装系统;⑧光气、氯气等剧毒气体及硫化氢气体管道穿越除厂区外的公共区域;⑨地区架空电力线路穿越生产区且不符合国家标准要求;⑩在役化工装置未经正规设计且未进行安全设计诊断;⑪使用淘汰落后安全技术工艺、设备目录列出的工艺、设备;⑫涉及可燃和有毒有害气体泄漏的场所未按国家标准设置检测报警装置,爆炸危险场所未按国家标准安装使用防爆电气设备;⑬控制室或机柜间面向具有火灾、爆炸危险性装置一侧不满足国家标准关于防火防爆的要求;⑭化工生产装置未按国家标准要求设置双重电源供电,自动化控制系统未设置不间断电源;⑮安全阀、爆破片等安全附件未正常投用;⑯未建立与岗位相匹配的全员安全生产责任制或者未制订实施生产安全事故隐患排查治理制度;⑰未制订操作规程和工艺控制指标;⑱未按照国家标准制订动火、进入受限空间等特殊作业管理制度,或者制度未有效执行;⑲新开发的危险化学品生产工艺未经小试、中试、工业化试验直接进行工业化生产;国内首次使用的化工工艺未经过省级政府有关部门组织的安全可靠性论证;新建装置未制订试生产方案投料开车;精细化工企业未按规范性文件要求开展反应安全风险评估;⑳未按国家标准分区分类储存危险化学品,超量、超品种储存危险化学品,相互禁配物质混放混存。

6. 烟花爆竹生产经营单位重大生产安全事故隐患

①主要负责人、安全生产管理人员未依法经考核合格;②特种作业人员未持证上岗,作业人员带药检维修设备设施;③职工自行携带工器具、机器设备进厂进行涉药作业;④工(库)房实际作业人员数量超过核定人数;⑤工房实际滞留、存储药量超过核定药量;⑥工房内、外部安全距离不足,防护屏障缺失或者不符合要求;⑦防静电、防火、防雷设备设施缺失或者失效;⑧擅自改变工房用途或者违规私搭乱建;⑨工厂围墙缺失或者分区设置不符合国家标准;⑩将氧化剂、还原剂同库储存、违规预混或者在同一工房内粉碎、称量;⑪在用涉药机械设备未经安全性论证或者擅自更改、改变用途;⑫中转库、药物总库和成品总库的存储能力与设计产能不匹配;⑬未建立与岗位相匹配的全员安全生产责任制或者未制订实施生产安全事故隐患排查治理制度;⑭出租、出借、转让、买卖、冒用或者伪造许可证;⑮生产经营的产品种类、危险等级超许可范围或者生产使用违禁药物;⑯分包转包生产线、工房、库房组织生产经营;⑰一证多厂或者多股东各自独立组织生产经营;⑱许可证过期、整顿改造、恶劣天气等停产停业期间组织生产经营;⑲烟花爆竹仓库存放其他爆炸物等危险物品或者生产经营违禁超标产品;⑳零售点与居民居住场所设置在同一建筑物内或者在零售场所使用明火。

7.工贸行业专项类重大事故隐患

(1)存在粉尘爆炸危险的行业领域

①粉尘爆炸危险场所设置在非框架结构的多层建构筑物内,或与居民区、员工宿舍、会议室等人员密集场所安全距离不足;②可燃性粉尘与可燃气体等易加剧爆炸危险的介质共用一套除尘系统,不同防火分区的除尘系统互联互通;③干式除尘系统未规范采用泄爆、隔爆、惰

化、抑爆等任一种控爆措施;④除尘系统采用正压吹送粉尘,且未采取可靠的防范点燃源的措施;⑤除尘系统采用粉尘沉降室除尘,或者采用干式巷道式构筑物作为除尘风道;⑥铝镁等金属粉尘及木质粉尘的干式除尘系统未规范设置锁气卸灰装置;⑦粉尘爆炸危险场所的20区未使用防爆电气设备设施;⑧在粉碎、研磨、造粒等易于产生机械点火源的工艺设备前,未按规范设置去除铁、石等异物的装置;⑨木制品加工企业,与砂光机连接的风管未规范设置火花探测报警装置;⑩未制订粉尘清扫制度,作业现场积尘未及时规范清理。

(2)使用液氨制冷的行业领域

①包装间、分割间、产品整理间等人员较多生产场所的空调系统采用氨直接蒸发制冷系统;②快速冻结装置未设置在单独的作业间内,且作业间内作业人员数量超过9人。

(3)有限空间作业相关的行业领域

①未对有限空间作业场所进行辨识,并设置明显安全警示标志;②未落实作业审批制度,擅自进入有限空间作业。

8. 工贸行业行业类重大事故隐患

(1)冶金行业

①会议室、活动室、休息室、更衣室等场所设置在铁水、钢水与液渣吊运影响的范围内;②吊运铁水、钢水与液渣起重机不符合冶金起重机的相关要求;炼钢厂在吊运重罐铁水、钢水或液渣时,未使用固定式龙门钩的铸造起重机,龙门钩横梁、耳轴销和吊钩、钢丝绳及其端头固定零件,未进行定期检查,发现问题未及时整改;③盛装铁水、钢水与液渣的罐等容器耳轴未按国家标准规定要求定期进行探伤检测;④冶炼、熔炼、精炼生产区域的安全坑内及熔体泄漏、喷溅影响范围内存在积水,放置有易燃易爆物品。金属铸造、连铸、浇铸流程未设置铁水罐、钢水罐、溢流槽、中间溢流罐等高温熔融金属紧急排放和应急储存设施;⑤炉、窑、槽、罐类设备本体及附属设施未定期检查,出现严重焊缝开裂、腐蚀、破损、衬砖损坏、壳体发红及明显弯曲变形等未报修或报废,仍继续使用;⑥氧枪等水冷元件未配置出水温度与进出水流量差检测、报警装置及温度监测,未与炉体倾动、氧气开闭等联锁;⑦煤气柜建设在居民稠密区,未远离大型建筑、仓库、通信和交通枢纽等重要设施;附属设备设施未按防火防爆要求配置防爆型设备;柜顶未设置防雷装置;⑧煤气区域的值班室、操作室等人员较集中的地方,未设置固定式一氧化碳监测报警装置;⑨高炉、转炉、加热炉、煤气柜、除尘器等设施的煤气管道未设置可靠隔离装置和吹扫设施;⑩煤气分配主管上支管引接处,未设置可靠的切断装置;车间内各类燃气管线,在车间入口未设置总管切断阀;⑪金属冶炼企业主要负责人和安全生产管理人员未依法经考核合格。

(2)有色行业

①吊运铜水等熔融有色金属及渣的起重机不符合冶金起重机的相关要求;横梁、耳轴销和吊钩、钢丝绳及其端头固定零件,未进行定期检查,发现问题未及时处理;②会议室、活动室、休息室、更衣室等场所设置在铜水等熔融有色金属及渣的吊运影响范围内;③盛装铜水等熔融有色金属及渣的罐等容器耳轴未定期进行检测;④铜水等高温熔融有色金属冶炼、精炼、铸造生产区域的安全坑内及熔体泄漏、喷溅影响范围内存在非生产性积水;熔体容易喷溅到的区域,放置有易燃易爆物品;⑤铜水等熔融有色金属铸造、浇铸流程未设置紧急排放和应急储存设施;⑥高温工作的熔融有色金属冶炼炉窑、铸造机、加热炉及水冷元件未设置应急冷却水源等冷却应急处置措施;⑦冶炼炉窑的水冷元件未配置温度、进出水流量差检测及报警装置;未设

置防止冷却水大量进入炉内的安全设施;⑧炉、窑、槽、罐类设备本体及附属设施未定期检查,出现严重焊缝开裂、腐蚀、破损、衬砖损坏、壳体发红及明显弯曲变形等未报修或报废,仍继续使用;⑨使用煤气的烧嘴等燃烧装置,未设置防突然熄火或点火失败的快速切断阀,以切断煤气;⑩金属冶炼企业主要负责人和安全生产管理人员未依法经考核合格。

（3）建材行业

①水泥工厂煤磨袋式收尘器未设置温度和一氧化碳监测,或未设置气体灭火装置;②水泥工厂筒型储存库人工清库作业外包给不具备高空作业工程专业承包资质的承包方且作业前未进行风险分析;③燃气窑炉未设置燃气低压警报器和快速切断阀,或易燃易爆气体聚集区域未设置监测报警装置;④纤维制品三相电弧炉、电熔制品电炉,水冷构件泄漏;⑤进入筒型储库、磨机、破碎机、篦冷机、各种焙烧窑等有限空间作业时,未采取有效的防止电气设备意外启动、热气涌入等隔离防护措施;⑥玻璃窑炉、玻璃锡槽,水冷、风冷保护系统存在漏水、漏气,未设置监测报警装置。

（4）机械行业

①会议室、活动室、休息室、更衣室等场所设置在熔炼炉、熔融金属吊运和浇注影响范围内;②吊运熔融金属的起重机不符合冶金铸造起重机技术条件,或驱动装置中未设置两套制动器;吊运浇注包的龙门钩横梁、耳轴销和吊钩等零件,未进行定期探伤检查;③铸造熔炼炉炉底、炉坑及浇注坑等作业坑存在潮湿、积水状况,或存放易燃易爆物品;④铸造熔炼炉冷却水系统未配置温度、进出水流量检测报警装置,没有设置防止冷却水进入炉内的安全设施;⑤天然气加热炉燃烧器操作部位未设置可燃气体泄漏报警装置,或燃烧系统未设置防突然熄火或点火失败的安全装置;⑥使用易燃易爆稀释剂清洗设备设施,未采取有效措施及时清除集聚在地沟、地坑等有限空间内的可燃气体;⑦涂装调漆间和喷漆室未规范设置可燃气体报警装置和防爆电气设备设施。

（5）轻工行业

①食品制造企业涉及烘制、油炸等设施设备,未采取防过热自动报警切断装置和隔热防护措施;②白酒储存、勾兑场所未规范设置乙醇浓度检测报警装置;③纸浆制造、造纸企业使用水蒸气或明火直接加热钢瓶汽化液氯;④日用玻璃、陶瓷制造企业燃气窑炉未设燃气低压警报器和快速切断阀,或易燃易爆气体聚集区域未设置监测报警装置;⑤日用玻璃制造企业炉、窑类设备本体及附属设施出现开裂、腐蚀、破损、衬砖损坏、壳体发红及明显弯曲变形;⑥喷涂车间、调漆间未规范设置通风装置和防爆电气设备设施。

（6）纺织行业

①纱、线、织物加工的烧毛、开幅、烘干等热定型工艺的汽化室、燃气贮罐、储油罐、热媒炉等未与生产加工、人员密集场所明确分开或单独设置;②保险粉、双氧水、亚氯酸钠、雕白粉等危险品与禁忌物料混合贮存的;保险粉露天堆放,或储存场所未采取防水、防潮等措施。

（7）烟草行业

①熏蒸杀虫作业前,未确认无关人员全部撤离仓库,且作业人员未配置防毒面具;②使用液态二氧化碳制造膨胀烟丝的生产线和场所,未设置二氧化碳浓度报警仪、燃气浓度报警仪、紧急联动排风装置。

（8）商贸行业

在房式仓、筒仓及简易仓囤进行粮食进出仓作业时,未按照作业标准步骤或未采取有效防护措施作业。

三、生产经营单位事故隐患排查治理的职责

1. 事故隐患排查治理的责任主体

①生产经营单位应依照法律、法规、规章、标准和规程的要求从事生产经营活动。严禁非法从事生产经营活动;②生产经营单位是事故隐患排查、治理和防控的责任主体,其主要负责人对事故隐患的排查、分级、建档、报告、整改、效果评价和核销等工作全面负责;生产经营单位应建立健全事故隐患排查治理和建档监控等制度,逐级建立并落实从主要负责人到每个从业人员的隐患排查治理和监控责任制;③经营单位应保证事故隐患排查治理所需的资金,建立资金使用专项制度;④经营单位应定期组织安全生产管理人员、工程技术人员和其他相关人员排查本单位的事故隐患;对排查出的事故隐患,应按照事故隐患的等级进行登记,建立事故隐患信息档案,并按照职责分工实施监控治理;⑤经营单位应建立事故隐患报告和举报奖励制度,鼓励、发动职工发现和排除事故隐患,鼓励社会公众举报。对发现、排除和举报事故隐患的有功人员,应给予物质奖励和表彰。

2. 承包、承租单位事故隐患排查

经营单位将生产经营项目、场所、设备发包、出租的,应与承包、承租单位签订安全生产管理协议,并在协议中明确各方对事故隐患排查、治理和防控的管理职责。生产经营单位对承包、承租单位的事故隐患排查治理负有统一协调和监督管理的职责。

3. 事故隐患监督检查过程的配合

安全生产监管监察部门和有关部门的监督检查人员依法履行事故隐患监督检查职责时,生产经营单位应当积极配合,不得拒绝和阻挠。

4. 事故隐患排查的统计分析

经营单位应当每季、每年对本单位事故隐患排查治理情况进行统计分析,并分别于下一季度 15 日前和下一年 1 月 31 日前向安全监管监察部门和有关部门报送书面统计分析表。统计分析表应当由生产经营单位主要负责人签字。

5. 重大事故隐患报告

对于重大事故隐患,生产经营单位除依照规定报送外,应及时向安全监管监察部门和有关部门报告。重大事故隐患报告内容包括:隐患的现状及其产生原因;隐患的危害程度和整改难易程度分析;隐患的治理方案。

6. 一般事故隐患的整改

对排查出的一般事故隐患,企业应分类、建档和上报,并按照定措施、定人员、定时间的原则,由生产经营单位车间、分厂、区队等负责人立即组织整改,并做好记录。

7. 事故隐患治理方案

对排查出的重大隐患,生产经营单位主要负责人应组织安全生产管理、工程设备、技术人员进行认定,分级和上报。生产经营单位无条件认定,分级的,应委托具有相关资质的安全技术服务机构组织专家对事故隐患进行评估,确定重大事故隐患的等级并进行论证。重大隐患的治理应做到整改措施到位、资金到位、期限到位、责任人到位、应急预案到位。重大事故隐患治理方案应包括的内容:治理的目标和任务;采取的方法和措施;经费和物资的落实;负责治理的机构和人员;治理的时限和要求;安全措施和应急预案。

8.事故隐患治理过程应采取的安全防范措施

①在事故隐患治理过程中,应采取相应的安全防范措施,防止事故发生。事故隐患排除前或者排除过程中无法保证安全的,应从危险区域内撤出作业人员,疏散可能危及的其他人员,设置警戒标志,暂时停产停业或者停止使用;对暂时难以停产或者停止使用的相关生产储存装置、设施、设备,应当加强维护和保养,防止事故发生。②应加强对自然灾害的预防。对于因自然灾害可能导致事故灾难的隐患,应按照有关法律、法规要求排查治理,采取可靠的预防措施,制定应急预案。在接到有关自然灾害预报时,应及时向下属单位发出预警通知;发生自然灾害可能危及人员安全的情况时,应采取撤离人员、停止作业、加强监测等安全措施,并及时向当地政府及其有关部门报告。③地方政府或者安全监管监察部门及有关部门挂牌督办并责令全部或者局部停产停业治理的重大事故隐患,治理工作结束后,有条件的生产经营单位应当组织本单位的技术人员和专家对重大事故隐患的治理情况进行评估;其他生产经营单位应当委托具备相应资质的安全评价机构对重大事故隐患的治理情况进行评估。

四、事故隐患排查治理的监督检查

①安全生产监管监察部门应指导、监督生产经营单位按照有关法律、法规、规章、标准和规程的要求,建立健全事故隐患排查治理等各项制度。

②安全生产监管监察部门应建立事故隐患排查治理监督检查制度,定期组织对生产经营单位事故隐患排查治理情况开展监督检查;应加强对重点单位的事故隐患排查治理情况的监督检查。对检查过程中发现的重大事故隐患,应下达整改指令书,并建立信息管理台账。必要时,报告同级人民政府并对重大事故隐患实行挂牌督办。

③取得安全生产许可证的生产经营单位,在其被挂牌督办的重大事故隐患治理结束前,安全生产监管监察部门应加强监督检查。必要时,可以提请原许可证颁发机关依法暂扣其安全生产许可证。

④安全生产监管监察部门应会同有关部门把重大事故隐患整改纳入重点行业领域的安全专项整治中加以治理,落实相应责任。

⑤挂牌督办并采取全部或者局部停产停业治理的重大事故隐患,安全生产监管监察部门收到生产经营单位恢复生产的申请报告后,应在10日内进行现场审查。审查合格的,对事故隐患进行核销,同意恢复生产经营;审查不合格的,依法责令改正或者下达停产整改指令。对整改无望或者生产经营单位拒不执行整改指令的,依法实施行政处罚;不具备安全生产条件的,依法提请县级以上政府按照国务院规定的权限予以关闭。

⑥安全生产监管监察部门应每季将本行政区域重大事故隐患的排查治理情况和统计分析表逐级报至省级安全监管监察部门备案。省级安全生产监管监察部门应当每半年将本行政区域重大事故隐患的排查治理情况和统计分析表报国家安全生产监督管理总局备案。

五、事故隐患排查治理的法律责任

1.经营单位及主要负责人的法律责任

①经营单位及其主要负责人未履行事故隐患排查治理职责,导致发生生产安全事故的,依法给予行政处罚。②经营单位有下列行为之一的,由安全监管监察部门给予警告,并处3万元以下的罚款:未建立安全生产事故隐患排查治理等各项制度的;未按规定上报事故隐患排查治

理统计分析表的;未制定事故隐患治理方案的;重大事故隐患不报或者未及时报告的;未对事故隐患进行排查治理擅自生产经营的;整改不合格或者未经安全监管监察部门审查同意擅自恢复生产经营的。

2. 技术服务机构的法律责任

安全生产技术服务机构出具虚假评价证明,尚不够刑事处罚的,没收违法所得,违法所得在5 000元及以上的,并处违法所得2万元以上5万元以下的罚款,没有违法所得或者违法所得不足5 000元的,单处或者并处5 000元以上2万元以下的罚款,同时可对其直接负责的主管人员和其他直接责任人员处5 000元以上5万元以下的罚款;给他人造成损害的,与生产经营单位承担连带赔偿责任。对有出具虚假评价证明等行为的技术服务机构,撤销其相应的资质。

3. 经营单位的法律责任

经营单位事故隐患排查治理过程中违反有关安全生产法律、法规、规章、标准和规程规定的,依法给予行政处罚。

4. 监管监察部门的法律责任

监管监察部门的工作人员未依法履行职责的,按照有关规定处理。

六、安全生产非法违法行为

1. 安全生产非法行为

安全生产非法行为是指公民、法人或者其他组织未依法取得安全监管监察部门负责的行政许可,擅自从事生产经营建设活动的行为,或者行政许可已经失效,继续从事生产经营建设活动的行为。

2. 安全生产违法行为

安全生产违法行为是指生产经营单位及其从业人员违反安全生产法律、法规、规章、强制性国家标准或者行业标准的规定,从事生产经营建设活动的行为。

3. 重点安全生产非法违法行为

安全生产非法违法行为重点包括以下情形和行为:①无证、证照不全或者证照过期从事生产经营、建设活动的;未依法取得批准或者验收合格,擅自从事生产经营活动的;关闭取缔后又擅自从事生产经营、建设活动的;停产整顿、整合技改未经验收擅自组织生产和违反建设项目安全设施"三同时"规定的。②未依法对从业人员进行安全生产教育培训,或者特种作业人员未依法取得特种作业操作资格证书而上岗作业的;与从业人员订立劳动合同,免除或者减轻其对从业人员因生产安全事故伤亡依法应承担的责任的。③将生产经营项目、场所、设备发包或者出租给不具备安全生产条件或者相应资质的单位或者个人,或者未与承包单位、承租单位签订专门的安全生产管理协议或者未在承包合同、租赁合同中明确各自的安全生产管理职责,或者未对承包、承租单位的安全生产进行统一协调、管理的。④未对危险物品进行管理或者使用国家明令淘汰、禁止的危及生产安全的工艺、设备的。⑤承担安全评价、认证、检测、检验工作的机构出具虚假证明的。⑥生产安全事故瞒报、谎报以及重大隐患隐瞒不报,或者不按规定期限予以整治的,或者生产经营单位主要负责人在发生伤亡事故后逃匿的。⑦其他安全生产非法违法行为。

七、举报人举报

1. 举报原则

任何单位、组织和个人有权向县级以上政府负责安全生产监督管理的部门和其他负有安全生产监督管理职责的部门举报安全生产重大事故隐患和非法违法行为,其中涉及煤矿安全生产重大事故隐患和非法违法行为的,直接向国家煤矿安全监察机构及其设在省级和矿区煤矿安全监察机构举报。举报奖励活动应遵循方便群众、分级负责、适当奖励的原则。

2. 举报人举报

举报人举报的安全生产重大事故隐患和非法违法行为,属于安全监管部门没有发现,或者虽然发现但未按有关规定依法处理,经核查属实的,给予举报人现金奖励。举报事项应客观真实,举报人对举报内容的真实性负责,不得捏造、歪曲事实,不得诬告、陷害他人。举报人可以通过安全生产举报投诉特服电话"12350",或者以书信、电子邮件、传真、走访等方式举报安全生产重大事故隐患和非法违法行为。

八、举报处理工作

安全监管部门应建立健全安全生产重大事故隐患和非法违法行为举报的受理、核查、处理、协调、督办、移送、答复、统计和报告制度,并向社会公开通信地址、邮政编码、电子邮箱、传真电话和奖金领取办法。

举报处理工作应遵循的原则:

①调查核实情况时,不得出示举报材料原件或者复印件,不得暴露举报人;除调查工作需要外,不准对手写的匿名信函鉴定笔迹;②宣传报道和奖励举报有功人员,除本人同意外,不得公开举报人的姓名、单位;③在调查核实结束后 10 日内,除无法联系举报人外,应当采取适当方式向举报人反馈核查结果。

核查处理举报事项以及对举报人的奖励,规定:

①地方各级政府安全监管部门负责受理本行政区域内的举报事项;②地市级以上安全监管部门、国家安全监管部门可以直接核查处理辖区内的举报事项;③国家煤矿安全监察机构设在省级的煤矿安全监察机构以及设在矿区的分支机构,负责所辖区域内各类煤矿的举报事项;④地方政府负责煤矿安全生产监督管理的部门与煤矿安全监察机构在核查煤矿举报事项之前,应当相互沟通,避免重复核查和奖励;⑤举报事项不属于本单位受理范围的,接到举报的安全监管部门应当告知举报人向有处理权的单位举报,或者将举报材料移送有处理权的单位,并采取适当方式告知举报人;⑥受理举报的安全监管部门应当及时核查处理举报事项,自受理之日起 60 日内办结;情况复杂的,经上一级安全监管部门批准,可以适当延长核查处理时间,但延长期限不得超过 30 日,并告知举报人延期理由。

九、实名举报人的奖励

①经调查属实的,受理举报的安全监管部门应按规定对有功实名举报人给予现金奖励:对举报安全生产重大事故隐患、安全生产非法违法行为的,奖励 1 000 元至 1 万元;对举报瞒报、谎报一般事故的,奖励 3 000 元至 5 000 元;举报瞒报、谎报较大事故的,奖励 5 000 元至 1 万元;举报瞒报、谎报重大事故的,奖励 1 万元至 2 万元;举报瞒报、谎报特别重大事故的,奖励 3

万元。

②多人多次举报同一事项的,由最先受理举报的安全监管部门给予有功的实名举报人一次性奖励。多人联名举报同一事项的,奖金可以平均分配,由实名举报的第一署名人或者第一署名人书面委托的其他署名人领取奖金。

③举报人接到领奖通知后,应当在60日内凭举报人有效证件到指定地点领取奖金;无法通知举报人的,受理举报的安全监管部门可以在一定范围内进行公告。逾期未领取奖金者,视为放弃领奖权利;能够说明理由的,可以适当延长领取时间。

④奖金的具体数额由负责核查处理举报事项的安全监管部门根据具体情况确定,并报上一级安全监管部门备案。给予举报人的奖金纳入同级财政预算。

⑤受理举报的安全监管部门应当依法保护举报人的合法权益并为其保密。严禁泄露举报人的姓名、工作单位、家庭住址等情况;严禁将举报材料和举报人的有关情况透露或者转给被举报单位和被举报人。

第5节 建设工程安全生产管理

一、立法目的

2003年11月24日国务院发布《建设工程安全生产管理条例》,自2004年2月1日起施行。共8章71条。

立法目的是加强建设工程安全生产监督管理,保障人民群众生命和财产安全。

二、遵循的基本原则

1. "安全第一、预防为主、综合治理"的原则

建设工程安全生产管理突出"安全第一、预防为主、综合治理"的原则,肯定了安全生产在建筑活动中的首要位置和重要性,体现了控制和防范。建设单位、勘察单位、设计单位、施工单位、工程监理单位及其他与建设工程安全生产有关的单位,必须遵守安全生产法律、法规的规定,保证建设工程安全生产,依法承担建设工程安全生产责任。

2. 以人为本,维护作业人员合法权益的原则

对施工单位在提供安全防护设施、安全教育培训、为施工人员办理意外伤害保险、作业与生活环境标准等方面作了明确规定。垂直运输机械作业人员、安装拆卸工、爆破作业人员、起重信号工、登高架设作业人员等特种作业人员,必须按照国家有关规定经过专门的安全作业培训,并取得特种作业操作资格证书后,方可上岗作业。施工单位不得在尚未竣工的建筑物内设置员工集体宿舍。施工现场临时搭建的建筑物应当符合安全使用要求。施工现场使用的装配式活动房屋应当具有产品合格证。施工单位应当为施工现场从事危险作业的人员办理意外伤害保险。意外伤害保险费由施工单位支付。实行施工总承包的,由总承包单位支付意外伤害保险费。意外伤害保险期限自建设工程开工之日起至竣工验收合格止。

3. 实事求是的原则

在坚持法律制度统一性的前提下,对重要安全施工方案专家审查制度、专职安全人员配备

等作了原则性的规定。施工单位应当设立安全生产管理机构,配备专职安全生产管理人员。专职安全生产管理人员负责对安全生产进行现场监督检查。发现安全事故隐患,应当及时向项目负责人和安全生产管理机构报告;对违章指挥、违章操作的,应当立即制止。

4. 现实性和前瞻性相结合的原则

突出现实性和前瞻性相结合原则,注重保持法规、政策的连续性和稳定性,符合建设工程安全管理的发展趋势。

5. 权责一致的原则

明确了国家有关部门和建设行政主管部门对建设工程安全生产监督管理的主要职能、权限,并明确规定了相应的法律责任;对工作人员不依法履行监督管理职责给予的行政处分及追究刑事责任的范围。

三、建设单位的安全责任

1. 规定建设单位安全责任的必要性

①建设单位是建筑工程的投资主体,在建筑活动中居于主导地位。作为业主和甲方,建筑单位有权选择勘察、设计、施工、工程监理的单位,可以自行选购施工所需的主要建筑材料,检查工程质量、控制进度、监督工程款使用,对施工的各个环节实行综合管理。

②因建设单位的市场行为不规范所造成的事故居多,必须依法规范。有的建设单位为降低工程造价,不择手段地追求利润最大化,在招投标中压价,将工程发包价压低于成本价。为降低成本,向勘察、设计和监理单位提出违法要求,强令施工单位压缩工期,偷工减料,搞"豆腐渣工程";将工程交给不具备资质和安全条件的单位或者个人施工或者拆除。因此,必须依法规范建设单位的安全责任。

2. 建设单位应当如实向施工单位提供有关施工资料

建设单位应当向施工单位提供施工现场及毗邻区域内供水、排水、供电、供气、供热、通信、广播电视等地下观测资料,相邻建筑物和构筑物、地下工程的有关资料,并保证资料的真实、准确、完整。

3. 建设单位不得向有关单位提出非法要求,不得压缩合同工期

建设单位不得对勘察、设计、施工、工程监理等单位提出不符合建设工程安全生产法律、法规和强制性标准规定的要求,不得要求压缩合同的工期。遵守建设工程安全生产法律、法规和安全标准,是建设单位的法定义务。

4. 必须保证必要的安全投入

建设单位在编制工程概算时,应当确定建设工程安全作业环境及安全施工所需要费用。要保证建设施工安全,必须要有相应的资金投入。安全投入不足的直接结果,必然是降低工程造价,不具备安全生产条件,甚至导致建设施工事故的发生。

5. 不得明示或者暗示施工单位购买不符合安全要求的设备、设施、器材和用具

国家对严重危及生产安全的工艺、设备实行淘汰制度。生产经营单位不得使用国家明令淘汰、禁止使用的危及生产安全的工艺、设备。

建设单位不得明示或者暗示施工单位购买、租赁、使用不符合安全施工要求的安全防护用具、机械设备、施工机具及配件、消防设施和器材。

为了确保工程质量和施工安全,施工单位应当严格按照勘察设计文件、施工工艺和施工规

范的要求选用符合国家质量标准、卫生标准和环保标准的安全防护用具、机械设备、施工机具及配件、消防设施和器材。

6. 开工前报送有关安全施工措施的资料

建设单位在申请领取施工许可证前,应当提供安全施工措施的资料:施工现场总平面布置图;临时设施规划方案和已搭建情况;施工现场安全防护设施搭设计划;施工进度计划,安全措施费用计划;施工组织设计;拟进入现场使用的起重机械设备的型号、数量;工程项目负责人、安全管理人员和特种作业人员持证上岗情况;建设单位安全监督人员和工程监理人员的花名册。

7. 关于拆除工程的特殊规定

为了规范拆除工程安全,建设单位应当将拆除工程报送建设工程所在地县级以上人民政府建设行政主管部门或者其他有关部门备案:施工单位资质等级证明;拟拆除建筑物、构筑物及可能危及毗邻建筑的说明;拆除施工组织方案;堆放、清除废弃物的措施。

实施爆破作业时,应当遵守国家有关民用爆炸物品管理的规定。

四、勘察设计监理及有关单位的安全责任

建设工程具有投资规模大、建设周期长、生产环节多、参与主体多等特点。安全生产是贯穿于工程建设的勘察、设计、工程监理及其他有关单位的活动。勘察单位的勘察文件是设计和施工的基础材料和重要依据,勘察文件的质量又直接关系到设计工程质量和安全性能。设计单位的设计文件质量又关系到施工安全操作、安全防护以及作业人员和建设工程的主体结构安全。

1. 勘察单位的安全责任

建设工程勘察是指根据工程要求,查明、分析、评价建设场地的地质地理环境特征和岩土工程条件,编制建设工程勘察文件的活动。勘察单位的注册资本、专业技术人员、技术装备和业绩应当符合规定,取得相应等级资质证书后,在许可范围内从事勘察活动。勘察必须满足工程强制性标准的要求。

2. 设计单位的安全责任

设计单位必须取得相应的等级资质证书,在许可范围内承揽设计业务。设计单位必须依法和标准进行设计,保证设计质量和施工安全。采用新结构、新材料、新工艺的建设工程以及特殊结构的工程,设计单位应当提出保障施工作业人员安全和预防生产安全事故的措施建议。设计单位和注册建造师等注册执业人员应当对其设计负责。

3. 工程监理单位的安全责任

工程监理单位应当审查施工组织设计中的安全技术措施或者专项施工方案是否符合工程建设强制性标准。工程监理单位在实施监理过程中,发现事故隐患的,应当要求施工单位整改;情节严重的,应当要求施工单位停止施工,并及时报告建设单位。施工单位拒不整改或者不停止施工的,对建设工程安全生产承担监理职责。

4. 有关单位的安全责任

为建设工程提供机械设备和配件的单位,应当按照安全施工的要求配备齐全有效的保险、限位等安全设施和装置。

出租单位的安全责任:一是出租的机械设备和施工机具及配件,应当具有生产(制造)许可证、产品合格证;二是出租单位应当对出租的机械设备和施工机具及配件的安全性能进行检测,在签订租赁协议时,应当出具检测合格证明;三是禁止出租检测不合格的机械设备和施工机具及配件。

现场安装、拆卸单位的安全责任:一是在施工现场安装、拆卸施工起重机械和整体提升脚手架、模板等自升式架设设施,必须由具有相应资质的单位承担;二是安装、拆卸施工起重机械和整体提升脚手架、模板等自升式架设设施,应当编制拆装方案、制定安全施工措施,并由专业技术人员现场监督;三是施工起重机械和整体提升脚手架、模板等自升式架设设施安装完毕后,安装单位应当自检,出具自检合格证明,并向施工单位进行安全使用说明,由施工单位办理验收手续并签字。

五、施工单位的安全责任

施工单位是工程建设活动的重要主体之一,在施工安全中居于核心地位,是绝大部分生产安全事故的直接责任方。

1. 施工单位的安全资质

承包建筑工程的单位应当持有依法取得的资质证书,并在其资质等级许可的业务范围内承揽工程。禁止建筑施工企业超越本企业资质等级许可的业务范围或者以任何形式用其他建筑施工企业的名义承揽工程。禁止建筑施工企业以任何形式允许其他单位或者个人使用本企业的资质证书、营业执照,以本企业的名义承揽工程。

施工单位从事建设工程的新建、扩建、改建和拆除等活动,应当具备国家规定的注册资本、专业技术人员、技术装备和安全生产等条件,依法取得相应等级的资质证书,并在其资质等级许可的范围内承揽工程。

2. 主要负责人和项目负责人的安全责任

(1)施工单位主要负责人的安全责任

施工单位主要负责人依法对本单位的安全生产工作全面负责。施工单位应当建立健全安全生产责任制度和安全生产教育培训制度,制定安全生产规章制度和操作规程,保证本单位安全生产条件所需资金的投入,对所承担的建设工程进行定期和专项安全检查,并作好安全检查记录。

(2)项目负责人的安全责任

施工单位项目负责人在工程项目施工过程中处于生产经营单位主要负责人的地位,应当对建设工程项目的安全生产负责。项目负责人在施工活动过程中占有非常重要的地位,代表施工企业法定代表人对项目组织实施过程中劳动力的调配、资金的使用、建筑材料的购进等行使决策权。

(3)安全管理机构和安全管理人员的配备

施工单位应当设立安全生产管理机构,配备专职安全生产管理人员。专职安全生产管理人员负责对安全生产进行现场监督检查。发现安全事故隐患,应当及时向项目负责人和安全生产管理机构报告;对违章指挥、违章操作的,应当立即制止。

(4)总承包单位与分承包单位的安全管理

建设工程实行施工总承包的,由总承包单位对施工现场的安全生产负总责。总承包单位应当自行完成建设工程主体结构的施工。总承包单位依法将建设工程分包给其他单位的,分包合同中应当明确各自的安全生产方面的权利、义务。总承包单位和分包单位对分包工程的安全生产承担连带责任。分包单位应当服从总承包单位的安全生产管理,分包单位不服从管理导致生产安全事故的,由分包单位承担主要责任。

（5）特种作业人员的资格管理

建设施工特种作业人员直接从事建设施工特种作业,具有较大的危险性。他们的安全素质和安全技能,直接关系到施工安全。因此,垂直运输机械作业人员、安装拆卸工、爆破作业人员、起重信号工、登高架设作业人员等特种作业人员,必须按照国家有关规定经过专门的安全作业培训,并取得特种作业操作资格证书后,方可上岗作业。

（6）安全警示标志和危险部位的安全防护措施

施工单位应当在施工现场入口处、施工起重机械、临时用电设施、脚手架、出入通道口、楼梯口、电梯井口、孔洞口、桥梁口、隧道口、基坑边沿、爆破物及有害危险气体和液体存放处等危险部位,设置明显安全警示标志。安全警示标志必须符合国家标准。

施工单位应当根据不同施工阶段和周围环境及季节、气候的变化,在施工现场采取相应的安全施工措施。施工现场暂时停止施工的,施工单位应当做好现场防护,所需费用由责任方承担或者按照合同约定执行。

（7）施工现场的安全管理

施工单位对因建设工程施工可能造成损害的毗邻建筑物、构筑物和地下管线等,应当采取专项防护措施。施工单位应当遵守有关环境保护法律、法规的规定,在施工现场采取措施,防止或者减少粉尘、废气、废水、固体废物、噪声、振动和施工照明对人和环境的危害和污染。在城市市区内的建设工程,施工单位应当对施工现场实行封闭围挡。

施工单位应当在施工现场建立消防安全责任制度,确定消防安全责任人,制定用火、用电、使用易燃易爆材料等各项消防安全管理制度和操作规程,设置消防通道、消防水源,配备消防设施和灭火器材,并在施工现场入口处设置明显标志。

施工单位应当向作业人员提供安全防护用具和安全防护服装,并书面告知危险岗位的操作规程和违章操作的危害。作业人员有权对施工现场的作业条件、作业程序和作业方式中存在的安全问题提出批评、检举和控告,有权拒绝违章指挥和强令冒险作业。在施工中发生危及人身安全的紧急情况时,作业人员有权立即停止作业或者在采取必要的应急措施后撤离危险区域。作业人员应当遵守安全施工的强制性标准、规章制度和操作规程,正确使用安全防护用具、机械设备等。

（8）人身意外伤害保险

施工单位应当为施工现场从事危险作业的人员办理意外伤害保险。意外伤害保险费由施工单位支付。实行施工总承包的,由总承包单位支付意外伤害保险费。意外伤害保险期限自建设工程开工之日起至竣工验收合格止。

六、建设工程安全生产监督管理

1. 建筑施工安全生产的监督管理职责划分

（1）建设工程安全生产综合监督管理

国务院负责安全生产监督管理的部门对全国建设工程安全生产工作实施综合监督管理。县级以上负责安全生产监督管理的部门对本行政区域内建设工程安全生产工作实施综合监督管理。

（2）建设工程安全生产专项监督管理

国务院建设行政主管部门对全国的建设工程安全生产实施监督管理。国务院交通、水利等有关部门按照国务院规定的职责分工,负责有关专业建设工程安全生产的监督管理。县级以上建设行政主管部门对本行政区域内的建设工程安全生产实施监督管理。县级以上交通、水利等有关部门在各自的职责范围内,负责本行政区域内的专业建设工程安全生产的监督管理。

2. 建设施工许可

建设行政主管部门在审核发放施工许可证时,应当对建设工程是否有安全施工措施进行审查,对没有安全施工措施的,不得颁发施工许可证。建设行政主管部门或者其他有关部门对建设工程是否有安全施工措施进行审查时,不得收取费用。

3. 日常监督检查措施

县级以上负有建设工程安全生产监督管理职责的部门在各自的职责范围内履行安全监督检查职责时,有权采取下列措施:要求被检查单位提供有关建设工程安全生产的文件和资料;进入被检查单位施工现场进行检查;纠正施工中违反安全生产要求的行为;对检查中发现的安全事故隐患,责令立即排除;重大安全事故隐患排除前或者排除过程中无法保证安全的,责令从危险区域内撤出作业人员或者暂时停止施工。

七、法律责任

1. 责任主体与行政处罚

（1）责任主体

建设工程安全生产违法行为的责任主体包括:建设行政主管部门或其他有关部门的工作人员;建设工程的各方主体及其有关人员;施工单位的主要负责人、项目负责人;勘察、设计、施工、监理单位的直接责任人员;注册执业人员。

（2）行政处罚的种类

建设工程安全生产违法行为的责任主体实施的行政处罚包括:警告;责令限期改正;责令停业整顿;罚款、降低资质等级;吊销资质证书。

（3）行政处罚的实施

《建设工程安全生产管理条例》规定的行政处罚,由建设行政主管部门或者其他有关部门依照法定职权决定。违反消防安全管理规定的行为,由公安消防机构依法处罚。

2. 对建设工程违法行为处罚的特点

（1）有关条款与刑法衔接

对建设、勘察设计、施工、工程监理等单位和相关责任人,构成犯罪的,依法追究刑事责任,体现了从严惩处的精神。

（2）增加了民事责任

对建设单位将拆除工程分包给不具备相应资质等级的施工单位,施工单位挪用列入建设工程概算的安全生产作业环境及安全施工措施所需费用的,给他人造成损失的,除了应承担行政或刑事责任外,还要进行相应的经济赔偿。

（3）加大了行政处罚力度

建设单位将拆除工程分包给不具备相应资质等级的施工单位，罚款为20万元以上50万元以下；对勘察单位、设计单位违反安全生产行为，罚款为10万元以上30万元以下。

（4）规定了注册从业人员资格的处罚

注册执业人员未执行法律、法规和工程建设强制性标准的，责令停止执业3个月以上1年以下；情节严重的，吊销执业资格证书，5年内不予注册；造成重大安全事故的，终身不予注册；构成犯罪的，依照刑法有关规定追究刑事责任。

3. 建设单位的法律责任

建设单位未提供建设工程安全生产作业环境及安全施工措施所需费用的，责令限期改正；逾期未改正的，责令该建设工程停止施工。建设单位未将保证安全施工的措施或者拆除工程的有关资料报送有关部门备案的，责令限期改正，给予警告。建设单位有下列行为之一的，责令限期改正，处20万元以上50万元以下的罚款；造成重大安全事故，构成犯罪的，对直接责任人员追究刑事责任；造成损失的，依法承担赔偿责任：对勘察、设计、施工、工程监理等单位提出不符合安全生产法律、法规和强制性标准规定的要求的；要求施工单位压缩合同约定的工期的；将拆除工程发包给不具有相应资质等级的施工单位的。

4. 勘察单位、设计单位的法律责任

勘察单位、设计单位有下列行为之一的，责令限期改正，处10万元以上30万元以下的罚款；情节严重的，责令停业整顿，降低资质等级，直至吊销资质证书；造成重大安全事故，构成犯罪的，对直接责任人员追究刑事责任；造成损失的，依法承担赔偿责任：未按照法律、法规和工程建设强制性标准进行勘察、设计的；采用新结构、新材料、新工艺的建设工程和特殊结构的建设工程，设计单位未在设计中提出保障施工作业人员安全和预防生产安全事故的措施建议的。

5. 工程监理单位的法律责任

工程监理单位有下列行为之一的，责令限期改正；逾期未改正的，责令停业整顿，并处10万元以上30万元以下的罚款；情节严重的，降低资质等级，直至吊销资质证书；造成重大安全事故，构成犯罪的，对直接责任人员追究刑事责任；造成损失的，依法承担赔偿责任：未对施工组织设计中的安全技术措施或者专项施工方案进行审查的；发现安全事故隐患未及时要求施工单位整改或者暂时停止施工的；施工单位拒不整改或者不停止施工，未及时向有关主管部门报告的；未依照法律、法规和工程建设强制性标准实施监理的。

6. 提供机械设备和配件单位的法律责任

为建设工程提供机械设备和配件的单位，未按照安全施工的要求配备齐全有效的保险、限位等安全设施和装置的，责令限期改正，处合同价款1倍以上3倍以下的罚款；造成损失的，依法承担赔偿责任。

7. 出租单位的法律责任

出租单位出租未经安全性能检测或者经检测不合格的机械设备和施工机具及配件的，责令停业整顿，并处5万元以上10万元以下的罚款；造成损失的，依法承担赔偿责任。

8. 拆装单位的法律责任

施工起重机械和整体提升脚手架、模板等自升式架设设施安装、拆卸单位有下列行为之一的，责令限期改正，处5万元以上10万元以下的罚款；情节严重的，责令停业整顿，降低资质等级，直至吊销资质证书；造成损失的，依法承担赔偿责任：未编制拆装方案、制定安全施工措的;未由专业技术人员现场监督的;未出具自检合格证明或者出具虚假证明的;未向施工单位进行安全使用说明,办理移交手续的。

9. 施工单位的法律责任

①施工单位有下列行为之一的,责令限期改正;逾期未改正的,责令停业整顿,依照安全生产法的有关规定处以罚款;造成重大安全事故,构成犯罪的,对直接责任人员追究刑事责任:未设立安全生产管理机构、配备专职安全生产管理人员或者分部分项工程施工时无专职安全生产管理人员现场监督的;施工单位的主要负责人、项目负责人、专职安全生产管理人员、作业人员或者特种作业人员,未经安全教育培训或者经考核不合格即从事相关工作的;未在施工现场的危险部位设置明显的安全警示标志,或者未在施工现场设置消防通道、消防水源、配备消防设施和灭火器材的;未向作业人员提供安全防护用具和安全防护服装的;未按照规定在施工起重机械和整体提升脚手架、模板等自升式架设设施验收合格后登记的;使用国家明令淘汰、禁止使用的危及施工安全的工艺、设备、材料的。

②施工单位挪用列入建设工程概算的安全生产作业环境及安全施工措施所需费用的,责令限期改正,处挪用费用20%以上50%以下的罚款;造成损失的,依法承担赔偿责任。

③施工单位有下列行为之一的,责令限期改正;逾期未改正的,责令停业整顿,并处5万元以上10万元以下的罚款;造成重大安全事故,构成犯罪的,对直接责任人员追究刑事责任:施工前未对有关安全施工的技术要求作出详细说明的;未根据不同施工阶段和周围环境及季节、气候的变化,在施工现场采取相应的安全施工措施,或者在城市市区内的建设工程的施工现场未实行封闭围挡的;在尚未竣工的建筑物内设置员工集体宿舍的;施工现场临时搭建的建筑物不符合安全使用要求的;未对因建设工程施工可能造成损害的毗邻建筑物、构筑物和地下管线等采取专项防护措施的。

④施工单位有下列行为之一的,责令限期改正;逾期未改正的,责令停业整顿,并处10万元以上30万元以下的罚款;情节严重的,降低资质等级,直至吊销资质证书;造成重大安全事故,构成犯罪的,对直接责任人员追究刑事责任;造成损失的,依法承担赔偿责任:安全防护用具、机械设备、施工机具及配件在进入施工现场前未经查验或者查验不合格即投入使用的;使用未经验收或者验收不合格的施工起重机械和整体提升脚手架、模板等自升式架设设施的;委托不具有相应资质的单位承担施工现场安装、拆卸施工起重机械和整体提升脚手架、模板等自升式架设设施的;在施工组织设计中未编制安全技术措施、施工现场临时用电方案或者专项施工方案的。

⑤施工单位的主要负责人、项目负责人未履行安全生产管理职责的,责令限期改正;逾期未改正的,责令施工单位停业整顿;造成重大安全事故、重大伤亡事故或者其他严重后果,构成犯罪的追究刑事责任。作业人员不服管理、违反规章制度和操作规程冒险作业造成重大伤亡事故或者其他严重后果,构成犯罪的追究刑事责任。施工单位的主要负责人、项目负责人有前款违法行为,尚不够刑事处罚的,处2万元以上20万元以下的罚款或者按照管理权限给予撤职处分;自刑罚执行完毕或者受处分之日起,5年内不得担任任何施工单位的主要负责人、项目负责人。施工单位取得资质证书后,降低安全生产条件的,责令限期改正;经整改仍未达到与其资质等级相适应的安全生产条件的,责令停业整顿,降低其资质等级直至吊销资质证书。

第6节 危险化学品安全管理

一、主要内容与立法目的

《危险化学品安全管理条例》于2002年1月9日经国务院第52次常务会议通过,自2002年3月15日起施行。2011年2月16日国务院第144次常务会议通过第一次修改,自2011年12月1日起施行。根据2013年12月4日国务院第32次常务会议通过的《关于修改部分行政法规的决定》进行了第二次修改,自2013年12月7日起施行。共8章,102条,主要包括总则(10条)、生产、储存安全(17条)、使用安全(5条)、经营安全(10条)、运输安全(23条)、危险化学品登记与事故应急救援(9条)、法律责任(22条)、附则(6条)。

立法目的是加强危险化学品的安全管理,预防和减少危险化学品事故,保障人民群众生命财产安全,保护环境。

危险化学品是指具有毒害、腐蚀、爆炸、燃烧、助燃等性质,对人体、设施、环境具有危害的剧毒化学品和其他化学品。

二、危险化学品安全监管职责分工

对危险化学品的生产、储存、使用、经营、运输实施安全监督管理的有关部门,依照下列规定履行职责:

1. 安全生产监督管理部门

负责危险化学品安全监督管理综合工作,组织确定、公布、调整危险化学品目录,对新建、改建、扩建生产、储存危险化学品的建设项目进行安全条件审查,核发危险化学品安全生产许可证、危险化学品安全使用许可证和危险化学品经营许可证,并负责危险化学品登记工作。

2. 公安机关

负责危险化学品的公共安全管理,核发剧毒化学品购买许可证、剧毒化学品道路运输通行证,并负责危险化学品运输车辆的道路交通安全管理。

3. 质量监督检验检疫部门

负责核发危险化学品及其包装物、容器生产企业的工业产品生产许可证,并依法对其产品质量实施监督,负责对进出口危险化学品及其包装实施检验。

4. 环境保护主管部门

负责废弃危险化学品处置的监督管理,组织危险化学品的环境危害性鉴定和环境风险程度评估,确定实施重点环境管理的危险化学品,负责危险化学品环境管理登记和新化学物质环境管理登记;依照职责分工调查相关危险化学品环境污染事故和生态破坏事件,负责危险化学品事故现场的应急环境监测。

5. 交通运输主管部门

负责危险化学品道路运输、水路运输的许可以及运输工具的安全管理,对危险化学品水路运输安全实施监督,负责危险化学品道路运输企业、水路运输企业驾驶人员、船员、装卸管理人员、押运人员、申报人员、集装箱装箱现场检查员的资格认定。铁路监管部门负责危险化学品铁路运输及其运输工具的安全管理。民用航空主管部门负责危险化学品航空运输以及航空运输企业及其运输工具的安全管理。

6. 卫生主管部门

负责危险化学品毒性鉴定的管理,负责组织、协调危险化学品事故受伤人员的医疗卫生救援工作。

7. 工商行政管理部门

依据有关部门的许可证件,核发危险化学品生产、储存、经营、运输企业营业执照,查处危险化学品经营企业违法采购危险化学品的行为。

8. 邮政管理部门

负责依法查处寄递危险化学品的行为。

三、备案制度

备案制度是指依照法定程序报送有关机关备案,对符合法定条件的,有关机关应当予以登记的法律性要求。

1. 安全评价报告以及整改方案的落实情况备案

生产、储存危险化学品的企业,应当将安全评价报告以及整改方案的落实情况报所在地县级安全生产监督管理部门备案。在港区内储存危险化学品的企业,应当将安全评价报告以及整改方案的落实情况报港口行政管理部门备案。

2. 储存剧毒化学品以及储存数量构成重大危险源的其他危险化学品的备案

对剧毒化学品以及储存数量构成重大危险源的其他危险化学品,储存单位应当将其储存数量、储存地点以及管理人员的情况,报所在地县级安全生产监督管理部门和公安机关备案。

3. 剧毒化学品、易制爆危险化学品销售情况备案

剧毒化学品、易制爆危险化学品的销售企业、购买单位应当在销售、购买后 5 日内,将所销售、购买的剧毒化学品、易制爆危险化学品的品种、数量以及流向信息报所在地县级人民政府公安机关备案,并输入计算机系统。

4. 危险化学品事故应急预案

危险化学品单位应当制定本单位危险化学品事故应急预案,配备应急救援人员和必要的应急救援器材、设备,并定期组织应急救援演练。危险化学品单位应当将其危险化学品事故应急预案报所在地安全生产监督管理部门备案。

四、名单公告制度

1. 危险化学品目录

危险化学品目录,由安全生产监督管理部门会同工业和信息化、公安、环境保护、卫生、质量监督检验检疫、交通运输、民用航空、农业主管等部门,根据化学品危险特性的鉴别和分类标准确定、公布,并适时调整。

2. 实施重点环境管理的危险化学品

环境保护主管部门负责废弃危险化学品处置的监督管理,组织危险化学品的环境危害性鉴定和环境风险程度评估,确定实施重点环境管理的危险化学品,负责危险化学品环境管理登记和新化学物质环境管理登记;依照职责分工调查相关危险化学品环境污染事故和生态破坏事件,负责危险化学品事故现场的应急环境监测。

3. 易制爆危险化学品

生产、储存剧毒化学品或者公安部门规定的可用于制造爆炸物品的危险化学品的单位,应当如实记录其生产、储存的剧毒化学品、易制爆危险化学品的数量、流向,并采取必要的安全防范措施,防止剧毒化学品、易制爆危险化学品丢失或者被盗;发现剧毒化学品、易制爆危险化学品丢失或者被盗的,应当立即向当地公安机关报告。

4. 危险化学品使用量的数量标准

使用危险化学品从事生产并且使用量达到规定数量的化工企业,应当取得危险化学品安全使用许可证。危险化学品使用量的数量标准,由安全生产监督管理部门会同公安部门、农业主管部门确定并公布。

5. 禁止通过内河运输的剧毒化学品以及其他危险化学品

禁止通过内河运输剧毒化学品以及其他危险化学品的范围,由交通运输主管部门会同环境保护主管部门、工业和信息化主管部门、安全生产监督管理部门,根据危险化学品危险特性、危险化学品对人体和水环境的危害程度以及消除危害后果难易程度等因素规定并公布。

6. 列入国家实行生产许可证制度的工业产品目录的危险化学品

生产列入国家实行生产许可证制度的工业产品目录的危险化学品的企业,应当取得工业产品生产许可证。

五、其他法律规章

1.《港口法》

未向港口行政管理部门报告并经其同意,在港口内进行危险化学品的装卸、过驳作业的,依照《港口法》的规定处罚。

2.《邮政法》

邮政企业、快递企业收寄危险化学品的,依照《邮政法》的规定处罚。

3.《工业产品生产许可证管理条例》

生产列入国家实行生产许可证制度的工业产品目录的危险化学品的企业,应当取得工业产品生产许可证。

4.《安全生产许可证条例》

危险化学品生产企业进行生产前,应当取得危险化学品安全生产许可证。

5.《内河交通安全管理条例》

有下列情形之一的,依照《内河交通安全管理条例》规定处罚:通过内河运输危险化学品的水路运输企业未制定运输船舶危险化学品事故应急救援预案或者未为运输船舶配备充足、有效的应急救援器材和设备的;通过内河运输危险化学品的船舶的所有人或者经营人未取得船舶污染损害责任保险证书或者财务担保证明的;船舶载运危险化学品进出内河港口,未将有关事项事先报告海事管理机构并经其同意的;载运危险化学品船舶在内河航行、装卸或者停泊,未悬挂专用的警示标志或者未按照规定显示专用信号或者未按照规定申请引航的。

6.《企事业单位内部治安保卫条例》

生产、储存剧毒化学品、易制爆危险化学品的单位未设置治安保卫机构、配备专职治安保卫人员的,依照《企事业单位内部治安保卫条例》的规定处罚。

7.《生产安全事故报告和调查处理条例》

危险化学品单位发生危险化学品事故,其主要负责人不立即组织救援或者不立即向有关部门报告的,依照《生产安全事故报告和调查处理条例》的规定处罚。

六、审查与审批制度

1. 危险化学品生产企业的安全生产许可制度

危险化学品生产企业进行生产前,应当取得危险化学品安全生产许可证。

2. 危险化学品安全使用许可制度

使用危险化学品从事生产并且使用量达到规定数量的化工企业,应当取得危险化学品安全使用许可证。

3. 危险化学品经营许可制度

国家对危险化学品经营实行许可制度。未经许可,任何单位和个人不得经营危险化学品。

4. 危险化学品禁止与限制制度

任何单位和个人不得生产、经营、使用国家禁止生产、经营、使用的危险化学品。国家对危险化学品的使用有限制性规定的,任何单位和个人不得违反限制性规定使用危险化学品。禁止向个人销售剧毒化学品和易制爆危险化学品。未经公安机关批准,运输危险化学品的车辆不得进入危险化学品运输车辆限制通行的区域。

5. 建设项目安全条件审查与论证制度

新建、改建、扩建生产、储存危险化学品的建设项目,应当由安全生产监督管理部门进行安全条件审查。建设单位应当对建设项目进行安全条件论证,委托具备国家规定的资质条件的机构对建设项目进行安全评价,并将安全条件论证和安全评价的情况报告报建设项目所在地设区的市级以上安全生产监督管理部门;安全生产监督管理部门应当自收到报告之日起45日内作出审查决定,并书面通知建设单位。

6. 作业场所和安全设施、设备安全警示制度

生产、储存危险化学品的单位,应当在其作业场所和安全设施、设备上设置明显的安全警示标志。

7. 人员培训考核与持证上岗制度

危险化学品单位应当具备满足法律、行政法规规定和国家标准、行业标准要求的安全条件,建立、健全安全管理规章制度和岗位安全责任制度,对从业人员进行安全教育、法制教育和岗位技术培训。从业人员应当接受教育和培训,考核合格后上岗作业;对有从业资格要求的岗位,应当配备依法取得相应资格的人员。

8. 剧毒化学品、易制爆危险化学品准购、准运制度

依法取得危险化学品安全生产许可证、危险化学品安全使用许可证、危险化学品经营许可证的企业,凭相应的许可证件购买剧毒化学品、易制爆危险化学品。民用爆炸物品生产企业凭民用爆炸物品生产许可证购买易制爆危险化学品。

9. 从事危险化学品运输企业的资质认定制度

从事危险化学品道路运输、水路运输的,应当分别依照有关道路运输、水路运输的法律、行政法规的规定,取得危险货物道路运输许可、危险货物水路运输许可,并向工商行政管理部门办理登记手续。

10. 危险化学品登记制度

国家实行危险化学品登记制度,为危险化学品安全管理以及危险化学品事故预防和应急救援提供技术、信息支持。

11. 危险化学品和新化学物质环境管理登记

危险化学品环境管理登记和新化学物质环境管理登记,依照有关环境保护的法律、行政法规、规章的规定执行。

12. 危险化学品环境释放信息报告制度

生产实施重点环境管理的危险化学品的企业,应当按照环境保护主管部门的规定,将该危险化学品向环境中释放等相关信息向环境保护主管部门报告。环境保护主管部门可以根据情况采取相应的环境风险控制措施。

13. 化学品危险性鉴定制度

化学品的危险特性尚未确定的,由国务院安全生产监督管理部门、环境保护主管部门、卫生主管部门分别负责组织对该化学品的物理危险性、环境危害性、毒理特性进行鉴定。

14. 危险化学品事故应急救援管理制度

有关危险化学品单位应当为危险化学品事故应急救援提供技术指导和必要的协助。

七、法律责任

①生产、经营、使用国家禁止生产、经营、使用的危险化学品的,由安全生产监督管理部门责令其停止生产、经营、使用活动,并处20万元以上50万元以下的罚款,有违法所得的,没收违法所得;构成犯罪的,依法追究刑事责任。有前款规定行为的,安全生产监督管理部门还应当责令其对所生产、经营、使用的危险化学品进行无害化处理。

②未经安全条件审查,新建、改建、扩建生产、储存危险化学品的建设项目的,由安全生产监督管理部门责令停止建设,限期改正;逾期不改正的,处50万元以上100万元以下的罚款;构成犯罪的,依法追究刑事责任。未经安全条件审查,新建、改建、扩建储存、装卸危险化学品的港口建设项目的,由港口行政管理部门依照规定予以处罚。

③未依法取得危险化学品安全生产许可证从事危险化学品生产或者未依法取得工业产品生产许可证从事危险化学品及其包装物、容器生产的,分别依照《安全生产许可证条例》《工业产品生产许可证管理条例》的规定处罚。化工企业未取得危险化学品安全使用许可证,使用危险化学品从事生产的,由安全生产监督管理部门责令限期改正,处10万元以上20万元以下的罚款;逾期不改正的,责令停产整顿。未取得危险化学品经营许可证从事危险化学品经营的,由安全生产监督管理部门责令停止经营活动,没收违法经营的危险化学品以及违法所得,并处10万元以上20万元以下的罚款;构成犯罪的,依法追究刑事责任。

④有下列情形之一的,由安全生产监督管理部门责令改正,可以处5万元以下的罚款;拒不改正的,处5万元以上10万元以下的罚款;情节严重的,责令停产停业整顿:生产、储存危险化学品的单位未对其铺设的危险化学品管道设置明显的标志,或者未对危险化学品管道定期进行检查、检测的;进行可能危及危险化学品管道安全的施工作业,施工单位未按照规定书面通知管道所属单位,或者未与管道所属单位共同制定应急预案、采取相应的安全防护措施,或者管道所属单位未指派专门人员到现场进行管道安全保护指导的;危险化学品生产企业未提供化学品安全技术说明书,或者未在包装上粘贴、拴挂化学品安全标签的;危险化学品生产企

业提供的化学品安全技术说明书与其生产的危险化学品不相符,或者在包装粘贴、拴挂的化学品安全标签与包装内危险化学品不相符,或者化学品安全技术说明书、化学品安全标签所载明的内容不符合国家标准要求的;危险化学品生产企业发现其生产的危险化学品有新的危险特性不立即公告,或者不及时修订其化学品安全技术说明书和化学品安全标签的;危险化学品经营企业经营没有化学品安全技术说明书和化学品安全标签的危险化学品的;危险化学品包装物、容器的材质以及包装的形式、规格、方法和单件质量(重量)与所包装的危险化学品的性质和用途不相适应的;生产、储存危险化学品的单位未在作业场所和安全设施、设备上设置明显的安全警示标志,或者未在作业场所设置通信、报警装置的;危险化学品专用仓库未设专人负责管理,或者对储存的剧毒化学品以及储存数量构成重大危险源的其他危险化学品未实行双人收发、双人保管制度的;储存危险化学品的单位未建立危险化学品出入库核查、登记制度的;危险化学品专用仓库未设置明显标志的;危险化学品生产企业、进口企业不办理危险化学品登记,或者发现其生产、进口的危险化学品有新的危险特性不办理危险化学品登记内容变更手续的。

从事危险化学品仓储经营的港口经营人有前款规定情形的,由港口行政管理部门依照前款规定予以处罚。储存剧毒化学品、易制爆危险化学品的专用仓库未按照国家有关规定设置相应的技术防范设施的,由公安机关依照前款规定予以处罚。生产、储存剧毒化学品、易制爆危险化学品的单位未设置治安保卫机构、配备专职治安保卫人员的,依照《企业事业单位内部治安保卫条例》的规定处罚。

⑤危险化学品包装物、容器生产企业销售未经检验或者经检验不合格的危险化学品包装物、容器的,由质量监督检验检疫部门责令改正,处 10 万元以上 20 万元以下的罚款,有违法所得的,没收违法所得;拒不改正的,责令停产停业整顿;构成犯罪的,追究刑事责任。

⑥生产、储存、使用危险化学品的单位有下列情形之一的,由安全生产监督管理部门责令改正,处 5 万元以上 10 万元以下的罚款;拒不改正的,责令停产停业整顿直至由原发证机关吊销其相关许可证件,并由工商行政管理部门责令其办理经营范围变更登记或者吊销其营业执照;有关责任人员构成犯罪的,依法追究刑事责任:对重复使用危险化学品包装物、容器,在重复使用前不进行检查的;未根据其生产、储存危险化学品的种类和危险特性,在作业场所设置相关安全设施、设备,或者未按照国家标准、行业标准或者国家有关规定对安全设施、设备进行经常性维护、保养的;未依照条例规定对其安全生产条件定期进行安全评价的;未将危险化学品储存在专用仓库内,或者未将剧毒化学品以及储存数量构成重大危险源的其他危险化学品在专用仓库内单独存放的;危险化学品的储存方式、方法或者储存数量不符合国家标准或者国家有关规定的;危险化学品专用仓库不符合国家标准、行业标准的要求的;未对危险化学品专用仓库的安全设施、设备定期进行检测、检验的。

⑦有下列情形之一的,由公安机关责令改正,可以处 1 万元以下的罚款;拒不改正的,处 1 万元以上 5 万元以下的罚款:生产、储存、使用剧毒化学品、易制爆危险化学品的单位不如实记录生产、储存、使用的剧毒化学品、易制爆危险化学品的数量、流向的;生产、储存、使用剧毒化学品、易制爆危险化学品的单位发现剧毒化学品、易制爆危险化学品丢失或者被盗,不立即向公安机关报告的;储存剧毒化学品的单位未将剧毒化学品的储存数量、储存地点以及管理人员的情况报所在地县级人民政府公安机关备案的;危险化学品生产企业、经营企业不如实记录剧毒化学品、易制爆危险化学品购买单位的名称、地址、经办人的姓名、身份证号码以及所购买

的剧毒化学品、易制爆危险化学品的品种、数量、用途，或者保存销售记录和相关材料的时间少于1年的；剧毒化学品、易制爆危险化学品的销售企业、购买单位未在规定的时限内将所销售、购买的剧毒化学品、易制爆危险化学品的品种、数量以及流向信息报所在地县级人民政府公安机关备案的；使用剧毒化学品、易制爆危险化学品的单位依照条例规定转让其购买的剧毒化学品、易制爆危险化学品，未将有关情况向所在地县级人民政府公安机关报告的。生产、储存危险化学品的企业或者使用危险化学品从事生产的企业未按照条例规定将安全评价报告以及整改方案的落实情况报安全生产监督管理部门或者港口行政管理部门备案，或者储存危险化学品的单位未将其剧毒化学品以及储存数量构成重大危险源的其他危险化学品的储存数量、储存地点以及管理人员的情况报安全生产监督管理部门或者港口行政管理部门备案的，分别由安全生产监督管理部门或者港口行政管理部门依照前款规定予以处罚。

⑧生产、储存、使用危险化学品的单位转产、停产、停业或者解散，未采取有效措施及时、妥善处置其危险化学品生产装置、储存设施以及库存的危险化学品，或者丢弃危险化学品的，由安全生产监督管理部门责令改正，处5万元以上10万元以下的罚款；构成犯罪的，依法追究刑事责任。生产、储存、使用危险化学品的单位转产、停产、停业或者解散，未将其危险化学品生产装置、储存设施以及库存危险化学品的处置方案报有关部门备案的，分别由有关部门责令改正，可以处1万元以下的罚款；拒不改正的，处1万元以上5万元以下的罚款。

⑨危险化学品经营企业向未经许可违法从事危险化学品生产、经营活动的企业采购危险化学品的，由工商行政管理部门责令改正，处10万元以上20万元以下的罚款；拒不改正的，责令停业整顿直至由原发证机关吊销其危险化学品经营许可证，并由工商行政管理部门责令其办理经营范围变更登记或者吊销其营业执照。

⑩危险化学品生产企业、经营企业有下列情形之一的，由安全生产监督管理部门责令改正，没收违法所得，并处10万元以上20万元以下的罚款；拒不改正的，责令停产停业整顿直至吊销其危险化学品安全生产许可证、危险化学品经营许可证，并由工商行政管理部门责令其办理经营范围变更登记或者吊销其营业执照：向不具有相关许可证件或者证明文件的单位销售剧毒化学品、易制爆危险化学品的；不按照剧毒化学品购买许可证载明的品种、数量销售剧毒化学品的；向个人销售剧毒化学品、易制爆危险化学品的。

不具有相关许可证件或者证明文件的单位购买剧毒化学品、易制爆危险化学品，或者个人购买剧毒化学品、易制爆危险化学品的，由公安机关没收所购买的剧毒化学品、易制爆危险化学品，可以并处5 000元以下的罚款。使用剧毒化学品、易制爆危险化学品的单位出借或者向不具有《危险化学品安全管理条例》第38条第1款、第2款规定的相关许可证件的单位转让其购买的剧毒化学品、易制爆危险化学品，或者向个人转让其购买的剧毒化学品、易制爆危险化学品的，由公安机关责令改正，处10万元以上20万元以下的罚款；拒不改正的，责令停产停业整顿。

⑪未依法取得危险货物道路运输许可、危险货物水路运输许可，从事危险化学品道路运输、水路运输的，分别依照有关道路运输、水路运输的法律、行政法规的规定处罚。

⑫有下列情形之一的，由交通运输主管部门责令改正，处5万元以上10万元以下的罚款；拒不改正的，责令停产停业整顿；构成犯罪的，依法追究刑事责任：危险化学品道路运输企业、水路运输企业的驾驶人员、船员、装卸管理人员、押运人员、申报人员、集装箱装箱现场检查员未取得从业资格上岗作业的；运输危险化学品，未根据危险化学品的危险特性采取相应的安全

防护措施,或者未配备必要的防护用品和应急救援器材的;使用未依法取得危险货物适装证书的船舶,通过内河运输危险化学品的;通过内河运输危险化学品的承运人违反国务院交通运输主管部门对单船运输的危险化学品数量的限制性规定运输危险化学品的;用于危险化学品运输作业的内河码头、泊位不符合国家有关安全规范,或者未与饮用水取水口保持国家规定的安全距离,或者未经交通运输主管部门验收合格投入使用的;托运人不向承运人说明所托运的危险化学品的种类、数量、危险特性以及发生危险情况应急处置措施,或者未按照国家规定对所托运危险化学品妥善包装并在外包装上设置相应标志的;运输危险化学品需要添加抑制剂或者稳定剂,托运人未添加或者未将有关情况告知承运人的。

⑬有下列情形之一的,由交通运输主管部门责令改正,处 10 万元以上 20 万元以下的罚款,有违法所得的,没收违法所得;拒不改正的,责令停产停业整顿;构成犯罪的,依法追究刑事责任:委托未依法取得危险货物道路运输许可、危险货物水路运输许可的企业承运危险化学品的;通过内河封闭水域运输剧毒化学品以及国家规定禁止通过内河运输的其他危险化学品的;通过内河运输国家规定禁止通过内河运输的剧毒化学品以及其他危险化学品的;在托运普通货物中夹带危险化学品,或者将危险化学品谎报或者匿报为普通货物托运的。

在邮件、快件内夹带危险化学品,或者将危险化学品谎报为普通物品交寄的,依法给予治安管理处罚;构成犯罪的,依法追究刑事责任。邮政企业、快递企业收寄危险化学品的,依照《邮政法》的规定处罚。

⑭有下列情形之一的,由公安机关责令改正,处 5 万元以上 10 万元以下的罚款;构成违反治安管理行为的,依法给予治安管理处罚;构成犯罪的,依法追究刑事责任:超过运输车辆的核定载质量装载危险化学品的;使用安全技术条件不符合国家标准要求的车辆运输危险化学品的;运输危险化学品的车辆未经公安机关批准进入危险化学品运输车辆限制通行的区域的;未取得剧毒化学品道路运输通行证,通过道路运输剧毒化学品的。

⑮有下列情形之一的,由公安机关责令改正,处 1 万元以上 5 万元以下的罚款;构成违反治安管理行为的,依法给予治安管理处罚:危险化学品运输车辆未悬挂或者喷涂警示标志,或者悬挂或喷涂的警示标志不符合国家标准要求的;通过道路运输危险化学品,不配备押运人员的;运输剧毒化学品或者易制爆危险化学品途中需要较长时间停车,驾驶人员、押运人员不向当地公安机关报告的;剧毒化学品、易制爆危险化学品在道路运输途中丢失、被盗、被抢或者发生流散、泄漏等情况,驾驶人员、押运人员不采取必要的警示措施和安全措施,或者不向当地公安机关报告的。

⑯对发生交通事故负有全部责任或者主要责任的危险化学品道路运输企业,由公安机关责令消除安全隐患,未消除安全隐患的危险化学品运输车辆,禁止上道路行驶。

⑰有下列情形之一的,由交通运输主管部门责令改正,处 1 万元以下罚款;拒不改正的,处 1 万元以上 5 万元以下罚款:危险化学品道路运输企业、水路运输企业未配备专职安全管理人员的;用于危险化学品运输作业的内河码头、泊位的管理单位未制定码头、泊位危险化学品事故应急救援预案,或者未为码头、泊位配备充足、有效的应急救援器材和设备的。

⑱有下列情形之一的,依照《内河交通安全管理条例》的规定处罚:通过内河运输危险化学品的水路运输企业未制定运输船舶危险化学品事故应急救援预案,或者未为运输船舶配备充足、有效的应急救援器材和设备的;通过内河运输危险化学品的船舶的所有人或者经营人未取得船舶污染损害责任保险证书或者财务担保证明的;船舶载运危险化学品进出内河港口,未

将有关事项事先报告海事管理机构并经其同意的;载运危险化学品的船舶在内河航行、装卸或者停泊,未悬挂专用的警示标志,或者未按照规定显示专用信号,或者未按照规定申请引航的。未向港口行政管理部门报告并经其同意,在港口内进行危险化学品的装卸、过驳作业的,依照《港口法》的规定处罚。

⑲伪造、变造或者出租、出借、转让危险化学品安全生产许可证、工业产品生产许可证,或者使用伪造、变造的危险化学品安全生产许可证、工业产品生产许可证的,分别依照《安全生产许可证条例》《工业产品生产许可证管理条例》的规定处罚。伪造、变造或者出租、出借、转让条例规定的其他许可证,或者使用伪造、变造的条例规定的其他许可证,分别由相关许可证的颁发管理机关处 10 万元以上 20 万元以下的罚款,有违法所得的,没收违法所得;构成违反治安管理行为的,依法给予治安管理处罚;构成犯罪的,依法追究刑事责任。

⑳危险化学品单位发生危险化学品事故,其主要负责人不立即组织救援或者不立即向有关部门报告的,依照《生产安全事故报告和调查处理条例》的规定处罚。危险化学品生产经营单位发生危险化学品事故,造成他人人身伤害或者财产损失的,依法承担赔偿责任。

㉑发生危险化学品事故,有关地方人民政府及其有关部门不立即组织实施救援,或者不采取必要的应急处置措施减少事故损失,防止事故蔓延、扩大的,对直接负责的主管人员和其他直接责任人员依法给予处分;构成犯罪的,依法追究刑事责任。

㉒负有危险化学品安全监督管理职责的部门的工作人员,在危险化学品安全监督管理工作中滥用职权、玩忽职守、徇私舞弊,构成犯罪的,依法追究刑事责任;尚不构成犯罪的,依法给予处分。

第 7 节　建设项目安全设施"三同时"监督管理

2015 年 1 月 16 日,国家安全生产监督管理总局局长办公会议审议通过《建设项目安全设施"三同时"监督管理办法》,自 2015 年 5 月 1 日起施行。立法目的是加强建设项目安全管理,预防和减少生产安全事故,保障从业人员生命和财产安全。

一、总则

1. 建设项目

建设项目是指经县级以上人民政府及其有关主管部门依法审批、核准或者备案的生产经营单位新建、改建、扩建工程项目。

2. 建设项目安全设施

建设项目安全设施是指生产经营单位在生产经营活动中用于预防生产安全事故的设备、设施、装置、构(建)筑物和其他技术措施的总称。

3. 建设项目安全设施建设的责任主体

生产经营单位是建设项目安全设施建设的责任主体。建设项目安全设施必须与主体工程同时设计、同时施工、同时投入生产和使用。安全设施投资应当纳入建设项目概算。

4. 建设项目安全设施"三同时"的监督管理

国家安全生产监督管理总局对全国建设项目安全设施"三同时"实施综合监督管理,并在国务院规定的职责范围内承担有关建设项目安全设施"三同时"的监督管理。

县级以上地方各级安全生产监督管理部门对本行政区域内的建设项目安全设施"三同时"实施综合监督管理,并在本级人民政府规定的职责范围内承担本级人民政府及其有关主管部门审批、核准或者备案的建设项目安全设施"三同时"的监督管理。

跨两个及两个以上行政区域的建设项目安全设施"三同时"由其共同的上一级人民政府安全生产监督管理部门实施监督管理。

上一级人民政府安全生产监督管理部门根据工作需要,可以将其负责监督管理的建设项目安全设施"三同时"工作委托下一级人民政府安全生产监督管理部门实施监督管理。

安全生产监督管理部门应当加强建设项目安全设施建设的日常安全监管,落实有关行政许可及其监管责任,督促生产经营单位落实安全设施建设责任。

二、建设项目安全预评价

1. 可行性研究时应当进行安全预评价的建设项目

下列建设项目在进行可行性研究时,生产经营单位应当按照国家规定,进行安全预评价:①非煤矿矿山建设项目;②生产、储存危险化学品建设项目;③生产、储存烟花爆竹的建设项目;④金属冶炼建设项目;⑤使用危险化学品从事生产并且使用量达到规定数量的化工建设项目;⑥法律、行政法规规定的其他建设项目。

2. 安全预评价报告要求

生产经营单位应当委托具有相应资质的安全评价机构,对其建设项目进行安全预评价,并编制安全预评价报告。建设项目安全预评价报告应当符合国家标准或者行业标准的规定。生产、储存危险化学品和化工建设项目的建设项目安全预评价报告除符合国家标准或者行业标准的规定外,还应当符合有关危险化学品建设项目的规定。

三、建设项目安全设施设计审查

1. 安全设施设计要求

生产经营单位在建设项目初步设计时,应当委托有相应资质的初步设计单位对建设项目安全设施同时进行设计,编制安全设施设计。

安全设施设计必须符合有关法律、法规、规章和国家标准或者行业标准、技术规范的规定,并尽可能采用先进适用的工艺、技术和可靠的设备、设施。建设项目安全设施设计还应当充分考虑建设项目安全预评价报告提出的安全对策措施。安全设施设计单位、设计人应当对其编制的设计文件负责。

2. 安全设施设计的内容

①设计依据;②建设项目概述;③建设项目潜在的危险、有害因素和危险、有害程度及周边环境安全分析;④建筑及场地布置;⑤重大危险源分析及检测监控;⑥安全设施设计采取的防范措施;⑦安全生产管理机构设置或者安全生产管理人员配备要求;⑧从业人员教育培训要求;⑨工艺、技术和设备、设施的先进性和可靠性分析;⑩安全设施专项投资概算;⑪安全预评价报告中的安全对策及建议采纳情况;⑫预期效果以及存在的问题与建议;⑬可能出现的事故预防及应急救援措施;⑭法律、法规、规章、标准规定需要说明的其他事项。

3. 提交审查资料的内容

建设项目安全设施设计完成后,生产经营单位应当向安全生产监督管理部门提出审查申请,并提交下列文件资料:

①建设项目审批、核准或者备案的文件;②建设项目安全设施设计审查申请;③设计单位的设计资质证明文件;④建设项目安全设施设计;⑤建设项目安全预评价报告及相关文件资料;⑥法律、行政法规、规章规定的其他文件资料。

4. 建设项目安全设施设计审查申请时限

对已经受理的建设项目安全设施设计审查申请,安全生产监督管理部门应当自受理之日起 20 个工作日内作出是否批准的决定,并书面告知申请人。20 个工作日内不能作出决定的,经本部门负责人批准,可以延长 10 个工作日,并应当将延长期限的理由书面告知申请人。

5. 不予批准的建设项目安全设施设计

①无建设项目审批、核准或者备案文件的;②未委托具有相应资质的设计单位进行设计的;③安全预评价报告由未取得相应资质的安全评价机构编制的;④设计内容不符合有关安全生产的法律、法规、规章和国家标准或者行业标准、技术规范的规定的;⑤未采纳安全预评价报告中的安全对策和建议,且未作充分论证说明的;⑥不符合法律、行政法规规定的其他条件的。

6. 安全设施设计变更

已经批准的建设项目及其安全设施设计有下列情形之一的,生产经营单位应当报原批准部门审查同意;未经审查同意的,不得开工建设:

①建设项目的规模、生产工艺、原料、设备发生重大变更的;②改变安全设施设计且可能降低安全性能的;③在施工期间重新设计的。

四、建设项目安全设施施工和竣工验收

1. 建设项目安全设施的施工

①建设项目安全设施的施工应当由取得相应资质的施工单位进行,并与建设项目主体工程同时施工。

施工单位应当严格按照安全设施设计和相关施工技术标准、规范施工,并对安全设施的工程质量负责。

②施工单位发现安全设施设计文件有错漏的,应当及时向生产经营单位、设计单位提出。生产经营单位、设计单位应当及时处理。

③工程监理单位应当审查施工组织设计中的安全技术措施或者专项施工方案是否符合工程建设强制性标准。

工程监理单位、监理人员应当按照法律、法规和工程建设强制性标准实施监理,并对安全设施工程的工程质量承担监理责任。

2. 建设项目安全设施建成后的检查与试运行

①建设项目安全设施建成后,生产经营单位应当对安全设施进行检查,对发现的问题及时整改。

②建设项目竣工后,根据规定建设项目需要试运行的,应当在正式投入生产或者使用前进行试运行。

试运行时间应当不少于 30 日,最长不得超过 180 日。

③建设项目安全设施竣工或者试运行完成后,生产经营单位应当委托具有相应资质的安全评价机构对安全设施进行验收评价,并编制建设项目安全验收评价报告。

建设项目安全验收评价报告应当符合国家标准或者行业标准的规定。

3. 建设项目安全设施进行竣工验收

建设项目竣工投入生产或者使用前,生产经营单位应当组织对安全设施进行竣工验收,并形成书面报告备查。安全设施竣工验收合格后,方可投入生产和使用。

安全监管部门应当按照下列方式之一对建设项目的竣工验收活动和验收结果的监督核查:

①对安全设施竣工验收报告按照不少于总数 10%的比例进行随机抽查;②在实施有关安全许可时,对建设项目安全设施竣工验收报告进行审查。

4. 不得通过竣工验收的建设项目的安全设施

①未选择具有相应资质的施工单位施工的;②未按照建设项目安全设施设计文件施工或者施工质量未达到建设项目安全设施设计文件要求的;③建设项目安全设施的施工不符合国家有关施工技术标准的;④未选择具有相应资质的安全评价机构进行安全验收评价或者安全验收评价不合格的;⑤安全设施和安全生产条件不符合有关安全生产法律、法规、规章和国家标准或者行业标准、技术规范规定的;⑥发现建设项目试运行期间存在事故隐患未整改的;⑦未依法设置安全生产管理机构或者配备安全生产管理人员的;⑧从业人员未经过安全生产教育和培训或者不具备相应资格的;⑨不符合法律、行政法规规定的其他条件的。

5. 建设项目安全设施"三同时"文件资料档案

生产经营单位应建立建设项目安全设施"三同时"文件资料档案,并妥善保存。

6. 安全设施与主体工程未实现"三同时"的责任

建设项目安全设施未与主体工程同时设计、同时施工或者同时投入使用的,安全生产监督管理部门对与此有关的行政许可一律不予审批,同时责令生产经营单位立即停止施工、限期改正违法行为,对有关生产经营单位和人员依法给予行政处罚。

五、法律责任

1)建设项目安全设施"三同时"违反规定,安全生产监督管理部门及其工作人员给予审批通过或者颁发有关许可证的,依法给予行政处分。

2)生产经营单位对建设项目有下列情形之一的,责令停止建设或者停产停业整顿,限期改正;逾期未改正的,处 50 万元以上 100 万元以下的罚款,对其直接负责的主管人员和其他直接责任人员处 2 万元以上 5 万元以下的罚款;构成犯罪的,依照刑法追究刑事责任:

①未按照规定对建设项目进行安全评价的;

②没有安全设施设计或者安全设施设计未按照规定报经安全生产监督管理部门审查同意,擅自开工的;

③施工单位未按照批准的安全设施设计施工的;

④安全设施未经验收合格便投入生产或者使用的。

3)已经批准的建设项目安全设施设计发生重大变更,生产经营单位未报原批准部门审查同意擅自开工建设的,责令限期改正,可以并处 1 万元以上 3 万元以下的罚款。

4)《建设项目安全设施"三同时"监督管理办法》第 7 条第 1、2、3、4 项规定以外的建设项

目有下列情形之一的,对有关生产经营单位责令限期改正,可以并处 5 000 元以上 3 万元以下的罚款:

①没有安全设施设计的;

②安全设施设计未组织审查,并形成书面审查报告的;

③施工单位未按照安全设施设计施工的;

④投入生产或者使用前,安全设施未经竣工验收合格,并形成书面报告的。

5)承担建设项目安全评价的机构弄虚作假、出具虚假报告,尚未构成犯罪的,没收违法所得,违法所得在 10 万元以上的,并处违法所得 2 倍以上 5 倍以下的罚款;没有违法所得或者违法所得不足 10 万元的,单处或者并处 10 万元以上 20 万元以下的罚款,对其直接负责的主管人员和其他直接责任人员处 2 万元以上 5 万元以下的罚款;给他人造成损害的,与生产经营单位承担连带赔偿责任。对有前款违法行为的机构,吊销其相应资质。

第 8 节　生产安全事故应急预案管理

《生产经营单位安全生产事故应急预案编制导则》于 2013 年 7 月 19 日由国家质检总局和国家标准委共同发布,2013 年 10 月 1 日起实施。《生产安全事故应急演练评估规范》于 2015 年 3 月 6 日由国家安全生产监督管理总局发布,2015 年 9 月 1 日起实施。《生产安全事故应急预案管理办法》于 2016 年 6 月 3 日由国家安全生产监督管理总局发布,自 2016 年 7 月 1 日起施行。

一、技术术语

①应急预案是指为有效预防和控制可能发生的事故,最大程度减少事故及其造成损害而预先制定的工作方案。

②应急准备是指针对可能发生的事故,为迅速、科学、有序地开展应急行动而预先进行的思想准备、组织准备和物资准备。

③应急响应是指针对发生的事故,有关组织或人员采取的应急行动。

④应急救援是指在应急响应过程中,为最大限度地降低事故造成的损失或危害,防止事故扩大,而采取的紧急措施或行动。

⑤应急演练是指针对可能发生的事故情景,依据应急预案而模拟开展的应急活动。

⑥应急演练评估是指围绕演练目标和要求,对参演人员表现、演练活动准备及其组织实施过程作出客观评价,并编写演练评估报告的过程。

⑦演练情景是指根据应急演练的目标要求,按照事故发生与演变的规律,事先假设的事故发生发展过程,描述事故发生的时间、地点、状态特征、波及范围、周边环境、可能的后果以及随时间的演变进程等内容。

二、应急预案的编制

应急预案编制包括成立应急预案编制工作组、资料收集、风险评估、应急能力评估、编制应急预案和应急预案评审 6 个步骤。

1.成立应急预案编制工作组

结合本单位部门职能和分工,成立以单位主要负责人为组长,相关部门人员参加的应急预案编制工作组,明确工作职责和任务分工,制定工作计划,组织开展应急预案编制工作。

2.资料收集

应急预案编制工作组应收集与预案编制工作相关的法律法规、技术标准、应急预案、国内外同行业企业事故资料,同时收集本单位安全生产相关技术资料、周边环境影响、应急资源等有关资料。

3.风险评估

主要内容包括分析生产经营单位存在的危险因素,确定事故危险源;分析可能发生的事故类型及后果,并指出可能产生的次生、衍生事故;评估事故的危害程度和影响范围,提出风险防控措施。

4.应急能力评估

在全面调查和客观分析生产经营单位应急队伍、装备、物资等应急资源状况基础上开展应急能力评估,并依据评估结果,完善应急保障措施。

5.编制应急预案

依据生产经营单位风险评估及应急能力评估结果,组织编制应急预案。应急预案编制应注重系统性和可操作性,做到与相关部门和单位应急预案相衔接。

6.应急预案评审与公布

①矿山、金属冶炼、建筑施工企业和易燃易爆物品、危险化学品的生产、经营、储存企业,以及使用危险化学品达到国家规定数量的化工企业、烟花爆竹生产、批发经营企业和中型规模以上的其他生产经营单位,应当对本单位编制的应急预案进行评审,并形成书面评审纪要。其他生产经营单位应当对本单位编制的应急预案进行论证。②应急预案的评审或论证应注重基本要素的完整性、组织体系的合理性、应急处置程序和措施的针对性、应急保障措施的可行性、应急预案的衔接性等内容。③生产经营单位的应急预案经评审或者论证后,由本单位主要负责人签署公布,并及时发放到本单位有关部门、岗位和相关应急救援队伍。④事故风险可能影响周边其他单位、人员的,生产经营单位应将有关事故风险的性质、影响范围和应急防范措施告知周边的其他单位和人员。⑤生产经营单位应在应急预案公布之日起20个工作日内,按照分级属地原则,向安全生产监督管理部门和有关部门进行告知性备案。

三、应急预案体系的构成

生产经营单位应急预案分为综合应急预案、专项应急预案和现场处置方案。生产经营单位应根据本单位组织管理体系、生产规模、危险源的性质以及可能发生的事故类型确定应急预案体系,并可根据本单位的实际情况确定是否编制专项应急预案。

1.综合应急预案

综合应急预案是指生产经营单位为应对各种生产安全事故而制定的综合性工作方案,是应对生产安全事故的总体工作程序、措施和应急预案体系的总纲。包括应急组织机构及职责、预案体系、事故风险描述、预警及信息报告、应急响应、保障措施、预案管理等内容。

2.专项应急预案

专项应急预案是指生产经营单位为应对某一种或者多种类型生产安全事故,或者针对重要生产设施、重大危险源、重大活动防止生产安全事故而制定的专项性工作方案。包括事故风险分析、应急指挥机构及职责、处置程序和措施等内容。

3. 现场处置方案

现场处置方案是指生产经营单位根据不同生产安全事故类型,针对具体场所、装置或者设施所制定的应急处置措施。包括事故风险分析、应急工作职责、应急处置和注意事项等内容。生产经营单位应根据风险评估、岗位操作规程以及危险性控制措施,组织本单位现场作业人员及相关专业人员共同进行编制现场处置方案。

四、综合应急预案的主要内容

1. 总体要求

①简述应急预案编制的目的;②简述所依据的法律、法规、规章、标准和规范性文件及应急预案等;③说明应急预案适用的工作范围和事故类型、级别;④说明应急预案体系的构成情况;⑤说明生产经营单位应急工作的原则,内容应简明扼要、明确具体。

2. 事故风险描述

简述生产经营单位存在的事故风险种类、发生的可能性以及严重程度及影响范围等。

3. 应急组织机构及职责

明确应急组织形式及组成单位或人员,用结构图形式表示,明确构成部门职责。根据事故类型和应急工作需要,设置应急工作小组,明确工作任务及职责。

4. 预警及信息报告

根据生产经营单位监测监控系统数据变化状况、事故险情紧急程度和发展势态或有关部门提供的预警信息进行预警,明确预警的条件、方式、方法和信息发布的程序。明确事故及事故险情信息报告程序:①明确24小时应急值守电话、事故信息接收、通报程序和责任人;②明确事故发生后向上级单位报告事故信息的流程、内容、时限和责任人;③明确事故发生后向有关部门通报事故信息的方法、程序和责任人。

5. 应急响应

①针对事故危害程度、影响范围和生产经营单位控制事态的能力,对事故应急响应进行分级,明确分级响应的基本原则;②根据事故级别和发展态势,描述应急指挥机构启动、应急资源调配、应急救援、扩大应急等响应程序;③针对可能发生的事故风险、事故危害程度和影响范围,制定相应的应急处置措施,明确处置原则和具体要求;④明确现场应急响应结束的基本条件和要求。

6. 信息公开

明确向新闻媒体、社会公众通报事故信息的部门、负责人和程序及原则。

7. 后期处置

明确污染物处理、生产秩序恢复、医疗救治、人员安置、善后赔偿、应急救援评估内容。

8. 保障措施

①明确与可为本单位提供应急保障的相关单位或人员通信联系方式和方法,并提供备用方案。同时,建立信息通信系统及维护方案,确保应急期间信息通畅。②明确应急响应的人力资源,包括应急专家、专职和兼职应急队伍等。③明确生产经营单位的应急物资和装备的类型、数量、性能、存放位置、运输及使用条件、管理责任人及其联系方式等内容。④根据应急工

作需求而确定的经费保障、交通运输保障、治安保障、技术保障、医疗保障、后勤保障等其他相关保障措施。

9. 应急预案管理

①明确对本单位人员开展的应急预案培训计划、方式和要求,使有关人员了解相关应急预案内容,熟悉应急职责、应急程序和现场处置方案;②明确生产经营单位不同类型应急预案演练的形式、范围、频次、内容以及演练评估、总结等要求;③明确应急预案修订的基本要求,并定期进行评审,实现可持续改进;④明确应急预案的报备部门,并进行备案;⑤明确应急预案实施的具体时间、负责制定与解释的部门。

五、专项应急预案的主要内容

1. 事故风险分析

针对可能发生的事故风险,分析事故发生的可能性以及严重程度、影响范围等。

2. 应急指挥机构及职责

根据事故类型,明确应急指挥机构总指挥、副总指挥以及各成员单位或人员的具体职责。应急指挥机构可以设置相应的应急救援工作小组,明确各小组工作任务及主要负责人职责。

3. 处置程序

明确事故及事故险情信息报告程序和内容,报告方式和责任人等内容。根据事故响应级别,具体描述事故接警报告和记录、应急指挥机构启动、应急指挥、资源调配、应急救援、扩大应急等应急响应程序。

4. 处置措施

针对可能发生的事故风险、事故危害程度和影响范围,制定相应的应急处置措施,明确处置原则和具体要求。

六、现场处置方案的主要内容

1. 事故风险分析

主要包括事故类型;事故发生的区域、地点或装置的名称;事故发生的可能时间、事故的危害严重程度及其影响范围;事故前可能出现的征兆;事故可能引发的次生、衍生事故。

2. 应急工作职责

根据现场工作岗位、组织形式及人员构成,明确各岗位人员的应急工作分工和职责。

3. 应急处置

①根据可能发生的事故及现场情况,明确事故报警、各项应急措施启动、应急救护人员的引导、事故扩大及同生产经营单位应急预案的衔接的程序;②针对可能发生的火灾、爆炸、危险化学品泄漏、坍塌、水患、机动车辆伤害等,从人员救护、工艺操作、事故控制,消防、现场恢复等方面制定明确的应急处置措施;③明确报警负责人以及报警电话及上级管理部门、相关应急救援单位联络方式和联系人员,事故报告基本要求和内容。

4. 注意事项

①佩戴个人防护器具方面的注意事项;②使用抢险救援器材方面的注意事项;③采取救援对策或措施方面的注意事项;④现场自救和互救注意事项;⑤现场应急处置能力确认和人员安全防护等事项;⑥应急救援结束后的注意事项;⑦其他需要特别警示的事项。

七、应急演练评估

1. 评估目的

通过评估发现应急预案、应急组织、应急人员、应急机制、应急保障等方面存在的问题或不足,提出改进意见或建议,并总结演练中好的做法和主要优点等。

2. 评估依据

①法律、法规、标准及有关规定和要求;②相关应急预案和演练文件;③演练单位的相关技术标准、操作规程或管理制度;④事故应急救援典型案例资料;⑤其他相关材料。

3. 评估原则

实事求是、科学考评、依法依规、以评促改。

4. 评估程序

评估准备、评估实施和评估总结。

5. 评估组

①评估组由应急管理方面专家和相关领域专业技术人员组成,规模较大、演练情景和参演人员较多或实施程序复杂的演练,设多级评估,并确定总体负责人及各小组负责人;②负责对演练准备、组织与实施等进行全过程、全方位地跟踪评估。演练结束后,及时向演练领导小组及其他相关专业工作组提出评估意见、建议,并撰写演练评估报告。

6. 演练评估准备

①成立演练评估组和确定评估人员。评估人员应有明显标志。②演练评估需求分析。制定演练评估方案之前,应确定评估工作目的、内容和程序。③演练评估资料的收集。收集演练评估所需要的相关资料和文件。④选择评估方式和方法。演练评估主要是通过对演练活动或参演人员的表现进行的观察、提问、听对方陈述、检查、比对、验证、实测而获取客观证据,比较演练实际效果与目标之间的差异,总结演练中好的做法,查找存在的问题。

7. 编写评估方案和评估标准

①编写评估方案。内容包括:概述、目的、内容、工作组织实施、附件。②制定评估标准。演练评估组召集有关方面和人员,根据演练总体目标和各参演机构的目标,以及具体演练情景事件、演练流程和保障方案,明确演练评估内容及要求。③培训评估人员。演练评估人员应听取演练组织人员介绍演练方案以及组织和实施流程,并进行交互式讨论,进一步明晰演练流程和内容。同时,评估组内部应围绕以下内容开展内部专题培训:演练组织和实施文件;演练评估方案;应急预案和相关管理文件;熟悉演练场地,掌握相关技术处置标准和方法;其他有关内容。④准备评估材料、器材。根据演练需要,准备评估工作所需的相关材料、器材等。

8. 演练评估实施

①评估人员就位。根据演练评估方案安排,评估人员提前就位,做好演练评估准备工作。②观察记录和收集数据、信息和资料。演练开始后,演练评估人员通过观察、记录和收集演练信息和相关数据、信息和资料,观察演练实施及进展、参演人员表现等情况,及时记录演练过程中出现的问题。在不影响演练进程的情况下,评估人员可进行现场提问并做好记录。③演练评估。根据演练现场观察和记录,逐项对演练内容进行评估,及时记录评估结果。

9.演练评估总结

①演练结束后,派有关代表对演练中发现的问题及取得的成效进行现场点评。②组织参演小组进行自评,总结演练的优点和不足,介绍演练收获及体会。③参演人员自评结束后,演练评估组负责人组织召开专题评估工作会议,综合评估意见。④编制演练评估报告。报告主要内容:演练基本情况;演练评估过程;演练情况分析;改进的意见和建议;评估结论。综合评价结论分为优、良、中、差四个等级。⑤整改落实。演练组织单位应根据评估报告中提出的问题和不足,制定整改计划,明确整改目标,制定整改措施,并督促整改落实,直到问题解决为止。同时,总结分析存在的问题和不足的原因。

八、应急预案的实施

1.应急预案的宣传教育

①各级安全生产监督管理部门、生产经营单位应采取多种形式开展应急预案的宣传教育,普及生产安全事故避险、自救和互救知识,提高从业人员安全意识与应急处置技能。②各级安全生产监督管理部门应将本部门应急预案的培训纳入安全生产培训工作计划,组织实施重点生产经营单位的应急预案培训工作。生产经营单位应组织开展本单位的应急预案、应急知识、自救互救和避险逃生技能的培训活动,使有关人员了解应急预案内容,熟悉应急职责、应急处置程序和措施。

2.应急预案演练

①各级安全生产监督管理部门应定期组织应急预案演练,提高本部门、本地区生产安全事故应急处置能力。②生产经营单位应制定应急预案演练计划,根据本单位事故风险特点,每年至少组织一次综合应急预案演练或专项应急预案演练,每半年至少组织一次现场处置方案演练。③应急预案演练结束后,组织单位应对应急预案演练效果进行评估,撰写应急预案演练评估报告,分析存在的问题,对应急预案提出修订意见。

3.应急预案定期评估

①应急预案编制单位应建立应急预案定期评估制度,对预案内容的针对性和实用性进行分析,并对应急预案是否需要修订作出结论。矿山、金属冶炼、建筑施工企业和易燃易爆物品、危险化学品等危险物品的生产、经营、储存企业、使用危险化学品达到国家规定数量的化工企业、烟花爆竹生产、批发经营企业和中型规模以上的其他生产经营单位,应每3年进行一次应急预案评估。应急预案评估可以邀请相关专业机构或者专家、有实际应急救援工作经验的人员参加,必要时可以委托安全生产技术服务机构实施。②事故应急处置和应急救援结束后,事故单位应对应急预案实施情况进行总结评估。

4.应急预案的修订

有下列情形之一的,应急预案应及时修订并归档:①依据的法律、法规、规章、标准及上位预案中有关规定发生重大变化;②应急指挥机构及其职责发生调整;③面临的事故风险发生重大变化;④重要应急资源发生重大变化;⑤预案中的其他重要信息发生变化;⑥在应急演练和事故应急救援中发现问题需要修订;⑦编制单位认为应当修订的其他情况。

5.启动应急响应

①生产经营单位应按照应急预案的规定,落实应急指挥体系、应急救援队伍、应急物资及装备,建立应急物资、装备配备及其使用档案,并对应急物资、装备进行定期检测和维护,使其

处于适用状态。②生产经营单位发生事故时,应第一时间启动应急响应,组织有关力量进行救援,并将事故信息及应急响应启动情况报告安全生产监督管理部门和其他负有安全生产监督管理职责的部门。

九、法律责任

①生产经营单位有下列情形之一的,由县级以上安全生产监督管理部门责令限期改正,可以处 5 万元以下罚款;逾期未改正的,责令停产停业整顿,并处 5 万元以上 10 万元以下罚款,对直接负责的主管人员和其他直接责任人员处 1 万元以上 2 万元以下的罚款:未按规定编制应急预案的;未按规定定期组织应急预案演练的。

②生产经营单位有下列情形之一的,由县级以上安全生产监督管理部门责令限期改正,可以处 1 万元以上 3 万元以下罚款:在应急预案编制前未按规定开展风险评估和应急资源调查的;未按规定开展应急预案评审或者论证的;未按规定进行应急预案备案的;事故风险可能影响周边单位、人员的,未将事故风险的性质、影响范围和应急防范措施告知周边单位和人员的;未按规定开展应急预案评估的;未按规定进行应急预案修订并重新备案的;未落实应急预案规定的应急物资及装备的。

第 9 节   安全生产培训管理

一、立法目的

《安全生产培训管理办法》已于 2011 年 12 月 31 日经国家安全生产监督管理总局局长办公会议审议通过,自 2012 年 3 月 1 日起施行。根据 2013 年 8 月 29 日国家安全生产监督管理总局令第 63 号第一次修正,自 2013 年 8 月 29 日起施行。根据 2015 年 5 月 29 日国家安全生产监督管理总局令第 80 号第二次修正,自 2015 年 7 月 1 日起施行。共 7 章,38 条。

立法目的是加强安全生产培训管理,规范安全生产培训秩序,保证安全生产培训质量,促进安全生产培训工作健康发展。

二、安全培训

1. 安全培训与培训对象

安全培训是指以提高安全监管监察人员、生产经营单位从业人员和从事安全生产工作的相关人员的安全素质为目的的教育培训活动。

安全监管监察人员是指县级以上各级人民政府安全生产监督管理部门、各级煤矿安全监察机构从事安全监管监察、行政执法的安全生产监管人员和煤矿安全监察人员。生产经营单位从业人员是指生产经营单位主要负责人、安全生产管理人员、特种作业人员及其他从业人员。从事安全生产工作的相关人员是指从事安全教育培训工作的教师、危险化学品登记机构的登记人员和承担安全评价、咨询、检测、检验的人员及注册安全工程师、安全生产应急救援人员等。

2.安全培训工作原则

安全培训工作实行统一规划、归口管理、分级实施、分类指导、教考分离的原则。

国家安全生产监督管理总局指导全国安全培训工作,依法对全国的安全培训工作实施监督管理。国家煤矿安全监察局指导全国煤矿安全培训工作,依法对全国煤矿安全培训工作实施监督管理。国家安全生产应急救援指挥中心指导全国安全生产应急救援培训工作。县级以上安全生产监督管理部门依法对本行政区域内的安全培训工作实施监督管理。省级煤矿安全培训部门、省级煤矿安全监察机构按照各自的工作职责,依法对所辖区域煤矿安全培训工作实施监督管理。

3.安全培训机构应当具备的条件

安全培训的机构应当具备从事安全培训工作所需要的条件。从事危险物品的生产、经营、储存单位以及矿山、金属冶炼单位的主要负责人和安全生产管理人员,特种作业人员以及注册安全工程师等相关人员培训的安全培训机构,应当将教师、教学和实习实训设施等情况书面报告所在地安全生产监督管理部门、煤矿安全培训监管机构。安全生产相关社会组织依照法律、行政法规和章程,为生产经营单位提供安全培训有关服务,对安全培训机构实行自律管理,促进安全培训工作水平的提升。

4.安全培训工作要求

(1)坚持以人为本,依法培训。加强安全培训工作,是贯彻安全生产方针,建立安全生产长效机制的重要举措;是增强职工安全意识,提高安全素质,保障安全生产的重要途径。

(2)统一指导、属地管理,企业负责。国家安全生产监督管理总局指导全国安全培训工作,省级安全监察机构依法对辖区内企业的安全培训工作实施监督管理。企业是安全生产教育和培训的责任主体。

(3)分级实施,按需施教。安全培训按不同层次、不同规格、不同对象、不同目标分四级建立培训机构。安全培训工作,严格按照培训教学大纲组织教学。

(4)考培分离,客观公正。教培分离是指对安全培训的培训教学和考核发证的两条线管理,由各级培训机构负责组织培训教学、提高培训质量;由各级安全监察机关负责考试发证。

(5)突出重点,全员培训。要以增强安全意识、掌握安全知识和现场操作技能为重点,以企业自主培训为主。未经培训或培训考核不合格者,一律不得上岗作业。

三、安全培训的实施

1.安全培训大纲的制定和教材选用

安全培训应当按照规定的安全培训大纲进行。安全监管监察人员,危险物品的生产、经营、储存单位与非煤矿山、金属冶炼单位的主要负责人和安全生产管理人员、特种作业人员及从事安全生产工作的相关人员的安全培训大纲,由国家安全生产监督管理总局组织制定。煤矿企业的主要负责人、安全生产管理人员和特种作业人员的培训大纲由国家煤矿安全监察局组织制定。安全培训机构应当优先使用优秀安全培训教材。

2.管理人员分级安全培训

国家安全生产监督管理总局负责省级以上安全生产监督管理部门的安全生产监管人员、各级煤矿安全监察机构的煤矿安全监察人员的培训工作。省级安全生产监督管理部门负责市级、县级安全生产监督管理部门的安全生产监管人员的培训工作。生产经营单位的从业人员的安全培训,由生产经营单位负责。

3. 从业人员的安全培训

对从业人员的安全培训,具备安全培训条件的生产经营单位应当以自主培训为主,也可以委托具备安全培训条件的机构进行安全培训。不具备安全培训条件的生产经营单位,应当委托具有安全培训条件的机构对从业人员进行安全培训。

4. 建立安全培训管理制度

生产经营单位应当建立安全培训管理制度,保障从业人员安全培训所需经费,对从业人员进行与其所从事岗位相应的安全教育培训;从业人员调整工作岗位或者采用新工艺、新技术、新设备、新材料的,应当对其进行专门的安全教育和培训。未经安全教育和培训合格的从业人员,不得上岗作业。从业人员安全培训的时间、内容、参加人员以及考核结果等情况,生产经营单位应当如实记录并建档备查。

5. 从业人员培训内容和培训时间

生产经营单位从业人员的培训内容和培训时间,应当符合有关标准的规定。

生产经营单位应当进行安全培训的从业人员包括主要负责人、安全生产管理人员、特种作业人员和其他从业人员。

(1)主要负责人与安全生产管理人员安全培训

煤矿、非煤矿山、危险化学品、烟花爆竹、金属冶炼等生产经营单位主要负责人和安全生产管理人员初次安全培训时间不得少于48学时,每年再培训时间不得少于16学时。

①生产经营单位主要负责人安全培训内容。国家安全生产方针、政策和有关安全生产的法律、法规、规章及标准;安全生产管理基本知识、安全生产技术、安全生产专业知识;重大危险源管理、重大事故防范、应急管理和救援组织以及事故调查处理的有关规定;职业危害及其预防措施;国内外先进的安全生产管理经验;典型事故和应急救援案例分析;其他需要培训的内容。

②安全生产管理人员安全培训内容。国家安全生产方针、政策和有关安全生产的法律、法规、规章及标准;安全生产管理、安全生产技术、职业卫生等知识;伤亡事故统计、报告及职业危害的调查处理方法;应急管理、应急预案编制以及应急处置的内容和要求;国内外先进的安全生产管理经验;典型事故和应急救援案例分析;其他需要培训的内容。

(2)特种作业人员安全培训

生产经营单位的特种作业人员,必须按照国家有关法律、法规的规定接受专门的安全培训,经考核合格,取得特种作业操作资格证书后,方可上岗作业。

特种作业人员的安全技术培训、考核、发证、复审工作实行统一监管、分级实施、教考分离的原则。特种作业人员应当接受与其所从事的特种作业相应的安全技术理论培训和实际操作培训。初次培训时间不得少于90学时。

特种作业操作证有效期为6年,在全国范围内有效。安全培训时间不少于24个学时,主要培训法律、法规、标准、事故案例和有关新工艺、新技术、新装备等知识。

(3)其他从业人员安全培训

煤矿、非煤矿山、危险化学品、烟花爆竹、金属冶炼等单位新上岗的从业人员安全培训时间不得少于72学时,每年再培训的时间不得少于20学时。

安全培训内容:本单位安全生产情况及安全生产基本知识;本单位安全生产规章制度和劳

动纪律;从业人员安全生产权利和义务;事故应急救援、事故应急预案演练及防范措施;有关事故案例等。

6. 需要重新参加安全培训的规定

中央企业的分公司、子公司及其所属单位和其他生产经营单位,发生造成人员死亡的生产安全事故的,其主要负责人和安全生产管理人员应当重新参加安全培训。特种作业人员对造成人员死亡的生产安全事故负有直接责任的,应当重新参加安全培训。

7. 国家鼓励实行师傅带徒弟制度和招录职业院校毕业生

国家鼓励生产经营单位实行师傅带徒弟制度。矿山新招的井下作业人员和危险物品生产经营单位新招的危险工艺操作岗位人员,除按照规定进行安全培训外,还应当在有经验的职工带领下实习满 2 个月后,方可独立上岗作业。

国家鼓励生产经营单位招录职业院校毕业生。职业院校毕业生从事与所学专业相关的作业,可以免予参加初次培训,实际操作培训除外。

8. 安全培训机构的管理

安全培训机构应当建立安全培训工作制度和人员培训档案。安全培训相关情况,应当如实记录并建档备查。安全培训工作的收费,应当符合法律、法规或者指导性标准收费。国家鼓励安全培训机构和生产经营单位利用现代信息技术开展安全培训,包括远程培训。

四、安全培训考核

1. 安全培训的考核原则

安全培训的考核,应当坚持教考分离、统一标准、统一题库、分级负责的原则,分步推行远程视频监视计算机考试。

2. 考核标准的制定

安全监管监察人员,危险物品的生产、经营、储存单位及非煤矿山企业主要负责人、安全生产管理人员和特种作业人员,以及从事安全生产工作的相关人员的考核标准,由国家安全监督管理总局统一制定。煤矿企业的主要负责人、安全生产管理人员和特种作业人员的考核标准,由国家煤矿安全监察局制定。除危险物品的生产、经营、储存单位和矿山企业以外其他生产经营单位主要负责人、安全生产管理人员及其他从业人员的考核标准,由省级安全生产监督管理部门制定。

3. 安全培训的考核

国家安全生产监督管理总局负责省级以上安全生产监督管理部门的安全生产监管人员、各级煤矿安全监察机构的煤矿安全监察人员的考核;负责中央企业的总公司、总厂或者集团公司的主要负责人和安全生产管理人员的考核。省级安全生产监督管理部门负责市级、县级安全生产监督管理部门的安全生产监管人员的考核;负责省属生产经营单位和中央企业分公司、子公司及其所属单位的主要负责人和安全生产管理人员的考核;负责特种作业人员的考核。市级安全生产监督管理部门负责本行政区域内除中央企业、省属生产经营单位以外的其他生产经营单位的主要负责人和安全生产管理人员的考核。

4. 建立安全培训考核管理档案

安全生产监督管理等职能部门和生产经营单位应当制定安全培训的考核制度,建立考核管理档案备查。

五、安全培训发证

①接受安全培训人员经考核合格的,由考核部门在考核结束后 10 个工作日内颁发相应的证书。

②安全生产监管人员经考核合格后,颁发安全生产监管执法证;煤矿安全监察人员经考核合格后,颁发煤矿安全监察执法证;危险物品的生产、经营、储存单位和矿山、金属冶炼单位主要负责人、安全生产管理人员经考核合格后,颁发安全合格证;特种作业人员经考核合格后,颁发特种作业操作证;危险化学品登记机构的登记人员经考核合格后,颁发上岗证;其他人员经培训合格后,颁发培训合格证。

③安全生产监管执法证、煤矿安全监察执法证、安全合格证、特种作业操作证和上岗证的式样,由国家安全监管总局统一规定。培训合格证的式样,由负责培训考核的部门规定。

④安全生产监管执法证、煤矿安全监察执法证、安全合格证的有效期为 3 年。有效期届满需要延期的,应当于有效期届满 30 日前向原发证部门申请办理延期手续。

⑤特种作业操作证和省级安全生产监督管理部门、省级煤矿安全培训监管机构颁发的主要负责人、安全生产管理人员的安全合格证,在全国范围内有效。

⑥承担安全评价、咨询、检测、检验的人员和安全生产应急救援人员的考核、发证,按照有关法律、法规、规章的规定执行。

六、监督管理

①安全生产监督管理部门、煤矿安全培训监管机构应当加强对安全培训工作的监督管理,对生产经营单位、安全培训机构违反有关法律、法规的行为,依法作出处理。省级安全生产监督管理部门、省级煤矿安全培训监管机构应当定期统计分析本行政区域内安全培训、考核、发证情况,并报国家安全生产监督管理总局。

②安全生产监督管理部门和煤矿安全培训监管机构应当对安全培训机构开展安全培训活动的情况进行监督检查,检查内容包括:具备从事安全培训工作所需要的条件的情况;建立培训管理制度和教师配备的情况;执行培训大纲、建立培训档案和培训保障的情况;培训收费的情况;法律法规规定的其他内容。

③安全生产监督管理部门、煤矿安全培训监管机构应当对生产经营单位的安全培训情况进行监督检查,检查内容包括:安全培训制度、年度培训计划、安全培训管理档案的制定和实施的情况;安全培训经费投入和使用的情况;主要负责人、安全生产管理人员接受安全生产知识和管理能力考核的情况;特种作业人员持证上岗的情况;应用新工艺、新技术、新材料、新设备以及转岗前对从业人员安全培训的情况;其他从业人员安全培训的情况;法律法规规定的其他内容。

④任何单位或者个人对生产经营单位、安全培训机构违反有关法律、法规的行为,均有权向安全生产监督管理部门、煤矿安全监察机构、煤矿安全培训监管机构报告或者举报。接到举报的部门或者机构应当为举报人保密,并按照有关规定对举报进行核查和处理。

⑤监察机关对安全生产监督管理部门、煤矿安全监察机构、煤矿安全培训监管机构及其工作人员履行安全培训工作监督管理职责情况实施监察。

七、法律责任

1.监督管理部门及其工作人员的法律责任

安全生产监督管理部门、煤矿安全监察机构、煤矿安全培训监管机构的工作人员在安全培训监督管理工作中滥用职权、玩忽职守、徇私舞弊的,依照有关规定给予处分;构成犯罪的,依法追究刑事责任。

2.培训机构的法律责任

①安全培训机构有下列情形之一的,责令限期改正,处 1 万元以下的罚款;逾期未改正的,给予警告,处 1 万元以上 3 万元以下的罚款:不具备安全培训条件的;未按照统一的培训大纲组织教学培训的;未建立培训档案或者培训档案管理不规范的。

②安全培训机构采取不正当竞争手段,故意贬低、诋毁其他安全培训机构的,责令限期改正,处 1 万元以下的罚款;逾期未改正的,给予警告,处 1 万元以上 3 万元以下的罚款。

3.生产经营单位的法律责任

①生产经营单位主要负责人、安全生产管理人员、特种作业人员以欺骗、贿赂等不正当手段取得安全合格证或者特种作业操作证的,除撤销其相关证书外,处 3 000 元以下的罚款,并自撤销其相关证书之日起 3 年内不得再次申请该证书。

②生产经营单位有下列情形之一的,责令改正,处 3 万元以下的罚款:从业人员安全培训的时间少于有关标准规定的;矿山新招的井下作业人员和危险物品生产经营单位新招的危险工艺操作岗位人员,未经实习期满独立上岗作业的;相关人员未规定重新参加安全培训的。

③生产经营单位存在违反有关安全生产教育培训的其他行为的,依照相关法律、法规的规定予以处罚。

第 10 节　工伤保险管理

《工伤保险条例》于 2003 年 4 月 16 日国务院第 5 次常务会议通过,自 2004 年 1 月 1 日起施行。根据 2010 年 12 月 20 日国务院《关于修改〈工伤保险条例〉的决定》修订,自 2011 年 1 月 1 日起施行,共 8 章,67 条。

一、立法目的

立法的目的是保障因工作遭受事故伤害或者患职业病的职工获得医疗救治和经济补偿,促进工伤预防和职业康复,分散用人单位的工伤风险。

1.保障工伤职工的救治权与经济补偿权

工伤职工在遭受事故伤害或者患职业病以后,首先的权利是要得到及时、有效的抢救。在这方面所发生的运输、住院、检查诊断、治疗等费用,都要得到足额的保障,使受伤职工的伤害程度尽快得到有效的控制。其次,等到职工的病情稳定以后,便要按照法定的程序进行评残,确定伤残的等级,以便安排相应的一次性的和长期性的经济补偿。给工伤职工以救治和补偿,是工伤保险制度最初的目的,在目前仍然是工伤保险制度的核心。

2.促进工伤预防与职业康复

经过一百多年的发展,各国的工伤保险制度已经慢慢地形成了预防、治疗、康复三合一或者三结合的结构模式,对工伤的预防以及工伤职工的职业、生活、社会、心理等康复的关注程度在不断提高。在工伤保险费率的确定上,通过行业差别费率,特别是实行单位的费率浮动,可以促使单位搞好工伤事故的预防,以降低生产成本。

3.分散用人单位的工伤风险

尽管随着科学技术的进步,对工伤的预防水平已越来越高,但工伤事故的发生仍在所难免。为了分散各个雇主的风险,有必要由各个雇主都提前凑钱形成一个互助式的基金,以增强每一个雇主的抗工伤事故风险的能力。现代的工伤保险制度,仍然具有分散雇主责任的功能,并且随着时代的进步,在分散风险方面的机制已经越来越先进。在现代工伤保险制度中,通过实行行业差别费率制和单位的费率浮动制,进一步分散了行业与单位的风险。

二、工伤保险的适用范围

我国境内的企事业单位、社会团体、民办非企业单位、基金会、律师事务所、会计师事务所等组织和个体工商户应当参加工伤保险,缴纳工伤保险费。

1.企业

企业是从事生产、流通、服务等经济活动,以生产或服务满足社会需要,实行自主经营、独立核算、依法设立的一种营利性的经济组织。

2.事业单位

事业单位是指以增进社会福利,满足社会文化、教育、科学、卫生等方面需要,提供各种社会服务为直接目的的社会组织。

3.社会团体

社会团体是指我国公民自愿组成,为实现会员共同意愿,按照其章程开展活动的非营利性社会组织。国家机关以外的组织可以作为单位会员加入社会团体。

4.民办非企业单位

民办非企业单位是指企业事业单位、社会团体和其他社会力量以及公民个人利用非国有资产举办的,从事非营利性社会服务活动的社会组织。

5.基金会

基金会是指利用自然人、法人或者其他组织捐赠的财产,以从事公益事业为目的,按照《基金会管理办法》的规定成立的非营利性法人。基金会分为面向公众募捐的基金会和不得面向公众募捐的基金会。

6.律师事务所

律师事务所是律师向社会提供法律服务的执业机构。

根据《律师法》规定,我国律师事务所组织形式有合伙所、个人所和国资所 3 种。

7.会计师事务所

会计师事务所是依法设立并承办注册会计师业务的机构。注册会计师执行业务,应当加入会计师事务所。合伙制和有限责任制为会计师事务所的法定组织形式。

8.个体工商户

个体工商户是指有经营能力并经工商行政管理部门登记,从事工商业经营的公民。按照社会保险的普遍性原则,社会组织的各类人员都应当参加工伤保险制度,以保证最广大职工的合法权益。

三、工伤保险基金

1. 工伤保险基金

工伤保险基金是指社会保险经办机构或者税务机构通过各种方式征集的,用于工伤保险事业开支的专项基金。工伤保险基金是养老保险基金、医疗保险基金、工伤保险基金、失业保险基金和生育保险基金5项社会保险基金中的1种,由用人单位缴纳的工伤保险费、工伤保险基金的利息和依法纳入工伤保险基金的其他资金构成。

2. 工伤保险基金的特点

（1）强制性

工伤保险费是国家以法律规定的形式,向规定范围内的用人单位征收的一种社会保险费。具有缴费义务的单位必须按照法律的规定履行缴费义务,否则用人单位要按照法律的规定承担相应的法律责任。

（2）共济性

用人单位按规定缴纳工伤保险费后,不管该单位是否发生工伤,发生多大程度和范围的工伤,都应按照法律的规定由基金支付相应的工伤保险待遇。

（3）专用性

国家根据社会保险事业的需要,事先规定工伤保险费的缴费对象、缴费基数和费率的基本原则。在工伤保险基金的使用上,实行专款专用,任何人不得挪用。

3. 工伤保险基金的用途

按规定支付的工伤保险待遇;职业康复治疗费;劳动能力鉴定费;工伤认定调查费;对工伤事故、职业病发生率在统筹地区同行业中属较低用人单位的奖励费用;法律、法规、规章规定的其他费用。

4. 工伤保险费的确定

①工伤保险费根据以支定收、收支平衡的原则,确定费率。工伤保险实行现收现付制度,以支定收、收支平衡。

②国家根据不同行业的工伤风险程度确定行业的差别费率,并根据工伤保险费使用、工伤发生率等情况在每个行业内确定若干费率档次。

③统筹地区经办机构根据用人单位工伤保险费使用、工伤发生率等情况,适用所属行业内相应的费率档次确定单位缴费费率。

④国务院社会保险行政部门应当定期了解全国各统筹地区工伤保险基金收支情况,及时提出调整行业差别费率及行业内费率档次的方案,报国务院批准后公布施行。

⑤用人单位应当按时缴纳工伤保险费。职工个人不缴纳工伤保险费。

⑥用人单位缴纳工伤保险费的数额为本单位职工工资总额乘以单位缴费费率之积。工资总额是指用人单位直接支付给本单位全部职工的劳动报酬总额。

⑦对难以按照工资总额缴纳工伤保险费的行业,其缴纳工伤保险费的具体方式,由国务院社会保险行政部门规定。

⑧工伤保险基金逐步实行省级统筹。跨地区、生产流动性较大的行业,可以采取相对集中

的方式异地参加统筹地区的工伤保险。

⑨工伤预防费用的提取比例、使用和管理的具体办法,由国务院社会保险行政部门会同国务院财政、卫生行政、安全生产监督管理等部门规定。

⑩工伤保险基金应当留有一定比例的储备金,用于统筹地区重大事故的工伤保险待遇支付;储备金不足支付的,由统筹地区的人民政府垫付。

四、认定和视同工伤的情形

1. 应当认定为工伤的情形

在工作时间和工作场所内,因工作原因受到事故伤害的;工作时间前后在工作场所内,从事与工作有关的预备性或者收尾性工作受到事故伤害的;在工作时间和工作场所内,因履行工作职责受到暴力等意外伤害的;患职业病的;因工外出期间,由于工作原因受到伤害或者发生事故下落不明的;在上下班途中,受到非本人主要责任的交通事故或者城市轨道交通、客运轮渡、火车事故伤害的;法律、行政法规规定应当认定为工伤的其他情形。

2. 应当认定视同工伤的情形

在工作时间和工作岗位,突发疾病死亡或者在 48 小时之内经抢救无效死亡的;在抢险救灾等维护国家利益、公共利益活动中受到伤害的;职工原在军队服役,因战、因公负伤致残,已取得革命伤残军人证,到用人单位后旧伤复发的。

3. 不应当认定为工伤或视同工伤的情形

职工有下列情形之一的,不得认定为工伤或者视同工伤:①故意犯罪的;②醉酒或者吸毒的;③自残或者自杀的。

工伤保险虽然实行无过错补偿原则,但只有那些与工作有因果联系的伤害才可纳入工伤范围。职工在工作时间和工作场所内,因犯罪或违反治安管理造成的伤害,以及自杀或者自残性质的伤害,与工作之间不具有必然的联系,其后果应由行为人自己承担,不属于工伤保险的范围。

五、劳动能力鉴定

劳动能力鉴定是指劳动者因工或非因工负伤以及患病后,劳动鉴定机构根据国家鉴定标准,运用有关政策和医学科学技术的方法、手段确定劳动者伤残程度和丧失劳动能力程度的一种综合评定,是给予受伤害职工保险待遇前提条件,也是工伤保险管理工作的重要内容。

1. 职工进行劳动能力鉴定的条件

工伤职工进行劳动能力鉴定,应该在经过治疗,伤情处于相对稳定状态后进行。这样规定,是因为职工发生工伤后,只有经过一段时间的治疗,使伤情处于相对稳定的状态,才便于劳动能力鉴定机构聘请医疗专家对其伤情进行鉴定。

2. 劳动能力鉴定等级

劳动能力鉴定分为劳动功能障碍程度等级鉴定和生活自理障碍程度的等级鉴定两个部分。劳动功能障碍程度分为 10 个伤残等级,最重的为 1 级,最轻的为 10 级。生活自理障碍分为 3 个等级:生活完全不能自理、生活大部分不能自理和生活部分不能自理。

3. 劳动能力鉴定的申请主体

（1）用人单位

该职工与用人单位之间存在劳动关系，并且工伤是由于为本单位工作造成的，因此，职工发生事故伤害后，为职工申请工伤认定、劳动能力鉴定，是单位的法定责任。职工发生事故伤害或者被诊断、鉴定为职业病，所在单位应当自事故伤害发生之日或者被诊断、鉴定为职业病之日起 30 日内，向统筹地区劳动保障行政部门提出工伤认定申请。用人单位应当替工伤职工向设区的市级劳动能力鉴定委员会提出劳动能力鉴定申请。

（2）工伤职工

职工如果认为工伤受到的伤害可能或已经影响其劳动能力，对工作生活带来很大不便的，可以申请劳动能力鉴定。工伤职工本人可以提出劳动能力鉴定申请，是对劳动者权利的一种保护。

（3）职工的直系亲属

直系亲属包括配偶、子女、父母、兄弟姐妹、祖父母、外祖父母。规定工伤职工的直系亲属有权申请劳动能力鉴定，主要有 3 点考虑：职工直系亲属有可能成为职工的监护人，赋予监护人申请鉴定的权利，是为了更好地保护工伤职工合法权益；职工发生工伤后，对其供养的直系亲属的生活造成了直接或者间接的影响，职工劳动能力的缺失，有可能导致由其供养的直系亲属没有生活来源，同时增加了直系亲属护理工伤职工的负担；有的工伤职工受伤较为严重，自己提出申请有诸多困难，由其直系亲属代为申请更为方便。

4. 劳动能力鉴定申请受理机构

将劳动能力鉴定委员会分为设区的市级劳动能力鉴定委员会和省级劳动能力鉴定委员会两级，由设区的市级劳动能力鉴定委员会受理劳动能力的初次鉴定申请。

5. 劳动能力鉴定申请资料

①由劳动保障行政部门根据国家规定，确定职工受伤或者职业病是否属于工伤范围，是否符合工伤条件的书面决定。职工发生事故伤害或者被诊断、鉴定为职业病的，所在单位应当自事故伤害发生之日或者被诊断、鉴定为职业病之日起 30 日内，向统筹地区劳动保障行政部门提出工伤认定申请。如果用人单位不认为是工伤，但职工或其直系亲属、工会组织认为是工伤的，工伤职工或其直系亲属、工会组织在事故伤害发生之日或者职业病确诊之日起 1 年内，有权直接向劳动保障行政部门提出工伤认定申请。劳动保障行政部门应当自受理工伤认定申请之日起 60 日内作出认定为工伤或者不认定为工伤的决定，并书面通知申请工伤认定的职工或其直系亲属和所在单位。

②职工受到事故伤害或者患职业病，到医疗机构进行治疗过程中，由医院记载的有关负伤职工的病情、病志、治疗情况等资料。劳动能力鉴定机构据此审查负伤职工的伤情是否处于稳定状态，能否进行劳动能力鉴定。

6. 劳动能力鉴定委员会与专家库

（1）劳动能力鉴定委员会

劳动能力鉴定委员会由劳动保障行政部门、人事行政部门、卫生行政部门、工会组织、经办机构代表和用人单位代表组成。

（2）医疗卫生专家库

专家库由医疗卫生方面的专家组成。从专家库中随机抽取专家组成的专家组作出鉴定意见后,劳动能力鉴定委员会据此作出劳动能力鉴定结论。

列入专家库的医疗卫生专业技术人员应当具备下列条件:具有医疗卫生高级技术职务任职资格,取得主治医师以上高级职称的医疗专家;掌握劳动能力鉴定的相关知识。

7. 劳动能力鉴定程序

(1)提出申请

凡因工、因病需进行劳动能力鉴定的职工,用人单位应在规定时间内组织职工进行劳动能力鉴定,以书面形式向劳动鉴定委员会提出申请,并填写劳动鉴定申请表。企业不提出申请的,职工及其亲属可以申请,劳动鉴定委员会不得拒绝。申请劳动能力鉴定所提交的材料主要包括:工伤认定决定书或工伤证,工伤诊断证明,以及医院记载的有关负伤职工的病情、病志、治疗情况等资料。

(2)进行审查

劳动能力鉴定委员会办公室受理劳动鉴定的日常工作。劳动能力鉴定办公室工作人员接到劳动能力鉴定申报后,应对下列事项进行审查:申请的事项是否属于劳动鉴定的内容;申请的劳动鉴定是否属于本鉴定委员会受理;申请书及有关材料是否齐备并符合要求;对申请书不明确,有关材料不齐备的,应指导申请人予以补充。

(3)鉴定程序

劳动能力鉴定委员会办公室经审查决定受理的申请,可以根据鉴定情况,选择以下程序:将申请书及报送材料分类、分科整理、登记;通知用人单位和被鉴定人有关鉴定事宜,并组织协调鉴定工作;指定劳动能力鉴定医院、聘用劳动能力鉴定专家组成技术鉴定组;劳动能力鉴定医院指定合格的医生根据被鉴定人受伤的部位或病情进行检查,写出诊断报告;鉴定专家组对被鉴定人及材料进行技术鉴定并写出鉴定意见;劳动能力鉴定委员会依据国家标准、劳动法规及鉴定意见作出鉴定结论。

(4)鉴定回避

劳动能力鉴定委员会的工作人员及劳动鉴定专家有下列情形之一的,用人单位及被鉴定人有权以口头或者书面方式申请其回避:是用人单位法定代表人或主要负责人、被鉴定人的近亲属;与被鉴定人及用人单位有利害关系的;与被鉴定人及用人单位有其他关系可能影响公正作出鉴定结论的。

劳动鉴定委员会办公室的工作人员的回避由劳动鉴定委员会主任决定;劳动鉴定专家的回避由劳动鉴定委员会办公室负责人决定。劳动鉴定委员会主任及办公室负责人对回避申请应在 7 日内作出决定,并以口头或书面形式通知用人单位和被鉴定人。

(5)鉴定结论

劳动能力鉴定委员会依据国家标准、劳动法规及鉴定意见作出鉴定结论。用人单位或被鉴定人对劳动能力鉴定委员会作出的鉴定结论不服的,可以向当地劳动鉴定委员会申请复查;对复查鉴定结论不服的,可以向上一级劳动鉴定委员会申请重新鉴定。复查鉴定的最终结论由省劳动鉴定委员会作出。

六、工伤保险待遇

工伤保险待遇是指职工因工发生暂时或永久人身健康或生命损害的一种补救和补偿,其作用是使伤残者的医疗、生活有保障,使工亡者的遗属的基本生活得到保障。工伤保险待遇的高低,项目的多少,取决于国家或该地区的经济发展水平和人们的社会生活水平。

工伤保险待遇主要内容包括医疗康复待遇、伤残待遇和死亡赔偿待遇。医疗康复待遇包括治疗费、药费、住院费用以及在规定的治疗期内的工资待遇。伤残待遇包括1至10级工伤伤残职工的一次性伤残补助金;需要护理的,还可以享受生活护理费;需要安装辅助器具的,由基金支付费用。死亡待遇包括丧葬补助金、供养亲属抚恤金、一次性工亡补助金。

1. 工伤职工的治疗

职工因工作遭受事故伤害或者患职业病进行治疗,享受工伤医疗待遇。职工治疗工伤应当在签订服务协议的医疗机构就医,情况紧急时可以先到就近的医疗机构急救。治疗工伤所需费用符合工伤保险诊疗项目目录、工伤保险药品目录、工伤保险住院服务标准的,从工伤保险基金支付。

职工住院治疗工伤的伙食补助费,以及经医疗机构出具证明,报经办机构同意,工伤职工到统筹地区以外就医所需的交通、食宿费用从工伤保险基金支付,基金支付的具体标准由统筹地区人民政府规定。工伤职工治疗非工伤引发的疾病,不享受工伤医疗待遇,按照基本医疗保险办法处理。工伤职工到签订服务协议的医疗机构进行工伤康复的费用,符合规定的,从工伤保险基金支付。

2. 工伤职工的辅助器具配置

工伤职工因日常生活或者就业需要,经劳动能力鉴定委员会确认,可以安装假肢、矫形器、假眼、假牙和配置轮椅等辅助器具,所需费用按照国家规定的标准从工伤保险基金支付。

3. 职工工伤治疗期间的待遇

职工因工作遭受事故伤害或者患职业病需要暂停工作接受工伤医疗的,在停工留薪期内,原工资福利待遇不变,由所在单位按月支付。停工留薪期一般不超过12个月。伤情严重或者情况特殊,经设区的市级劳动能力鉴定委员会确认,可以适当延长,但延长不得超过12个月。工伤职工评定伤残等级后,停发原待遇,按照有关规定享受伤残待遇。工伤职工在停工留薪期满后仍需治疗的,继续享受工伤医疗待遇。生活不能自理的工伤职工在停工留薪期需要护理的,由所在单位负责。工伤职工已经评定伤残等级并经劳动能力鉴定委员会确认需要生活护理的,从工伤保险基金按月支付生活护理费。

4. 不同等级致残职工的工伤待遇

（1）一级至四级伤残职工待遇

职工因工致残被鉴定为一级至四级伤残的,保留劳动关系,退出工作岗位,享受以下待遇:从工伤保险基金按伤残等级支付一次性伤残补助金,标准为一级伤残为27个月的本人工资,二级伤残为25个月的本人工资,三级伤残为23个月的本人工资,四级伤残为21个月的本人工资;从工伤保险基金按月支付伤残津贴,标准为一级伤残为本人工资的90%,二级伤残为本人工资的85%,三级伤残为本人工资的80%,四级伤残为本人工资的75%。伤残津贴实际金额低于当地最低工资标准的,由工伤保险基金补足差额;工伤职工达到退休年龄并办理退休手续后,停发伤残津贴,按照国家有关规定享受基本养老保险待遇。基本养老保险待遇低于伤残津贴的,由工伤保险基金补足差额。职工因工致残被鉴定为一级至四级伤残的,由用人单位和职工个人以伤残津贴为基数,缴纳基本医疗保险费。

（2）五级至六级伤残职工待遇

职工因工致残被鉴定为五级、六级伤残的,享受以下待遇:从工伤保险基金按伤残等级支付一次性伤残补助金,标准为五级伤残为 18 个月的本人工资,六级伤残为 16 个月的本人工资;保留与用人单位的劳动关系,由用人单位安排适当工作。难以安排工作的,由用人单位按月发给伤残津贴,标准为五级伤残为本人工资的 70%,六级伤残为本人工资的 60%,并由用人单位按照规定为其缴纳应缴纳的各项社会保险费。伤残津贴实际金额低于当地最低工资标准的,由用人单位补足差额。经工伤职工本人提出,该职工可以与用人单位解除或者终止劳动关系,由工伤保险基金支付一次性工伤医疗补助金,由用人单位支付一次性伤残就业补助金。一次性工伤医疗补助金和一次性伤残就业补助金的具体标准由省级政府规定。

（3）七级至十级伤残职工待遇

职工因工致残被鉴定为七级至十级伤残的,享受以下待遇:从工伤保险基金按伤残等级支付一次性伤残补助金,标准为七级伤残为 13 个月的本人工资,八级伤残为 11 个月的本人工资,九级伤残为 9 个月的本人工资,十级伤残为 7 个月的本人工资;劳动、聘用合同期满终止或者职工本人提出解除劳动、聘用合同的,由工伤保险基金支付一次性工伤医疗补助金,由用人单位支付一次性伤残就业补助金。一次性工伤医疗补助金和一次性伤残就业补助金的具体标准由省级政府规定。

5. 工伤职工工伤复发的待遇

工伤职工工伤复发,确认需要治疗的,享受工伤待遇。职工因工作遭受事故伤害或者患职业病进行治疗,享受工伤医疗待遇。职工治疗工伤应当在签订服务协议的医疗机构就医,情况紧急时可以先到就近的医疗机构急救。治疗工伤所需费用符合工伤保险诊疗项目目录、工伤保险药品目录、工伤保险住院服务标准的,从工伤保险基金支付。

职工住院治疗工伤的伙食补助费以及经医疗机构出具证明,报经办机构同意,工伤职工到统筹地区以外就医所需的交通、食宿费用从工伤保险基金中支付,基金支付的具体标准由统筹地区人民政府规定。工伤职工治疗非工伤引发的疾病,不享受工伤医疗待遇,按照基本医疗保险办法处理。工伤职工到签订服务协议的医疗机构进行工伤康复的费用,符合规定的,从工伤保险基金中支付。

工伤职工因日常生活或者就业需要,经劳动能力鉴定委员会确认,可以安装假肢、矫形器、假眼、假牙和配置轮椅等辅助器具,所需费用按照国家规定的标准从工伤保险基金中支付。职工因工作遭受事故伤害或者患职业病需要暂停工作接受工伤医疗的,在停工留薪期内,原工资福利待遇不变,由所在单位按月支付。停工留薪期一般不超过 12 个月。伤情严重或者情况特殊,经设区的市级劳动能力鉴定委员会确认,可以适当延长,但延长不得超过 12 个月。工伤职工评定伤残等级后,停发原待遇,按照享受伤残待遇。工伤职工在停工留薪期满后仍需治疗的,继续享受工伤医疗待遇。生活不能自理的工伤职工在停工留薪期需要护理的,由所在单位负责。

6. 职工因工死亡的工亡待遇

职工因工死亡,其近亲属按照下列规定从工伤保险基金领取丧葬补助金、供养亲属抚恤金和一次性工亡补助金。丧葬补助金为 6 个月的统筹地区上年度职工月平均工资;供养亲属抚恤金按照职工本人工资的一定比例发给由因工死亡职工生前提供主要生活来源、无劳动能力的亲属。标准为配偶每月 40%,其他亲属每人每月 30%,孤寡老人或者孤儿每人每月在上述标准的基础上增加 10%。核定的各供养亲属的抚恤金之和不应高于因工死亡职工生前的工资。供养亲属的具体范围由国务院社会保险行政部门规定;一次性工亡补助金标准为上一年度全国城镇居民人均可支配收入的20倍。

7.工伤保险待遇的调整

伤残津贴、供养亲属抚恤金、生活护理费由统筹地区社会保险行政部门根据职工平均工资和生活费用变化等情况适时调整,调整办法由省级政府规定。

七、法律责任

1.挪用工伤保险基金行为的法律责任

单位或者个人挪用工伤保险基金,构成犯罪的,依法追究刑事责任;尚不构成犯罪的,依法给予处分或者纪律处分。被挪用的基金由社会保险行政部门追回,并入工伤保险基金;没收的违法所得依法上缴国库。

2.社会保险行政部门工作人员违法行为的法律责任

社会保险行政部门工作人员有下列情形之一的,依法给予处分;情节严重构成犯罪的,依法追究刑事责任:无正当理由不受理工伤认定申请,或者弄虚作假将不符合工伤条件的人员认定为工伤职工的;未妥善保管申请工伤认定的证据材料,致使有关证据灭失的;收受当事人财物的。

3.经办机构违法行为的法律责任

经办机构有下列行为之一的,由社会保险行政部门责令改正,对直接负责的主管人员和其他责任人员依法给予纪律处分;情节严重构成犯罪的,依法追究刑事责任;造成当事人经济损失的,由经办机构依法承担赔偿责任:未按规定保存用人单位缴费和职工享受工伤保险待遇情况记录的;不按规定核定工伤保险待遇的;收受当事人财物的。

4.骗取工伤保险待遇和工伤保险基金行为的法律责任

用人单位、工伤职工或者其近亲属骗取工伤保险待遇,医疗机构、辅助器具配置机构骗取工伤保险基金支出的,由社会保险行政部门责令退还,处骗取金额2倍以上5倍以下的罚款;情节严重、构成犯罪的,依法追究刑事责任。

5.从事劳动能力鉴定的组织或者个人违法行为的法律责任

从事劳动能力鉴定的组织或者个人有下列情形之一的,由社会保险行政部门责令改正,处2 000元以上1万元以下的罚款;情节严重、构成犯罪的,依法追究刑事责任:提供虚假鉴定意见的;提供虚假诊断证明的;收受当事人财物的。

6.用人单位违法行为的法律责任

用人单位应当参加工伤保险而未参加的,由社会保险行政部门责令限期参加,补缴应当缴纳的工伤保险费,并自欠缴之日起,按日加收万分之五的滞纳金;逾期仍不缴纳的,处欠缴数额1倍以上3倍以下的罚款。

应当参加工伤保险而未参加工伤保险的用人单位职工发生工伤的,由该用人单位按照工伤保险待遇项目和标准支付费用。

用人单位参加工伤保险并补缴应当缴纳的工伤保险费、滞纳金后,由工伤保险基金和用人单位支付新发生的费用。

用人单位拒不协助社会保险行政部门对事故进行调查核实的,由社会保险行政部门责令改正,处2 000元以上2万元以下的罚款。

第11节　煤矿生产安全事故预防

一、立法目的

《国务院关于预防煤矿生产安全事故的特别规定》于2005年9月3日由国务院公布,自发布之日起施行,共28条。2013年5月31日,国务院第10次常务会议通过了《国务院关于废止和修改部分行政法规的决定》,对《国务院关于预防煤矿生产安全事故的特别规定》进行了第一次修改,自2013年7月18日起施行。立法目的是为了及时发现并排除煤矿安全生产隐患,落实煤矿安全生产责任制,预防煤矿生产安全事故发生,保障职工的生命安全和煤矿安全生产。

二、制定的背景与指导思想

1. 制定的背景

为了保护煤矿职工生命安全,实现煤炭工业的持续稳定健康发展,党中央、国务院始终把煤矿安全生产放在非常重要的位置,强调安全才能生产,生产必须安全。但是,全国煤矿安全生产形势依然严峻,安全问题仍很突出,主要表现在:煤矿生产安全事故,特别是重特大事故频繁发生;瓦斯事故居高不下,瓦斯爆炸已经成为我国煤矿安全的"第一杀手";小型煤矿成为事故多发的重灾区。现行安全生产法律法规明确规定了各级人民政府及其有关部门的安全监管职责,但在实际执法中存在安全监管不到位、执法不严、惩处力度不够等问题,难以有效制止违法行为。

针对当前煤矿安全生产中存在的突出问题,为了把预防煤矿生产安全事故进一步纳入法制化轨道,及时发现并排除煤矿安全生产隐患,落实煤矿安全生产责任,保障职工的生命安全和煤矿的安全生产,国务院公布施行了《关于预防煤矿生产安全事故的特别规定》,对预防煤矿生产安全事故的发生实行更加严格的制度和更加严厉的措施。

2. 指导思想

(1)采取综合措施,建立预防煤矿生产安全事故的长效机制

要遏制煤矿生产安全事故必须采取综合措施,从增强煤矿企业安全生产的责任意识、明确容易引发事故的主要隐患、加强证照管理、保证煤矿职工教育培训、强化停产整顿和关闭措施、发挥社会舆论监督作用、加重对违法行为的处罚等多方面为预防煤矿生产安全事故提供制度保障。

(2)强化源头监管,突出对煤矿生产安全事故的预防

在煤矿安全监督管理的事前预防、事中监管、事时应急和事后惩处的整个过程中,重视和加强事前预防,及时消除事故隐患,防患于未然,是最为关键的环节。要遏制煤矿生产安全事故的发生,必须把监督管理的关口前移,从制度上把煤矿安全生产工作的重点真正放到预防煤矿生产安全事故上。

(3)抓住关键环节,落实安全生产责任

要遏制煤矿生产安全事故的发生,必须落实各有关方面的安全生产责任,特别是突出煤矿

企业在预防煤矿生产安全事故中的主体责任,明确和加重地方人民政府及其煤矿安全监管部门和煤矿安全监察机构在预防事故中的责任,实行严格的责任追究制度。

(4)严肃惩处煤矿安全生产领域的腐败行为

从已经查处的煤矿生产安全事故情况看,许多重大事故的背后都存在着腐败行为,有的执法人员与矿主权钱交易,充当非法矿主的保护伞,有的甚至直接参与办矿。因此,惩治腐败应是遏制煤矿生产安全事故的一项治本之策。

三、预防生产安全事故的责任主体

煤矿企业是预防煤矿生产安全事故的责任主体。煤矿企业负责人对预防煤矿生产安全事故负主要责任。这一规定是《安全生产法》关于生产经营单位及其主要负责人在安全生产方面的责任规定的进一步深化、强化和具体化。煤矿企业负责人是指在煤矿生产经营活动中负有领导责任,对煤矿生产经营活动有指挥权、决策权并享有相应利益的人。

四、未取得证照擅自从事生产的后果

煤矿未依法取得采矿许可证、安全生产许可证、营业执照和矿长安全资格证的,不得从事生产。擅自从事生产的,属非法煤矿。负责颁发证照的部门,一经发现煤矿无证照或者证照不全从事生产的,应当责令该煤矿立即停止生产,没收违法所得和开采出的煤炭以及采掘设备,并处违法所得1倍以上5倍以下的罚款;构成犯罪的,依法追究刑事责任;同时于2日内提请当地县级以上地方人民政府予以关闭,并可以向上一级地方人民政府报告。

国家严令禁止这种行为,并对违反规定擅自生产的,设定了严格的法律责任。上述违法行为应当承担以下法律责任。

1.行政处罚

对未取得4项证照擅自进行生产的煤矿,由负责颁发证照的部门责令其停止生产;没收该煤矿因非法生产而取得的全部违法所得和开采出的煤炭以及采掘设备;对从事非法生产的煤矿处违法所得1倍以上5倍以下的罚款;于两日内提请当地县级以上的地方人民政府予以关闭。

2.刑事责任

上述违法行为有可能构成非法采矿罪、破坏性采矿罪和重大劳动安全事故罪。

五、安全生产条件

煤矿的通风、防瓦斯、防水、防火、防煤尘、防冒顶等安全设备、设施和条件应当符合国家标准、行业标准,并有防范生产安全事故发生的措施和完善的应急处理预案。预防煤矿瓦斯煤尘事故、水害事故、火灾事故、顶板事故的发生是当前预防煤矿生产安全事故的关键和主要矛盾;煤矿的通风、防瓦斯、防水、防火、防煤尘、防冒顶等安全设备、设施和条件应当符合国家标准、行业标准,煤矿要制定防范上述生产安全事故及其他事故发生的各种措施;煤矿要有完善的生产安全事故应急处理预案。

六、存在重大隐患违规生产的处罚

1. 责令停产整顿的主体

我国煤矿安全实行"国家监察、地方监管、企业负责"的工作格局,规定明确责令煤矿停产整顿的主体为煤矿安全生产监督管理部门、煤矿安全监察机构。

2. 责令停产整顿的情形

①有关煤矿安全生产监督管理部门、煤矿安全监察机构对辖区内煤矿企业上报的重大事故隐患要明确专门的部门或人员负责汇总建档并制订计划,有针对性地进行现场检查,发现煤矿存在重大安全生产隐患和违法行为之一,仍在进行生产的,要作出停产整顿处理决定。

②有关煤矿安全生产监督管理部门、煤矿安全监察机构在安全执法检查中应全面排查、突出重点,特别要突出重大隐患的检查,发现煤矿存在重大安全生产隐患和违法行为之一,仍在进行生产的,要作出停产整顿处理决定。

③有关煤矿安全生产监督管理部门、煤矿安全监察机构接到重大安全生产隐患和违法行为仍在进行生产等事项举报的,要在两日内安排专人进行现场核查,情况属实的,也要作出停产整顿处理决定。

3. 对停产整顿煤矿的处罚

煤矿安全生产监督管理部门、煤矿安全监察机构发现煤矿企业存在重大事故隐患和违法行为的必须立即责令停产整顿,并明确整改的具体内容、确定合理的整改期限。作出停产整顿指令的煤矿安全生产监督管理部门、煤矿安全监察机构应当根据情节轻重,对被责令停产整顿的煤矿处 50 万元以上 200 万元以下的罚款;对煤矿企业负责人处 3 万元以上 15 万元以下的罚款。处罚决定应集体讨论决定,并告知当事人享有申诉和听证权利,当事人要求听证的,行政机关应当组织听证。

煤矿安全生产监督管理部门、煤矿安全监察机构对 3 个月内 2 次或者 2 次以上发现有重大安全生产隐患仍然进行生产的煤矿,作出了更加严格的处罚规定:提请有关地方人民政府关闭该煤矿;立即吊销矿长安全资格证;该煤矿的法定代表人和矿长 5 年内不得再担任任何煤矿的法定代表人或者矿长。

七、停产整顿与关闭的程序和要求

1. 停产整顿

对被责令停产整顿的煤矿,颁发证照的部门应当暂扣采矿许可证、安全生产许可证、营业执照和矿长安全资格证。

被责令停产整顿的煤矿应当制定整改方案,落实整改措施和安全技术规定;整改结束后要求恢复生产的,应当由县级以上地方人民政府负责煤矿安全生产监督管理的部门自收到恢复生产申请之日起 60 日内组织验收完毕;验收合格的,经组织验收的地方人民政府负责煤矿安全生产监督管理的部门的主要负责人签字,并经有关煤矿安全监察机构审核同意,报请有关地方人民政府主要负责人签字批准,颁发证照的部门返还证照,煤矿方可恢复生产;验收不合格的,由有关地方人民政府予以关闭。

被责令停产整顿的煤矿擅自从事生产的,县级以上地方人民政府负责煤矿安全生产监督管理的部门、煤矿安全监察机构应当提请有关地方人民政府予以关闭,没收违法所得,并处违法所得1倍以上5倍以下的罚款;构成犯罪的,依法追究刑事责任。①因安全问题责令煤矿企业停产整顿后,颁发证照的部门应当及时完成采矿许可证、安全生产许可证、营业执照和矿长安全资格证收扣工作。停止采矿、生产、经营活动,保证企业集中精力进行安全整改,尽快改善安全生产条件。②被责令停产整顿的煤矿应当制定整改计划和安全保障措施,保证在规定期限内完成整改任务,不发生意外事故。③县级以上地方人民政府负责煤矿安全生产监督管理的部门,要制订验收实施方案和验收标准,其中验收内容和范围以停产整顿决定中确定的整改内容为主;根据收到申请数量情况合理排定验收工作计划,保证对申请煤矿在60日内组织验收完毕。④在验收中,应坚持合格一个、批准一个。验收合格的,经批准并领取全部证照后,煤矿方可恢复生产,发放证照部门要规定返还证照时间,对批准生产的及时将证照返还煤矿;验收不合格的、逾期不提出验收申请的,县级以上地方人民政府负责煤矿安全生产监督管理的部门,应及时向有关人民政府报告并要求予以关闭。⑤因为不符合安全条件受到执法部门停产整顿处罚,企业应当对面临的严峻形势有清醒的认识:再生产,可能就要引发大事故,再生产就是违法,要受到法律的处罚。被责令停产整顿煤矿已失去了继续存在的合法性,一经发现,县级以上地方人民政府煤矿安全生产监管部门、煤矿安全监察机构应当提请有关地方人民政府予以关闭,没收违法所得,处违法所得1倍以上5倍以下的罚款。

2. 关闭的程序和要求

对提请关闭的煤矿,县级以上地方人民政府负责煤矿安全生产监督管理的部门或者煤矿安全监察机构应当责令立即停止生产;有关地方人民政府应当在7日内作出关闭或者不予关闭的决定,并由其主要负责人签字存档。对决定关闭的,有关地方人民政府应当立即组织实施。关闭煤矿应当达到下列要求:吊销相关证照;停止供应并处理火工用品;停止供电,拆除矿井生产设备、供电、通信线路;封闭、填实矿井井筒,平整井口场地,恢复地貌;妥善遣散从业人员。关闭煤矿未达到规定要求的,对组织实施关闭的地方人民政府及其有关部门的负责人和直接责任人给予记过、记大过、降级、撤职或者开除的行政处分;构成犯罪的,依法追究刑事责任。决定关闭的煤矿,仍有开采价值的,经依法批准可以进行拍卖。关闭的煤矿擅自恢复生产的,依照《国务院关于预防煤矿生产安全事故的特别规定》第5条第2款规定予以处罚;构成犯罪的,依法追究刑事责任。

八、管理人员带班下井

煤矿是指煤矿生产矿井和新建、改建、扩建、技术改造、资源整合重组等建设矿井及其施工单位。

煤矿领导是指煤矿的主要负责人、领导班子成员和副总工程师。

建设矿井的领导是指煤矿建设单位和从事煤矿建设的施工单位的主要负责人、领导班子成员和副总工程师。煤矿企业领导应当按照国家规定轮流带班下井,并建立下井登记档案。

1. 建立煤矿领导下井带班制度

煤矿是落实领导带班下井制度的责任主体,每班必须有矿领导带班下井,并与工人同时下井、同时升井。煤矿的主要负责人对落实领导带班下井制度全面负责。煤矿集团公司应当加强对所属煤矿领导带班下井的情况实施监督检查。

煤矿应当建立健全领导带班下井制度,并严格考核。带班下井制度应当明确带班下井人员、每月带班下井的个数、在井下工作时间、带班下井的任务、职责权限、群众监督和考核奖惩等内容。煤矿的主要负责人每月带班下井不得少于 5 次。

煤矿领导带班下井时,其领导姓名应当在井口明显位置公示。煤矿领导每月带班下井工作计划的完成情况,应当在煤矿公示栏公示,接受群众监督。

2. 煤矿领导带班下井应当履行的职责

①加强对采煤、掘进、通风等重点部位、关键环节的检查巡视,全面掌握当班井下的安全生产状况;②及时发现和组织消除事故隐患和险情,及时制止违章违纪行为,严禁违章指挥,严禁超能力组织生产;③遇到险情时,立即下达停产撤人命令,组织涉险区域人员及时、有序撤离到安全地点。

3. 严格企业内部管理和考核

煤矿领导带班下井实行井下交接班制度。上一班的带班领导要在井下向接班的带班领导详细说明井下安全状况、存在的问题及原因、需要注意的事项等,并认真填记交接班记录簿。建立下井带班档案。下井带班的煤矿领导升井后,要将下井的时间、地点、经过路线、发现的问题及处理意见等有关情况进行详细登记,并存档备查。加强企业内部监督考核。要把煤矿领导下井带班情况与矿长安全资格证及经济收入等挂钩,严格考核。要建立奖惩制度,对认真履行职责、防止事故有功人员要给予奖励;对弄虚作假的人员,一经发现,要严肃处理。

4. 加大监管监察力度

各级煤炭行业管理部门是落实煤矿领导下井带班制度的主管部门,要认真履行职责,抓好有关制度的建设和落实。各级煤矿安全监管部门和煤矿安全监察机构要按照职责分工加强监督检查,把煤矿领导下井带班制度的建立和执行情况作为监管监察的重要内容,加强检查监督。县级以上地方人民政府负责煤矿安全生产监督管理的部门或者煤矿安全监察机构在煤矿企业安全检查过程中,发现煤矿企业领导在 1 周内没有按照国家规定带班下井,或者下井登记档案有弄虚作假情况的,要对该煤矿企业处以 3 万元以上 15 万元以下的罚款。对煤矿负责人处 1 万元罚款。

5. 加强群众监督和舆论监督

各煤矿企业要把煤矿领导下井带班制度的落实情况定期向全体职工及其家属和社会公开,接受职工群众监督。有关部门和煤矿企业要设立举报电话和举报信箱,对群众举报的问题要及时核查处理。新闻媒体要加强舆论监督,对作风扎实、经常深入井下解决安全生产实际问题、表现突出的下井带班领导要大力宣传;对不负责任、甚至弄虚作假的,要予以公开曝光。

6. 法律责任

1)煤矿有下列情形之一的,给予警告,处 3 万元罚款;对煤矿主要负责人处 1 万元罚款:

①未建立健全煤矿领导带班下井制度的;②未建立煤矿领导井下交接班制度的;③未建立煤矿领导带班下井档案管理制度的;④煤矿领导每月带班下井情况未按照规定公示的;⑤未按规定填写煤矿领导下井交接班记录簿、带班下井记录或者保存带班下井相关记录档案的。

2)煤矿领导未按规定带班下井,或者带班下井档案虚假的,责令改正,并对该煤矿处 15 万元的罚款,对违反规定的煤矿领导按照擅离职守处理,对煤矿主要负责人处 1 万元的罚款。

3)对发生事故而没有煤矿领导带班下井的煤矿,依法责令停产整顿,暂扣或者吊销煤矿安全生产许可证,并依照下列规定处以罚款;情节严重的,提请有关人民政府依法予以关闭:

①发生一般事故的,处 50 万元的罚款;②发生较大事故的,处 100 万元的罚款;③发生重大事故的,处 500 万元的罚款;④发生特别重大事故的,处 2 000 万元的罚款。

4)对发生事故而没有煤矿领导带班下井的煤矿,对其主要负责人依法暂扣或者吊销其安

全资格证,并依照下列规定处以罚款:

①发生一般事故,处上一年年收入30%的罚款;②发生较大事故的,处上一年年收入40%的罚款;③发生重大事故的,处上一年年收入60%的罚款;④发生特别重大事故的,处上一年年收入80%的罚款。

5)煤矿的主要负责人未履行法定的安全生产管理职责,导致发生生产安全事故,受到刑事处罚或者撤职处分的,自刑罚执行完毕或者受处分之日起,5年内不得担任任何生产经营单位的主要负责人;对重大、特别重大生产安全事故负有责任的,终身不得担任煤矿的主要负责人。

九、免费发放安全手册

1.发放煤矿职工安全手册

现今煤矿企业的职工,大多是农民工,他们文化水平较低,又没有专业技术。因此,各煤矿企业除建立严格的用工制度外,要定期对上岗职工进行强化性的安全技术岗位培训,并免费为每位职工发放煤矿职工安全手册。以使每位职工真正了解自身的权利、义务以及煤矿存在的重大安全生产隐患的情形、应急保护措施、方法等,增强个人安全保护意识,从而最大限度地减少事故的发生。

2.煤矿职工安全手册应载明的内容

煤矿职工安全手册必须包括职工的权利、义务,煤矿各种灾害的表现形式及应对措施,矿工自救和互救知识,本地煤矿安全生产隐患和违法行为举报电话及受理部门等内容,并按一般性的通用内容和结合本矿井灾害特点的专用内容两个部分编写。各企业编写、选用的煤矿职工安全手册,必须随矿井生产布局、灾害形式等变化随时进行修订。煤矿职工安全手册的编写应遵循图文并茂、文字简练、言简意赅、通俗易懂、篇幅适当的原则;印制要符合携带方便、经久耐用的原则。

3.对企业没有发放职工安全手册行为的处罚

各煤矿企业没有为每位职工发放符合要求的职工安全手册的,首先,由县级以上地方人民政府负责煤矿安全生产监督管理的部门或者煤矿安全监察机构责令限期改正;其次,对于逾期没有改正的煤矿企业,由县级以上地方人民政府负责煤矿安全生产监督管理的部门或者煤矿安全监察机构对其处以5万元以下的罚款。

十、煤矿安全培训

《煤矿安全培训规定》经2017年12月11日国家安全生产监督管理总局第16次局长办公会议审议通过,自2018年3月1日起施行。共8章,50条。立法目的是加强和规范煤矿安全培训工作,提高从业人员安全素质,防止和减少伤亡事故。

1.煤矿企业从业人员素质要求

煤矿矿长、副矿长、总工程师、副总工程师应当具备煤矿相关专业大专及以上学历,具有三年以上煤矿相关工作经历;煤矿安全生产管理机构负责人应当具备煤矿相关专业中专及以上学历,具有两年以上煤矿安全生产相关工作经历;煤矿特种作业人员应当具备初中及以上文化程度(自2018年6月1日起新上岗的煤矿特种作业人员应当具备高中及以上文化程度),具有煤矿相关工作经历,或者职业高中、技工学校及中专以上相关专业学历;煤矿其他从业人员应当具备初中及以上文化程度。

2. 国家出台的鼓励政策

国家鼓励煤矿企业变招工为招生。煤矿企业新招井下从业人员,应当优先录用大中专学校、职业高中、技工学校煤矿相关专业的毕业生。

3. 责任划分

煤矿企业是安全培训的责任主体,应当依法对从业人员进行安全生产教育和培训,提高从业人员的安全生产意识和能力。

4. 煤矿主要负责人和安全生产管理人员的安全培训及考核

煤矿企业主要负责人和安全生产管理人员的考试应在规定的考点采用计算机方式进行。考试试题从国家级考试题库和省级考试题库随机抽取,其中抽取国家级考试题库试题比例占80%以上。考试满分为100分,80分以上为合格。煤矿企业主要负责人和安全生产管理人员考试合格后,考核部门颁发安全生产知识和管理能力考核合格证明。该证明在全国范围内有效。煤矿企业应当每年组织主要负责人和安全生产管理人员进行新法律法规、新标准、新规程、新技术、新工艺、新设备和新材料等方面的安全培训。考核部门对煤矿企业主要负责人和安全生产管理人员的安全生产知识和管理能力每三年考核一次。

第 12 节　民用爆炸物品安全管理

《民用爆炸物品安全管理条例》经 2006 年 4 月 26 日国务院第 134 次常务会议通过,自2006 年 9 月 1 日起施行;根据 2014 年 7 月 9 日国务院第 54 次常务会议通过《关于修改部分行政法规的决定》进行第一次修改,自 2014 年 7 月 29 日起施行。立法目的是为了加强对民用爆炸物品的安全管理,预防爆炸事故发生,保障公民生命、财产安全和公共安全。

一、原则规定

1. 适用范围

民用爆炸物品是指用于非军事目的、列入民用爆炸物品品名表的各类火药、炸药及其制品和雷管、导火索等点火、起爆器材。民用爆炸物品的生产、销售、购买、进出口、运输、爆破作业和储存以及硝酸铵的销售、购买,适用《民用爆炸物品安全管理条例》。民用爆炸物品行业主管部门会同国务院公安部门发布民用爆炸物品品名表。将民用爆炸物品分为工业炸药(27种)、工业雷管(10 种)、工业索类火工品(5 种)、其他民用爆炸物品(11 种)、原材料(11 种)。

2. 民用爆炸物品许可证制度

①国家对民用爆炸物品的生产、销售、购买、运输和爆破作业实行许可证制度;②未经许可,任何单位或者个人不得生产、销售、购买、运输民用爆炸物品,不得从事爆破作业;③严禁转让、出借、转借、抵押、赠送、私藏或者非法持有民用爆炸物品。

3. 民用爆炸物品的安全监管

①民用爆炸物品行业主管部门负责民用爆炸物品生产、销售的安全监督管理;②公安机关负责民用爆炸物品公共安全管理和民用爆炸物品购买、运输、爆破作业的安全监督管理,监控民用爆炸物品流向;③安全生产监督、铁路、交通、民用航空主管部门依照法律、行政法规的规

定,负责做好民用爆炸物品的有关安全监督管理工作;④民用爆炸物品行业主管部门、公安机关、工商行政管理部门按照职责分工,负责组织查处非法生产、销售、购买、储存、运输、邮寄、使用民用爆炸物品的行为。

4. 民用爆炸物品从业单位的安全管理

①民用爆炸物品生产、销售、购买、运输和爆破作业单位的主要负责人是本单位民用爆炸物品安全管理责任人,对本单位的民用爆炸物品安全管理工作全面负责。②民用爆炸物品从业单位是治安保卫工作的重点单位,应依法设置治安保卫机构或者配备治安保卫人员,设置技术防范设施,防止民用爆炸物品丢失、被盗、被抢。③民用爆炸物品从业单位应建立安全管理制度、岗位安全责任制度,制定安全防范措施和事故应急预案,设置安全管理机构或者配备专职安全管理人员。

5. 民用爆炸物品从业单位从业人员资格要求

①无民事行为能力人、限制民事行为能力人或者曾因犯罪受过刑事处罚的人,不得从事民用爆炸物品的生产、销售、购买、运输和爆破作业。②民用爆炸物品从业单位应加强对本单位从业人员安全教育、法制教育和岗位技术培训,从业人员经考核合格方可上岗作业;对有资格要求的岗位,应配备具有相应资格的人员。

6. 民用爆炸物品信息管理

①国家建立民用爆炸物品信息管理系统,实行标志管理,监控民用爆炸物品流向。②民用爆炸物品生产企业、销售企业和爆破作业单位应建立民用爆炸物品登记制度,如实将生产、销售、购买、运输、储存、使用民用爆炸物品的品种、数量和流向信息输入计算机系统。

7. 违法行为举报与举报有功人员奖励

任何单位或者个人都有权举报违反《民用爆炸物品安全管理条例》的行为;接到举报的主管部门、公安机关应当立即查处,并为举报人员保密,对举报有功人员给予奖励。

8. 鼓励民用爆炸物品生产、配送、爆破作业一体化

国家鼓励民用爆炸物品从业单位采用提高民用爆炸物品安全性能的新技术,鼓励发展民用爆炸物品生产、配送、爆破作业一体化的经营模式。

二、民用爆炸物品的生产

1. 民用爆炸物品生产企业的设立原则

设立民用爆炸物品生产企业,应当遵循统筹规划、合理布局的原则。它体现了国家对民用爆炸物品实施宏观调控的总体指导思想,在实施设立民爆物品生产企业行政许可时首先应当从宏观上把握整个民爆行业企业的数量及企业布局情况,进而通过行业准入手段。

2. 民用爆炸物品生产企业的条件

(1)申请从事民用爆炸物品生产的企业应具备的条件

①符合国家产业结构规划和产业技术标准;②厂房和专用仓库的设计、结构、建筑材料、安全距离以及防火、防爆、防雷、防静电等安全设备、设施符合国家有关标准和规范;③生产设备、工艺符合有关安全生产的技术标准和规程;④有具备相应资格的专业技术人员、安全生产管理人员和生产岗位人员;⑤有健全的安全管理制度、岗位安全责任制度;⑥法律、行政法规规定的其他条件。

（2）办理民用爆炸物品生产许可证

①申请从事民用爆炸物品生产的企业，应当向国务院民用爆炸物品行业主管部门提交申请书、可行性研究报告以及能够证明其符合规定条件的有关材料。国务院民用爆炸物品行业主管部门应当自受理申请之日起45日内进行审查，对符合条件的，核发民用爆炸物品生产许可证；对不符合条件的，不予核发民用爆炸物品生产许可证，并书面向申请人说明理由。②民用爆炸物品生产企业为调整生产能力及品种进行改建、扩建的，应当依照前款规定申请办理民用爆炸物品生产许可证。③民用爆炸物品生产企业持民用爆炸物品生产许可证到工商行政管理部门办理工商登记，并在办理工商登记后3日内，向所在地县级公安机关备案。

（3）取得民用爆炸物品安全生产许可证

取得民用爆炸物品生产许可证的企业应在基本建设完成后，向省级民用爆炸物品行业主管部门申请安全生产许可。省级民用爆炸物品行业主管部门应对其进行查验，对符合条件的，核发民用爆炸物品安全生产许可证。民用爆炸物品生产企业取得民用爆炸物品安全生产许可证后，方可生产民用爆炸物品。

（4）按照核定的品种和产量进行生产

民用爆炸物品生产企业应严格按照民用爆炸物品生产许可证核定的品种和产量进行生产，生产作业应严格执行安全技术规程的规定。核定民用爆炸物品生产企业生产的品种、产量，主要根据企业自身安全生产条件、技术力量、市场需求、本区域生产企业分布情况等条件进行综合考虑。

（5）对民用爆炸物品做出警示和登记标志

民用爆炸物品生产企业应对民用爆炸物品做出警示标志、登记标志，对雷管编码打号。警示标志是指在民用爆炸物品产品和包装物表面上按规定要求所作的标记，用于引起人们对该物品的警惕。登记标志是指在民用爆炸物品产品和包装物表面上标注的、能够承载产品流向信息的标记，用于生产、销售、购买、运输、爆破作业和储存各环节的流向登记。电子标志是指以数字码或射频信号等方式标志物品管理信息的一类标签。

（6）建立健全产品检验制度

民用爆炸物品生产企业应建立健全产品检验制度，保证其质量符合相关标准。民用爆炸物品的包装，应当符合法律、行政法规的规定以及相关标准。

（7）在专门场地试验民用爆炸物品

试验或者试制民用爆炸物品，必须在专门场地或者专门的试验室进行。严禁在生产车间或者仓库内试验或者试制民用爆炸物品。

三、民用爆炸物品的销售和购买

1.民用爆炸物品的销售

（1）民用爆炸物品销售企业应具备的条件

①符合对民用爆炸物品销售企业规划的要求；②销售场所和专用仓库符合国家有关标准和规范；③有具备相应资格的安全管理人员、仓库管理人员；④有健全的安全管理制度、岗位安全责任制度；⑤法律、行政法规规定的其他条件。

（2）核发民用爆炸物品销售许可证

①申请从事民用爆炸物品销售的企业，应向所在地省级民用爆炸物品行业主管部门提交

申请书、可行性研究报告以及能够证明其符合规定条件的有关材料。省级民用爆炸物品行业主管部门应当自受理申请之日起 30 日内进行审查,并对申请单位的销售场所和专用仓库等经营设施进行查验,对符合条件的,核发民用爆炸物品销售许可证;对不符合条件的,不予核发民用爆炸物品销售许可证,书面向申请人说明理由;②民用爆炸物品销售企业持民用爆炸物品销售许可证到工商行政管理部门办理工商登记后,方可销售民用爆炸物品;③民用爆炸物品销售企业应在办理工商登记后 3 日内,向所在地县级公安机关备案。

2. 民用爆炸物品的购买

民用爆炸物品生产企业凭民用爆炸物品生产许可证,可以销售本企业生产的民用爆炸物品,但不得超出核定的品种、产量。

(1)购买民用爆炸物品应提交的材料

民用爆炸物品使用单位申请购买民用爆炸物品的,应当向所在地县级公安机关提出购买申请,并提交下列有关材料:

①工商营业执照或者事业单位法人证书;②爆破作业单位许可证或者其他合法使用的证明;③购买单位的名称、地址、银行账户;④购买的品种、数量和用途说明。

受理申请的公安机关应当自受理申请之日起 5 日内对提交的有关材料进行审查,对符合条件的,核发民用爆炸物品购买许可证;对不符合条件的,不予核发民用爆炸物品购买许可证,并书面向申请人说明理由。民用爆炸物品购买许可证应当载明许可购买的品种、数量、购买单位以及许可的有效期限。

(2)购买民用爆炸物品

民用爆炸物品生产企业凭民用爆炸物品生产许可证购买属于民用爆炸物品的原料,销售企业凭民用爆炸物品销售许可证向生产企业购买民用爆炸物品,使用单位凭民用爆炸物品购买许可证购买民用爆炸物品,应提供经办人身份证明。销售民用爆炸物品的企业,应查验许可证和经办人身份证明;对持购买许可证购买的,应按照许可的品种、数量销售。

(3)通过银行账户进行交易

销售、购买民用爆炸物品,应通过银行账户进行交易,不得使用现金或者实物进行交易。销售民用爆炸物品的企业,应将购买单位的许可证、银行账户转账凭证、经办人的身份证明复印件保存 2 年备查。

(4)销售民用爆炸物品的备案制度

①销售民用爆炸物品的企业,应自民用爆炸物品买卖成交之日起 3 日内,将销售的品种、数量和购买单位向所在地省级民用爆炸物品行业主管部门和所在地县级公安机关备案。

②购买民用爆炸物品的单位,应自民用爆炸物品买卖成交之日起 3 日内,将购买的品种、数量向所在地县级公安机关备案。

3. 进出口民用爆炸物品审批

①进出口民用爆炸物品,应经民用爆炸物品行业主管部门审批。进出口民用爆炸物品审批办法,由民用爆炸物品行业主管部门会同公安部门、海关总署规定。②进出口单位应将进出口的民用爆炸物品的品种、数量向收货地或者出境口岸所在地县级公安机关备案。

四、民用爆炸物品的运输

1. 民用爆炸物品运输

运输民用爆炸物品,收货单位应向运达地县级公安机关提出申请,提交下列内容材料:

①民用爆炸物品生产企业、销售企业、使用单位以及进出口单位分别提供的民用爆炸物品生产许可证、民用爆炸物品销售许可证、民用爆炸物品购买许可证或者进出口批准证明;②运输民用爆炸物品的品种、数量、包装材料和包装方式;③运输民用爆炸物品的特性、出现险情的应急处置方法;④运输时间、起始地点、运输路线、经停地点。受理申请的公安机关应当自受理申请之日起3日内对提交的有关材料进行审查,对符合条件的,核发民用爆炸物品运输许可证;对不符合条件的,不予核发民用爆炸物品运输许可证,并书面向申请人说明理由。民用爆炸物品运输许可证应当载明收货单位、销售企业、承运人,一次性运输有效期限、起始地点、运输路线、经停地点,民用爆炸物品的品种、数量。

运输民用爆炸物品的,应当凭民用爆炸物品运输许可证,按照许可的品种、数量运输。

2. 道路运输民用爆炸物品

(1)经道路运输民用爆炸物品应遵守的规定

①携带民用爆炸物品运输许可证;②民用爆炸物品的装载符合国家有关标准和规范,车厢内不得载人;③运输车辆安全技术状况应当符合国家有关安全技术标准的要求,并按照规定悬挂或者安装符合国家标准的易燃易爆危险物品警示标志;④运输民用爆炸物品的车辆应当保持安全车速;⑤按照规定的路线行驶,途中经停应当有专人看守,并远离建筑设施和人口稠密的地方,不得在许可以外的地点经停;⑥按照安全操作规程装卸民用爆炸物品,并在装卸现场设置警戒,禁止无关人员进入;⑦出现危险情况立即采取必要的应急处置措施,并报告当地公安机关。

(2)核销民用爆炸物品运输许可证

民用爆炸物品运达目的地,收货单位应当进行验收后在民用爆炸物品运输许可证上签注,并在3日内将民用爆炸物品运输许可证交回发证机关核销。

3. 禁止携带、邮寄和托运民用爆炸物品

禁止携带民用爆炸物品搭乘公共交通工具或者进入公共场所。禁止邮寄民用爆炸物品,禁止在托运的货物、行李、包裹、邮件中夹带民用爆炸物品。

五、爆破作业

1. 爆破作业单位的申请条件

(1)申请从事爆破作业的单位应具备的条件

①爆破作业属于合法的生产活动;②有符合国家有关标准和规范的民用爆炸物品专用仓库;③有具备相应资格的安全管理人员、仓库管理人员和具备国家规定执业资格的爆破作业人员;④有健全的安全管理制度、岗位安全责任制度;⑤有符合国家标准、行业标准的爆破作业专用设备;⑥法律、行政法规规定的其他条件。

(2)申请爆破作业单位许可证

①申请从事爆破作业的单位,应当按照国务院公安部门的规定,向有关公安机关提出申请,并提供能够证明其符合《民用爆炸物品安全管理条例》规定条件的有关材料。受理申请的

公安机关应当自受理申请之日起20日内进行审查,对符合条件的,核发爆破作业单位许可证;对不符合条件的,不予核发爆破作业单位许可证,并书面向申请人说明理由。非营业性爆破作业单位是指仅为本单位合法的生产活动需要,在限定区域内自行实施爆破作业的单位。营业性爆破作业单位是指具有独立法人资格,承接爆破作业项目设计施工和/或安全评估和/或安全监理的单位。

②营业性爆破作业单位持爆破作业单位许可证到工商行政管理部门办理工商登记后,方可从事营业性爆破作业活动。

③爆破作业单位应当在办理工商登记后3日内,向所在地县级人民政府公安机关备案。

(3)爆破作业单位从业人员的专业技术培训

爆破作业单位应对本单位的爆破作业人员、安全管理人员、仓库管理人员进行专业技术培训。爆破作业人员应经设地级市公安机关考核合格,取得爆破作业人员许可证后,方可从事爆破作业。

2. 爆破作业规定

(1)按照资质等级承接爆破作业项目

爆破作业单位应按照其资质等级承接爆破作业项目,爆破作业人员应按照其资格等级从事爆破作业。爆破作业的分级管理办法由国务院公安部门规定。营业性爆破作业单位按照其拥有注册资金、专业技术人员、技术装备和业绩等条件,分为一、二、三、四级资质。

(2)重要爆破工程设计评估和监理

①在城市、风景名胜区和重要工程设施附近实施爆破作业的,应当向爆破作业所在地地级公安机关提出申请,提交爆破作业单位许可证和具有相应资质的安全评估企业出具的爆破设计、施工方案评估报告。受理申请的公安机关应当自受理申请之日起20日内对提交的有关材料进行审查,对符合条件的,作出批准的决定;对不符合条件的,作出不予批准的决定,并书面向申请人说明理由。②在城市、风景名胜区和重要工程设施附近实施爆破作业,应由具有相应资质的安全监理企业进行监理,由爆破作业所在地县级公安机关负责组织实施安全警戒。

(3)跨行政区域从事爆破作业的情况报告

爆破作业单位跨省级行政区域从事爆破作业的,应事先将爆破作业项目的有关情况向爆破作业所在地县级公安机关报告。

(4)民用爆炸物品的领用

①爆破作业单位应当如实记载领取、发放民用爆炸物品的品种、数量、编号以及领取、发放人员姓名。领取民用爆炸物品的数量不得超过当班用量,作业后剩余的民用爆炸物品必须当班清退回库。②爆破作业单位应当将领取、发放民用爆炸物品的原始记录保存2年备查。

(5)设置警示标志并安排警戒人员

实施爆破作业,应当遵守国家有关标准和规范,在安全距离以外设置警示标志并安排警戒人员,防止无关人员进入;爆破作业结束后应当及时检查、排除未引爆的民用爆炸物品。

(6)不再使用民用爆炸物品的处置

①爆破作业单位不再使用民用爆炸物品时,应当将剩余的民用爆炸物品登记造册,报所在地县级人民政府公安机关组织监督销毁;②发现、拣拾无主民用爆炸物品的,应当立即报告当地公安机关。

六、民用爆炸物品的储存

1. 民用爆炸物品专用仓库

民用爆炸物品应当储存在专用仓库内,并按照国家规定设置技术防范设施。小型民用爆炸物品储存库的选址应满足以下要求:远离城镇的独立地段,不应建在城市或重要保护设施或其他居民聚居的地方及风景名胜区等重要目标附近;不应布置在有山洪、滑坡和其他地质危害的地方,应尽量利用山丘等自然屏障;不应让无关人员和物流通过储存库区。储存库区四周应设密实围墙,围墙到最近储存库墙脚的距离不宜小于5 m,围墙高度不应低于2 m,墙顶应有防攀越的措施。储存库区和储存库应安装具有联网报警功能的入侵报警、视频监控等技术手段的防范系统,其中,库房应安装入侵报警、视频监控装置;库区及重要通道应安装周界报警、视频监控装置。

2. 储存民用爆炸物品

(1)储存民用爆炸物品应遵守的规定

①建立出入库检查、登记制度,收存和发放民用爆炸物品必须进行登记,做到账目清楚,账物相符;②储存的民用爆炸物品数量不得超过储存设计容量,对性质相抵触的民用爆炸物品必须分库储存,严禁在库房内存放其他物品;③专用仓库应当指定专人管理、看护,严禁无关人员进入仓库区内,严禁在仓库区内吸烟和用火,严禁把其他容易引起燃烧、爆炸的物品带入仓库区内,严禁在库房内住宿和进行其他活动;④民用爆炸物品丢失、被盗、被抢,应当立即报告当地公安机关。

(2)临时存放民用爆炸物品

在爆破作业现场临时存放民用爆炸物品的,应当具备临时存放民用爆炸物品的条件,并设专人管理、看护,不得在不具备安全存放条件的场所存放民用爆炸物品。

3. 变质和过期失效民用爆炸物品的销毁

民用爆炸物品变质和过期失效的,应当及时清理出库,并予以销毁。销毁前应当登记造册,提出销毁实施方案,报省级民用爆炸物品行业主管部门、所在地县级公安机关组织监督销毁。民用爆炸物品的销毁方法有四类:爆炸法、焚烧法、溶解法和化学分解法。

七、法律责任

1. 依法追究刑事责任

①非法制造、买卖、运输、储存民用爆炸物品,构成犯罪的,依法追究刑事责任;尚不构成犯罪,有违反治安管理行为的,给予治安管理处罚。

②在生产、储存、运输、使用民用爆炸物品中发生重大事故,造成严重后果或者后果特别严重,构成犯罪的,依法追究刑事责任。

③携带民用爆炸物品搭乘公共交通工具或者进入公共场所,邮寄或者在托运的货物、行李、包裹、邮件中夹带民用爆炸物品,构成犯罪的,依法追究刑事责任。

④民用爆炸物品从业单位主要负责人未履行法定的安全管理责任,导致发生重大伤亡事故或者造成其他严重后果,构成犯罪的,依法追究刑事责任。

⑤民用爆炸物品行业主管部门、公安机关、工商行政管理部门工作人员,在民用爆炸物品安全监督管理工作中滥用职权、玩忽职守或者徇私舞弊,构成犯罪的,依法追究刑事责任。

2. 生产、销售、购买、运输民用爆炸物品过程中的法律责任

未经许可生产、销售民用爆炸物品的，由民用爆炸物品行业主管部门责令停止非法生产、销售活动，处 10 万元以上 50 万元以下的罚款，并没收非法生产、销售的民用爆炸物品及其违法所得。未经许可购买、运输民用爆炸物品或者从事爆破作业的，由公安机关责令停止非法购买、运输、爆破作业活动，处 5 万元以上 20 万元以下的罚款，并没收非法购买、运输以及从事爆破作业使用的民用爆炸物品及其违法所得。

生产、销售民用爆炸物品的企业有下列行为之一的，由民用爆炸物品行业主管部门责令限期改正，处 10 万元以上 50 万元以下的罚款；逾期不改正的，责令停产停业整顿；情节严重的，吊销民用爆炸物品生产许可证或者民用爆炸物品销售许可证：

①超出生产许可的品种、产量进行生产、销售的；②违反安全技术规程生产作业的；③民用爆炸物品的质量不符合相关标准的；④民用爆炸物品的包装不符合法律、行政法规的规定以及相关标准的；⑤超出购买许可的品种、数量销售民用爆炸物品的；⑥向没有民用爆炸物品生产许可证、销售许可证、购买许可证的单位销售民用爆炸物品的；⑦民用爆炸物品生产企业销售本企业生产的民用爆炸物品未按规定向民用爆炸物品行业主管部门备案的；⑧未经审批进出口民用爆炸物品的。

有下列情形之一的，由公安机关责令限期改正，处 5 万元以上 20 万元以下的罚款；逾期不改正的，责令停产停业整顿：①未按规定对民用爆炸物品做出警示标志、登记标志或者未对雷管编码打号的；②超出购买许可品种、数量购买民用爆炸物品的；③使用现金或者实物进行民用爆炸物品交易的；④未按规定保存购买单位许可证、银行账户转账凭证、经办人的身份证明复印件的；⑤销售、购买、进出口民用爆炸物品，未按规定向公安机关备案的；⑥未按规定建立民用爆炸物品登记制度，如实将本单位生产、销售、购买、运输、储存、使用民用爆炸物品的品种、数量和流向信息输入计算机系统的；⑦未按规定将民用爆炸物品运输许可证交回发证机关核销的。

经由道路运输民用爆炸物品，有下列情形之一的，由公安机关责令改正，处 5 万元以上 20 万元以下的罚款：①违反运输许可事项的；②未携带民用爆炸物品运输许可证的；③违反有关标准和规范混装民用爆炸物品的；④运输车辆未按照规定悬挂或者安装符合国家标准的易燃易爆危险物品警示标志的；⑤未按规定的路线行驶，途中经停没有专人看守或者在许可以外的地点经停的；⑥装载民用爆炸物品的车厢载人的；⑦出现危险情况未立即采取必要的应急处置措施、报告当地公安机关的。

3. 爆破作业单位的法律责任

从事爆破作业的单位有下列情形之一的，由公安机关责令停止违法行为或者限期改正，处 10 万元以上 50 万元以下的罚款；逾期不改正的，责令停产停业整顿；情节严重的，吊销爆破作业单位许可证：①爆破作业单位未按其资质等级从事爆破作业的；②营业性爆破作业单位跨省级行政区域实施爆破作业，未按规定事先向爆破作业所在地的县级公安机关报告的；③爆破作业单位未按规定建立民用爆炸物品领取登记制度、保存领取登记记录的；④违反国家有关标准和规范实施爆破作业的。爆破作业人员违反国家有关标准和规范的规定实施爆破作业的，由公安机关责令限期改正，情节严重的，吊销爆破作业人员许可证。

有下列情形之一的，由民用爆炸物品行业主管部门、公安机关按照职责责令限期改正，可并处 5 万元以上 20 万元以下罚款；逾期不改正的，责令停产停业整顿；情节严重的，吊销许可证：①未按规定在专用仓库设置技术防范设施的；②未按规定建立出入库检查、登记制度或者收存和发放民用爆炸物品，致使账物不符的；③超量储存、在非专用仓库储存或违反储存标准和规范储存民用爆炸物品的；④有其他违反民用爆炸物品储存管理规定行为的。

民用爆炸物品从业单位有下列情形之一的，由公安机关处2万元以上10万元以下的罚款；情节严重的，吊销其许可证；有违反治安管理行为的，依法给予治安管理处罚：①违反安全管理制度，致使民用爆炸物品丢失、被盗、被抢的；②民用爆炸物品丢失、被盗、被抢，未按规定向当地公安机关报告或者故意隐瞒不报的；③转让、出借、转借、抵押、赠送民用爆炸物品的；④民用爆炸物品从业单位主要负责人未履行法定的安全管理责任，导致发生重大伤亡事故或者造成其他严重后果，尚不构成犯罪的，对主要负责人给予撤职处分，对个人经营的投资人处2万元以上20万元以下的罚款。

4. 非法携带、邮寄或托运民用爆炸物品的法律责任

携带民用爆炸物品搭乘公共交通工具或者进入公共场所，邮寄或者在托运的货物、行李、包裹、邮件中夹带民用爆炸物品，尚不构成犯罪的，由公安机关依法给予治安管理处罚，没收非法的民用爆炸物品，处1 000元以上1万元以下的罚款。

5. 国家工作人员的法律责任

民用爆炸物品行业主管部门、公安机关、工商行政管理部门的工作人员，在民用爆炸物品安全监督管理工作中滥用职权、玩忽职守或者徇私舞弊，构成犯罪的，依法追究刑事责任；尚不构成犯罪的，依法给予行政处分。

第 13 节　安全生产标准

一、现行安全生产标准体系

标准是指为了在一定范围内获得最佳秩序，经协商一致制定并由公认机构批准，共同使用和重复使用的一种规范性文件。

制定标准的目的是有利于合理利用国家资源，推广科学技术成果，提高经济效益，保障人民群众生命安全和身体健康，保护消费者的利益，保护环境，有利于产品的通用互换及标准的协调配套等。

我国安全生产标准体系主要由5级构成，安全生产国际标准、安全生产国家标准、安全生产行业标准、安全生产地方标准和安全生产企业标准。

1. 安全生产国际标准

（1）安全生产国际标准

安全生产国际标准是指国际标准化组织（ISO）、国际电工委员会（IEC）和国际电信联盟（ITU）制定的标准以及国际标准化组织确认并公布的其他国际组织制定的安全生产标准。安全生产国际标准在世界范围内统一使用。

（2）安全生产国际标准分类

国际食品法典委员会（CAC）、欧洲航空标准化协作组织（ECSS）、欧洲标准（EN）、欧盟法规（EC）、国际电工委员会（IEC）、国际标准化组织（ISO）、国际电信联盟（ITU）、欧洲电信标准化协会(ETSI)。

(3)我国采用安全生产国际标准应遵循的原则

采用国际标准和国外先进标准的方针是认真研究,积极采用,区别对待,主要遵循的原则是:要密切结合我国国情,有利于促进生产力发展;有利于完善我国标准体系,促进我国标准水平的不断提高,努力达到和超过世界先进水平;要合理安排采用的顺序,注意国际上的通行需要,还要考虑综合标准化的要求;采用国外先进标准要根据标准的内容区别对待。

2. 安全生产国家标准

(1)安全生产国家标准

安全生产国家标准是指由国家标准化主管机构批准发布,对全国安全生产工作有重大意义,且在全国范围内统一的标准。国家标准是在全国范围内统一的技术要求,由国务院标准化行政主管部门编制计划,协调项目分工,组织制定(含修订),统一审批、编号、发布。法律对国家标准的制定另有规定的,依照法律的规定执行。国家标准的年限一般为 5 年,过了年限后,国家标准就要被修订或重新制定。此外,随着社会的发展,国家需要制定新的标准来满足人们生产、生活的需要。因此,标准是一种动态信息。

(2)安全生产国家标准的组成

国家标准分为强制性国家标准(GB)和推荐性国家标准(GB/T)。国家标准的编号由国家标准的代号、国家标准发布的顺序号和国家标准发布的年号(发布年份)构成。强制性国家标准是保障人体健康、人身、财产安全的标准和法律及行政法规规定强制执行的国家标准;推荐性国家标准是指在生产、检验、使用等方面,通过经济手段或市场调节而自愿采用的国家标准。但推荐性国标一经接受并采用,或各方商定同意纳入经济合同中,就成为各方必须共同遵守的技术依据,具有法律上的约束性。

(3)安全生产国家标准的内容

安全生产国家标准通常由封面、前言、正文 3 部分组成。①标准号。标准号至少由标准的代号、编号、发布年代 3 部分组成。②标准状态。自标准实施之日起,至标准复审重新确认、修订或废止的时间,称为标准的有效期。③归口单位。指按国家赋予该部门的权利和承担的责任、各司其职,按特定的管理渠道对标准实施管理。④替代情况。替代情况在标准文献里就是新的标准替代原来的旧标准。⑤实施日期。标准实施日期是有关行政部门对标准批准发布后生效的时间。⑥提出单位。这是指提出建议实行某条标准的部门。⑦起草单位。这是指负责编写某项标准的部门。

(4)安全生产国家标准代号

强制性国家标准 GB、推荐性国家标准 GB/T、国家标准指导性技术文件 GB/Z、工程建设国家标准 GBJ、国家职业卫生技术标准 GBZ 等。

3. 安全生产行业标准

(1)安全生产行业标准

根据《标准化法》的规定,由我国各主管部、委(局)批准发布,在该部门范围内统一使用的安全生产标准,称为安全生产行业标准。在全国某个行业范围内统一使用。安全生产行业标准由国务院有关行政主管部门制定,并报国务院标准化行政主管部门备案。

(2)安全生产行业标准分类

安全生产行业标准分为强制性标准和推荐性标准。下列标准属于强制性行业标准:药品行业标准、兽药行业标准、农药行业标准、食品卫生行业标准;工农业产品及产品生产、储运和使用中的安全、卫生行业标准;工程建设的质量、安全、卫生行业标准;重要的涉及技术衔接的技术术语、符号、代号、文件格式和制图方法行业标准;互换配合行业标准;行业范围内需要控制的产品通用试验方法、检验方法和重要的工农业产品行业标准。

4.安全生产地方标准

(1)安全生产地方标准

根据《标准化法》的规定,对没有国家标准和行业标准而又需要在省、自治区、直辖市范围内统一的工业产品的安全、卫生要求,可以制定安全生产地方标准。安全生产地方标准由省、自治区、直辖市标准化行政主管部门制定,并报国务院标准化行政主管部门和国务院有关行政主管部门备案。

(2)安全生产地方标准的制定范围

工业产品的安全、卫生要求;药品、兽药、食品卫生、环境保护、节约能源、种子等法律、法规规定的要求;其他法律、法规规定的要求。

5.安全生产企业标准

(1)安全生产企业标准

安全生产企业标准是对企业范围内需要协调、统一的技术要求,管理要求和工作要求所制定的标准。企业标准由企业制定,由企业法人代表或法人代表授权的主管领导批准、发布。企业标准一般以"Q"开头。

《标准化法》规定,企业生产的产品没有国家标准和行业标准的,应当制定企业标准,作为组织生产的依据。企业的产品标准须报当地政府标准化行政主管部门和有关行政主管部门备案。已有国家标准或者行业标准的,国家鼓励企业制定严于国家标准或者行业标准的企业标准,在企业内部适用。

(2)制定安全生产企业标准的原则

贯彻国家和地方有关的方针、政策、法律、法规,严格执行强制性国家标准、行业标准和地方标准;保证安全、卫生,充分考虑使用要求,保护消费者利益,保护环境;有利于企业技术进步,保证和提高产品质量,改善经营管理和增加社会经济效益;积极采用国际标准和国外先进标准;有利于合理利用国家资源、能源,推广科学技术成果,有利于产品的通用互换,符合使用要求,技术先进,经济合理;有利于对外经济技术合作和对外贸易;本企业内的企业标准之间应协调一致。

(3)安全生产企业标准的种类

企业生产的产品,没有国家标准、行业标准和地方标准的,制定的企业产品标准;为提高产品质量和技术进步,制定的严于国家标准、行业标准或地方标准的企业产品标准;对国家标准、行业标准的选择或补充的标准;工艺、工装、半成品和方法标准;生产、经营活动中的管理标准和工作标准。

二、安全生产标准分类

1.按标准的法律效力分类

(1)强制性标准

在一定范围内通过法律、行政法规等强制性手段加以实施的标准,具有法律属性。强制性标准一经颁布,必须贯彻执行。否则造成恶劣后果和重大损失的单位和个人,要受到经济制裁或承担法律责任。强制性标准主要是对有些涉及安全、卫生方面的进出口商品规定了限制性的检验标准,以保障人体健康和人身、财产的安全。

在我国,进出口商品必须执行强制性标准的,均由国家法律法规明确规定,由各地出入境检验检疫机构严格执行。遇有特殊情况,必须及时报告国家出入境检验检疫局决定。

①强制性标准的范围。《标准化法》规定,保障人体健康、人身财产安全的标准和法律,行政法规规定强制执行的标准属于强制性标准。有以下几方面的技术要求均为强制性标准:有关国家安全的技术要求;保障人体健康和人身、财产安全的要求;产品及产品生产、储运和使用中的安全、卫生、环境保护要求及国家需要控制的工程建设的其他要求;工程建设的质量、安全、卫生、环境保护按要求及国家需要控制的工程建设的其他要求;污染物排放限值和环境质量要求;保护动植物生命安全和健康要求;防止欺骗、保护消费者利益的要求;国家需要控制的重要产品的技术要求。省、自治区、直辖市政府标准化行政主管部门制定的工业产品的安全,卫生要求的地方标准,在本行政区域内是强制性标准。

②强制性标准的形式。强制性标准可分为全文强制和条文强制两种形式:标准的全部技术内容需要强制时,为全文强制形式;标准中部分技术内容需要强制时,为条文强制形式。

(2)推荐性标准

推荐性标准又称为非强制性标准或自愿性标准,是指在生产、交换、使用等方面,通过经济手段或市场调节而自愿采用推荐性标准的一类标准。推荐性标准不具有强制性,任何单位均有权决定是否采用,违反这类标准,不构成经济或法律方面的责任。应当指出的是,推荐性标准一经接受并采用,或各方商定同意纳入经济合同中,就成为各方必须共同遵守的技术依据,具有法律上的约束性。推荐性标准不具有法律属性的特点,属于技术文件,不具有强制执行的功能。推荐性标准的技术内容,一般规定得不够具体,而且比较简单扼要,比较笼统、灵活。推荐性标准的特点是:强调用户普遍关心的产品使用性能,对一些细节要求一般不予规定,有较强的市场适应性。推荐性标准中强制性检验项目少,供用户选择或由供需双方协议的项目多。推荐性标准通用性较强,覆盖面大。

2.按照标准化对象分类

按照标准化对象,通常把标准分为技术标准、管理标准和工作标准三大类。

(1)技术标准

对标准化领域中需要协调统一的技术事项所制定的标准,包括基础标准、产品标准、工艺标准、检测试验方法标准及安全、卫生、环保标准等。

(2)管理标准

对标准化领域中需要协调统一的管理事项所制定的标准。

(3)工作标准

对工作的责任、权利、范围、质量要求、程序、效果、检查方法、考核办法所制定的标准。

3.按照标准对象特征分类

(1)基础类标准

基础类标准主要指在安全生产领域的不同范围内,对普遍的、广泛通用的共性认识所作的统一规定,是在一定范围内作为制定其他安全标准的依据和共同遵守的准则。其内容包括制定安全标准所必须遵循的基本原则、要求、术语、符号;各项应用标准、综合标准赖以制定的技术规定;物质的危险性和有害性的基本规定;材料的安全基本性质以及基本检测方法等。

基础类标准主要包括6类:①技术通则类。这些技术工作和标准化工作规定是需要全行业共同遵守的。②通用技术语言类。这类标准的作用是使技术语言达到统一、准确和简化。③结构要素和互换互连类。这类标准对保证零部件互换性和产品间的互联互通,优化品种,改善加工性能等都具有重要作用。④参数系列类。这类标准对于合理确定产品品种规格,做到以最少品种满足多方面需要,以及规划产品发展方向,加强各类产品尺寸参数间的协调等具有重要作用。⑤环境适应性、可靠性、安全性类。这类标准对保证产品适应性和工作寿命以及人身和设备安全具有重要作用。⑥通用方法类。这类标准对各有关方法的优化、严密化和统一化等具有重要作用。

(2)产品标准

产品标准是指对某一具体安全设备、装置和防护用品及其试验方法、检测检验规则,产品的标志、包装、运输、储存等方面所作的技术规定。它是在一定时期和一定范围内具有约束力的技术准则,是产品生产、检验、验收、使用、维护和洽谈贸易的重要技术依据,对于保障安全、提高生产和使用效益具有重要意义。产品标准主要内容包括:产品的适用范围;产品的品种、规格和结构形式;产品的主要性能;产品的试验、检验方法和验收规则;产品的包装、储存和运输等方面的要求。

《产品质量法》第12条规定,产品质量应当检验合格。合格是指产品的质量状况符合标准中规定的具体指标。我国现行的标准分为国家标准、行业标准、地方标准和经备案的企业标准。凡有强制性国家标准、行业标准的,必须符合该标准;没有强制性国家标准、行业标准的,允许使用其他标准,但必须符合保障人体健康及人身、财产安全的要求。同时,国家鼓励企业赶超国际先进水平。对不符合强制性国家标准、行业标准的产品,以及不符合保障人体健康和人身、财产安全标准和要求的产品,禁止生产和销售。对于一些门类中类别较多的产品,产品标准还进行分层,分为基础规范、总规范、分规范、空白详细规范和详细规范。

(3)方法类标准

方法类标准是对各项生产过程中技术活动的方法所作出的规定。安全生产方面的方法标准主要包括两类:一类以试验、检查、分析、抽样、统计、计算、测定、作业等方法为对象制定的标准。例如:试验方法、检查方法、分析计法、测定方法、抽样方法、设计规范、计算方法、工艺规程、作业指导书、生产方法、操作方法等;另一类是为合理生产优质产品,并在生产、作业、试验、业务处理等方面为提高效率而制定的标准。

这类标准有《安全帽测试方法》《防护服装机械性能材料抗刺穿性及动态撕裂性的试验方法》《安全评价通则》《安全预评价导则》《安全验收评价导则》《安全现状评价导则》等。

(4)职业卫生标准

职业卫生标准是以保护劳动者健康为目的,对劳动条件(工作场所)的卫生要求作出的技术规定,是实施职业卫生法律、法规的技术规范,是卫生监督和管理的法定依据。

国家职业卫生标准的代号由大写汉语拼音字母构成。强制性标准的代号为GBZ,推荐性标准的代号为GBZ/T。国家职业卫生标准的编号由国家职业卫生标准的代号、发布的顺序号和发布的年号构成。

国家职业卫生标准类别划分:①职业卫生专业基础标准;②工作场所作业条件卫生标准;③工业毒物、生产性粉尘、物理因素职业接触限值;④职业病诊断标准;⑤职业照射放射防护标准;⑥职业防护用品卫生标准;⑦职业危害防护导则;⑧劳动生理卫生、工效学标准;⑨职业性危害因素检测、检验方法。

国家职业卫生标准分为强制性国家职业卫生标准和推荐性国家职业卫生标准。强制性国家职业卫生标准分为全文强制和条文强制两种形式。

强制性国家职业卫生标准包括:①工作场所作业条件的卫生标准;②工业毒物、生产性粉尘、物理因素职业接触限值;③职业病诊断标准;④职业照射放射防护标准;⑤职业防护用品卫生标准。

常见的国家职业卫生标准有:职业健康监护技术规范(GBZ 188—2014);工业企业设计卫生标准(GBZ 1—2010);用人单位职业病防治指南(GBZ/T 225—2010);职业性接触毒物危害程度分级(GBZ 230—2010);工作场所有毒气体检测报警装置设置规范(GBZ/T 223—2009);工作场所防止职业中毒卫生工程防护措施规范(GBZ/T 194—2007);有机溶剂作业场所个人职业病防护用品使用规范(GBZ/T 195—2007);密闭空间作业职业危害防护规范(GBZ/T 205—2007);工作场所有害因素职业接触限值 第 1 部分:化学有害因素(GBZ 2.1—2019);工作场所有害因素职业接触限值 第 2 部分:物理因素(GBZ 2.2—2007);工作场所空气中有害物质监测的采样规范(GBZ 159—2004);工作场所职业病危害警示标识(GBZ 158—2003)等。

三、安全生产标准的作用

安全生产标准是指为维持生产经营活动,保护人体健康、生命和财产的安全而制定的标准,是强制性标准。一般有两种形式:一种为专门的安全标准;另一种是在产品标准或工艺标准中列出有关安全的要求和指标。包括劳动安全标准、锅炉和压力容器安全标准、电气安全标准和消费品安全标准等。安全标准一般均为强制性标准,由国家通过法令形式规定强制执行。

1. 安全生产标准是安全生产法律体系的重要组成部分

我国的安全生产法律体系,是由宪法、国家法律、国务院法规、地方性法规,以及标准、规章、规程和规范性文件等所构成的。在这个体系中,标准处于十分重要的位置,具有技术性法律规定的作用。标准是法律的延伸。与安全生产相关的技术性规定,通常体现为国家标准和行业标准。

根据世界贸易组织协议,我国的强制性标准与国外的技术法规具有同样的法律效力。标准所具有的法律地位及其法律效力,决定了安全标准一旦制定和发布,就必须得到尊重,必须认真贯彻实施。任何忽视安全生产标准、违背安全生产标准的现象,都是对安全生产法律的破坏和违反,都必须立即纠正,情节严重的要依法予以追究。

2. 安全生产标准是保障企业安全生产的重要技术规范

安全生产标准化是社会化大生产的要求,是社会生产力发展水平的反映。优秀企业要出名牌,出人才,出效益,就必须严格执行国家标准、行业标准,产品进入国际市场就要执行国际标准。有条件、有实力的优秀企业自订的企业标准,甚至高于国家标准和行业标准。

而不执行法定安全生产标准的企业,不仅市场竞争力无从谈起,而且违法生产经营,丧失诚信准则,甚至导致重特大事故发生。一些企业安全管理滑坡,伤亡事故多发,重要原因之一就是不遵守相应的安全生产标准。有的企业标准意识淡薄,执行标准不严;有的企业有标不循,不按标准办事;有的企业根本没有安全标准,不知道有标准。

因此,迫切需要通过加强安全生产标准化工作,规范企业及其经营管理者、从业人员的安全生产行为,从而实现安全生产。

复习思考题

1. 名词解释:视时监察,重点监察,工伤保险基金,工伤保险待遇,综合应急预案,专项应急预案,现场处置方案,安全培训,特别重大事故,重大事故,较大事故,事故隐患,重大事故隐患,民用爆炸物品。

2. 工伤保险基金的用途是什么?

3. 职工进行劳动能力鉴定应当具备哪些条件?

4. 职工因工致残被鉴定为一级至四级伤残的,可以享受哪些待遇?

5. 煤矿安全监察人员的职责是什么?

6. 企业要取得安全生产许可证,应当具备哪些安全生产条件?

7. 安全生产许可证颁发部门工作人员违反规定,应承担哪些法律责任?

8. 未取得安全生产许可证擅自进行生产的企业,应承担哪些法律责任?

9. 哪些建设项目的安全设施不得通过竣工验收?

10. 建设项目安全设施设计应当包括哪些内容?

11. 国家确立了哪几项危险化学品审查与审批制度?

12. 对生产、储存、使用剧毒化学品、易制爆危险化学品单位的违法行为如何进行处罚?

13. 安全培训机构违反安全培训规定应承担哪些法律责任?

14. 国家职业卫生标准是如何进行类别划分的?

15. 报告事故要求必须有哪些主要内容?

16. 国务院关于预防煤矿生产安全事故的特别规定确立了哪几个主要目标?

17. 重大事故隐患治理方案应当包括哪些内容?

18. 申请从事爆破作业的单位应具备哪些条件?

19. 国务院制定关于预防煤矿生产安全事故的特别规定的指导思想是什么?

20. 根据《煤矿重大生产安全事故隐患判定标准》规定,煤矿重大安全生产隐患有哪些?

21. 我国采用安全生产国际标准时应遵循哪些原则?

22. 哪几种情形的建设项目安全设施设计不予批准,并不得开工建设?

23. 制定安全生产企业标准的原则是什么?

24. 安全生产企业标准的种类有哪些?

25. 《建设工程安全生产管理条例》遵循了哪些基本原则?

26. 重点安全生产非法违法行为如何认定?

27. 建设项目安全设施设计应当包括哪些内容?

28. 有哪些情形的建设项目安全设施,不得通过竣工验收,并不得投入生产或使用?

29. 重大事故隐患治理方案应包括哪些内容?

30. 申请从事爆破作业单位应具备哪些条件?

附件
生产安全事故案例

案例1 重庆市永川区金山沟煤矿特大瓦斯爆炸事故

2016年10月31日,重庆市永川区金山沟煤矿发生一起特别重大瓦斯爆炸事故。依据《安全生产法》和《生产安全事故报告和调查处理条例》等有关法律法规,经国务院批准,成立了国务院重庆市永川区金山沟煤矿特别重大瓦斯爆炸事故调查组。下设技术、管理、责任追究和综合组,并聘请有关专家参与事故调查工作。

事故调查组通过现场勘查、调查取证、专家论证,查明了事故发生的经过、原因、人员伤亡和直接经济损失,认定了事故性质和责任,提出了对有关责任人员和责任单位的处理建议,指出了事故暴露出的突出问题和教训,提出了加强和改进工作的措施建议。调查认定,重庆市永川区金山沟煤矿特别重大瓦斯爆炸事故是一起生产安全责任事故。

一、事故基本情况

1. 事故区域

金山沟煤矿位于重庆市永川区来苏镇石牛寺村,行政隶属永川区五间镇。该矿属低瓦斯矿井,开采煤层为大石炭煤层和二连子煤层,有主、副、回风三个平硐,主平硐口标高 +375 米,副平硐口标高 +320 米,回风平硐口标高 +380 米。该矿井下有两套生产系统,一套布置在大石炭煤层,是合法生产系统,2014 年 12 月之后停止采掘活动;另一套布置在超层越界开采的 K_{13} 煤层,是违法生产系统。事故发生在违法生产系统,该系统采用平硐、斜井开拓。

金山沟煤矿在 K_{13} 煤层分别从 +93 米南一运输平巷和 +93 米北一运输平巷沿煤层走向方向布置采煤眼,采用国家明令禁止使用的"巷道式采煤"工艺进行采煤作业。至事故发生前,+93 米南一运输平巷距 +93 米下部车场 30 米处,往南沿煤层走向方向每隔 12 米布置一个采煤眼,其中,$1^{\#} \sim 7^{\#}$ 采煤眼已停止开采,$8^{\#} \sim 11^{\#}$ 采煤眼正在开采;+93 米北一运输平巷距 +93 米下部车场约 91 米处,往北沿煤层走向方向每隔 12 米布置一个采煤眼,其中,$1^{\#} \sim 6^{\#}$、$10^{\#}$ 采煤眼正在开采,$7^{\#} \sim 9^{\#}$、$11^{\#}$、$12^{\#}$ 采煤眼作开采准备。采煤眼为宽 2 米、高 1.2 米的矩形断面,采煤眼和采煤工作面均采用木点柱支护。每个采煤眼口以里,沿倾斜方向利用矸石堆垛保护采煤眼,回采过程中采用爆破落煤,自制小矿车运输,局部通风机通风。

2. 事故经过

2016年10月31日7时30分,金山沟煤矿常务副矿长邹××组织安全副矿长曾××、生产副矿长谢××、机电副矿长周××、掘进队长章××、采煤队长凌××召开煤矿管理人员井下作业会。8时,曾、谢二人组织召开早班人员班前会,安排布置井下当班工作。

事故当班出勤38人,其中,33人在超层越界开采的K$_{13}$煤层区域作业(其中,采掘工28人,辅助工3人,曾和谢两人带班);邹××和电工王××在主平硐巡查;运输工杨××和魏××负责+375米主平硐上部车场至地面的平巷运输;绞车司机刘××负责在井口开绞车。11时24分,+93米北一运输平巷1#采煤工作面在实施爆破落煤时,发生爆炸。监控视频显示,位于+375米主平硐口的配电柜被冲击波冲倒。刘××被冲击波冲出井口外4~5米远;邹××和王××未受伤,出井后安排人员将受伤的刘××送往医院救治;杨××、魏××未受伤。井下其余33名作业人员被困。

3. 事故现场

事故波及范围为布置在K$_{13}$煤层中的违法生产系统:包括+375米主平硐口、+375米~+93米提升下山、+93米下部车场、+93米南北运输平巷及采掘工作面、+93米~+80米回风下山、+80米南北运输平巷、+93米~+80米提升下山、+80米~+67米提升下山。

经现场勘查:+375米主平硐往+375米~+93米提升下山入口侧2台绞车控制柜被冲击波冲倒;+93米北一运输平巷4#、5#采煤眼口平台被冲垮,矿车被冲翻;+93米南一运输平巷有20辆矿车被冲翻,两台局部通风机开关被冲歪,+93米南一运输平巷8#采煤眼口台阶被摧毁,10#采煤眼口顶板垮落;+93米~+80米提升下山入口处堆积有4辆破坏严重的矿车,距入口30米处巷道垮塌严重;+93米~+80米回风下山口巷道垮塌严重。+93米下部车场、+93米南北运输平巷及采掘工作面、+93米~+80米提升下山堵塞段上部风筒全部被烧焦。在+93米北一运输平巷1#采煤眼口发现发爆器和钥匙,专用爆破母线线头悬挂于发爆器上方;1#采煤工作面堆积有爆破落下的煤炭。+93米北一运输平巷1#采煤工作面朝采煤眼口方向木点柱北侧表面煤尘结焦,2#和3#采煤工作面木点柱和顶板大面积煤尘结焦,朝采煤眼口方向延伸5~6米,4#采煤工作面木点柱北侧表面煤尘结焦。

4. 人员伤亡和直接经济损失

事故共造成33人死亡、1人受伤,事故直接经济损失3 682.22万元。

二、事故应急救援情况

1. 事故信息报告及响应

10月31日12时01分,永川区煤炭工业管理局调度中心接到事故报告后,立即向永川区安委会、永川区政府、永川区委汇报。12时24分,永川区政府启动应急响应,迅速调度相关部门和周边乡镇力量赶赴现场进行抢险救援。永川区委、区政府主要负责人赶赴事故现场后,成立了事故救援临时指挥部,立即开展应急处置工作。

12时41分,重庆市政府总值班室接到事故报告后,立即启动应急响应,迅速调度市相关部门人员赶赴事故现场,会同永川区政府开展抢险救援工作。

13时05分,重庆市政府总值班室电话向国务院总值班室报告事故情况。

15时,重庆市政府成立了现场应急处置指挥部,市长任总指挥,下设抢险救援、医疗救治、善后处理等 8 个工作组。

12 时 55 分接到事故报告后,国家安全生产监督管理总局、国家煤矿安全监察局主要负责人率工作组紧急赶赴事故现场,指导事故救援和善后处理等工作。

2. 事故现场应急处置

指挥部调集永荣、天府、中梁山、松藻、南桐矿业公司救护队先后赶到事故现场,多批次开展现场勘查。救援过程中,出动 5 支矿山救护队共 108 人、公安干警 400 余人、消防队员 200 人、电力应急保障人员 30 人、永川区煤矿职工 60 人、救援装备 736 台件,确保了现场抢险救援工作高效开展。10 月 31 日 14 时 45 分至 11 月 2 日 2 时 20 分,救援人员陆续搜寻到 33 名遇难人员。4 时 4 分,将遇难人员遗体全部运送至地面,抢险救援工作结束。

3. 事故善后处理

指挥部成立了专门的善后处理组,分成 33 个工作小组,开展遇难人员家属安抚工作。

三、事故直接原因

事故直接原因:金山沟煤矿在超层越界违法开采区域采用国家明令禁止的"巷道式采煤"工艺,不能形成全风压通风系统,使用一台局部通风机违规同时向多个作业地点供风,风量不足,造成瓦斯积聚;违章裸露爆破产生的火焰引爆瓦斯,煤尘参与了爆炸。

1. 事故类别

经调查分析,认定这起事故为瓦斯爆炸事故,煤尘参与了爆炸。主要依据是:

(1)现场勘查表明,事故产生的冲击波造成了设备设施破坏,说明发生了爆炸。

(2)爆炸产生了大量一氧化碳和高温火焰。依据《金山沟煤矿特别重大瓦斯爆炸事故施救报告》,事故发生后 4 小时, +93 米北一运输平巷一氧化碳浓度为 16 200 ppm。经现场勘查, +93 米水平北翼运输平巷采掘工作面风筒全部被烧焦。依据重庆市公安局物证鉴定中心《金山沟煤矿特别重大瓦斯爆炸事故遇难人员检验报告》,33 名遇难人员中,因气体爆炸高温热作用导致 5 人死亡、气体爆炸高温热作用合并一氧化碳中毒导致 22 人死亡、气体爆炸高温热作用合并颅脑损伤导致 6 人死亡。所有死亡人员都有高温热作用特征,其中,有一氧化碳中毒特征的占 66.67%。结合本次爆炸产生的大量一氧化碳、高温火焰及其影响范围,判断本起事故可能为瓦斯爆炸、煤尘爆炸或瓦斯煤尘爆炸。

(3) +93 米北一运输平巷 1$^\#$ ~ 4$^\#$ 采煤工作面发现煤尘结焦。结合中煤科工集团重庆研究院出具的金山沟煤矿北一运输平巷采煤工作面 1$^\#$ ~ 4$^\#$ 眼支柱结焦《煤质分析检验报告》结论,认定煤尘参与了爆炸。

(4)排除煤尘为唯一爆炸物。事故发生前, +93 米北一运输平巷 1$^\#$ 采煤工作面作业主要是堆矸石垛、钻孔、装药、爆破。钻孔和爆破可能产生煤尘、释放出瓦斯,爆破还可以产生火焰,具备火源、瓦斯、煤尘条件。但要在爆破产生火焰的延续时间内,因爆破扬起的煤尘达到爆炸浓度的可能性比较小,更大可能是爆破前瓦斯和煤尘浓度均比较高,空气中瓦斯的存在会降低煤尘的爆炸浓度下限,煤尘的存在也会降低瓦斯的爆炸浓度下限,爆破火焰使瓦斯爆炸并扬起更多的煤尘参与爆炸。因此,排除煤尘为唯一爆炸物的可能。

2. 最初的爆炸点

经调查分析,认定事故最初的爆炸点为 K$_{13}$ 煤层 +93 米北一运输平巷 1$^\#$ 采煤工作面。主要依据是:

（1）经现场勘查，爆炸后产生的冲击波是从 +93 米北一运输平巷 1#～4#采煤工作面，经 +93 米南北运输平巷传至其他巷道。

（2）经现场勘查，+93 米北一运输平巷 1#采煤眼至 +93 米下部车场段的巷道顶板锚杆托板有过火痕迹。+93 米北翼运输平巷采掘工作面风筒全部被烧焦，其他区域风筒烧焦程度逐渐减弱。说明爆炸产生的高温火焰中心区域在 +93 米北一运输平巷 1#采煤眼附近巷道。

（3）班前会安排 +93 米北一运输平巷 1#采煤工作面进行采煤作业。在 +93 米北一运输平巷 1#采煤眼口发现发爆器和钥匙，1#采煤工作面堆积有爆破落下的煤炭。

3. 瓦斯爆炸原因及相关因素

1）瓦斯积聚的原因

经调查分析，认定瓦斯积聚原因为：越界区域煤层瓦斯含量高；采用"巷道式采煤"工艺，不能形成全风压通风系统，一台局部通风机同时向多个作业地点供风，风量不足；事故发生前瓦斯释放量增加。主要依据是：

（1）K_{13}煤层瓦斯含量高。金山沟煤矿越界开采的 K_{13}煤层相关瓦斯参数缺失。与金山沟煤矿邻近的箕山煤矿 K_{13}煤层原始瓦斯含量 7.96～11.46 m^3/t，属高瓦斯矿井；邻近的石马门煤矿 K_{13}煤层瓦斯鉴定资料中绝对瓦斯涌出量 17.09 m^3/min，相对瓦斯涌出量 65.99 m^3/t，属高瓦斯矿井。

（2）不能形成全风压通风系统，且风量不足。由于采用巷道式采煤工艺，不能形成全风压通风系统，产生的瓦斯不能得到稀释并排出井外。+93 米北一运输平巷采用 1 台功率为 $2×5.5$ kW 的对旋局部通风机向 1#～4#采煤工作面供风，风机额定风量为 160～240 m^3/min，考虑漏风系数和通风距离的影响，每个采煤眼风量为 30～45 m^3/min，风速 0.03～0.05 m/s，风量不足。为增大作业地点的风量，该矿有时将邻近不安排人员作业的采煤眼风筒截断，将风引到正在作业的采煤眼。

事故当班，+93 米北一运输平巷 1#～4#采煤工作面均安排人员作业，采煤工作面风量不足；在实施爆破前撤掉了工作面两节风筒，使工作面风量减少。分析表明，1#采煤工作面爆破作业前具备瓦斯积聚达到爆炸浓度的条件。

（3）事故发生前瓦斯释放量增加。该矿 2016 年 10 月出煤 3 000 t，每日产量为 80～112 t，事故前随着开采强度的加大，每日产量达到 120～128 t，增加了瓦斯释放量。

2）爆炸火源

经调查分析，认定导致瓦斯爆炸的火源为爆破产生的火焰。主要依据是：

（1）在爆源点 +93 米北一运输平巷 1#采煤眼口发现发爆器和钥匙，专用爆破母线线头悬挂于发爆器上方；1#采煤工作面堆积有爆破落下的煤炭。

（2）日常采煤工作面进行爆破作业时间为 9 时—10 时，如果作业人员上班后先堆矸石垛，则要在 11 时后进行爆破作业。按照工序时间推算，事故发生前采煤工作面正在进行爆破落煤作业可能性大。

（3）根据对相关人员的询问笔录，作业人员爆破装药不使用封孔材料；现场勘查也未发现黄泥、水炮泥等封孔材料，可以认定为裸露爆破。

（4）该矿日常安排采煤工作面爆破作业前，仅相邻 2 个采煤眼作业人员撤出到采煤眼口，其他采煤眼人员不撤出。

（5）排除其他火源。

经现场勘查，+93 米北一运输平巷 1#～4#采煤眼采空区遗煤很少，不具备煤炭自燃的条件；事故发生后未发现明火、因采空区燃烧而遗留的煤渣等煤炭自燃痕迹，由此排除煤炭自燃因素。+93 米北一运输平巷及 1#～4#采煤眼现场煤电钻、电气开关、综合保护装骆、电缆等设备设施未见电弧痕迹，由此排除电气火源。

据重庆市公安局物证鉴定中心《金山沟煤矿特别重大瓦斯爆炸事故遇难人员检验报告》，遇难人员衣物上没有发现打火机、火柴等，遇难人员死亡原因分别为气体爆炸高温热作用、气体爆炸高温热作用合并一氧化碳中毒、气体爆炸高温热作用合并颅脑损伤，由此排除工人自带火源入井和化纤衣物引爆的可能性。

3）氧气条件

事故发生前，+93 米北一运输平巷 1#采煤工作面有局部通风机供风，具备瓦斯爆炸所需的氧气浓度为 12% 以上的条件。

四、事故企业相关情况

1. 企业基本情况

金山沟煤矿始建于 1979 年，1981 年投产，设计生产能力 1 万吨/年，2006 年核定生产能力 3 万吨/年，2014 年通过永川区煤炭工业管理局验收，完成扩建，生产能力为 6 万吨/年。该矿采矿许可证、安全生产许可证、工商营业执照均在有效期内。

该矿业主为蒋××，2015 年 11 月，邓××投资 240 万元入股金山沟煤矿，并与蒋××签订了股权转让协议，总股份 1 200 万元，蒋××占 80% 股份，邓××占 20% 股份。事故发生时，还未到工商部门进行股权变更登记。

金山沟煤矿组织机构情况为：业主、法定代表人蒋××，全面负责煤矿生产经营管理；矿长职位空缺；常务副矿长邹××，负责井下安全生产工作；副矿长谢××，负责全矿生产工作；副矿长曾××，负责井下安全工作；副矿长周××，负责机电管理工作；技术负责人蒋××，负责技术管理和"一通三防"工作，2016 年 9 月 25 日请假离矿，未办离职手续，至事故发生未回矿上班，离矿期间该矿无技术负责人。该矿未设通风安全、生产技术等职能机构，只设了采煤队、掘进队，凌××为采煤队长、章××为掘进队长。

2. 机械化升级改造情况

2015 年 10 月 9 日，永川区煤炭工业管理局批复同意金山沟煤矿实施年生产能力由 6 万吨机械化升级改造为 15 万吨的相关资料准备工作。2015 年 12 月 31 日，永川区煤炭工业管理局批复同意金山沟煤矿机械化升级改造设计，但批复文件印发日期造假，印发日期为 2015 年 10 月 9 日。2016 年 1 月中旬后，永川区煤炭工业管理局分别批复金山沟煤矿机械化升级改造联合试运转方案备案和金山沟煤矿通过 15 万吨/年机械化升级改造工程竣工验收。但两个批复文件印发日期造假，分别为 2015 年 11 月 27 日和 12 月 28 日。

金山沟煤矿在机械化升级改造中，井下未施工相关工程，只是按有关程序履行了手续，属于假技改。该矿机械化升级改造验收后，生产能力核定最终未经重庆市煤炭工业管理局审查和确认，实际上金山沟煤矿生产能力仍为 6 万吨/年。

3. 超层越界违法开采情况

1) K$_{13}$煤层地质勘查、设计情况

2013 年初,蒋××与曾××等人商议后,决定开采不在金山沟煤矿采矿许可证许可范围内的 K$_{13}$煤层。之后,蒋××委托负责施工管理工作的李××和私人钻井队周××等人勘查 K$_{13}$煤层赋存状况。

2014 年上半年,蒋××安排金山沟煤矿外聘的技术服务人员蒋××绘制了 K$_{13}$煤层开采设计方案图,设计采用平硐、斜井开拓,分别从 +375 米主平硐和 +320 米副平硐新掘提升下山等巷道,构成生产系统。

2) K$_{13}$煤层巷道施工及开采情况

2013 年 12 月开始,金山沟煤矿分别从 +375 米主平硐和 +320 米副平硐先后施工提升下山。2014 年 12 月,从 +320 米副平硐施工的提升下山掘进 710 米至 +67 米标高揭露 K$_{13}$煤层。2015 年 11 月,从 +375 米主平硐施工的提升下山掘进 770 米至 +93 米标高揭露 K$_{13}$煤层,之后在 +93 米标高地点布置下部车场,沿煤层走向分南北两翼掘进布置一区段运输平巷。之后,继续沿煤层倾向向下掘进,为南北两翼二区段开采作准备。

2016 年春节后,该矿从 +93 米南一运输平巷沿煤层走向布置布 1$^{\#}$~7$^{\#}$采煤眼,采用国家明令禁止使用的巷道式采煤工艺进行采煤作业。因 1$^{\#}$~7$^{\#}$采煤工作面煤层倾角变化大,于 2016 年 5 月前先后停止开采。在此期间,蒋××为 +375 米~+93 米提升下山、+320 米~+67米提升下山掘进提供了技术指导。2016 年 5 月,该矿 +375 米~+93 米提升下山和 +320 米~+67 米提升下山间的煤层巷道在 +70 米标高位置贯通。之后,逐渐加大 K$_{13}$煤层开采强度,先后布置 +93 米南一运输平巷 8$^{\#}$~11$^{\#}$采煤眼和 +93 米北一运输平巷 1$^{\#}$~12$^{\#}$采煤眼。

事故发生前,+93 米南一运输平巷和北一运输平巷已分别掘进了 200 米和 210 米。+80 米南二运输平巷正在掘进并已经与 +93 米南一运输平巷贯通,+80 米北二运输平巷暂停掘进。

正在进行采煤作业的有:+93 米南一运输平巷 8$^{\#}$~11$^{\#}$采煤工作面和 +93 米北一运输平巷 1$^{\#}$~6$^{\#}$、10$^{\#}$采煤工作面。+93 米北一运输平巷 7$^{\#}$~9$^{\#}$、11$^{\#}$、12$^{\#}$采煤眼作开采准备。

3) 超层越界违法开采查处情况

蒋××任金山沟煤矿技术负责人期间,按照蒋××安排,向永川区煤炭工业管理局报备的图纸、资料均未标注违法开采区域。2015 年 1 月 10 日,重庆市地质矿产勘查开发局 205 地质队向永川区国土资源和房屋管理局提交了《金山沟煤矿矿山实地核查及储量动态检测报告》。报告称,本次核查时,金山沟煤矿新井筒联络巷未通风,因此无法测量,下方巷道分布情况不明,疑似越界;老平硐联络巷未通风,因此无法测量,下方巷道分布情况不明,疑似越界。

2015 年 5 月 22 日,205 地质队对金山沟煤矿进行实地核查,并向永川区国土房管局提交了《金山沟煤矿矿山实地核查报告》。报告称,金山沟煤矿 +320 米~+67 米提升下山越界布置巷道 1 700 米,+375 米~+93 米提升下山越界布置巷道 132 米。根据 205 地质队实地核查的越界情况,2015 年 6 月,永川区国土房管局查处了金山沟煤矿越界开采行为,责令其退回本矿区范围内开采、密闭越界布置的巷道。8 月 11 日,永川区国土房管局地矿科和执法队、205 地质队、五间镇安监办等对该矿密闭进行了现场验收。验收后当天,该矿即拆除 +375 米~+93米提升下山和 +320 米~+67 米提升下山两处密闭,继续违法开采。

受永川区国土房管局委托,2016 年 8 月,重庆一三六地质队编制了《金山沟煤矿矿山实地核查及储量动态检测报告》。报告称,金山沟煤矿已对越界巷道进行了密闭,2016 年上半年该矿未动用煤炭资源。重庆一三六地质队在金山沟煤矿开展实地核查及储量动态检测工作时,工作严重不负责任,在井下只核查了合法区域一条巷道,未到超层越界区域进行核查。

4)超层越界违法开采范围及煤量

事故发生后,按照事故调查组要求,受重庆市国土房管局委托,2016 年 11 月 4 日,重庆一三六地质队进行了井下测量并出具了《金山沟煤矿井下越界巷道测量报告》,报告称,金山沟煤矿 +207 米以下巷道属越界巷道,开采的 K_{13} 煤层属超层越界开采煤层,全矿累计越界巷道 2 679.36 米,累计越界开采面积 7 399.73 m^2,动用煤炭资源储量 17 580 t。销售违法开采煤炭价值 5 640 489 元。

4. 民用爆炸物品管理和爆破作业管理情况

1)民用爆炸物品购买情况

金山沟煤矿购买民用爆炸物品前,由民用爆炸物品保管员黄××用手持机打好申请单,由采购员交给蒋××签字盖章后,到永川区行政服务大厅办理,由公安部门办理准运证和审批同意购买炸药、雷管数量,到永川区民爆公司办理缴费相关手续,由民用爆炸物品运输公司负责将炸药、雷管运到该矿,由黄××负责验收入库。

2014 年 1 月 1 日至 2016 年春节放假前,金山沟煤矿以生产名义购买炸药 26 次、89 688 kg,雷管 19 次、99 000 发。2016 年春节后该矿未通过复工复产验收,2 月 29 日金山沟煤矿以井下隐患整改名义,向永川区煤炭工业管理局书面申请购买民用爆炸物品,3 月 1 日,永川区煤炭工业管理局在该申请上签署同意并加盖公章后,金山沟煤矿购买炸药 2 次、4 032 kg,雷管 1 次、6 000 发;8 月 4 日,永川区煤炭工业管理局致函永川区公安局,称金山沟煤矿因井下隐患整改需要火工产品,请按程序审批供应和启封库存民用爆炸物品。之后,金山沟煤矿购买炸药 3 次、8 064 kg,雷管 3 次、15 000 发。2014 年 1 月 1 日至 2016 年 10 月 31 日,金山沟煤矿共购买炸药 31 次、101 784 kg,雷管 23 次、120 000 发,用于煤矿违法建设和生产。

2)民用爆炸物品发放、领取、清退及储存情况

金山沟煤矿《爆破作业单位许可证》申请表填写的爆破员、安全员中,除爆破员黄××在册但未从事爆破工作外,其他人员均不在该矿工作,实际上无技术负责人、爆破员、安全员。

该矿领用井下民用爆炸物品时,由当班采掘工人自行领取,根据当班采掘工人提出的炸药、雷管数量和类型,黄××在无爆破员、安全员在场的情况下,在发放民用爆炸物品的手持机上一人操作,发放领取民用爆炸物品。黄××负责填写《爆炸物品专人使用领料单》并交矿长签字,除少数几次是由矿长按程序先签字后发放民用爆炸物品外,其余都是先发放民用爆炸物品后将《爆炸物品专人使用领料单》交矿长补签字。

2016 年 1 月 1 日至 10 月 31 日,黄××发放炸药 14 112 kg、雷管 21 000 发。其中,事故当天黄××发放炸药 72 kg、雷管 150 发。永川区泸永桥煤矿民用爆炸物品案件后,蒋××担心民用爆炸物品被停止使用,要求邹××把地面库房的炸药、雷管转移并藏匿。2016 年 9 月 7 日,邹××安排人员转移炸药 480 kg、雷管 500 发到 +375 米主平硐,存放在自制的炸药箱和雷管箱;9 月 25 日,邹××安排人员转移炸药 480 kg 到 +375 米主平硐,存放在自制的炸药箱,转移雷管 500 发存放在管理人员更衣室;9 月 27 日,邹××再次安排人员转移炸药 480 kg

到+375米主平硐存放。

3）爆破作业情况

金山沟煤矿没有执行爆破作业相关规定，未编制爆破作业说明书，对采掘工作面炮眼布路、数量、装药、爆破和安全措施等没有规定，由实施爆破作业的人员自主决定。采煤工作面爆破作业时，采用煤电钻打8～9个炮眼，炮眼深度为2 m，装药两卷，未使用水炮泥和炮泥封孔，爆破由当班队长实施，队长不在现场就由采掘人员实施。爆破作业时未执行"一炮三检"和"三人连锁爆破"制度。半煤岩巷掘进作业时，采用风钻打眼，先在煤层打5个掏槽眼，后在岩层打6个炮眼，炮眼深度为2.2 m。由当班工人爆破，未执行"一炮三检"和"三人连锁爆破"制度。

各采掘作业点民用爆炸物品由工人自领自用，当班未用的民用爆炸物品不清退，各自存放于井下自制木箱内，木箱内设小木箱，小木箱放雷管，与炸药同放于一个木箱。爆破材料实际消耗费用从职工计件工资中扣除。

5.复工复产情况

2016年春节期间，金山沟煤矿停产。3月份该矿按程序向五间镇安监办提出复工复产申请，同时在超层越界区域进行采煤作业。5月份，五间镇安监办主任苟××未下井检查，便在验收合格确认表上签字，但永川区煤炭工业管理局未同意。

8月，该矿再次提出了复工复产申请，8月5日苟××到金山沟煤矿后，仅对地面进行了检查，即签字同意复工复产。8月26日，永川区煤炭工业管理局到金山沟煤矿进行安全检查后，责令金山沟煤矿继续停产整改，要求经验收合格后才能恢复生产。

10月11日，重庆煤矿安全监察局渝中分局在对该矿开展定期监察后，下达了责令继续停止井下一切采掘作业的指令，并明确由永川区煤炭工业管理局负责督促隐患整改和复查，要求经验收合格、完善复工复产相关手续后方能恢复掘进作业。

10月13日，永川区煤炭工业管理局执法大队大队长龙××和执法大队监管二组组长戴××在未审查金山沟煤矿复工复产材料要件的情况下，分别在复工复产确认表上签字同意该矿复工复产，10月14日至24日，永川区煤炭工业管理局副局长张××、局长刘××，永川区副区长李××分别签字同意。

五、有关责任单位存在的主要问题

1.事故企业

金山沟煤矿是事故主体责任单位。

（1）长期超层越界违法开采。金山沟煤矿未取得探矿权，自2013年5月以来，擅自组织K_{13}煤层钻井地质勘查工作，在超过采矿许可证许可范围的K_{13}煤层长期超层越界违法开采，违反《矿产资源法》第3条规定；与未取得相应地质勘查资质的个人签订钻井地质勘查合同，违反《地质勘查资质管理条例》第2条规定；钻井柱状图上的签名与事实不符；掘进、采煤作业均未编制施工组织设计和作业规程，违反《煤矿安全规程》第38条规定；采用国家明令禁止使用的巷道式采煤工艺，违反《煤矿安全规程》第97条规定；采煤工作面未实现全风压通风，采用局部通风机供风，采煤工作面之间串联通风，违反《煤矿安全规程》第153条、第150条规定；未实现双回路供电，违反《煤矿安全规程》第436条规定；未按要求装备安全监控系统、人员位置监测系统、消防防尘供水系统，违反《煤矿安全规程》第487条、第644条规定；未执行瓦斯检查和监控报表审签制,无瓦斯检查、安全监控日报表,违反《煤矿安全规程》第 180 条规定。

（2）违规使用民用爆炸物品。金山沟煤矿未组织爆破作业人员进行专业技术培训,实施爆破作业的人员未取得爆破作业人员许可证,违反《民用爆炸物品安全管理条例》第 33 条规定;未如实记载爆炸物品领取、发放情况,且井下使用剩余的雷管、炸药存放在井下各采掘作业地点,未清退回库,违反《民用爆炸物品安全管理条例》第 37 条规定;未执行"一炮三检"和"三人连锁爆破"制度,未使用水炮泥和炮泥封堵炮眼,违反《煤矿安全规程》第 347 条、第 358 条规定。

（3）安全管理规定和制度不落实。金山沟煤矿安全管理机构不健全,未配备矿长及专职安全生产管理人员,技术负责人空岗,违反《安全生产法》第 21 条、《煤矿安全规程》第 5 条规定;未执行入井检身、测风、瓦斯检查等安全管理制度,违反《煤矿安全规程》第 13 条、第 140 条、第 347 条等规定;井下爆破员、机车司机、绞车司机等特种作业人员未经培训、无证上岗,且井下没有专职安全检查、瓦斯检查人员,未组织职工参加安全教育培训,违反《安全生产法》第 25 条、《煤矿安全规程》第 9 条规定。

（4）拒不执行安全监管监察指令。金山沟煤矿向安全监管监察等部门提供的资料、图纸不全面、不真实,隐瞒了超层越界区域情况。拒不执行国土资源管理部门要求退出越界区域的指令,擅自启封已经验收的封闭墙,继续违法施工、生产,拒不执行煤矿安全监管部门下达的停产整改、煤矿安全监察机构下达的停止一切采掘作业等指令,违反《安全生产法》第 67 条规定。

2.重庆市、永川区有关部门

（1）国土资源管理部门未认真组织开展取缔非法采矿、超层越界开采行为,未认真履行采矿许可证年检职责,对煤炭资源开采利用与保护缺乏有效监督管理。

①永川区国土房管局五间管理所未按规定对金山沟煤矿进行巡查,未发现该矿 2015 年被查处超层越界行为后继续长期超层越界开采的违法行为。未按规定履行审查职责,在金山沟煤矿采矿许可证年检时,未审查即出具同意上报的审查意见。

②永川区国土房管局未依法履行煤炭资源日常巡查和动态监管职责,未落实煤炭资源领域"打非治违"等工作要求。在 2015 年 6 月查处金山沟煤矿超层越界行为后,未按规定抄告同级相关部门,也未开展后续跟踪监管工作,未依法有效查处金山沟煤矿超层越界违法开采行为。违规通过金山沟煤矿采矿许可证年检,在 2015 年 6 月开展 2014 年度采矿许可证年检材料报备时,金山沟煤矿提交的年检材料《金山沟煤矿矿山实地核查及储量动态检测报告》已作出了疑似越界的结论,在没有对该结论核查清楚的情况下,就进行了年检信息报备。在 2016 年 4 月进行 2015 年度采矿许可证年检时,有关人员未到现场实地检查,就在"实地核查情况"一栏中签署了"经国土所实地检查,未发现有违法采矿行为,所填数据符合要求"的意见。对中介机构监督管理缺失,对重庆一三六地质队提交的《金山沟煤矿矿山实地核查及储量动态检测报告》未认真审读核查,对报告不能够真实全面反映金山沟煤矿开采现状等问题失察。

③重庆市国土房管局未正确履行矿产资源监督管理职责,未按规定配齐地方矿产督察员并安排参加采矿许可证年检工作。组织开展矿产资源领域"打非治违"工作不深入,对辖区煤矿存在的超层越界违法开采问题失察。疏于管理,对永川区国土房管局存在的未对煤矿进行日常巡查、查处金山沟煤矿超层越界后未抄告相关职能部门、违规进行采矿许可证年检等问题失察。

（2）煤炭行业管理、煤矿安全监管部门未认真履行行业管理和安全监管职责，未认真开展煤矿"打非治违"、隐患排查治理监督检查、复产验收、机械化升级改造和煤矿安全质量标准化考评等工作。

①永川区煤炭工业管理局未按照年度监督检查计划开展监督检查工作，未对执法计划落实情况进行监督和考核。2015年计划检查金山沟煤矿12次，实际检查3次；2016年1月至10月计划检查金山沟煤矿8次，实际检查2次。对金山沟煤矿单回路供电且无备用电源、安全监控系统长期不能正常运行等重大事故隐患，未按照规定责令整改；未按规定开展金山沟煤矿机械化升级改造工作，在6万吨/年改15万吨/年机械化升级改造工程联合试运转验收时，相关人员均未到井下监督检查。未按规定开展安全质量标准化考评工作，2015年11月，进行安全质量标准化验收考评过程中，验收人员未到井下现场考核，违规使金山沟煤矿通过三级安全质量标准化验收考评。停产期间未按规定对其实施巡查，在未核实隐患整改具体内容的情况下，同意给该矿整改作业供应民用爆炸物品。违规使金山沟煤矿通过复工复产验收，事故发生后有关人员伪造复工复产材料要件。

②重庆市煤炭工业管理局未严格按规定履行煤矿安全监管和煤炭行业管理职责，对永川区煤炭工业管理局在履行煤矿安全监管、行业管理职责方面存在的问题失察。

（3）民用爆炸物品管理部门未认真履行民用爆炸物品监管职责。

①永川区公安局来苏派出所未按规定履行民用爆炸物品监管职责，未认真落实永川区公安局有关民用爆炸物品监管的部署和要求，未发现金山沟煤矿涉爆注册人员不在岗、非涉爆人员违规领用民用爆炸物品等问题，未按照要求对金山沟煤矿民用爆炸物品予以清理封存，未发现金山沟煤矿违规使用民用爆炸物品等问题。

②永川区公安局未按规定履行对金山沟煤矿购买民用爆炸物品的审查职责，2016年5月3日至2016年7月1日违规审批民用爆炸物品3次。未发现涉爆人员不在岗、非涉爆人员违规领用民用爆炸物品等问题，未认真落实民用爆炸物品流向监控管理工作。

（4）安全生产监督管理部门未认真履行安全监管职责。

①永川区五间镇安监办未认真履行安全监管职责，未严格执行安全监管执法计划。2015年计划检查12次、实际检查4次；2016年计划每个月检查2次，实际1至10月共计检查3次。在未下井检查的情况下，即在金山沟煤矿验收合格确认表上签字同意复工复产。对金山沟煤矿长期存在违法生产的行为未制止、未汇报。

②永川区安全生产监督管理局在2016年前三季度安全生产监督检查中，未严格检查和考核永川区煤炭工业管理局和五间镇政府开展煤矿安全生产工作情况。未按规定对永川区煤炭工业管理局、五间镇政府等相关单位建立"打非治违"长效机制的情况实施综合监管。

3.驻地煤矿安监机构

（1）重庆煤矿安全监察局渝中分局对金山沟煤矿开展监察执法工作不认真，未严格按照监察执法计划对金山沟煤矿开展定期监察工作，未按要求开展煤矿图纸备案工作；对永川区煤矿安全监管工作检查指导不够，对永川区有关部门在安全监管执法、"打非治违"、复工复产等工作中存在的问题失察。

（2）重庆煤矿安全监察局未认真履行煤矿安全监察职责，未有效督促重庆煤矿安全监察局渝中分局开展监察执法工作。

4. 重庆市人民政府及永川区和五间镇党委、政府

（1）五间镇党委、镇政府未认真落实上级党委、政府关于煤矿安全生产工作的部署和要求，未明确镇安委会职能职责和督促安委会认真履职；五间镇党委未认真督促镇政府开展煤矿安全生产监管工作，对安全监管人员没有依法履职的问题失察。五间镇政府未认真落实煤矿隐患排查治理和"打非治违"工作，对金山沟煤矿的安全监管流于形式；未认真督促金山沟煤矿落实安全生产主体责任，对该矿复工复产审查把关不严；未正确履行煤矿安全监管职责，对金山沟煤矿长期超层越界违法生产等问题失察。

（2）永川区委、区政府未认真落实重庆市委、市政府关于煤矿安全生产工作的部署和要求，推进小煤矿关闭退出工作进展缓慢，未认真组织开展"打非治违"工作，未认真督促永川区国土房管局、煤炭工业管理局、公安局、安全生产监督管理局及五间镇党委、镇政府依法履行煤矿安全生产相关职责。

（3）重庆市政府未切实加强对煤矿安全生产工作的领导；未有效督促重庆市国土房管局、煤炭工业管理局依法履行监管职责；未有效督促永川区政府推进全区煤矿关闭退出工作。

5. 中介机构及有关个人

重庆一三六地质队相关人员2016年7月在金山沟煤矿开展实地核查及储量动态检测工作时，在井下只核查了合法区域一条巷道，未到超层越界区域进行核查，编制的《金山沟煤矿实地核查及储量动态检测报告》没有真实全面反映金山沟煤矿开采现状。李××未取得相应的地质勘查资质，便与金山沟煤矿签订钻井工程承包合同，并与未取得相应资质的钻井队签订转包合同书，在金山沟煤矿未取得探矿权的情况下，违法组织钻井地质勘查，并收取费用，违反《地质勘查资质管理条例》第2条规定。私人经营钻井队业主周××未取得相应的地质勘查资质，与李××和金山沟煤矿签订钻井工程承包合同，在金山沟煤矿未取得探矿权的情况下，违法组织钻井地质勘查，并收取费用，违反《地质勘查资质管理条例》第2条规定；且存在造假行为。

六、责任分析及处理意见

根据事故原因调查和事故责任认定，依据有关法律法规和党纪政纪规定，对事故有关责任人员和责任单位提出处理意见：

司法机关已对23人采取刑事强制措施。其中，公安机关对相关企业和中介机构等14名人员分别以涉嫌重大责任事故罪、非法储存爆炸物罪、非法采矿罪、出具证明文件重大失实罪依法采取刑事强制措施，检察机关对9名涉嫌职务犯罪人员分别以涉嫌滥用职权罪、玩忽职守罪立案侦查或采取刑事强制措施。涉嫌犯罪人员待司法机关作出处理后，属中共党员或行政监察对象的，由当地纪检监察机关或负有管辖权的单位及时给予党纪政纪处分。

事故调查组根据《中国共产党纪律处分条例》第38条、第113条，《中国共产党问责条例》第6条、第7条，《行政机关公务员处分条例》第6条、第20条，《事业单位工作人员处分暂行规定》第5条、第17条规定，提出对28名责任人员给予党纪、政纪处分或诫勉、通报等。另外，1名责任人员在事故调查处理期间因病去世，不再给予处分。

1. 事故企业及入股人员（10人）

（1）蒋××，金山沟煤矿业主，占80%股份，法定代表人。因涉嫌重大责任事故罪、非法储存爆炸物罪、非法采矿罪，2016年12月7日被检察机关批准逮捕。

（2）邹××,金山沟煤矿常务副矿长,2016年8月9日前任矿长。因涉嫌重大责任事故罪、非法储存爆炸物罪,2016年12月7日被检察机关批准逮捕。

（3）周××,金山沟煤矿副矿长。因涉嫌重大责任事故罪,2016年12月7日被检察机关批准逮捕。

（4）蒋××,金山沟煤矿技术负责人。因涉嫌重大责任事故罪,2016年12月7日被检察机关批准逮捕。

（5）蒋××,金山沟煤矿外聘技术服务人员。因涉嫌非法采矿罪,2016年12月16日被检察机关批准逮捕。

（6）黄××,金山沟煤矿民用爆炸物品保管员。因涉嫌重大责任事故罪、非法储存爆炸物罪,2016年12月7日被检察机关批准逮捕。

（7）邓××,金山沟煤矿股东。因涉嫌重大责任事故罪,2016年12月16日被检察机关批准逮捕。

（8）邓××,金山沟煤矿股东。因涉嫌重大责任事故罪,2016年12月21日被检察机关批准逮捕。

（9）刘××,金山沟煤矿股东。因涉嫌重大责任事故罪,2016年12月3日被公安机关监视居住。

（10）张××,金山沟煤矿职工。因涉嫌重大责任事故罪,2016年12月22日被公安机关监视居住。

2. 重庆市相关职能部门及驻地煤矿安全监察机构(30人)

1)国土资源管理部门(10人)

（1）周××,永川区国土房管局地质矿产资源管理科科长。因涉嫌玩忽职守罪,2016年12月30日被检察机关立案。现取保候审。

（2）孙××,永川区国土房管局地质矿产资源管理科科员。因涉嫌玩忽职守罪,2016年12月30日被检察机关立案。现取保候审。

（3）董××,重庆市国土房管局局长。未认真贯彻落实国家矿产资源管理法律法规;疏于管理,未有效督促分管领导及相关处室履行职责,对矿产开发管理处未按规定配备矿产督察员等问题失察;对永川区国土房管局在矿产资源监管中存在的问题失察。属于应当问责的情形,对其进行诫勉。

（4）周××,重庆市国土房管局副局长,分管矿产资源勘查储量处、矿产开发管理处。未认真贯彻落实国家矿产资源管理法律法规;疏于管理,未按规定履行督促检查指导职责,对分管处室和永川区国土房管局存在的未依法履行矿产资源日常监管职责、违规通过采矿许可证年检等问题失察。对事故发生负重要领导责任,给予行政记过处分。

（5）彭××,重庆市国土房管局矿产开发管理处处长。未认真落实国土资源部矿产督察员管理工作要求,未安排矿产督察员参加采矿许可证年检工作;疏于管理,未认真履行督促检查指导职责,对永川区国土房管局未依法履行矿产资源日常监管职责、违规通过金山沟煤矿采矿许可证年检等问题失察。对事故发生负重要领导责任,给予行政记过处分。

（6）蒋××,永川区国土房管局局长,未认真贯彻落实国家矿产资源管理法律法规,查处金山沟煤矿超层越界违法行为后,未对抄告相关职能部门的工作进行安排部署;疏于管理,未督促检查指导局内设机构、下属单位依法履行日常监管职责,对分管副局长违规通过金山沟煤矿采矿许可证年检等问题失察。对事故发生负重要领导责任,给予行政记大过处分。

(7)曾××,永川区国土房管局副局长,分管地矿科和监测站。未按规定履行职责,违规通过金山沟煤矿采矿许可证年检;疏于管理,未按规定履行督促检查指导职责,对分管科站未对金山沟煤矿进行监督检查、未发现重庆一三六地质队出具金山沟煤矿实地核查报告严重失实等问题失察;未按有关规定把金山沟煤矿超层越界违法行为向同级相关职能部门抄告处理。对事故发生负主要领导责任,给予行政职职、撤销党内职务处分。

(8)刘××,永川区国土房管局地质地震监测站站长。未依法履行日常监管职责,未组织对金山沟煤矿进行实时巡查和日常动态监督检查;未认真履行职责,违规填报金山沟煤矿矿业权2014年检信息报备管理系统,违规出具金山沟煤矿采矿许可证年检审核意见。对事故发生负主要领导责任,给予撤职、党内严重警告处分。

(9)唐××,永川区国土房管局执法队队长。未依法履行职责,未及时建立健全执法监察巡查制度,未组织对金山沟煤矿开展监督检查;疏于管理,未按规定履行监督检查指导基层管理所职责。对事故发生负主要领导责任,给予撤职、党内严重警告处分。

(10)周××,永川区国土房管局五间管理所负责人,负责五间管理所全面工作。未依法履行日常监管职责,未对金山沟煤矿进行监督检查,未发现金山沟煤矿超层越界违法行为;未认真履行职责,在采矿许可证年检时未按规定进行审查即出具审查意见。对事故发生负主要领导责任,给予党内严重警告处分,并免去其永川区国土房管局五间管理所负责人职务。

2)煤炭行业管理、煤矿安全监管部门及驻地煤矿安监机构(12人)

(1)张××,永川区煤炭工业管理局副局长。因涉嫌玩忽职守罪,2016年12月5日被检察机关批准逮捕。

(2)戴××,永川区煤炭工业管理局执法大队监管二组组长。因涉嫌滥用职权罪,2016年11月25日被检察机关批准逮捕。

(3)方××,重庆煤矿安全监察局、重庆市煤炭工业管理局局长。未认真贯彻落实上级关于煤矿安全方面的有关规定,疏于管理,未有效督促分管领导和安全监察处履行职责,对重庆煤矿安全监察局渝中分局、永川区煤炭工业管理局在煤矿安全监察监管中存在的问题失察;未有效督促永川区推进煤矿关闭退出工作。属于应当问责的情形,对其诫勉。

(4)张××,重庆煤矿安全监察局、重庆市煤炭工业管理局副局长,联系重庆煤矿安全监察局渝中分局。未认真贯彻落实国家法律法规和市委、市人民政府关于煤矿安全方面的相关规定,疏于管理,对永川区在煤矿关闭、金山沟煤矿机械化升级改造等工作中存在的问题失察;对重庆煤矿安全监察局渝中分局在煤矿安全监察、图纸备案管理等工作中存在的问题失察。对事故发生负重要领导责任,给予行政记过处分。

(5)刘××,永川区煤炭工业管理局局长。疏于管理,对局班子成员和下属机构在安全监管执法、"打非治违"、安全质量标准化等工作中存在的问题失察;工作失职,未按规定要求停工停产煤矿报送停工停产方案,且未要求制定、实施停工停产矿井巡查计划;在未审查金山沟煤矿复工复产材料要件的情况下,于2016年10月17日对不符合复工复产条件的金山沟煤矿审签同意复工复产;在金山沟煤矿处于停工停产的情况下,未经正常程序签批向该矿供应民爆物品的文件;在未认真了解金山沟煤矿机械化升级改造的具体情况和国家相关规定的情况下,为金山沟煤矿签批了机械化升级改造和核定产能的相关文件并上报重庆市煤炭工业管理局。对事故发生负主要领导责任。本应建议给予行政撤职、撤销党内职务处分,鉴于其已于

2017 年 3 月 29 日因病去世,建议对其问题作出书面结论,不再给予处分。

（6）李××,永川区煤炭工业管理局副局长,负责煤矿技术管理、信息调度、发展规划等工作。工作失职,2015 年带队到金山沟煤矿进行机械化升级改造工程联合试运转和验收时,均未下井检查,也未安排相关人员下井检查,对不符合要求的机械化升级改造准予审核验收合格;违规为金山沟煤矿签批机械化升级改造和核定产能的相关文件并上报重庆市煤炭工业管理局;对金山沟煤矿安全监控系统长期不能正常运行的情况失察。对事故发生负重要领导责任,给予行政记大过处分。

（7）龙××,永川区煤炭工业管理局执法大队大队长,负责煤矿日常监督检查,对违法违规行为进行处理,联系监管二组。疏于管理,对监管二组未按规定执行监管执法计划的行为失察;监督不力,2014 年以来 2 次到金山沟煤矿检查,均未下井,未发现该矿存在的事故隐患;在未审查复工复产材料要件的情况下,违规审签同意该矿复工复产;在金山沟煤矿停工停产期间,违规同意该矿以隐患整改的名义使用民爆物品;事故发生后,默许对复工复产材料要件造假。对事故发生负主要领导责任,给予撤职、党内严重警告处分。

（8）周××,永川区煤炭工业管理局执法大队监管二组监管人员,参与金山沟煤矿日常监管。未依法履行日常监管职责,未按安全监管执法计划开展工作,2015 年以来计划对金山沟煤矿检查 20 次,实际检查 5 次,且只有 1 份复查意见书,检查没有形成闭合;监督不力,未发现金山沟煤矿存在单回路供电、安全监控系统自 2016 年 3 月以来不能正常运行、没有专职爆破员进行爆破作业、未严格执行民爆物品领退制度等事故隐患;事故发生后参与金山沟煤矿复工复产材料要件造假。对上述问题负直接责任,鉴于其在调查过程中主动向调查组报告有关的事实并提供相关证据,给予记过处分。

（9）石××,永川区煤炭工业管理局执法大队监管二组监管人员,参与金山沟煤矿的日常监管。未依法履行日常监管职责,未按安全监管执法计划开展工作,2015 年以来计划对金山沟煤矿检查 20 次,实际检查 5 次,且只有 1 份复查意见书,检查没有形成闭合;监督不力,未发现金山沟煤矿长期超层越界违法生产的行为,未发现金山沟煤矿存在单回路供电、安全监控系统自 2016 年 3 月以来不能正常运行、没有专职爆破员进行爆破作业、未严格执行民爆物品领退制度等事故隐患;事故发生后参与金山沟煤矿复工复产材料要件造假。对上述问题负直接责任,给予降低岗位等级、党内严重警告处分。

（10）王××,重庆煤矿安全监察局安全监察处处长。未认真贯彻落实国家法律法规和市委、市人民政府关于煤矿安全方面的相关规定,疏于管理,对重庆煤矿安全监察局渝中分局在煤矿安全监察执法、图纸备案等方面存在的问题失察;对永川区煤炭工业管理局在安全监管执法、复工复产验收、"打非治违"等工作中存在的问题失察。对事故发生负有重要领导责任,给予行政记过处分。

（11）戴××,重庆煤矿安全监察局渝中分局局长,分管区县煤矿安全监管工作监督检查指导工作。疏于管理,未按规定督促检查指导分管副局长和监察二室履行职责,对重庆煤矿安全监察局渝中分局在煤矿安全监察、图纸备案中存在的问题失察;对永川区煤炭工业管理局在复工复产验收、"打非治违"等工作中存在的问题失察。对事故发生负重要领导责任,给予行政记大过处分。

（12）张××,重庆煤矿安全监察局渝中分局监察二室主任。未认真履行煤矿安全监察职责,对金山沟煤矿开展监察执法工作不认真,未严格按照监察执法计划对金山沟煤矿开展定期监察工作,未按要求开展煤矿图纸备案工作,未对金山沟煤矿不按规定更新图纸的行为进行行政处罚。对事故发生负主要领导责任,给予行政降级、党内严重警告处分。

3)永川区民用爆炸物品管理部门(4人)

(1)余××,永川区公安局治安支队二大队队长。因涉嫌玩忽职守罪,2016年12月2日被检察机关批准逮捕。

(2)周××,永川区公安局来苏派出所教导员。因涉嫌玩忽职守罪,2016年12月8日被检察机关批准逮捕。

(3)夏××,永川区公安局治安支队支队长。对治安支队二大队存在的办理民用爆炸物品购买许可证把关不严、未认真落实民用爆炸物品流向监控管理工作等问题失察。对金山沟煤矿民用爆炸物品监管失察负重要领导责任,给予行政记大过处分。

(4)林××,永川区公安局来苏派出所所长。疏于管理,未有效督促派出所民警执行民用爆炸物品安全管理有关规定,对金山沟煤矿存在的涉爆注册人员不在岗、违规使用民用爆炸物品、非涉爆人员违规领用民用爆炸物品等问题失察。对金山沟煤矿民用爆炸物品监管失察负重要领导责任,给予行政降级、党内严重警告处分。

4)安全生产监督管理部门(4人)

(1)苟××,永川区五间镇安监办主任。因涉嫌滥用职权罪,2016年11月28日被检察机关批准逮捕。

(2)陈××,永川区五间镇安监办安全监管员。因涉嫌滥用职权罪,2016年12月3日被检察机关批准逮捕。

(3)凌××,永川区安全生产监督管理局局长。未认真贯彻落实国家法律法规和上级有关政策要求,疏于管理,对分管副局长未按规定实施煤炭行业安全综合监管的问题失察。属于应当问责的情形,对其诫勉。

(4)周××,永川区安全生产监督管理局副局长,负责全区安全生产目标考核管理、煤矿行业安全生产综合监管等工作。未认真贯彻落实国家法律法规和有关政策要求,疏于管理,没有发现综合安全监督管理科未按规定实施煤炭行业安全综合监管的问题,对综合安全监督管理科未发现永川区煤炭工业管理局、五间镇人民政府不落实对金山沟煤矿执法检查计划的问题失察。对上述问题负重要领导责任,给予行政记过处分。

3.地方党委、政府(8人)

(1)邓××,五间镇副镇长。因涉嫌滥用职权罪,2016年12月2日被检察机关批准逮捕。

(2)沐××,重庆市副市长,分管安全监管、应急管理、煤炭行业管理等工作。未有效督促永川区政府推进落后小煤矿关闭退出、开展煤矿"打非治违"等工作,未有效督促重庆市煤炭工业管理局切实履行煤矿安全监管职责。属于应当问责的情形,对其通报。

(3)熊××,重庆市商务委员会主任,市粮食局局长,2013年12月至2016年9月任永川区委书记期间,未认真贯彻落实重庆市委、市政府关于煤矿安全生产工作的部署和要求;未按照"党政同责、一岗双责"的要求认真督促永川区政府及相关部门履行安全生产工作职责;对全区煤矿关闭退出工作领导不力。属于应当问责的情形,对其诫勉。

(4)罗××,永川区区长,未认真贯彻落实重庆市委、市政府关于煤矿安全生产工作的部署和要求;督促分管安全副区长履行安全监管职责不力;组织推进全区煤矿关闭退出工作进展缓慢;对永川区国土房管局、煤炭工业管理局、公安局、安全生产监督管理局及五间镇党委、政府未依法履职问题失察。对事故发生负重要领导责任,给予行政记过处分。

(5)文××,永川区副区长,分管国土资源和房屋管理等工作。未认真贯彻落实国家关于矿产资源开发利用监管的法律法规及重庆市政府的相关规定,未认真组织开展辖区矿产资源"打非治违"工作;未认真督促永川区国土房管局履行矿产资源日常巡查和动态监管职责;对永川区国土房管局未向相关部门抄告金山沟煤矿超层越界行为的问题失察。对事故发生负重要领导责任,给予行政记过处分。

(6)李××,永川区副区长,分管安全监管、煤炭行业管理等工作。未认真贯彻落实党和国家有关安全生产法律法规及重庆市委、市政府关于煤矿安全生产工作的部署和要求;未认真组织开展全区煤矿"打非治违"工作,未解决辖区内煤矿违法生产问题;推进全区煤矿关闭退出工作进展缓慢;2016年10月24日在金山沟煤矿复工复产验收表上签字同意,对该矿复工复产验收把关不严;未执行重庆市政府关于产煤区县政府分管煤矿安全工作负责人每季度至少下井1次的规定;疏于管理,对永川区煤炭工业管理局、安全生产监督管理局未认真履行职责的问题失察。对事故发生负重要领导责任,给予行政记大过处分。

(7)游××,五间镇党委书记,未认真贯彻落实上级党委、政府关于安全生产工作的部署和要求;对镇政府煤矿安全生产监管工作领导不力,对安全监管人员长期不依法履职问题失察;对金山沟煤矿长期存在的超层越界违法生产问题失察。对事故发生负重要领导责任,给予党内严重警告处分。

(8)曾××,五间镇镇长,镇安委会主任,未认真贯彻落实上级党委、政府关于安全生产工作的部署和要求;对煤矿安全工作不重视,组织开展"打非治违"流于形式,对金山沟煤矿长期存在的超层越界违法生产问题失察;未正确履行职责,对该矿复工复产审查把关不严;疏于管理,未认真督促分管安全副镇长和安监办工作人员开展执法检查工作。对事故发生负主要领导责任,给予行政撤职、撤销党内职务处分。

4.重庆一三六地质队(4人)

(1)王××,重庆一三六地质队勘测院测量人员,金山沟煤矿2016年度上半年采矿权实地核查及储量动态检测测量员。因涉嫌出具证明文件重大失实罪,2016年12月24日被检察机关批准逮捕。

(2)傅××,重庆一三六地质队勘测院矿山所所长,金山沟煤矿2016年度上半年采矿权实地核查及储量动态检测项目负责人。因涉嫌出具证明文件重大失实罪,2016年12月24日被检察机关批准逮捕。

(3)夏××,重庆一三六地质队测量员。因涉嫌出具证明文件重大失实罪,2016年11月29日被公安机关监视居住。

(4)张××,重庆一三六地质队测量员。因涉嫌出具证明文件重大失实罪,2016年12月28日被公安机关监视居住。

由行业主管部门对重庆一三六地质队负有报告审查责任的其他有关责任人员依法依规给予处理。

5.给予行政处罚的单位和人员

(1)事故单位。对金山沟煤矿处1300万元的罚款;依法吊销其相关证照,由重庆市永川区政府对其依法决定并实施关闭,企业主要负责人终身不得担任本行业生产经营单位的主要负责人。没收金山沟煤矿越界开采的矿产品和违法所得,并处罚款。

（2）中介机构。对重庆一三六地质队处 15 万元的罚款。

（3）有关个人。对李××处 10 万元的罚款，没收违法所得；对周××处 18 万元的罚款，没收违法所得。

6. 其他

重庆市政府向国务院作出深刻检查，永川区委、区政府向重庆市委、市政府作出深刻检查，认真总结和汲取事故教训，进一步改进和加强煤矿安全生产工作。将永川区煤炭工业管理局文件造假的问题移送当地纪检监察机关办理。

七、事故主要教训

1. 事故企业严重违法违规

金山沟煤矿违反《矿产资源法》《安全生产法》和《煤矿安全规程》等法律法规和规章，长期超层越界违法建设、生产，在超层越界区域现场管理、技术管理混乱，缺乏基本的安全生产条件。同时，该矿安全生产主体责任不落实，未设置安全生产机构、配备矿长和安全技术人员，安全管理制度形同虚设，利用假图纸、假资料逃避安全监管。

2. 地方政府对煤矿安全工作领导不力

尽管永川区政府明确了各部门的安全生产监管职责，但对其真实履职情况检查督促不到位。各相关部门之间缺乏有效沟通协调，对煤矿企业的安全监管和执法检查信息未共享，未形成安全生产工作合力，执法效果差。

3. 相关部门执法不严

地方政府监管责任未能有效落实，监管力度层层衰减，这次事故涉及的基层煤炭资源管理、民用爆炸物品管理、煤矿安全监管部门均未严格履职履责，存在工作走过场、不作为、乱作为现象；煤炭资源管理部门对该矿超层越界违法开采行为查处不彻底，致使该矿超层越界违法开采行为长期存在。

4. 中介机构工作严重不负责任

相关中介机构在对金山沟煤矿进行煤炭资源实地核查及储量动态检测时，未按照规定和要求及行业规范提供技术服务，工作不认真，敷衍了事，作出的结论与真实情况严重不符。

八、事故防范措施及建议

1. 严格落实煤矿企业主体责任

煤矿企业必须依法办矿、依法生产、依法管理，要严格按照国家法律法规组织生产建设，健全安全管理机构，配足安全技术管理人员，完善相关制度，加强安全生产管理；加大安全投入，确保安全生产系统、技术、设备符合安全生产法律法规的要求；按规定开展职工安全培训教育，落实煤矿企业"三项岗位人员"考核的规定，注重提高从业人员的安全素质。要强化煤矿安全生产监管监察工作，切实督促企业落实主体责任，并加大对技改矿井未按时开工和竣工行为的查处；对存在重大生产安全事故隐患的，要坚决责令停产整顿，认真开展煤矿全面安全检查专项工作。完善煤矿安全生产举报奖励制度，让违法行为无处藏身。

2. 严厉打击煤矿违法违规行为

地方政府要进一步加强对煤炭资源监管工作的领导，明确煤炭资源监管部门对煤矿超层越界的监管职责；要加强对打击煤矿超层越界行为的联合执法，进一步明晰煤炭资源监管、公安、电力、煤炭行业管理、安全监管、安全监察及税务等部门职责,形成工作合力;要重点打击煤矿超层越界、明停暗开、日停夜开、借整改之名进行生产和违规使用民用爆炸物品等违法违规行为,按照"四个一律"要求严肃查处,并及时予以曝光,涉嫌犯罪的,移送司法机关追究刑事责任;对超层越界查处的整改落实情况,煤炭资源监管部门应会同有关部门深入井下现场进行复查,严格验收程序,防止走过场。要研究完善对停产煤矿限制供电、停止供应民用爆炸物品的规定;进一步明确相关程序、标准和部门责任,完善煤矿民用爆炸物品审批数量、程序等规章制度,落实煤矿民用爆炸物品采购、运输、存储、使用等各个环节的监管责任。要改进现场检查方式方法,在加强日常执法基础上,利用突击检查、明察暗访,采用查产量、用电量、民用爆炸物品消耗量、劳动用工等手段,多渠道发现违法线索。

3. 切实增强各有关部门依法行政意识

要坚持依法行政,进一步提高运用法治思维和法治方式解决问题的能力。一是要严格按照国家法律法规要求开展相关许可和执法工作,严禁弄虚作假行为。二是要强化行政执法监督工作,切实规范执法行为,促进执法公开、公平、公正。要切实加强安全执法考核,明确考核的内容、时间、方式,并加强对考核过程的监督。三是要强化廉洁行政意识,增强工作透明度。四是要利用科技手段,创新监管方式,加大信息共享,使安全监管工作更具针对性和有效性。要进一步加强对中介机构技术服务工作的监督,加大失职失信惩戒力度;对参与小煤矿违法违规勘查、开采设计或施工的,有关部门和单位应严肃查处追责。

4. 进一步规范煤矿复工复产验收工作

要深刻汲取这次事故反映出的复工复产验收走过场的教训。一是要进一步细化和明确相关部门参与验收人员的数量、专业和程序,要求必须深入井下现场检查,严禁走过场,确保工作质量。二是严格验收程序、标准和审批签字制度,坚持"谁验收、谁签字、谁负责",市属煤矿由市级煤矿安全监管部门组织验收、主要负责人签字,其他煤矿由区县煤矿安全监管部门组织验收、区县政府主要负责人签字。

5. 加大淘汰落后产能力度

对发生较大及以上事故的小煤矿以及采用国家明令禁止使用的采煤方法、工艺且不能实施技术改造的煤矿,要坚决淘汰,严防以技改名义逃避关闭。加快灾害严重、资源枯竭、赋存条件差、非机械化开采和产能为 9 万吨/年及以下煤矿的退出进度。对列入去产能计划的煤矿,要立即停产停工,制定回撤设备计划和安全技术措施,安全监管部门要派专人严盯死守,严防其违法违规生产;对决定关闭的煤矿,一律不得留设回撤期。对长期停产停工煤矿,要鼓励其按国家规定有序退出。

案例 2 江西丰城发电厂冷却塔施工平台坍塌特别重大事故

2016 年 11 月 24 日,江西丰城发电厂三期扩建工程发生一起冷却塔施工平台坍塌特别重大事故,造成 73 人死亡、2 人受伤,直接经济损失 10 197 万元。

事故发生后,党中央、国务院高度重视,中央领导同志立即作出重要指示,要求江西省和有关部门组织力量做好救援救治、善后处置等工作,尽快查明原因,深刻吸取教训,严肃追究责任。依据《安全生产法》和《生产安全事故报告和调查处理条例》等有关法律法规,国务院批准成立了国务院江西丰城发电厂冷却塔施工平台坍塌特别重大事故调查组,由国家安全生产监督管理总局牵头,公安部、监察部、住房和城乡建设部、国务院国资委、质检总局、全国总工会、国家能源局以及江西省政府派员参加,全面负责事故调查工作。同时,邀请最高人民检察院派员参加,并聘请了建筑施工、结构工程、建筑材料、工程机械等方面专家参与事故调查工作。事故调查组坚持"科学严谨、依法依规、实事求是、注重实效"的原则,通过现场勘验、调查取证、检测鉴定、模拟试验、专家论证,查明了事故发生的原因、经过、人员伤亡和直接经济损失情况,认定了事故性质和责任,提出了对有关责任人员和责任单位的处理意见,以及加强和改进工作的措施建议。

调查认定,江西丰城发电厂冷却塔施工平台坍塌特大事故是一起生产安全责任事故。

一、基本情况

1. 江西丰城发电厂三期扩建工程概况

(1)工程总体概况。江西丰城发电厂三期扩建工程建设规模为 $2 \times 1\,000$ MW 发电机组,总投资额为 76.7 亿元,属江西省电力建设重点工程。其中,建筑和安装部分主要包括 7 号、8 号机组建筑安装工程,电厂成套设备以外的辅助设施建筑安装工程,7 号、8 号冷却塔和烟囱工程等,共分为 A、B、C、D 4 个标段。

(2)7 号冷却塔工程概况。事发 7 号冷却塔属于江西丰城发电厂三期扩建工程 D 标段,采用钢筋混凝土结构。设计塔高 165 m,塔底直径 132.5 m,喉部高度 132 m,喉部直径 75.19 m,筒壁厚度 0.23 ~ 1.1 m。

筒壁工程施工采用悬挂式脚手架翻模工艺,以三层模架为一个循环单元循环向上翻转施工,第1、第2、第3节筒壁施工完成后,第4节筒壁施工使用第1节的模架,随后,第5节筒壁使用第2节筒壁的模架,以此类推,依次循环向上施工。脚手架悬挂在模板上,铺板后形成施工平台,筒壁模板安拆、钢筋绑扎、混凝土浇筑均在施工平台及下挂的吊篮上进行。模架自身及施工荷载由浇筑好的混凝土筒壁承担。7 号冷却塔内布置 1 台 YDQ26×25-7 液压顶升平桥,距离塔中心 30.98 m,方位为西偏北 19.87°。

7 号冷却塔于 2016 年 4 月 11 日开工建设,4 月 12 日基础土方开挖,8 月 18 日完成环形基础浇筑,9 月 27 日开始筒壁混凝土浇筑,事故发生时,已浇筑完成第 52 节筒壁混凝土,高度为 76.7 m。

2. 项目立项及批准情况

2013 年 8 月,江西丰城发电厂三期扩建工程项目完成初步可行性研究工作,12 月通过江西省发展改革委组织的初步可行性评审。2014 年 1 月,江西省发展改革委以关于丰城发电厂三期扩建项目开展前期工作的请示上报国家能源局,申请本期工程开展前期工作。2014 年 5 月,该项目完成可行性研究工作,6 月通过中国国际工程咨询公司工程可行性研究报告审查。2015 年 1 月,江西省能源局以关于江西赣能股份有限公司开展丰城发电厂三期扩建工程项目前期工作的函同意该项目开展前期工作。2015 年 7 月,江西省发展改革委以关于丰城发电厂三期扩建工程项目核准的批复核准该项目建设。

3. 相关参建单位及工程组织实施情况

(1)工程建设方。江西赣能股份有限公司丰城三期发电厂为项目的法定建设单位,是江西赣能股份有限公司的子公司,江西赣能股份公司控股股东为江西投资集团公司。江西投资集团成立了丰城发电厂三期扩建工程项目建设领导小组，领导小组由江西投资集团、江西赣能股份公司、丰城二期发电厂等相关人员组成。领导小组下设工程建设指挥部，工程建设指挥部组织架构采用丰城发电厂二期和三期一体化管理模式，安全监督等工作均由丰城二期发电厂相应职能部门安排专人负责，新设置三期扩建工程项目工程部、综合部和生产准备办，负责三期扩建工程项目的内外协调、工程安全、质量、进度、控价、生产准备等工作，人员由丰城二期发电厂内部抽调。

（2）工程监理方。上海斯耐迪工程咨询有限公司为项目的监理单位，具有电力工程、机电安装工程、房屋建筑工程监理甲级资质，其业务经营由国家核电技术有限公司直接管理。

2016 年 1 月，上海斯耐迪公司与丰城三期发电厂签订了江西丰城发电厂三期 2×1 000 MW 超临界机组扩建工程监理合同。合同规定监理单位对施工准备、试桩、地基处理、采购、土建、安装及调试、竣工验收、达标创优、工程竣工结算及保修服务进行全过程监理。上海斯耐迪公司成立了丰城发电厂三期扩建工程项目监理部，下设综合管理组、土建监理组、安全调试监理组、安全监理组。

（3）工程总承包方。中南电力设计院有限公司为项目的工程总承包单位，具有甲级工程设计综合资质，持有建筑施工安全生产许可证，是中国电力工程顾问集团有限公司的全资子公司，中电工程集团是中国能源建设集团有限公司的全资子公司。

2015 年 11 月，中南电力设计院与丰城三期发电厂签订了江西丰城发电厂三期扩建工程项目 EPC 总承包合同，工期为 2015 年 11 月 30 日至 2018 年 2 月 28 日。合同范围包括全部工程勘察设计、设备材料采购供应、工程实施全面管理、建筑、安装、调试、试运、技术服务、培训、功能试验直至验收交付生产、工程创优以及在质量保修期内的消缺保修服务等全过程的 EPC 总承包工作。2015 年 12 月 10 日，中南电力设计院成立了江西丰城发电厂三期扩建工程总承包项目部，对工程项目进行具体组织实施和控制，对项目的质量、安全、费用和进度目标全面负责。

（4）施工、劳务、混凝土供应方。河北亿能烟塔工程有限公司为 7 号冷却塔施工单位，具有建筑工程施工总承包一级资质，持有建筑施工安全生产许可证。

2016 年 3 月 18 日，河北亿能公司与中南电力设计院签订江西丰城发电厂三期扩建工程施工 D 标段－冷却塔与烟囱施工合同，计划工期为 2016 年 3 月 20 日至 2017 年 8 月 25 日。施工内容包括 7 号、8 号冷却塔和烟囱。2016 年 3 月 26 日，河北亿能公司成立了江西丰城发电厂三期扩建工程项目部，在总承包单位项目部统一管理下，具体负责 7 号冷却塔施工。

河北魏县奉信建筑安装劳务有限公司为 7 号冷却塔劳务分包单位，具有模板脚手架专业承包资质，持有建筑施工安全生产许可证。2016 年 4 月 10 日，魏县奉信劳务公司与河北亿能公司签订了江西丰城发电厂三期扩建工程冷却塔主体工程施工合同，承包方式为包清工＋包部分材料机具，由魏县奉信劳务公司提供劳务作业队伍，负责 7 号、8 号冷却塔主体工程施工图设计范围内所有劳务作业。经查，在 7 号冷却塔基础工程施工中，施工单位项目部指定社会自然人宋旭方以魏县奉信劳务公司名义组织劳务作业队伍；在上部筒壁工程施工中，施工单位项目部更换了劳务作业队伍，指定社会自然人白书平以魏县奉信劳务公司名义组织劳务作业队伍。

国电丰城鼎力新型建材有限公司是 7 号冷却塔预拌混凝土供应单位。2016 年 7 月 22 日，丰城鼎力建材公司与河北亿能公司签订了商品混凝土采购合同，由丰城鼎力建材公司负责供应商品混凝土。经查,丰城鼎力建材公司在未获批准的情况下,已于 2016 年 4 月在丰城发电厂三期扩建工程施工现场设立混凝土搅拌站,开始供应混凝土。

二、事故经过及应急救援处置情况

1. 事故经过

2016 年 11 月 24 日 6 时许,混凝土班组、钢筋班组先后完成第 52 节混凝土浇筑和第 53 节钢筋绑扎作业,离开作业面。5 个木工班组共 70 人先后上施工平台,分布在筒壁四周施工平台上拆除第 50 节模板并安装第 53 节模板。此外,与施工平台连接的平桥上有 2 名平桥操作人员和 1 名施工升降机操作人员,在 7 号冷却塔底部中央竖井、水池底板处有 19 名工人正在作业。7 时 33 分,7 号冷却塔第 50～52 节筒壁混凝土开始从后期浇筑完成部位坍塌,沿圆周方向向两侧连续倾塌坠落,施工平台及平桥上的作业人员随同筒壁混凝土及模架体系一起坠落,在筒壁坍塌过程中,平桥晃动、倾斜后整体向东倒塌,事故持续时间为 24 s。

2. 人员伤亡和经济损失

事故导致 73 人死亡(其中 70 名筒壁作业人员、3 名设备操作人员),2 名在 7 号冷却塔底部作业的工人受伤,7 号冷却塔部分已完工工程受损。依据《企业职工伤亡事故经济损失统计标准》等标准和规定统计,事故造成直接经济损失为 10 197 万元。

3. 事故信息接报及前期应急处置情况

2016 年 11 月 24 日 7 时 43 分,江西省丰城市公安局 110 指挥中心接到河北亿能公司现场施工人员报警,称丰城发电厂三期扩建工程发生坍塌事故。110 指挥中心立即将接警信息通知丰城市公安消防大队、120 急救中心、丰城市政府应急管理办公室等单位和部门。8 时 07 分,丰城市委、市政府主要负责同志立即调派公安、安全监管、住房和城乡建设、医疗、交通等单位携带挖掘机、吊车、铲车等重型机械设备赶赴现场处置。8 时 15 分,丰城市委办公室、市政府应急管理办公室分别向宜春市委值班室、市政府应急管理办公室电话汇报事故情况。8 时 50 分,丰城市委办公室、市政府应急管理办公室分别向宜春市委值班室、市政府应急管理办公室报告事故信息。9 时 03 分,江西省政府相关负责同志调度了解事故现场伤亡情况后,启动省级安全生产事故灾难应急预案。9 时 13 分,宜春市政府值班室向江西省政府值班室报告事故信息。9 时 30 分,国家安全生产应急救援指挥中心调度国家矿山应急救援乐平队,江西省矿山救护总队、丰城大队、新余大队,丰城市矿山救护队及部分安全生产应急救援骨干队伍携带无人机、生命探测仪、破拆及发电等设备参加救援。9 时 50 分,江西省政府值班室向国务院应急办报告事故信息。10 时 30 分,江西省政府主要负责同志抵达事故现场,对人员搜救等工作作出安排,决定成立事故救援指挥部,由江西省政府相关负责同志担任救援指挥部总指挥,救援指挥部下设现场救援、安全保卫、医疗等 7 个小组。11 时 20 分,江西省委主要负责同志抵达事故现场指导救援和善后工作。

4. 事故现场应急处置情况

救援指挥部调集 3 370 余人参加现场救援处置,调用吊装、破拆、无人机、卫星移动通信等主要装备、车辆 640 余台/套及 10 条搜救犬。救援指挥部通过卫星移动通信指挥车、微波图传、4G 单兵移动通信等设备将现场图像实时与国务院应急办、公安部、国家安全生产监督管理总局、江西省政府联通,确保了救援过程的精准研判、科学指挥。

救援指挥部按照"全面排查信息、快速确定埋压位置、合理划分救援区域、全力开展搜索营救"的救援方案,将事故现场划分为东1区、东2区、南1区、南2区、西区、北1区、北2区7个区,每个区配置2个救援组轮换开展救援作业。按照由浅入深、由易到难,先重点后一般的原则,救援人员采取剥洋葱的方式,用挖掘机起吊废墟、牵引移除障碍物,每清理一层就用雷达生命探测仪和搜救犬各探测一次,全力搜救被埋压人员。

11月24日18时、11月25日11时,救援指挥部分别召开了新闻发布会,通报事故救援和善后处置工作情况。

截至2016年11月25日12时,事故现场搜索工作结束,在确认现场无被埋人员后,救援指挥部宣布现场救援行动结束。

5. 医疗救治及善后情况

丰城市120急救中心接报后立即派出第一批3辆救护车赶赴事故现场将伤员送往医院。丰城市人民医院开辟绿色通道,安排事故伤员直接入院检查、治疗,按照一级护理标准提供24小时专人护理服务。11月24日11时,救援指挥部调集的南昌大学第一附属医院第一批医疗专家赶到丰城市指导救助伤员。

救援指挥部成立了善后处置组,下设9个工作服务小组,按照每名遇难者一个工作班子的服务对接工作机制,做好遇难者家属的情绪疏导、心理安抚、赔偿协商、生活保障等工作。截至2016年11月30日,事故各项善后事宜基本完成。

三、事故直接原因

经调查认定,事故的直接原因是施工单位在7号冷却塔第50节筒壁混凝土强度不足的情况下,违规拆除第50节模板,致使第50节筒壁混凝土失去模板支护,不足以承受上部荷载,从底部最薄弱处开始坍塌,造成第50节及以上筒壁混凝土和模架体系连续倾塌坠落。坠落物冲击与筒壁内侧连接的平桥附着拉索,导致平桥也整体倒塌。具体分析如下。

1. 混凝土强度情况

7号冷却塔第50节模板拆除时,第50、51、52节筒壁混凝土实际小时龄期分别为29~33 h、14~18 h、2~5 h。根据丰城市气象局提供的气象资料,2016年11月21日至11月24日,当地气温骤降,分别为17~21 ℃、6~17 ℃、4~6 ℃和4~5 ℃,且为阴有小雨天气,这种气象条件延迟了混凝土的强度发展。

事故调查组委托检测单位进行了同条件混凝土性能模拟试验,采用第49~52节筒壁混凝土实际使用的材料,按照混凝土设计配合比的材料用量,模拟事发时当地的小时温湿度,拌制的混凝土入模温度为8.7~14.9 ℃。试验结果表明,第50节模板拆除时,第50节筒壁混凝土抗压强度为0.89~2.35 MPa;第51节筒壁混凝土抗压强度小于0.29 MPa;第52节筒壁混凝土无抗压强度。而按照国家标准中强制性条文,拆除第50节模板时,第51节筒壁混凝土强度应达到6 MPa以上。

对7号冷却塔拆模施工过程受力计算分析,在未拆除模板前,第50节筒壁根部能够承担上部荷载作用,当第50节筒壁5个区段分别开始拆模后,随着拆除模板数量的增加,第50节筒壁混凝土所承受的弯矩迅速增大,直至超过混凝土与钢筋界面粘结破坏的临界值。

2. 平桥倒塌情况

察看事故监控视频及问询现场目击证人,认定7号冷却塔第50~52节筒壁混凝土和模架体系首先倒塌后,平桥才缓慢倒塌。经计算分析,平桥附着拉索在混凝土和模架体系等坠落物冲击下发生断裂,巨大冲击张力迅速转换为反弹力反方向作用在塔身上,致使塔身下部主弦杆应力剧增,瞬间超过抗拉强度,塔身在最薄弱部位首先断裂,并导致平桥整体倒塌。

3. 人为破坏等因素排除情况

经调查组现场勘查、计算分析,排除了人为破坏、地震、设计缺陷、地基沉降、模架体系缺陷等因素引起事故发生的可能。

四、相关施工管理情况

经调查,在 7 号冷却塔施工过程中,施工单位为完成工期目标,施工进度不断加快,导致拆模前混凝土养护时间减少,混凝土强度发展不足;在气温骤降的情况下,没有采取相应的技术措施加快混凝土强度发展速度;筒壁工程施工方案存在严重缺陷,未制定针对性的拆模作业管理控制措施;对试块送检、拆模的管理失控,在实际施工过程中,劳务作业队伍自行决定拆模。具体事实是:

1. 工期调整情况

按照中南电力设计院与河北亿能公司签订的施工合同,7 号冷却塔施工工期为 2016 年 4 月 15 日至 2017 年 6 月 25 日,共 437 天。

2016 年 4 月 1 日,施工单位项目部编制了《施工 D 标段冷却塔与烟囱施工组织设计》,7 号冷却塔施工工期调整为 2016 年 4 月 15 日到 2017 年 4 月 30 日,其中筒壁工程工期为 2016 年 10 月 1 日至 2017 年 4 月 30 日,共 212 天。

2016 年 7 月 27 日,在施工单位项目部报送的 8 月份进度计划报审表中,建设单位提出"烟囱及 7 号冷却塔应考虑力争年底到顶计划"的要求。

2016 年 7 月 28 日,在总承包单位项目部报送建设单位、监理单位的工程联系单《关于里程碑计划事宜》中,施工单位项目部将 7 号冷却塔施工工期调整为 2017 年 1 月 18 日结构封顶。2016 年 8 月 1 日,建设单位签署:同意暂按调整计划执行,合同考核工期另行协商。

实际施工中,7 号冷却塔基础、人字柱、环梁部分基本按照施工组织设计进度计划施工。但在 7 月 28 日的调整中,筒壁工程工期由 2016 年 10 月 1 日至 2017 年 4 月 30 日调整为 2016 年 10 月 1 日至 2017 年 1 月 18 日,工期由 212 天调整为 110 天,压缩了 102 天。

7 号冷却塔工期调整后,建设单位、监理单位、总承包单位项目部均没有对缩短后的工期进行论证、评估,也未提出相应的施工组织措施和安全保障措施。

2. "大干 100 天"活动情况

2016 年上半年,由于设计、采购和设备制造等原因,丰城发电厂三期扩建工程实际施工进度和合同计划相比滞后较多,建设单位向总承包单位项目部提出策划"大干 100 天"活动,促进完成 2016 年度计划和 2017 年春节前工作目标。

2016 年 8 月 9 日至 9 月 6 日,建设单位、监理单位连续 5 次在监理协调会上提出"8 月底要掀起'大干 100 天'现场施工高潮,总包和各施工单位要对'大干 100 天'进行策划"等要求。

2016 年 9 月 5 日,总承包单位项目部组织各标段施工单位项目部编制了"大干 100 天"活动策划方案,并报监理单位、建设单位批准。方案对烟囱冷却塔、主厂房主体结构、锅炉及电厂成套设备以外的辅助设施等施工项目确定了形象进度和节点目标,要求各施工单位加大人力资源和施工资源投入,将计划施工内容分解到月进度计划、周进度计划,采取加班、连班、24 小时倒班等措施加快施工进度。

2016 年 9 月 13 日，建设单位、监理单位、总承包单位和各标段及辅助工程施工单位共同启动了"大干 100 天"活动，活动时间为 2016 年 9 月 15 日至 2017 年 1 月 15 日。当日，建设单位、监理单位、总承包单位三家签订了"大干 100 天"目标责任书，其中 7 号冷却塔筒壁工期为 2016 年 10 月 1 日至 2017 年 1 月 18 日。

在"大干 100 天"活动期间，施工单位项目部定期报送 7 号冷却塔月进度计划、周进度计划，项目监理部、总承包单位项目部定期督促进度计划的实施。项目监理部先后 5 次在月进度计划报审表上或工程协调会上要求严格按照"大干 100 天"策划方案施工，加大对责任单位的考核。"大干 100 天"活动严格限定了 7 号冷却塔施工进度。

3. 筒壁工程施工方案管理情况

施工单位项目部于 2016 年 9 月 14 日编制了 7 号冷却塔筒壁施工方案，经项目部工程部、质检部、安监部会签，报项目部总工程师于 9 月 18 日批准后，分别报送总承包单位项目部、项目监理部、建设单位工程建设指挥部审查，9 月 20 日上述各单位完成审查。

施工方案中计划工期为 2016 年 9 月 27 日至 2017 年 1 月 18 日，内容包括筒壁工程施工工艺技术、强制性条文、安全技术措施、危险源辨识及环境辨识与控制等部分。施工单位项目部未按规定将筒壁工程定义为危险性较大的分部分项工程。

施工方案在强制性条文部分列入《双曲线冷却塔施工与质量验收规范》第 6.3.15 条"采用悬挂式脚手架施工筒壁，拆模时其上节混凝土强度应达到 6 MPa 以上"，但并未制定拆模时保证上节混凝土强度不低于 6 MPa 的针对性管理控制措施。

施工方案在危险源辨识及环境辨识与控制部分，对模板工程和混凝土工程中可能发生的坍塌事故仅辨识出 1 项危险源。施工方案编制完成后，施工单位项目部工程部进行了安全技术交底。截至事故发生时，施工方案未进行修改。

4. 模板拆除作业管理情况

按施工正常程序，各节筒壁混凝土拆模前，应由施工单位项目部试验员将本节及上一节混凝土同条件养护试块送到总承包单位项目部指定的江西省南昌科盛建筑质量检测所进行强度检测，并将检测结果报告施工单位项目部工程部长，工程部长视情况再安排劳务作业队伍进行拆模作业。

按照 2016 年 4 月 6 日施工单位项目部报送的 7 号冷却塔工程施工质量验收范围划分表，筒壁工程的模板安装和拆除作业属于现场见证点，需要施工单位、总承包单位、监理单位见证和验收拆模作业。

经查，施工单位项目部从未将混凝土同条件养护试块送到总承包单位指定的第三方试验室进行强度检测，偶尔将试块违规送到丰城鼎力建材公司搅拌站进行强度检测。2016 年 11 月 23 日下午，施工单位项目部试验员在进行 7 号冷却塔第 50 节模板拆除前的试块强度送检时，发现第 50 节、51 节筒壁混凝土同条件养护试块未完全凝固无法脱模，于是试验员将 2 块烟囱工程的试块取出送到混凝土搅拌站进行强度检测。经检测，烟囱试块强度值不到 1 MPa。试验员将上述情况电话报告给工程部部长宋永壮，至事故发生时，宋永壮未按规定采取相应有效措施。

施工单位项目部在 7 号冷却塔筒壁施工过程中，没有关于拆模作业的管理规定，也没有任何拆模的书面控制记录，也从未在拆模前通知总承包单位和监理单位。除施工单位项目部明确要求暂停拆模的情况外，劳务作业队伍一直自行持续模板搭设、混凝土浇筑、钢筋绑扎、拆模等工序的循环施工。

5. 关于气温骤降的应对管理情况

施工单位项目部在获知 2016 年 11 月 21 日至 11 月 24 日期间气温骤降的预报信息后,施工单位项目部总工程师安排工程部通知试验室,增加早强剂并调整混凝土配合比,以增加混凝土早期强度。但直至事故发生,该工作仍没有得到落实。

河北亿能公司于 11 月 14 日印发关于冬期施工的通知,要求公司下属各项目部制订本项目的冬期施工方案,并且在 11 月 17 日前上报公司工程部审批、备案且严格执行。施工单位项目部总工程师、工程部长认为当时江西丰城的天气条件尚未达到冬期施工的标准,直至事故发生时,项目部一直没有制订冬期施工方案。

五、有关责任单位存在的主要问题

1. 河北亿能公司

(1)安全生产管理机制不健全。7 号冷却塔施工单位河北亿能公司未按规定设置独立安全生产管理机构,安全管理人员数量不符合规定要求;未建立安全生产"一岗双责"责任体系,未按规定组织召开公司安全生产委员会会议,对安全生产工作部署不足。公司及项目部技术管理、安全管理力量与发展规模不匹配,对施工现场的安全、质量管理重点把控不准确。

(2)对项目部管理不力。公司派驻的项目经理长期不在岗,安排无相应资质的人员实际负责项目施工组织。公司未要求项目部将筒壁工程作为危险性较大分部分项工程进行管理,对项目部的施工进度管理缺失。对施工现场检查不深入,缺少技术、质量等方面内容,未发现施工现场拆模等关键工序管理失控和技术管理存有漏洞等问题。

(3)现场施工管理混乱。项目部指定社会自然人组织劳务作业队伍挂靠劳务公司,施工过程中更换劳务作业队伍后,未按规定履行相关手续。对劳务作业队伍以包代管,夜间作业时没有安排人员带班管理。安全教育培训不扎实,安全技术交底不认真,未组织全员交底,交底内容缺乏针对性。在施工现场违规安排垂直交叉作业,未督促整改劳务作业队伍习惯性违章、施工质量低等问题。

(4)安全技术措施存在严重漏洞。项目部未将筒壁工程作为危险性较大分部分项工程进行管理;筒壁工程施工方案存有重大缺陷,未按要求在施工方案中制定拆模管理控制措施,未辨识出拆模作业中存在的重大风险。在 2016 年 11 月 22 日气温骤降、外部施工条件已发生变化的情况下,项目部未采取相应技术措施。在上级公司提出加强冬期施工管理的要求后,项目部未按要求制订冬期施工方案。

(5)拆模等关键工序管理失控。项目部长期任由劳务作业队伍凭经验盲目施工,对拆模工序的管理失控,在施工过程中不按施工技术标准施工,实际形成了劳务作业队伍自行决定拆模和浇筑混凝土的状况。未按施工质量验收的规定对拆模工作进行验收,违反拆模前必须报告总承包单位及监理单位的管理要求。对筒壁工程混凝土同条件养护试块强度检测管理缺失,大部分筒节混凝土未经试压即拆模。

2. 魏县奉信劳务公司

7 号冷却塔劳务单位魏县奉信劳务公司违规出借资质,以内部承包及授权委托的形式,允许社会自然人以公司名义与河北亿能公司签订承包合同。仅收取管理费,未对社会自然人组织的劳务作业队伍进行实际管理。未按规定与劳务作业人员签订劳动合同。劳务作业队伍仅配备无资质的兼职安全员,凭经验、按习惯施工,长期违章作业。

3. 丰城鼎力建材公司

7号冷却塔混凝土供应单位丰城鼎力建材公司在2016年4月份无工商许可、无预拌混凝土专业承包资质、未通过环境保护等部门验收批复、尚未获得设立批复的情况下违规向丰城发电厂三期扩建工程项目供应商品混凝土。生产经理不具备混凝土生产的相关知识和经验,内部试验室人员配备不符合规定要求。生产关键环节把控不严,未严格按照混凝土配合比添加外加剂,无浇筑申请单即供应混凝土。

4. 中南电力设计院

(1)管理层安全生产意识薄弱,安全生产管理机制不健全。工程总承包单位中南电力设计院对安全生产工作不重视,未按规定设置独立安全生产管理机构和安全总监岗位,频繁调整安全生产工作分管负责人。作为以勘察设计为主业的企业,在经营业务延伸到工程总承包后,对工程总承包安全生产管理的重要性认识不足,安全生产管理机制不完善,安全生产考核制度有效性不强。

(2)对分包施工单位缺乏有效管控。履行总承包施工管理职责缺位,未按规定要求施工单位项目部将筒壁工程作为危险性较大分部分项工程进行管理。对筒壁工程施工方案审查不严格,未发现筒壁工程施工方案中存在的重大缺陷。当地气温骤降后,未督促施工单位项目部及时采取相应的技术措施。组织安全检查不认真、不深入,未发现和制止施工单位项目部违规拆模和浇筑混凝土等不按施工技术标准施工的行为。

(3)项目现场管理制度流于形式。项目经理每月常驻施工现场时间不满足合同规定要求。项目部未按规定现场见证筒壁工程拆模作业,未对拆模作业进行验收,未严格执行施工现场混凝土浇筑申请的相关审核规定。未组织和督促相关单位合理评估7号冷却塔工期缩短的可行性、安全性并提出相应措施要求。对安全教育培训和应急演练工作不重视,项目部自成立至事故发生,未组织开展安全教育培训和应急演练。

(4)部分管理人员无证上岗,不履行岗位职责。公司及项目部部分人员未取得相应岗位资格证书,工程部、质量安健环部相关人员没有冷却塔施工管理相关工作经验,不具备满足岗位需要的业务能力,对相关业务要求不了解,对施工现场隐患整改情况不清楚。

5. 中电工程集团

中电工程集团作为中南电力设计院的上级公司,未正确处理安全与发展的关系,对总承包项目的安全风险重视不够,未建立健全与总承包项目发展规模相匹配的制度,未按上级公司要求设置独立的安全生产管理机构和安全总监岗位,未按规定组织召开公司安全生产委员会会议,对安全生产工作研究部署不够。未严格按规定要求组织开展安全生产大检查,检查工作没有全覆盖,未对列为安全生产重点监控项目的丰城发电厂三期扩建工程进行检查。对中南电力设计院安全生产管理机构及制度不健全等问题督促整改不力。

6. 中国能源建设集团有限公司

中国能源建设集团有限公司作为中电工程集团的上级公司,对总承包项目的安全风险重视不够,未建立健全与总承包项目发展规模相匹配的制度,未按规定设置独立的安全生产管理机构,未按规定组织召开公司安全生产委员会会议,对安全生产工作研究部署不够。未认真组织开展安全生产大检查,对中电工程集团安全大检查工作流于形式的问题不了解,对中电工程集团安全生产管理机构及制度不健全等问题督促整改不力。

7. 上海斯耐迪公司

（1）对项目监理部监督管理不力。监理单位上海斯耐迪公司对项目监理部的人员配置不满足监理合同要求，项目监理部土建监理工程师数量不满足日常工作需要，部分新入职人员未进行监理工作业务岗前培训。公司在对项目监理部的检查工作中，未发现和纠正现场监理工作严重失职等问题。

（2）对拆模工序等风险控制点失管失控。项目监理部未按照规定细化相应监理措施，未提出监理人员要对拆模工序现场见证等要求。对施工单位制定的 7 号冷却塔施工方案审查不严格，未发现方案中缺少拆模工序管理措施的问题，未纠正施工单位不按施工技术标准施工、在拆模前不进行混凝土试块强度检测的违规行为。

（3）现场监理工作严重失职。项目监理部未针对施工进度调整加强现场监理工作，未督促施工单位采取有效措施强化现场安全管理。现场巡检不力，对垂直交叉作业问题未进行有效监督并督促整改，未按要求在浇筑混凝土时旁站，对施工单位项目经理长期不在岗的问题监理不到位。对土建监理工程师管理不严格，放任其在职责范围以外标段的见证取样委托书上签字，安排未经过岗前监理业务培训人员独立开展旁站及见证等监理工作。

8. 国家核电技术有限公司

国家核电技术有限公司作为上海斯耐迪公司的上级公司，对火电、新能源等电力建设的总承包、制造、监理等业务安全生产工作重视不够，未及时督促上海斯耐迪公司解决管理能力与业务快速发展不匹配的问题。对上海斯耐迪公司监理业务缺乏过程监督指导，对其安全质量工作中存在的问题督促检查不力。

9. 丰城三期发电厂

（1）未经论证压缩冷却塔工期。法定建设单位丰城三期发电厂要求工程总承包单位大幅度压缩 7 号冷却塔工期后，未按规定对工期调整的安全影响进行论证和评估。在其主导开展的"大干100天"活动中，针对 7 号冷却塔筒壁施工进度加快、施工人员大量增加等情况，未加强督促检查，未督促监理、总承包及施工单位采取相应措施。

（2）项目安全质量监督管理工作不力。对进场监理人员资格不符合监理合同要求的问题把关不严，未按合同规定每季度对现场监理人员进行评议。未在开工前对工程总承包单位进行安全技术交底，对施工方案审查把关不力，未发现施工方案缺少拆模工序管理措施的问题，未发现施工现场长时间垂直交叉作业的问题。对总承包单位和监理单位现场监督不力的问题失察。

（3）项目建设组织管理混乱。工程建设指挥部成员无明确分工，也未对有关部门和人员确定工作职责。总指挥全面负责项目建设，但其不是丰城三期发电厂人员，不对决策性文件进行签批，也不是丰城发电厂三期基建工程安全生产委员会成员。法定建设单位和丰城发电厂三期扩建工程建设指挥部关系不清，相关领导权责不一。未按监理合同规定配备业主工程师，并组织对总承包、监理和施工单位开展监督检查。

10. 江西赣能股份公司

江西赣能股份公司作为丰城三期发电厂的上级单位，未履行对丰城发电厂三期扩建工程项目设计、质量控制、进度控制等工作的监督和协调职责，公司相关职能部门未到现场督促协调有关工作，对未经论证压缩工期等问题失察。在工程合同签订、开工许可检查、施工单位资质审核、重大作业项目施工等环节中对建设项目的安全管理监督不力。

11. 江西投资集团

江西投资集团作为江西赣能股份公司的上级单位,成立的丰城发电厂三期扩建工程建设领导小组和工程建设指挥部对工程的管理权限划分不明确。未督促江西赣能股份公司对丰城发电厂三期扩建工程质量、进度控制进行监督协调。未制定基本建设项目的安全监督相关制度,对江西赣能股份公司及丰城发电厂三期扩建工程安全管理工作督促检查不力。

12. 电力工程质量监督总站

(1)违规接受质量监督注册申请。中国电力企业联合会所属电力质监总站违反规定接受丰城发电厂三期扩建工程质量监督注册申请,承接本应由江西省电力建设工程质量监督中心站负责的监督工作。未向江西省能源主管部门报告质量监督工作情况,也未主动接受监督。

(2)违规组建丰城发电厂三期扩建工程项目站。违反规定使用建设单位人员组建丰城发电厂三期扩建工程质量监督项目站,导致政府委托的质量监督缺失。

(3)未依法履行质量监督职责。组建的项目站除配合总站开展了首次监督检查、主厂房结构施工前检查和后期整改工作外,未开展其他监督工作。

(4)对项目站质量监督工作失察。未督促项目站定期报送工程进度、质量管控、质量验收情况,未能及时发现和纠正压缩合理工期以及总承包、施工、监理等单位未落实工程质量管理要求的问题。

13. 国家能源局华中监管局

(1)江西业务办公室履行工作职责不力。华中监管局江西业务办公室未按照规定履行安全监管职责,未将《华中能源监管局业务办公室工作规则》与国家能源局要求不一致的问题向华中监管局汇报。对职责认识不清,在了解到丰城发电厂三期扩建工程开工后,没有跟踪督促企业及时备案安全生产管理情况,没有主动收集项目建设的工期、进度等有关信息并及时上报华中监管局。工作人员业务不熟,未告知企业正确的备案流程和相关要求。

(2)对监管职责认识存在偏差。华中监管局未将质量和安全监管责任分解到有关处室,工程项目质量和安全监管工作出现盲区。对职责定位认识存在偏差,注重电力运行安全和保证电网稳定运行,对建设施工安全和电力人身安全重视不足。违反国家能源局派出机构"三定"规定,将江西业务办公室"负责"的职责改为"配合",改变了江西业务办公室作为属地监管主体的职责定位。

(3)未按规定履行监督检查职责。未发现和查处建设单位未按照规定备案安全生产管理情况的问题,未检查丰城发电厂三期扩建工程的工程质量监督工作。未发现电力质监总站违反规定承揽质量监督业务、未将受理的质监工程项目情况报能源主管部门备案、使用建设单位人员组成项目站等问题。对丰城发电厂三期扩建工程现场施工管理、质量管理存在的严重问题失察、失处。

14. 国家能源局电力安全监管司

国家能源局电力安全监管司履行监督职责存在薄弱环节,对电力质监总站违反规定受理丰城发电厂三期扩建工程质量监督的问题失察失管,对其使用建设单位人员组建项目站且未督促项目站按规定履行职责的问题失察。

15. 丰城市工业和信息化委员会

(1)违规批复设立混凝土搅拌站。在明知丰城鼎力建材公司借用"河南二建丰电三期项目部"名义、非自设搅拌站、未征求国土资源、规划、建设、环境保护等部门意见的情况下,对不符合布点条件的丰城鼎力建材公司混凝土搅拌站出具"基本符合"的结论,并违规批准设立丰城鼎力建材公司搅拌站。

(2)对丰城鼎力建材公司监督不力。未认真履行行业监督管理职责,对丰城鼎力建材公司在2016年4月尚未获得设立批复、未获得环保验收批复、未获得建筑业预拌混凝土专业承包资质、工商营业执照未授予商品混凝土生产和销售范围的情况下,违规建设、生产和销售预拌混凝土的行为失察、失处。

16. 丰城市政府

丰城市政府违反规定,在丰城鼎力建材公司不具备规定条件、丰城市工业和信息化委员会未履行相应程序的情况下,违规干预、越权同意丰城市工业和信息化委员会批复设立丰城鼎力建材公司搅拌站。

六、对有关责任人员和单位的处理意见

根据事故原因调查和事故责任认定,依据有关法律法规和党纪政纪规定,对事故有关责任人员和责任单位提出处理意见:

司法机关已对31人采取刑事强制措施,其中公安机关依法对15人立案侦查并采取刑事强制措施,其中,涉嫌重大责任事故罪13人,涉嫌生产、销售伪劣产品罪2人;检察机关依法对16人立案侦查并采取刑事强制措施,其中,涉嫌玩忽职守罪10人,涉嫌贪污罪3人,涉嫌玩忽职守罪、受贿罪1人,涉嫌滥用职权罪1人,涉嫌行贿罪1人。

根据调查认定的失职失责事实、性质,事故调查组在对12个涉责单位的48名责任人员调查材料慎重研究的基础上,依据《中国共产党纪律处分条例》第29条、第38条,《行政机关公务员处分条例》第20条和《中国共产党问责条例》第6条、第7条等规定,拟对38名责任人员给予党纪政纪处分;对9名责任情节轻微人员,进行通报、诫勉谈话或批评教育;另有1人因涉嫌其他严重违纪问题,已被纪检机关立案审查,将其应负的事故责任转交立案机关一并办理。对5家事故有关企业及相关负责人的违法违规行为给予行政处罚。责成江西省政府和中国能源建设集团有限公司作出深刻检查。

1. 司法机关拟追究刑事责任人员(31人)

1)河北亿能公司(6人)

(1)张××,河北亿能公司法定代表人、董事长。2016年12月9日,因涉嫌重大责任事故罪,被检察机关批准逮捕。

(2)吴××,河北亿能公司江西丰城发电厂三期扩建工程D标段项目部执行经理。2016年12月9日,因涉嫌重大责任事故罪,被检察机关批准逮捕。

(3)尹××,河北亿能公司江西丰城发电厂三期扩建工程D标段项目部总工程师。2016年12月9日,因涉嫌重大责任事故罪,被检察机关批准逮捕。

(4)宋××,河北亿能公司江西丰城发电厂三期扩建工程D标段项目部工程部部长。2016年12月9日,因涉嫌重大责任事故罪,被检察机关批准逮捕。

(5)韩××,河北亿能公司江西丰城发电厂三期扩建工程D标段项目部质检部部长。2016年12月9日,因涉嫌重大责任事故罪,被检察机关批准逮捕。

(6)刘××,河北亿能公司江西丰城发电厂三期扩建工程D标段项目部安监部部长。2016年12月9日,因涉嫌重大责任事故罪,被检察机关批准逮捕。

2)魏县奉信劳务公司(1人)

白××,魏县奉信劳务公司江西丰城发电厂三期扩建工程D标段7号冷却塔施工队队长。2016年12月9日,因涉嫌重大责任事故罪,被检察机关批准逮捕。

3)丰城鼎力建材公司(3人)

(1)顾××,丰城鼎力建材公司法定代表人、董事长。2017年1月4日,因涉嫌生产、销售伪劣产品罪,被检察机关批准逮捕。

(2)朱××,丰城鼎力建材公司副厂长。2017年1月4日,因涉嫌生产、销售伪劣产品罪,被检察机关批准逮捕。

(3)徐××,丰城鼎力建材公司经理。2016年12月21日,因涉嫌行贿罪,被检察机关批准逮捕。

4)中南电力设计院(3人)

(1)王××,中南电力设计院江西丰城发电厂三期扩建工程EPC总承包项目部总工程师。2016年12月9日,因涉嫌重大责任事故罪,被检察机关批准逮捕。

(2)郭××,中南电力设计院江西丰城发电厂三期扩建工程EPC总承包项目部质量安健环部经理。2016年12月9日,因涉嫌重大责任事故罪,被检察机关批准逮捕。

(3)顾××,中南电力设计院江西丰城发电厂三期扩建工程EPC总承包项目部工程部经理。2016年12月9日,因涉嫌重大责任事故罪,被检察机关批准逮捕。

5)上海斯耐迪公司(3人)

(1)胡××,上海斯耐迪公司丰城发电厂项目监理部总监理工程师。2016年12月9日,因涉嫌重大责任事故罪,被检察机关批准逮捕。

(2)缪××,上海斯耐迪公司丰城发电厂项目监理部安全副总监理工程师。2016年12月9日,因涉嫌重大责任事故罪,被检察机关批准逮捕。

(3)惠××,上海斯耐迪公司丰城发电厂项目监理部土建副总监理工程师。2016年12月9日,因涉嫌重大责任事故罪,被检察机关批准逮捕。

6)江西赣能股份有限公司丰城二期发电厂(3人)

(1)邱××,江西赣能股份有限公司丰城二期发电厂副总经理。2017年1月23日,因涉嫌贪污罪,被检察机关批准逮捕。

(2)桂××,江西赣能股份有限公司丰城二期发电厂监察设计部经理助理兼纪检督查室主任。2016年12月30日,因涉嫌贪污罪,被检察机关批准逮捕。

(3)杨××,江西赣能股份有限公司丰城二期发电厂副总经济师兼燃料铁路运输部经理。2016年12月30日,因涉嫌贪污罪,被检察机关批准逮捕。

7)江西投资集团(1人)

邓××,江西投资集团工会主席,江西丰城发电厂三期扩建工程建设指挥部总指挥。2017年2月11日,因涉嫌玩忽职守罪、受贿罪,被检察机关批准逮捕。

8)丰城发电厂三期扩建工程质量监督项目站(3人)

(1)杨××,丰城发电厂三期扩建工程质量监督项目站站长、江西赣能股份公司丰城二期发电厂副总经理。2016年12月19日,因涉嫌玩忽职守罪,被检察机关批准逮捕。

(2)杜××,丰城发电厂三期扩建工程质量监督项目站副站长、江西赣能股份公司丰城二期发电厂总工程师兼三期扩建工程部经理。2016年12月19日,因涉嫌玩忽职守罪,被检察机关批准逮捕。

(3)廖××,丰城发电厂三期扩建工程质量监督项目站土建专员。2016年12月19日,因涉嫌玩忽职守罪,被检察机关批准逮捕。

9)电力质监总站(2人)

(1)白××,电力质监总站监督处负责人,2017年1月6日,因涉嫌玩忽职守罪,被检察机关批准逮捕。

(2)李××,电力质监总站监督处干部。2017年1月6日,因涉嫌玩忽职守罪,被检察机关批准逮捕。

10)国家能源局华中监管局(3人)

(1)张××,国家能源局华中监管局电力安全监管处处长。2016年12月21日,因涉嫌玩忽职守罪,被检察机关批准逮捕。

(2)冯××,国家能源局华中监管局电力安全监管处副处长。2016年12月21日,因涉嫌玩忽职守罪,被检察机关批准逮捕。

(3)陈××,国家能源局华中监管局电力安全监管处科员。2016年12月21日,因涉嫌玩忽职守罪,被检察机关批准逮捕。

11)丰城市工业和信息化委员会(3人)

(1)涂××,丰城市工业和信息化委员会党委书记、主任。2017年5月18日,因涉嫌滥用职权罪,被检察机关批准逮捕。

(2)毛××,丰城市工业和信息化委员会副主任。2016年12月19日,因涉嫌玩忽职守罪,被检察机关批准逮捕。

(3)刘××,丰城市工业和信息化委员会散装水泥预搅拌办公室负责人。2016年12月19日,因涉嫌玩忽职守罪,被检察机关批准逮捕。

2.给予党纪政纪处分、诫勉谈话、通报、批评教育人员(48人)

1)中南电力设计院(11人)。给予党纪处分人员(10人)

(1)关××,中南电力设计院总经理。不认真贯彻落实国家有关安全生产政策和法律法规,对安全生产工作不重视;疏于管理,对公司相关部门和单位不认真执行安全生产法律法规和标准规范、组织管理项目施工不力、未按规定审查总承包项目部人员岗位资质等问题失察。对事故负有主要领导责任,给予撤销党内职务处分。

(2)宗××,中南电力设计院党委书记,负责安全生产工作。不认真贯彻落实国家有关安全生产政策和法律法规,疏于管理,对公司相关部门和单位不认真执行安全生产法律法规和标准规范、组织管理项目施工不力等问题失察。对事故负有重要领导责任,给予党内严重警告处分。

(3)王××,中南电力设计院总工程师,分管质量技术部、工程总承包公司等。疏于管理,未有效督促指导分管部门履行质量和安全管理职责,对质量技术部不认真执行工程质量标准规范和总承包公司组织协调、监督管理项目施工不力等问题失察。对事故负有主要领导责任,给予撤销党内职务处分。

(4)曾××,中南电力设计院副总工程师兼质量技术部主任。疏于管理,未按规定履行技术、质量和安全生产管理职责,对工程总承包公司工程质量工作的督促指导和监督检查不力,对总承包项目部存在的未认真执行安全生产和工程质量的法律法规及标准规范的问题失察。

271

对事故负有重要领导责任,给予党内严重警告处分。

(5)王××,中南电力设计院副总经济师兼人力资源部主任。疏于管理,未按规定审查总承包项目部组成人员的岗位资质,对项目部人员岗前安全生产教育培训工作督促不力。对事故负有重要领导责任,给予党内警告处分。

(6)张××,中南电力设计院工程总承包公司总工程师,分管项目质量安健环部。疏于管理,未有效督促指导分管部门履行安全生产监管职责,对质量安健环部在总承包项目部安全生产教育培训、应急演练和现场安全监督检查等方面的失职失责问题失察。对事故负有重要领导责任,给予党内警告处分。

(7)李××,中南电力设计院副总工程师兼工程总承包公司总经理、总承包项目部项目经理。工作失职,未按规定履行全面管理项目部进度、质量、安全的职责,对项目施工的组织协调、监督管理不力;未认真执行工程质量标准规范,管控施工进度不当;未按规定常驻施工现场,对施工人员管理松懈。对事故负有直接责任,给予留党察看一年处分。

(8)王××,中南电力设计院工程总承包公司项目经理、总承包项目部常务副经理。工作失职,未按规定履行工程质量和安全管理职责,未认真审查冷却塔筒壁施工方案,未按规定要求开展安全生产教育培训、应急演练和现场安全监督检查;对施工单位项目经理未常驻施工现场及项目部专职安全生产管理人员安全生产资格不合规问题,未及时督促整改。对事故负有直接责任,给予留党察看一年处分。

(9)王××,中南电力设计院总承包项目部质量安健环部副经理。工作失职,未按规定履行安全生产检查职责,对冷却塔筒壁施工存在的违规拆除混凝土模板等重大事故隐患未有效督促整改;对施工方未按规定对施工人员进行安全生产教育培训以及冷却塔筒壁施工存在的违规浇筑混凝土等问题失察。对事故负有直接责任,给予留党察看一年处分。

(10)张××,中南电力设计院总承包项目部工程部土建专业工程师。工作失职,未按规定履行质量管理职责,未认真审查冷却塔筒壁施工方案;对冷却塔筒壁施工存在的违规浇筑、拆除混凝土模板等重大事故隐患,未有效督促整改。对事故负有直接责任,给予留党察看两年处分。

(11)陈××,中南电力设计院工程总承包公司质量安健环部主任。对总承包项目部安全生产工作的督促指导和监督检查不力,对该部执行安全、健康、环保管理制度不认真、相关人员安全生产资格不合规等问题失察。进行批评教育。

2)中电工程集团(3人)

(1)吴××,中国能源建设股份有限公司副总经理,中电工程集团党委书记、总经理。疏于管理,未按规定设立安全生产管理相关机构、岗位及建立与总承包项目相匹配的安全生产制度,未认真督促有关部门对安全生产重点监控项目进行安全生产检查,对公司有关部门和中南电力设计院在安全生产管理方面存在的问题失察。对事故负有重要领导责任,给予党内严重警告处分。

(2)李××,中电工程集团副总经理,负责安全生产等工作。疏于管理,未按要求督促公司有关部门对安全生产重点监控项目安全生产检查全覆盖,未认真督促中南电力设计院整改安全生产组织机构等问题,对公司有关部门和下属企业安全生产大检查流于形式的问题失察。对事故负有重要领导责任,给予党内严重警告处分。

(3)徐××,中电工程集团工程管理部主任。疏于管理,未按规定履行监督检查职责,对公司年度安全生产重点监控项目监督检查不力,对中南电力设计院安全生产大检查流于形式的问题失察。对事故负有重要领导责任,给予党内严重警告处分。

3)中国能源建设集团(股份)有限公司(3人)

(1)汪××,中国能源建设集团有限公司党委书记、董事长。不认真贯彻落实国家有关安全生产政策和法律法规,未按规定要求设置独立的安全生产管理机构、建立制度,对公司有关部门和下属企业安全生产工作督促指导不力。对事故负有重要领导责任,给予党内警告、记过处分。

(2)丁××,中国能源建设集团有限公司党委副书记、总经理,中国能源建设股份有限公司党委副书记、副董事长、总经理。疏于管理,未按规定设置独立的安全生产管理机构、建立制度,未按规定组织召开公司安全生产委员会会议,对公司有关部门和下属企业安全生产工作督促指导不力。对事故负有重要领导责任,给予党内警告、记过处分。

(3)谭××,中国能源建设股份有限公司安全质量环保部主任。疏于管理,未按规定履行监督检查职责,未按规定提请召开公司安全生产委员会会议,对中电工程集团安全大检查流于形式的问题失察,对安全生产管理机构、制度不健全问题未督促整改。对事故负有重要领导责任,给予党内警告处分。

鉴于谭××不属于行政监察对象,由国务院国资委责成中国能源建设集团有限公司给予相应的处理、处罚。

4)上海斯耐迪公司(5人)

(1)赵××,上海斯耐迪公司总经理。不认真贯彻落实国家有关安全生产政策和法律法规,疏于管理,对分管安全生产和项目管理工作的公司领导督促指导不力,对项目监理部未严格按合同履行监理职责等问题失察。对事故负有主要领导责任,给予留党察看一年处分。

(2)李××,上海斯耐迪公司副总经理,分管人力资源部、工程技术管理部、安全质量保证部及项目监理部等。疏于管理,未认真督促指导分管部门履行职责,对工程技术管理部、人力资源部存在的监督检查不力、未按规定配备监理人员等问题失察;对项目监理部存在的风险控制点失控、现场监理工作严重失职、未按要求配备项目部监理员、见证取样人员不足等问题失察。对事故负有主要领导责任,给予留党察看两年处分。

(3)余××,上海斯耐迪公司人力资源部主任。疏于管理,未按规定为项目监理部配备监理人员,派未受岗前培训的人员从事监理员工作。对事故负有重要领导责任,给予党内严重警告处分。

(4)吕××,上海斯耐迪公司项目监理部土建监理师。在编制丰城发电厂三期扩建工程冷却塔监理实施细则过程中,未按要求细化拆模工序风险点管控的相应监理措施。对事故负有重要领导责任,给予党内严重警告处分。

(5)荀××,上海斯耐迪公司副总工程师兼工程技术管理部主任。对项目监理部监督指导不力,未开展实地检查,信息报送不及时,给予批评教育。

5)国家核电技术有限公司(3人)

(1)王××,国家核电技术有限公司总经理。未认真贯彻落实国家有关安全生产法律法规,对火电业务安全生产工作不重视;对国家核电技术有限公司监管上海斯耐迪公司火电监理工作不力问题失察。对事故负有重要领导责任,给予党内警告处分。

(2)曾××,国家核电技术有限公司副总经理,分管安全质量环保部。对火电监理业务疏于管理,未督促分管部门发现并解决上海斯耐迪公司监理业务和安全生产中存在的相关问题,进行诫勉谈话。

(3)赵××,国家核电技术有限公司安全质量环保部总经理。对上海斯耐迪公司落实安全生产责任制督促指导不力,未发现其存在生产安全事故隐患排查治理体系不完善、重大危险源管控不力等问题,进行诫勉谈话。

6)江西赣能股份公司(8人)

(1)吴××,江西赣能股份公司副总经理,丰城二期发电厂总经理,丰城发电厂三期扩建工程建设指挥部副总指挥、三期基建工程安委会主任。工作失职,未认真履行工程项目建设管理职责,未组织协调项目建设安全监管工作,对丰城二期发电厂安全生产保卫部和丰电三期基建工程安全监督办公室履行安全监管职责督促指导不力。2017年1月13日,因涉嫌严重违纪被江西省纪委立案审查,将上述问题转江西省纪委一并办理。

(2)张××,江西投资集团党委委员,江西赣能股份公司党委副书记、总经理,丰城发电厂三期扩建工程项目建设领导小组副组长。未认真贯彻落实国家有关安全生产法律法规,对江西赣能股份公司存在的监管丰城发电厂三期扩建工程项目建设不力问题失察;履行组织领导职责不力,未有效解决江西赣能股份公司与工程建设指挥部关系不清晰、项目建设组织管理混乱等问题。对事故负有重要领导责任,给予党内严重警告处分。

(3)章××,江西赣能股份公司党委委员、总工程师,分管安全生产部。疏于管理,对分管部门履行职责督促指导不力,对安全生产部未及时发现冷却塔施工中存在的重大事故隐患问题失察。对事故负有重要领导责任,给予党内警告处分。

(4)宋××,江西赣能股份公司副总工程师兼安全生产部经理。对丰城发电厂三期扩建工程安全工作监督检查不力,对冷却塔施工中存在的重大事故隐患失察。对事故负有重要领导责任,给予党内严重警告处分。

(5)黄××,江西赣能股份公司投资发展部经理。对丰城发电厂三期扩建工程建设项目的质量、进度控制等工作监督不力,对未经论证大幅压缩冷却塔工期的问题失察失管。对事故负有重要领导责任,给予党内警告处分。

(6)付××,丰城二期发电厂副总工程师兼安全质量保卫部经理、三期基建工程安全监督办公室主任。工作失职,未认真履行安全生产监督管理职责,对丰城发电厂三期扩建工程项目总承包单位和监理单位的监督考核不力,对参建单位安全保证体系不健全及施工中存在的重大事故隐患失察。对事故负有直接责任,给予留党察看一年处分。

(7)汪××,丰城二期发电厂安全质量保卫部副经理兼安全质量监督处主任。工作失职,未认真履行安全生产监督管理职责,对丰城发电厂三期扩建工程项目总承包单位和监理单位监督不力,在日常检查中未及时发现冷却塔施工中存在的违规拆除模板、交叉作业等重大事故隐患。对事故负有直接责任,给予留党察看一年处分。

(8)邹××,丰城二期发电厂三期工程部经理助理兼汽机专业主任。未认真协助部门经理开展工程质量和安全监督等工作,对总承包和监理单位存在的现场管理混乱、安全隐患突出等问题失察失管,未做好电力建设工程报备工作。对事故负有重要领导责任,给予党内严重警告处分。

7)江西投资集团(3人)

(1)姚××,江西投资集团党委书记、总经理,丰城发电厂三期扩建工程项目建设领导小组组长。不认真贯彻落实国家有关安全生产政策和法律法规,对江西投资集团及江西赣能股份公司相关单位和部门不认真履职、监管项目建设不力问题失察,在工程建设指挥部与江西赣能股份公司关系不清晰、项目建设组织管理混乱问题等方面失职。对事故负有主要领导责任,给予撤销党内职务、撤职处分。

(2)罗××,江西投资集团安全生产部主任。疏于管理,未及时督促赣能股份公司及丰城二期发电厂相关部门对丰城发电厂三期扩建工程开展安全监督检查,对相关部门未发现冷却塔施工存在的重大事故隐患等问题失察。对事故负有重要领导责任,给予党内警告处分。

(3)李××,江西投资集团副总经理,分管安全生产部。疏于管理,对安全生产部监管丰城发电厂三期扩建工程项目建设不力问题失察,进行诫勉谈话。

8)中国电力企业联合会(2人)

(1)王××,中国电力企业联合会专职副理事长,分管电力工程质量监督管理部。不认真贯彻落实国家有关电力工程质量监督政策规定,对电力质监总站违规承揽电力质监业务、违规使用建设单位人员组建丰城发电厂三期扩建工程质监项目站及该项目站履行质量监管失职失责问题失察。对事故负有重要领导责任,给予党内严重警告处分。

(2)张××,中国电力企业联合会电力工程质量监督管理部主任、党支部书记。违规承揽丰城发电厂三期扩建工程项目质量监督业务,违规使用建设单位人员组建丰城发电厂三期扩建工程质监项目站,对该项目站未及时报送工程进度、质量管控和验收等重要质量管控信息问题失察。对事故负有主要领导责任,给予撤销党内职务处分。

9)国家能源局电力安全监管司(1人)

黄××,国家能源局电力司司长。在2014年8月至2016年8月任国家能源局电力安全监管司司长期间,对电力质监总站监督指导不力,对其业务受理范围与国家能源局有关规定不一致、违规使用建设单位人员组建丰城发电厂三期扩建工程质监项目站及未有效督促该项目站履职等问题失察。对事故负有重要领导责任,给予记过处分。

10)国家能源局华中监管局(5人)

(1)罗××,华中监管局党组书记、局长,分管综合处、电力安全监管处。不认真贯彻落实国家有关电力安全监管法律法规,对电力建设项目安全监管工作重视不够,未全面落实安全监管责任,对行业监管处、江西业务办公室未认真履行监管职责问题失察;对电力安全监管处、综合处履行监管职责督促指导不力。对事故负有重要领导责任,给予记大过处分。

(2)王××,国家能源局河南监管办公室党组书记、监管专员。2010年5月至2016年8月任华中监管局副局长兼江西业务办公室主任,分管电力安全监管处工作。在此期间,对电力安全监管处履行电力安全监管职责监督指导不力,未有效解决江西业务办公室对职责认识不清、履职不力问题,对丰城发电厂三期扩建工程项目未报备及电力质监总站违规承揽电监业务等问题失察。对事故负有主要领导责任,给予党内严重警告、降级处分。

(3)夏××,华中监管局行业监管处处长,2009年1月至2016年5月任华中监管局电力安全监管处处长。对电力建设项目施工安全监管不力,未发现丰城发电厂三期扩建工程项目未报备、电力质监总站违规承揽业务等问题;未认真履行对丰城发电厂三期扩建工程的监管职责。对事故负有主要领导责任,给予党内严重警告、降级处分。

(4)杜××,华中监管局江西业务办公室调研员。对江西业务办公室应承担的职责认识不清,未发现电力质监总站违规问题,对业务办公室工作人员未正确向企业提供备案咨询的行为负有责任,进行诫勉谈话。

(5)周××,华中监管局江西业务办公室副主任科员。在接受丰城发电厂三期扩建工程项目工作人员咨询备案事项过程中,未告知其正确的备案程序及时限,进行批评教育。

11)江西省政府(1人)

李××,江西省副省长,负责工业、国有资产管理、安全生产等方面的工作。在贯彻落实国家有关安全生产方针政策、法律法规中领导不力,未有效指导督促相关部门和省属企业落实安全生产责任,给予通报。

12)丰城市政府(3人)

(1)杨××,宜春市副市长,2011年5月至2016年8月任丰城市委书记,其中,2016年4月至8月,同时主持丰城市政府工作。违规干预、越权批准设立丰城鼎力建材公司搅拌站。对事故的发生负有主要领导责任,给予撤销党内职务、撤职处分。

(2)喻××,樟树市委常委,2014年7月至2016年7月任丰城市委常委、副市长,协助市长分管工业和信息化等工作,负责与丰城发电厂的联系工作。疏于管理,对分管部门履行监管职责督促指导不力,对丰城市工业和信息化委员会在预拌混凝土行业管理中的失职失责问题和在设立预拌混凝土搅拌站审批中的弄虚作假问题失察;对丰城鼎力建材公司搅拌站设立审批过程把关不严。对事故负有重要领导责任,给予党内严重警告处分。

(3)徐××,丰城市人大常委会副主任,2010年12月至2016年9月任丰城市政府党组成员、办公室主任。在设立丰城鼎力建材公司搅拌站事宜中,违反丰城市政府工作规则,撰拟同意设立搅拌站的批复意见,进行诫勉谈话。

3.给予行政处罚的单位和人员

(1)河北亿能公司。建议给予吊销建筑工程施工总承包一级资质、吊销安全生产许可证处罚;给予2000万元罚款。

(2)中南电力设计院。建议责令工程总承包停业整顿一年、给予吊销安全生产许可证处罚;给予2000万元罚款。

(3)上海斯耐迪公司。建议给予降低工程监理电力工程专业甲级资质处罚;给予1000万元罚款。

(4)魏县奉信劳务公司。给予吊销模板脚手架专业承包资质处罚。

(5)丰城鼎力建材公司。给予吊销营业执照处罚。

(6)关××,中南电力设计院总经理,给予处上一年收入80%的罚款。

(7)李××,中南电力设计院副总工程师、工程总承包公司总经理兼江西丰城发电厂三期扩建工程总承包项目部经理,建议给予20万元罚款。

(8)张××,河北亿能公司法定代表人、董事长,给予终身不得担任本行业生产经营单位主要负责人处罚。

(9)王××,河北亿能公司总经理,未建立、健全本单位安全生产责任制,督促、检查本单位的安全生产工作不力,给予处上一年收入80%的罚款。

(10)孟××,河北亿能公司江西丰城发电厂三期扩建工程D标段项目经理,吊销一级建造师注册资格,终身不予注册;给予20万元罚款。

(11)赵××,上海斯耐迪公司总经理,给予处上一年收入80%的罚款。

4.其他建议

中国能源建设集团有限公司向国务院国资委作出深刻检查,江西省政府向国务院作出深刻检查,认真总结和吸取事故教训,进一步加强和改进安全生产工作。

七、事故防范措施

1.增强安全生产红线意识,进一步强化建筑施工安全工作

各地区、各有关部门和各建筑业企业要进一步牢固树立新发展理念,坚持安全发展,坚守发展决不能以牺牲安全为代价这条不可逾越的红线,充分认识到建筑行业的高风险性,杜绝麻痹意识和侥幸心理,始终将安全生产置于一切工作的首位。各有关部门要督促企业严格按照有关法律法规和标准要求,设置安全生产管理机构,配足专职安全管理人员,按照施工实际需要配备项目部的技术管理力量,建立健全安全生产责任制,完善企业和施工现场作业安全管理规章制度。要督促企业在施工过程中加强过程管理和监督检查,监督作业队伍严格按照法规标准、图纸和施工方案施工。

2.完善电力建设安全监管机制,落实安全监管责任

各地区、各有关部门要将电力建设安全监管工作摆在更加突出的位置,督促工程建设、勘察设计、总承包、施工、监理等参建单位严格遵守法律法规要求,严格履行项目开工、质量安全监督、工程备案等手续。国家能源局及其派出机构要加强现场监督检查,严格执法,对发现的问题和隐患,责令企业及时整改,在重大隐患排除前或在排除过程中无法保证安全的,一律责令停工,并通过资信管理手段对企业进行限制。针对电力项目审批权力和监管责任的脱节不利于加强电力建设工程安全生产监管的问题,研究理顺电力建设工程安全监管体制,明确电力建设工程行业监管、区域监管和地方属地监管职责。要进一步研究完善现行电力工程质量监督工作机制,加强对全国电力工程质量监督的归口管理,强化对电力质监总站的指导和监督检查,协调解决工作中存在的突出问题,防范电力质监机构职能弱化及履职不到位的现象。

3.进一步健全法规制度,明确工程总承包模式中各方主体的安全职责

各相关行业主管部门要及时研究制定与工程总承包等发包模式相匹配的工程建设管理和安全管理制度,完善工程总承包相关的招标投标、施工许可、竣工验收等制度规定,为工程总承包的安全发展创造政策环境。要按照工程总承包企业对工程总承包项目的质量和安全全面负责,依照合同约定对建设单位负责,分包企业按照分包合同的约定对工程总承包企业负责的原则,进一步明确工程总承包模式下建设、总承包、分包施工等各方参建单位在工程质量安全、进度控制等方面的职责。要加强对工程总承包市场的管理,督促建设单位加强工程总承包项目的全过程管理,督促工程总承包企业遵守有关法律法规要求和履行合同义务,强化分包管理,严禁以包代管、违法分包和转包。

4.规范建设管理和施工现场监理,切实发挥监理管控作用

各建设单位要认真执行工程定额工期,严禁在未经过科学评估和论证的情况下压缩工期,要保证安全生产投入,提供法规规定和合同约定的安全生产条件,要加强对工程总承包、监理单位履行安全生产责任情况的监督检查。各监理单位要完善相关监理制度,强化对派驻项目现场的监理人员特别是总监理工程师的考核和管理,确保和提高监理工作质量,切实发挥施工现场监理管控作用。项目监理机构要认真贯彻落实《建设工程监理规范》等相关标准,编制有针对性、可操作性的监理规划及细则,按规定程序和内容审查施工组织设计、专项施工方案等

文件,严格落实建筑材料检验等制度,对关键工序和关键部位严格实施旁站监理。对监理过程中发现的质量安全隐患和问题,监理单位要及时责令施工单位整改并复查整改情况,对拒不整改的要按规定向建设单位和行业主管部门报告。

5. 夯实企业安全生产基础,提高工程总承包安全管理水平

各建筑业企业要准确把握工程总承包内涵,高度重视总承包工程安全生产管理的重要性,保障安全生产投入,完善规章规程,健全制度体系,加强全员安全教育培训,按照工程总承包企业对工程总承包项目质量和安全全面负责的原则,扎实做好各项安全生产基础工作。各建筑业企业要高度重视企业经营范围扩大、产业链延伸后所带来的安全生产新风险,要根据开展工程总承包业务的实际需要,及时调整和完善企业组织机构、专业设置和人员结构,形成集设计、采购和施工各阶段项目管理于一体,技术与管理密切结合,具有工程总承包能力的组织管理体系。要高度重视从事工程总承包业务的项目经理及施工技术、质量、安全管理等方面的人才队伍建设,完善企业总部职能部门、项目部的专业管理人才配备,加强项目管理人员的业务培训,为开展工程总承包业务提供人才支撑。

6. 全面推行安全风险分级管控制度,强化施工现场隐患排查治理

各建筑业企业要制定科学的安全风险辨识程序和方法,结合工程特点和施工工艺、设备,全方位、全过程辨识施工工艺、设备设施、现场环境、人员行为和管理体系等方面存在的安全风险,科学界定安全风险类别。要根据风险评估的结果,从组织、制度、技术、应急等方面,对安全风险分级、分层、分类、分专业进行有效管控,逐一落实企业、项目部、作业队伍和岗位的管控责任,尤其要强化对存有重大危险源的施工环节和部位的重点管控,在施工期间要专人现场带班管理。要健全完善施工现场隐患排查治理制度,明确和细化隐患排查的事项、内容和频次,并将责任逐一分解落实,特别是对起重机械、模板脚手架、深基坑等环节和部位应重点定期排查。施工企业应及时将重大隐患排查治理的有关情况向建设单位报告,建设单位应积极协调勘察、设计、施工、监理、检测等单位,并在资金、人员等方面积极配合做好重大隐患排查治理工作。

7. 加大安全科技创新及应用力度,提升施工安全本质水平

各建筑业企业要强化科技创新,加大科技研发和推广力度,利用现代信息化和高新技术,改造和转型升级企业,加快推进施工机械设备的更新换代,加快先进建造设备、智能设备、安全监控装置的研发、制造和推广应用,逐步淘汰、限制使用落后的技术、工艺和设备,提高施工现场科技化、机械化水平,减少大量人工危险作业,从根本上减少传统登高爬下和手工作业方式带来的事故风险。特别是建筑业中央企业等骨干企业要加强技术积累与总结,积极制定企业标准,引领行业安全科技水平的提升。各相关行业主管部门要及时制定严重危及生产安全的工艺、设备淘汰目录,在行业中淘汰落后的技术、工艺、材料和设备。要加快推进创新成果向技术标准的转化进程,广泛吸纳成熟适用的科技成果,加快工程建设标准的制订、修订,以先进的技术标准推动创新成果的应用。

参考文献

[1] 全国人大常委会. 中华人民共和国职业病防治法[S]. 北京:法律出版社,2018.

[2] 陈宏云,张娱. 道路交通安全法(实用解读版)[M]. 北京:法律出版社,2017.

[3] 全国人大常委会. 中华人民共和国职业病防治法解读[M]. 北京:中国法制出版社,2016.

[4] 程啸. 侵权责任法一本通[M]. 北京:法律出版社,2016.

[5] 全国人大常委会. 中华人民共和国劳动合同法[M]. 3版. 北京:中国法制出版社,2016.

[6] 全国人大常委会. 中华人民共和国刑法释义及实用指南[M]. 北京:中国民主法制出版社,2016.

[7] 全国人大常委会. 中华人民共和国矿产资源法[S]. 北京:中国民主法制出版社,2008.

[8] 李刚强. 新安全生产法解读与建筑安全管理应用指南[M]. 北京:中国建筑工业出版社,2015.

[9] 阚珂. 中华人民共和国安全生产法释义[M]. 北京:法律出版社,2014.

[10] 全国人大法工委. 中华人民共和国消防法释义[M]. 北京:中国民主法制出版社,2013.

[11] 信春鹰,阚珂. 中华人民共和国劳动合同法释义[M]. 北京:法律出版社,2013.

[12] 全国人大. 中华人民共和国矿山安全生产法[S]. 北京:法律出版社,2013.

[13] 全国人大. 中华人民共和国煤炭法[S]. 北京:中国民主法制出版社,2013.

[14] 全国人大. 中华人民共和国劳动法[M]. 北京:法律出版社,2012.

[15] 王玉庄,刘文龙. 安全生产法律法规[M]. 北京:中国劳动社会保障出版社,2010.

[16] "国家安全生产法制教育丛书"编委会. 企业安全生产责任制法规读本[M]. 北京:中国劳动社会保障出版社,2009.

[17] 国家安全生产监督管理总局政策法规司. 常用安全生产法规汇编[M]. 北京:煤炭工业出版社,2008.

[18] 李飞. 中华人民共和国突发事件应对法释义[M]. 北京:法律出版社,2007.

[19] 屈万祥,赵岸青. 安全生产领域违法违纪行为政纪处分暂行规定[M]. 北京:中国大百科全书出版社,2007.

[20] 王树玉. 煤矿企业安全管理手册[M]. 徐州:中国矿业大学出版社,2006.